U0789910

管理建模与仿真

——基于 Python 语言

姜金贵　宋　艳
潘　霞　杜　蓉　编著

科学出版社
北　京

内 容 简 介

本书基于开源的 Python 语言编写，全书共五篇 17 章，在介绍建模理论、仿真方法与技术、Python 语言基础及其常用库的基础上，系统梳理预测、评价、最优化等管理科学问题的原理、方法，详细分析解决这些管理问题的多种建模方法及其仿真技术。本书的特色是突出建模方法与仿真技术在管理领域的应用，强化案例与管理实际问题的融合，讲解问题描述与分析过程，解读仿真程序，使读者能够在学习建模方法与仿真技术的同时，做到触类旁通，反复练习，从而掌握解决管理问题的建模方法与仿真技术，提高实践操作能力。

本书不仅可以作为管理类研究生和高年级本科生的教科书，也适合对管理建模方法与仿真技术感兴趣的读者阅读。

图书在版编目（CIP）数据

管理建模与仿真：基于 Python 语言/姜金贵等编著. —北京：科学出版社，2023.3

ISBN 978-7-03-071654-5

Ⅰ. ①管… Ⅱ. ①姜… Ⅲ. ①管理学－系统仿真 ②软件工具－程序设计 Ⅳ. ①C931-39 ②TP311.561

中国版本图书馆 CIP 数据核字（2022）第 033996 号

责任编辑：王京苏　陈　琼 / 责任校对：王晓茜
责任印制：赵　博 / 封面设计：蓝正设计

科学出版社出版
北京东黄城根北街 16 号
邮政编码：100717
http://www.sciencep.com
保定市中画美凯印刷有限公司印刷
科学出版社发行　各地新华书店经销
*
2023 年 3 月第　一　版　开本：787×1092　1/16
2025 年 1 月第四次印刷　印张：20
字数：471 000
定价：78.00 元
（如有印装质量问题，我社负责调换）

前　言

2020 年 5 月，编著者所在的哈尔滨工程大学因被美国政府列入受限制的实体名单而被 MathWorks 公司禁用 MATLAB 软件。MATLAB 软件的禁用对相关课程的教学活动造成了现实困难，在感受国内高校因对国外计算软件依赖过高而导致的“卡脖子”之苦的同时，编著者将解决方案投向开源的 Python 语言。这也成为编写本书的初衷。

管理建模与仿真是一门综合运用管理知识、数学建模理论与方法、决策科学方法、现代计算机仿真技术研究解决管理实践问题的交叉科学，其正逐渐成为管理类专业的一门重要基础课程。本书是在编著者长期的管理科学、建模与仿真领域的教学、科研实践基础上，对管理领域主要研究问题进行系统归纳总结，并广泛借鉴国内外管理建模与仿真方面文献凝练形成的。

本书基于开源的 Python 语言编写，全书共五篇：建模与仿真理论、Python 基础、预测问题的建模与仿真、评价问题的建模与仿真、最优化问题的建模与仿真。其中，建模与仿真理论篇包括导论、建模的基本理论、仿真方法与技术；Python 基础篇包括 Python 语言基础、Numpy 库和 Pandas 库、数据可视化 Matplotlib 库；预测问题的建模与仿真篇包括预测概述、BP 神经网络预测建模与仿真、灰色预测建模与仿真；评价问题的建模与仿真篇包括评价概述、层次分析法建模与仿真、模糊综合评价法建模与仿真；最优化问题的建模与仿真篇包括最优化问题基本理论、遗传算法建模与仿真、模拟退火算法建模与仿真、蚁群算法建模与仿真、粒子群优化算法建模与仿真。

本书突出建模方法与仿真技术在管理领域的应用，强化案例与管理实际问题的融合，讲解问题描述与分析过程，解读仿真程序，力图使读者能够在学习建模方法与仿真技术的同时，做到触类旁通，反复练习，从而掌握解决管理问题的建模与仿真方法，锻炼运用综合知识解决管理实践问题的能力。

在阐述方式上，本书力求简明扼要、深入浅出，强化案例分析与操作，力图使读者能够通过案例的学习与操作做到触类旁通。这些案例多为编著者科研成果的提炼与总结，很好地体现了科教融合、教研相长。此外，本书的各章由开篇案例引出，激发读者对知识学习的兴趣；各章之后的总结与习题则能够帮助读者复习本章知识点，更加灵活地拓展和应用所学知识。

本书在开篇案例中设有“人民科学家钱学森和系统科学”“Python 背后的故事”“即

使不学编程，你也要了解计算机思维”“通盘无妙手”“利用算法指导生活的尝试与思考”等课程思政案例，用案例承载思政元素，有机融入“学习钱学森等老一辈科学家造福国家、造福人类奉献精神”“兴趣是学习与科研的最持久驱动力”“树立计算机思维，开阔管理思维视野”“弘扬实事求是精神，提升科学素质”“感知算法的实践应用，树立科学决策的思维”等课程思政内容。这些课程思政案例及内容能够助力采用本书的教师开展课程思政教学。

同时，本书提供配套的多媒体课件、Python 仿真程序，确保本书使用者能够方便快速地开展教学。

全书共五篇 17 章，其中，第 3、7、8、9、16、17 章由姜金贵执笔，第 1、2、10、11、12 章由宋艳执笔，第 4、5、6、13 章由潘霞执笔，第 14、15 章由杜蓉执笔。全书由姜金贵负责统稿和审定。

本书的出版得到了哈尔滨工程大学经济管理学院精品教材建设项目资助。衷心感谢哈尔滨工程大学经济管理学院、哈尔滨工程大学灾难与危机管理研究所提供的工作条件以及科研与教学环境，感谢哈尔滨工程大学经济管理学院的李婉红教授、李冰副教授对本书出版的帮助和支持。此外，对科学出版社王京苏编辑在本书编辑和出版过程中所做的各项工作表示深深的谢意。

由于水平有限，疏漏或不妥之处在所难免，恳请广大读者批评指正。

编著者

2023 年 2 月

目　录

第一篇　建模与仿真理论

第二篇 Python 基础

第三篇 预测问题的建模与仿真

第一篇　建模与仿真理论

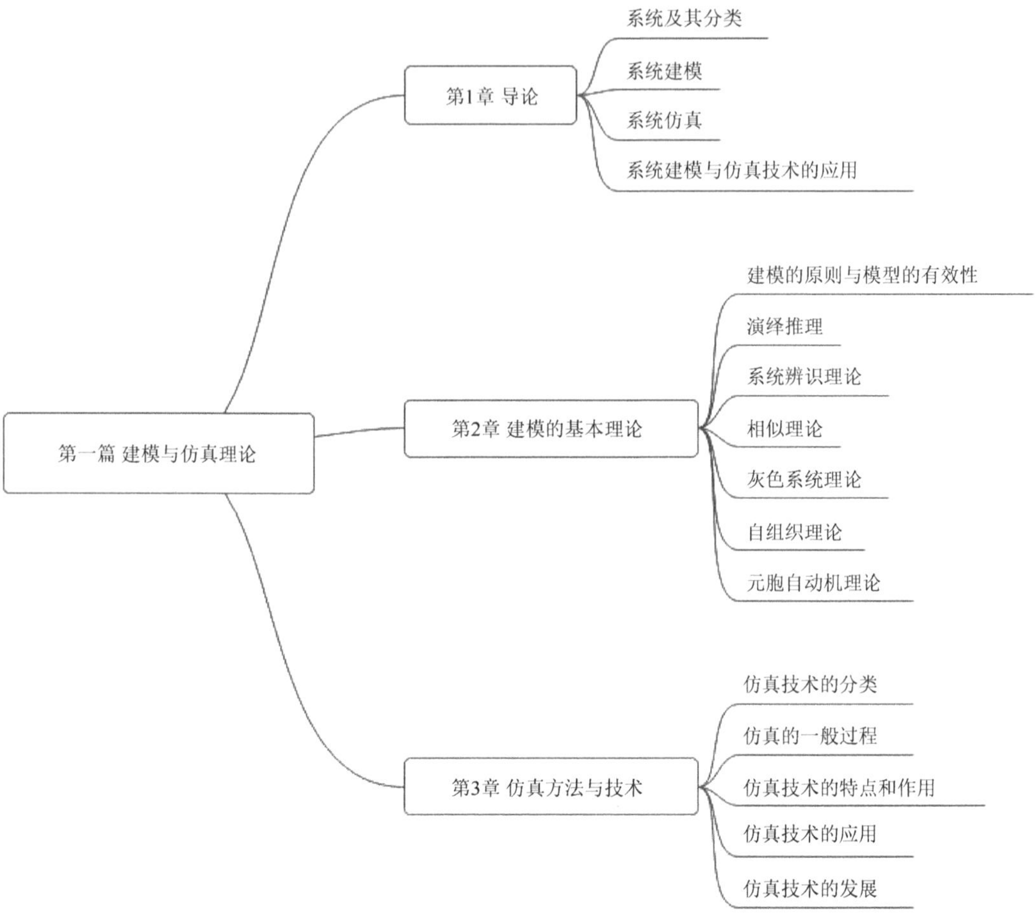
第一篇 建模与仿真理论
第1章 导论
系统及其分类
系统建模
系统仿真
系统建模与仿真技术的应用
第2章 建模的基本理论
建模的原则与模型的有效性
演绎推理
系统辨识理论
相似理论
灰色系统理论
自组织理论
元胞自动机理论
第3章 仿真方法与技术
仿真技术的分类
仿真的一般过程
仿真技术的特点和作用
仿真技术的应用
仿真技术的发展

第1章

导　论

【学习目标】

1. 掌握系统、模型、系统仿真的概念及关系。
2. 理解建模方法与步骤。
3. 了解系统建模与仿真技术的应用。

【开篇案例】

人民科学家钱学森和系统科学

2021 年 12 月 11 日是人民科学家钱学森 110 周年诞辰纪念日。钱学森一生对国家、对人民奉献甚多，作为学者，其最大的贡献是丰富了系统科学理论，率先提出并阐明了复杂系统科学的思想及其学科体系，这一理论已在中国得到了多方面的成功验证。

钱学森系统科学思想的形成和发展大体可分为三大阶段：第一阶段从 20 世纪 50 年代到 70 年代末，这一阶段的思想内涵集中体现于《工程控制论》和“组织管理的技术——系统工程”；第二阶段的创新发展凝结在 1990 年发表的“一个科学新领域——开放的复杂巨系统及其方法论”；第三阶段的深化研究的标志是 2001 年发表的“以人为主发展大成智慧工程——钱学森谈系统工程和系统科学的发展”。

20 世纪中叶，由于生产力的巨大发展，出现了许多大型、复杂的工程技术和社会经济问题，它们都以系统的面貌出现，都要求从整体上加以优化解决。1954 年钱学森撰写的《工程控制论》，以及 1957 年由其发表的“论技术科学”不仅是对系统科学发展的重大贡献，也鲜明体现出这些时代精神。

1955 年回国后，钱学森在“两弹一星”巨大科技工程中作出的杰出贡献，以及 1978 年在《文汇报》上发表的总结性的文献“组织管理的技术——系统工程”，都显示出那个不平凡年代里艰苦奋斗、自力更生、自主创新的时代精神。

20 世纪 80～90 年代是我国改革开放与快速发展的年代，也是世界各国走上全球化、信息化、网络化的年代，世界科学技术越来越向学科交叉、文化融合、超越还原论、研究系统复杂性发展。钱学森在这些年里提出了原创性的“开放的复杂巨系统及其方法论”，提出了“大成智慧工程和大成智慧学”，也显示了当代科学发展的特征。

钱学森在 2001 年曾说：“23 年来，系统工程和系统科学已经有了很大发展，我们已经从工程系统走到了社会系统，进而提炼出开放的复杂巨系统的理论和处理这种系统的方法论，即以人为主、人-机结合，从定性到定量的综合集成法，并在工程上逐步实现综合集成研讨厅体系。将来我们要从系统工程、系统科学发展到大成智慧工程，要集信息和知识之大成，以此来解决现实生活中的复杂问题。”

2005 年，钱学森寄语系统科学工作者和科技界：“今天的科学已经不是自然科学那一点东西，而是人类认识客观世界、改造世界的整个知识体系。我希望大家能用这样一个体系，去观察、分析、研究和解决问题，而不仅仅是用几门学科的知识或者这些学科的交叉。若能这样，那就厉害喽。”

人类历史发展到 20 世纪中叶，系统思想经历了从经验到哲学到科学、从思辨到定性到定量的发展，这个趋势还将继续下去。综观钱学森系统科学思想发展过程的时代背景及其主要内涵和特色，我们认识到：钱学森系统科学思想是在全球化、信息化、网络化时代，中西文化交融的复杂系统思想，是当代系统思想的一种新范式和智慧结晶。我们要深入学习弘扬钱学森系统科学思想，为造福国家、造福人类作出更大贡献。

资料来源：http://www.cas.cn/xw/cmsm/201112/t20111207_3409198.shtml

【思政思考题】

思考题 1：钱学森等老一辈科学家的哪些品质值得我们学习？

思考题 2：你还知道哪些科学家献身祖国科研事业的先进事迹？从他们身上你学到了什么？

1.1 系统及其分类

1.1.1 系统的定义和特性

系统是由多个相互依赖、相互作用的要素（或子系统）按照某种规律组合起来的、实现特定功能的有机整体。一个系统由若干要素构成。系统有如下特征。

1. 整体性

整体性是系统最基本与本质的特征。系统由两个或两个以上要素构成，各组成部分具有一定的独立性，又相互构成一个有机整体，系统的整体性主要表现在系统的整体功能。例如，计算机系统一般由中央处理器（central processing unit，CPU）、存储器、输入与输出设备等硬件构成，同时包含操作系统、应用程序、数据库等软件，硬件与软件共同构成一个整体，从而发挥出了计算机系统的功能。

2. 相关性

各要素组成了系统，是因为它们之间存在相互联系、相互作用、相互影响的关系。

这个关系也不是简单的累加，而是有可能相互增强或相互减弱。一个要素的变化会这样或那样地引起系统的变化。例如，人体的呼吸、消化、循环、排泄、神经等各组成部分通过特定的相互依存、相互制约关系有机地结合在一起，才使得人成为具有特殊高级功能和高度智慧的高等动物。如果人的某一器官出现了问题，就会影响其他器官的正常运行，从而导致人产生不舒服的感觉。

3. 目的性

系统具有能使各要素结合在一起的共同目的（这类系统又称为组织界系统），各要素就是为了完成系统的既定目标而协同工作的。系统的目的一般通过更具体的目标来体现，复杂的系统通常不止一个目的，而是多重目的。

4. 阶层性

系统作为一个相互作用的诸要素的总体可以分解为一系列子系统，并存在一定的层次结构。系统的阶层性表述了系统中不同层次子系统之间的从属关系或相互作用关系。在不同的层次结构中存在动态的信息流和物质流，构成了系统的运动特性，为深入研究系统层次之间的控制与协调功能提供了条件。

5. 环境适应性

任何系统都有一定的边界和环境，它与周围的环境产生一定的联系和相互作用，从环境中接收各种影响（包括正常的输入和随机干扰），经过系统的转换，产生一定的输出，从而对环境发生一定的作用。环境及其影响是经常变化的，为了使系统达到最优化，必须对系统进行调节，使之适应环境的变化。

在定义一个系统时，首先要确定系统的边界。尽管世界上的事物是相互联系的，但当我们研究某一对象时，总是要将该对象与其环境区别开来。边界确定了系统的范围，边界以外的环境对系统的作用称为系统的输入，系统对边界以外的环境的作用称为系统的输出。

世界上的系统千差万别，但描述系统离不开三个要素，即实体、属性和活动。实体确定了系统的构成，明确了描述一个系统的实体也就确定了系统的边界；属性也称为描述变量，描述每一个实体的特征；活动定义了系统内部实体之间的相互作用，从而确定了系统内部发生变化的过程。

1.1.2 系统分类

系统的分类方法很多，按照不同的分类方法可以得到各种类型的系统。我们仅从建模与仿真研究的需要出发，对系统进行以下的分类。

1. 确定性系统和随机系统

按照系统输入与输出之间的关系，可以将系统分为确定性系统和随机系统。

确定性系统是指输出完全由系统的输入及相应的转换关系（包括决策、措施等）所决定的系统。只要知道系统的输入和转换关系，就可预先确定系统的输出。

随机系统是指在既定的输入下，系统的输出是非确定的，带有随机的性质。产生随机性的原因是在系统的输入过程和转换过程中存在多种难以预知的偶然因素的作用。尽管随机系统的输出不能完全预知，但它们通常遵循一定的统计分布规律。确定系统输出（或输入）的统计分布以及对系统的输出进行估计，是系统仿真的主要任务之一。

大多数管理系统属于随机系统。对于这类系统，当其复杂性超过一定限度时，运用数学分析方法建立系统模型并求解往往是很困难的，甚至是不可能的。这种情况下，仿真方法就显示出其优越性。

2. 连续系统和离散系统

在系统仿真中最重要的一种分类是按照系统中起主导作用的状态变量的变化是否连续将其分为连续系统和离散系统。与特定时间和研究目的有关的描述系统所需变量的集合称为系统的状态。例如，排队系统的研究中，状态变量可能是正在工作的服务员数量、系统中的顾客数量以及每个顾客到达系统的时间。

连续系统是指系统的状态变量随时间变化而产生连续变化的系统。这类系统的动态特性可以用微分方程或者一组状态方程来描述，也可以用一组差分方程或一组离散状态方程来描述。究竟采取哪一种描述方法，取决于研究者对系统状态随时间连续变化的整个过程感兴趣，还是仅仅对某些时间点感兴趣，或者所能得到的数据资料仅仅限于某些时间点。例如，在一些社会经济系统中所能得到的只有按月、季度，甚至按年的数据。尽管这类系统实际的状态变化是连续的，但是也只能用差分方程和离散状态方程来描述。

离散系统是指系统的状态变量在某些离散的时间点瞬时变化的系统。按照系统仿真的术语，状态的瞬间变化称为事件，发生事件的时刻称为事件时间。如果事件时间是一些非均匀离散时点，这样的事件称为离散事件，相应的系统称为离散事件系统。

3. 线性系统和非线性系统

根据系统要素之间相互作用的性质，可以将系统分为线性系统和非线性系统。要素之间的关系最终会影响系统输入与输出之间的依赖关系，因此，只要系统中含有非线性环节，就是非线性系统。

线性系统是指状态变量和输出变量对于所有可能的输入变量和初始状态都满足叠加原理的系统。线性系统的状态变量（或输出变量）与输入变量间的因果关系可用一组线性微分方程或差分方程来描述，这种方程称为系统的数学模型。

如果系统的输出不与其输入成正比，则它是非线性系统。从数学上看，非线性系统的特征是叠加原理不再成立。叠加原理是指描述系统的方程的多个解之和仍为其解。叠加原理可以通过两种方式失效：其一，方程本身是非线性的；其二，方程本身虽然是线性的，但边界是未知的或运动的。

实际的系统大多是非线性系统，将其看作线性系统不过是一种抽象和简化。线性系统模型比较简单，可以应用业已成熟的线性系统分析进行研究。基于线性系统模型在建模、分析和求解等方面的优点，我们在构造系统模型时总是尽可能地使之线性化，即使对于一些无法将其完全线性化的非线性关系，我们也设法使之分段线性化。但这种线性化的简化不应改变系统原有的主要特征，由此引入的误差不应超过允许的限度。

1.2 系统建模

1.2.1 模型及其基本性质

在系统仿真中，被研究的实际系统或未来的想定系统称为原型，原型的等效替身则称为模型。模型通常借助文字、符号、图表、实物或数学表达式等提供关于系统要素、要素间关系以及特征或变化规律的信息和知识。

有效的模型必须能够反映原型的主要表征、特性及功能，并具备如下性质。

1. 普遍性

普遍性指模型能够描述多个相似系统。

2. 相对精确性

相对精确性指模型的近似度和精度都不可超出应有限度和许可条件。

过于粗糙的模型将失去原型的过多信息和特征；太精确的模型则易造成模型过于复杂而导致研究困难，甚至终不得其解。因此，模型应具有考虑诸多条件折中下的精确性。

3. 可信性

可信性指模型必须经过校核、验证和确认，使其具有满意的可信度。

4. 异构性

异构性指对于同一个系统，模型可以具有不同形式和结构，即模型不是唯一的。

5. 通过性

通过性指模型可视为黑箱（black box），能够利用输入输出实验数据辨识出其结构和参数。

1.2.2 模型的分类

模型通常分为物理模型、概念模型和数学模型。

1. 物理模型

【定义 1-1】以实物或图形直观地表达对象特征所得的模型称为物理模型。

物理模型是根据一定的规则对系统进行简化、描述或按照一定比例缩小、放大而得到的仿制品。通常要求物理模型与实物高度相似，能够逼真地描述实物原型。

例如，风洞实验所用的飞行器外形和船体外形、飞机模拟驾驶系统、人工模拟太空环境以及人工制作或绘制的脱氧核糖核酸（deoxyribonucleic acid，DNA）分子双螺旋结构模型等都是用来描述实物原型的物理模型。在大型水利工程、土木工程项目设计和施工或飞行器、轮船研制过程中，常常要运用物理模型。

2. 概念模型

【定义 1-2】对现实世界及其活动进行概念抽象与描述的结果称为概念模型。

概念模型是基于人们的经验、知识背景和思维直觉形成的，是人的大脑活动的产物。概念模型基于对所研究系统相关概念的抽象并通过对抽象概念相互关系的概括和描述得到，通常用语言、符号、框图等形式表达。

概念模型可以看作现实世界到数学模型或计算机仿真系统的一个中间层次。

3. 数学模型

【定义 1-3】用来描述系统要素之间以及系统与环境之间关系的数学表达式称为数学模型。

各种数学表达式均可以作为数学模型的基本形式。数学模型主要用来描述系统运行行为特征和基本规律，是研究系统、认识系统的重要工具和手段。

飞速发展的现代数学和系统科学为我们提供了十分丰富的数学模型，如微分方程模型、事件序列模型等。

数学建模的目标是要确定系统的模型形式、结构和参数，获得正确反映系统表征、特征和功能的最简数学表达式。数学建模的过程可遵循如下步骤：观察和分析实际系统→提出问题→做出假设→系统描述→构筑形式化模型→模型求解→模型有效性分析→修改模型→最终确认模型→模型使用。

1.2.3 建模方法与步骤

1. 明确任务，建立概念模型

了解问题的背景，明确建模目的，搜集必要的信息，尽量弄清楚对象的主要特征，形成一个比较明确的建模任务。根据问题的特征和建模任务，抓住问题的本质，忽略次要因素，做出必要的合理假设。根据所作的假设，用数学语言、符号描述对象的内在规律，建立概念模型。

2. 模型设计

（1）确定模型变量。

（2）设定模型的数学形式。

（3）分析模型参数的符号和大致的变化范围。

3. 确定统计指标，收集、整理数据

对收集的原始数据进行适当加工、整理才能用于建立模型。

数据加工整理包括甄别分类、汇总、归并、拆分、补缺、调整统计口径等，保证数据完整、准确、可靠，且满足可比性和一致性的要求。

常用的统计数据有以下三种分类方式。

1）按计量尺度分类

（1）分类数据。分类数据是对事物进行分类的结果，数据表现为类别，是用文字来表示的。例如，在描述人口性别时可用“1”表示男性，“0”表示女性。

（2）顺序数据。顺序数据也是对事物进行分类的结果，但这些类别是有顺序的。例如，产品等级可划分为一等品、二等品、三等品、次品等。

（3）数值型数据。数值型数据是使用自然或度量单位对事物进行计量的结果，其结果表现为具体的数值。

2）按收集方法分类

（1）观测数据。观测数据是通过调查或观测而收集的数据，这类数据是在没有对事物进行人为控制的前提条件下得到的，有关社会经济现象的统计数据几乎都是观测数据。

（2）实验数据。实验数据是在实验中控制实验对象而收集的数据，如新药疗效实验数据。

3）按时间状况分类

（1）时间序列数据。时间序列数据是按照时间先后顺序排列的数据。时间频率一般取年、季度、月、日、时、分、秒等，同一模型中各变量的时间频率应保持一致。

（2）截面数据。截面数据是指不同观测对象在某一时间的观测数据，如人口普查数据、审计调查数据。

（3）面板数据（panel data）。面板数据是截面数据与时间序列数据的综合，有时间序列和截面两个维度。与只有一个维度的数据排在一条线上有着明显的不同，这类数据按两个维度排在一个平面上，整个表格像是一个面板。

4. 估计模型参数

在数据收集、整理工作完成之后，即可将数据用于估计模型参数。一般可根据经济变量的性质、不同估计方法的特性、方法本身的难易程度和所需费用等因素选择适当的估计方法对模型参数进行估计。

5. 模型检验

模型检验是对得到的参数估计值进行评价，研究其在理论上是否有意义、统计上是否显著，进而研究模型是否正确反映系统诸要素之间的关系。只有通过检验的模型才能应用于实际系统分析。常用的检验方法如下。

1）经济意义检验

经济意义检验主要检验参数估计值的符号及大小在经济意义上是否合理。例如，在

需求函数中，需求量一般与收入正相关、与价格负相关，因此收入变量的参数估计值应为正值，价格变量的参数估计值应为负值。在消费函数中，消费一般随着收入的提高而上升，且消费的增幅通常低于收入的增幅，因此，收入变量的参数估计值应为 0～1。如果参数估计值与经济理论不相符，则应分析原因并采取相应的措施加以解决。

2）统计学检验

统计学检验主要根据数理统计学中的统计推断准则对模型的可靠性进行检验。常用的统计学检验方法有拟合优度检验、t 检验、F 检验，分别用来检验模型和解释变量估计值的显著性。必须指出，统计学检验是为模型的经济意义服务的，违背经济理论的模型不必进行统计学检验。

3）计量经济学检验

计量经济学检验是以数理统计为基础发展起来的一类检验方法，主要用于检验模型的计量经济学性质，如回归方程的假设条件检验、模型的识别性检验。常用的计量经济学检验方法有关于随机扰动项序列相关性的检验、异方差检验和解释变量多重共线性检验等。

4）预测性能检验

预测性能检验侧重于检验模型的稳定性，以及模型对样本期之外客观事实的描述和推断能力，即模型的超样本特性。具体检验方法如下。

（1）增加样本容量或更换新的样本数据重新估计模型参数，将新的估计值与原估计值比较，并检验二者是否有显著差异。

（2）利用所建立的模型对样本期之外某一时期进行预测，通过比较预测值与实际值的误差，检验模型的预测能力。

6. 模型应用

通过检验的模型可以视为实际系统的缩影，可据此对实际系统进行研究。

1.3 系统仿真

1.3.1 系统仿真的定义

“仿真”一词译自英文 simulation，也称为模拟。1961 年，G.W.Morgenthler 首次对“仿真”一词做了技术性的解释，他认为仿真意指在实际系统尚不存在的情况下对于系统或活动本质的实现。

1981 年，科恩（Korn）在《连续系统数字仿真》（*Digital Continuous-system Simulation*）中给出仿真的技术性定义：“用能代表所研究的系统的模型做实验”。1982 年，斯普里耶（Spriet）进一步将仿真的内涵加以扩充：“所有支持模型建立与模型分析的活动即仿真活动”。1984 年，奥伦（Oren）给出了仿真的基本概念框架：“建模—实验—分析”。现代仿真的概念框架如图 1-1 所示。

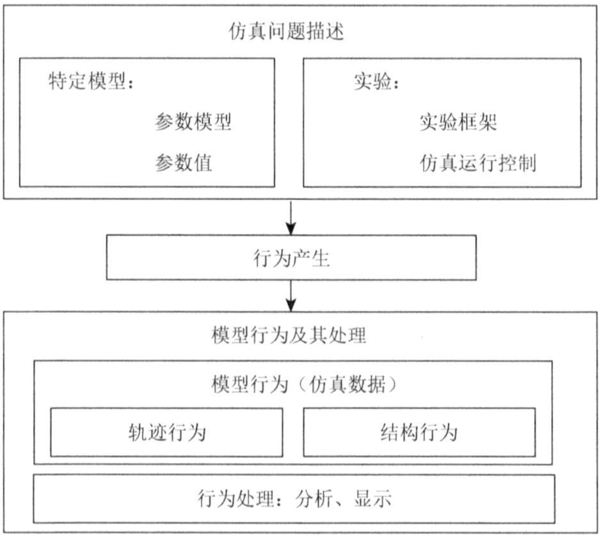

图 1-1 现代仿真的概念框架

1.3.2 系统、模型、仿真三者之间的关系

系统、模型、仿真三者之间联系密切。系统是研究的对象；模型是系统的抽象，是实际系统的替代物和模仿品；仿真则是基于系统建模和实验分析研究系统的过程。

本书将系统仿真定义为通过对替代物或模仿品的实验分析对与之相似的原型系统进行研究的过程。

系统仿真技术随着计算机技术的发展而迅速发展。例如，将按一定比例缩小的飞行器模型置于风洞中吹风，测出飞行器的升力、阻力、力矩等特性；要建设一个大水电站，先建一个规模缩小的小水电站来取得建设水电站的经验及其运行规律；指挥员利用沙盘来指挥一场战役或一场战斗。

系统仿真是分析和研究各种（复杂）系统的重要工具。

仿真技术的三要素及基本活动如图 1-2 所示。系统建模属于系统辨识技术范畴；仿真建模即针对不同形式的系统模型研究其求解算法；仿真实验包括检验和致效。检验（verification）是指仿真程序的检验；致效（validation）是指将仿真结果与实际系统的行为进行比较。

现代仿真技术将仿真活动扩展到上述三个方面，并将其统一到同一环境中。

1. 系统建模

系统建模是指通过对实际系统的观测或检测，在忽略次要因素及不可检测变量的基础上，用物理或数学逻辑的方法进行描述，从而获得实际系统的简化近似模拟。

2. 仿真建模

仿真建模反映了系统模型（简化模型）同仿真器或计算机之间的关系，它应能为计

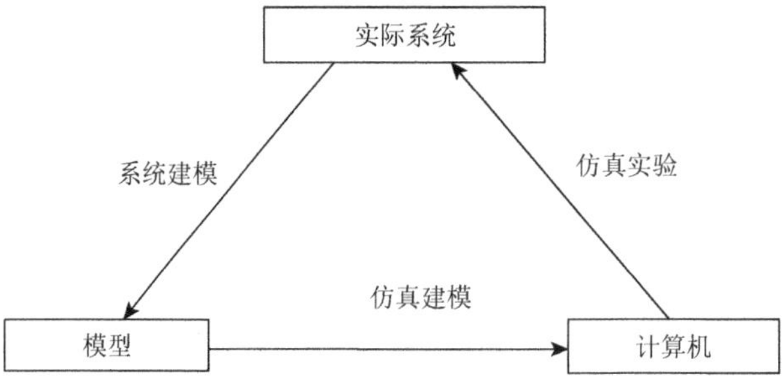

图 1-2　仿真技术三要素及三个基本活动

算机所接受，并能运行。因此，仿真建模就是对系统的数学模型进行一定的算法处理，使其在变成合适的形式之后能够在计算机上进行数字仿真的可计算/可执行模型。

3. 仿真实验

仿真实验是指在计算机上通过对模型的不断运行、分析其结果，进一步认识系统、得到问题解答的过程。

1.4　系统建模与仿真技术的应用

系统建模与仿真技术的突出优点在于能够在一个系统实际运行之前对它的运行性能进行模拟，并在不干扰实际系统的情况下比较各种方案的优劣，为决策提供科学依据。应用系统建模与仿真技术，人们可以用较小的投资大幅度降低决策风险。

应用上的可靠性和经济性以及计算机技术的突飞猛进推动了系统建模与仿真技术的广泛和大规模应用。尤其是对投资大、风险大的大型项目，如航空航天、战略武器系统、计算机集成制造、并行工程等领域，系统建模与仿真技术的应用效益非常显著。

1.4.1　航空航天领域

航空航天领域产品十分复杂且造价昂贵，具有投资大、风险大等大型项目的典型特征。人们正是在经历沉痛的失败教训之后才开始认识到系统仿真实验体系的重要性。例如，美国国家航空航天局 1958 年进行了四次人造卫星发射，全部以失败告终，1959 年发射成功率也仅为 57%。通过不断总结经验教训，为有效化解风险、提高项目成功概率，美国国家航空航天局逐步建立了一套发射系统仿真实验体系，使发射成功率迅速提高。20 世纪 60 年代，发射成功率达 79%；70 年代，发射成功率达到 91%。随着空间发射系统仿真实验体系的逐步完善，美国的空间发射计划失败的情形近年来已经很少发生了。

据测算，飞机研制项目采用系统仿真技术通常可使研制投入减少 20%左右，同时研制周期缩短 10%以上。

1.4.2 电力工业

随着单元发电机组容量的不断增加，电力系统成为一个高度复杂的系统，人们对电力系统运行安全性、稳定性的要求也越来越高。因此，电站仿真系统已成为电站建设和运行管理中必不可少的配套装备，同时，系统仿真技术是优化电力系统负荷配置、实现瞬态稳定性控制、确保系统安全运行的主要手段。

1.4.3 石油、化工、冶金工业

由于石油、化工、冶金工业生产过程十分复杂，产品设计、工业流程规划、生产计划安排、生产过程控制、产品性能分析和质量检验、原材料/产品的物流和库存管理等涉及的因素众多，系统仿真技术在提高石油、化工、冶金工业生产和管理效率方面发挥了重要作用。

1.4.4 政策领域

政策系统是典型的复杂适应性系统（complex adaptive system，CAS），是一个由自然生态、人工设施、生产生活等相互作用的多个子系统组成的交叉网络系统。系统包含大量自主行动和相互交流影响的主体，这些主体又受到政策环境因素的影响，政策注入系统之后，经过主体的理解—反应—影响—行动，涌现出政策结果。

人类社会面临传染病的严重威胁，近 20 年发生的一些传染病，如非典型性肺炎、高致病性禽流感、甲型 H1N1 流感、新冠病毒感染等，均对生命健康和社会生活造成了很大影响。如何遏制传染病暴发、缓解传染病流行是当前社会面临的紧迫问题。从系统科学的角度看，传染病流行是在人群中发生的一个复杂扩散过程。对这一过程建立模型，有助于理解传染病的流行机理，认识其内在规律，以模型为基础对传染病传播过程进行分析和预测，可以为干预措施的选择提供理论依据。

面对新冠病毒感染，利用多源数据分析对疾控、运营商、医保、公安数据进行聚合，通过确诊和疑似人员的时空信息进行大数据分析，帮助政府相关部门主动精准发现密切接触人群，从而有效防控疫情传播。利用政务活动中产生的政务信息资源，通过数据挖掘技术以及信息组合、数学建模、相关性分析、智能检索引擎、仿真建模和自定义专项分析等技术，对公共政策的制定和执行展开实行前的模拟，确保公共政策仿真全过程的正确性和可信性，最大限度地让公共政策仿真满足实际需求，降低决策失误率、提高公共政策的执行效果，进一步提升公共政策制定的科学性和合理性。

1.4.5 经济安全领域

2009 年初，美国国防部在马里兰州米德堡军事基地的战争分析实验室内组织了一场

模拟经济大战。巨幅电视墙上，经济形势瞬息万变，5 队人马为争夺世界经济主导权展开经济博弈。

这场模拟经济大战是美国五角大楼首次举行的以经济安全为主题的军事演习。美国《政治周报》网站 2009 年 4 月 9 日披露了演习的部分内容。据报道，演习计划早在 2008 年 9 月全球金融危机爆发前就已制订，金融危机的蔓延更凸显了这次演习的重要性。参加演练的包括对冲基金经理、高校专家、投资银行高管等，他们被分成 5 支队伍，在世界面临经济灾难时模拟各方表现。另外还有一组人担任裁判，评估各方行为的后果。他们的一举一动都被美军和情报人员记录下来并进行详细分析。《政治周报》评论说，对经济战的模拟绝非科幻，它反映出“9·11 事件”之后美军为捍卫美国的世界地位考虑的范围越来越广泛，五角大楼开始运用军事思维研究大国间的经济冲突。五角大楼模拟经济大战反映了美国国内一部分人对美国国家经济安全的担忧。

【总结与习题】

1. 总结

本章是本书学习的基础，主要介绍了系统及其分类、系统建模、系统仿真等基本知识，以及系统建模与仿真技术的应用领域，以帮助读者对本书的学习建立一个整体概念。

2. 习题

（1）试述系统的定义。
（2）系统特性有哪些？
（3）系统有怎样的分类？
（4）给出系统仿真的定义并讨论系统、模型、仿真三者的关系。
（5）模型检验方法有哪些？
（6）系统仿真的三要素是什么？
（7）系统建模与仿真的应用领域有哪些？

第2章

建模的基本理论

【学习目标】

1. 掌握建模的原则与模型的有效性。

2. 了解演绎推理、系统辨识理论、相似理论、灰色系统理论、自组织理论、元胞自动机理论等建模的基本理论。

【开篇案例】

生 命 游 戏

生命游戏其实是一个零玩家游戏，它包括一个二维矩形世界，这个世界中的每个方格居住着一个活着的或死了的细胞。一个细胞在下一个时刻的生死取决于相邻八个方格中活细胞或死细胞的数量。如果相邻方格活细胞数量过多，这个细胞会因资源匮乏而在下一个时刻死去；如果相邻方格活细胞数量过少，这个细胞也会因太孤单而在下一个时刻死去。可以设定适宜该细胞生存的相邻方格活细胞数量。如果这个数量设定过低，世界中的大部分细胞会因找不到太多的邻居活细胞而死去，直到整个世界都没有生命；如果这个数量设定过高，世界中又会被生命充满而没有变化。

实际中，这个数量一般选取 2 或者 3，这样整个生命世界才不至于太过荒凉或拥挤，达到一种动态的平衡。这样的话，游戏的规则就是：当一个方格周围有 2 或 3 个活细胞时，方格中的活细胞在下一个时刻继续存活；即使这个时刻方格中没有活细胞，在下一个时刻也会诞生活细胞。在这个游戏中，还可以设定一些更加复杂的规则，例如，当前方格的状况不仅由父代决定，而且考虑祖父代的情况；可以随意设定某个方格细胞的死活，以观察其对世界的影响。

在游戏进行的过程中，杂乱无序的细胞会逐渐演化出各种精致、有形的结构，这些结构往往有很好的对称性。一些结构的形状已经锁定，不会逐代变化。一些已经成形的结构会因一些无序细胞的入侵而被破坏。但是形状和秩序经常能从杂乱中产生出来。

最早研究元胞自动机的科学家是冯•诺依曼（von Neumann），康韦（Conway）

发明了有趣的元胞自动机程序——生命游戏，沃尔弗拉姆（Wolfram）则详尽地讨论了一维世界中的元胞自动机的所有情况。后来人工生命之父克里斯·朗顿进一步发展了元胞自动机理论，并认为具有 8 个有限状态集合的自动机就能够涌现出生命体的自复制功能。从此诞生了人工生命这一新兴的交叉学科！

如今元胞自动机已经在地理学、经济学、计算机科学等领域得到了非常广泛的应用。

资料来源：https://baike.baidu.com/item/生命游戏/2926434?fr = aladdin

2.1 建模的原则与模型的有效性

2.1.1 建模的原则

建立能够较全面、集中、精确地反映系统的状态、本质特征和变化规律的模型是系统建模的关键。事实上，能够直接用数学公式描述的事物是很有限的。因此，在大多数情况下数学模型不可能与实际系统完全吻合。为保证数学模型尽可能逼近实际系统，建立模型时应遵循以下原则。

1. 简单性

从实用的观点看，由于在建模过程中忽略了一些次要因素和某些非可测变量的影响，实际的模型已是一个简化了的近似模型。一般而言，在实用的前提下，模型越简单越好。

2. 清晰性

一个复杂的系统是由许多子系统组成的，因此对应的系统模型也是由许多子模型构成的。建立模型时在子模型之间除有为了研究目的所必需的信息联系外，相互耦合尽可能少，结构尽可能清晰。

3. 相关性

模型应该只包括系统中与研究目的有关的信息。虽然与研究目的无关的信息包括在模型中可能不会有很大的危害，但是它会增加模型的复杂性，从而使得在求解模型时增加额外的工作，所以应该把与研究目的无关的信息尽量排除在外。

4. 准确性

建立模型时，应该考虑所收集的、用以建立模型的信息的准确性，包括确认所对应的原理和理论的正确性及其使用范围，同时检验建模过程中针对系统所作的假设的正确性。

5. 可辨识性

规模的结构必须具有可辨识的形式。可辨识性是指系统的模型必须有确定的描述或表示方式，在这种描述或表示方式下与系统性质有关的参数必须具有可识别的解。若一个模型结构中具有无法估计的参数，则此模型无实用价值。

6. 结合性

建立模型还需要进一步考虑的因素是模型的结合性，即是否能够把若干实体组成更大的实体。例如，对于防空导弹系统，除了能够研究每枚导弹的发射细节和飞行规律，还可以综合计算多枚导弹发射时的作战效能。

2.1.2 模型的有效性

1. 模型的可信度

模型的可信度本身是一个非常复杂的问题。它一方面取决于模型的种类，另一方面取决于模型的构造过程。根据构造模型的难易程度，通常把模型的可信度水平分为三种。

（1）在行为水平上的可信度，即模型是否能复现实际系统的行为。

（2）在状态结构水平上的可信度，即模型能否与实际系统在状态上相互对应，通过这样的模型对未来的行为进行有效的预测。

（3）在分解结构水平上的可信度，即模型能否表达实际系统内部的工作情况。

以上可信度水平又分别称为重复性、重复程度和重构性。查看这些情况的一条可行途径是将每个水平视为一种对实际系统的知识的索取。随着认识水平的提高，这种索取变得更加强烈。

不论在哪一种可信度水平上，都应当充分考虑在整个建模过程中及以后各阶段的可信性。

1）在演绎中的可信性

演绎分析要求逻辑关系正确、数学过程严谨。在这种条件下，数学模型的可信性将取决于先验知识的可信性。先验知识的可信性往往寓于正确性和普遍性之中，不易被认可、被接受。数学模型的可信性还可以从以下两条途径进行分析。

（1）通过对前提条件正确性的研究来分析模型本身是否可信。

（2）通过对其他结果的验证来分析信息以及由此得到的模型的可信性。

2）在归纳中的可信性

首先可以检查归纳程序是否符合逻辑关系正确、数学过程严谨的要求，然后通过对比模型行为与实际系统行为判断模型的可信性。

在检验过程中，可将实际系统视为数据源，通过观测输入和输出，获得系统行为数据。实际系统的输入输出关系通常用 R_1 表示。由于有效的实验数据是有限的，即在某一时刻 t，能够观测、记录的数据仅是全部潜在的可获得数据的一部分，记作 R_2。

模型本身也是 R_1 的来源。在某一时刻 t，模型可信就意味着 $R_1 = R_2$。除此之外，还可以通过分析模型数据与实际系统数据的偏离程度来判断模型的可信性。

对于具有某种统计特性的数据，或运用随机过程表示的模型，往往基于模型数据与实际系统数据的偏离程度判定其可信性。人们习惯运用统计检验方法判断实际系统与模型之间的偏离程度。

3）在目的方面的可信性

从实践的观点出发，如果运用一个模型能达到预期的目的，这个模型就是成功的、可信的。

2. 模型的验证

仿真结果的有效性取决于系统模型的可靠性。因此，模型验证是一个不可或缺的环节，应贯穿系统建模—仿真实验这一过程的始终，直到仿真实验取得满意的结果。

1）模型验证过程中应注意的问题

进行模型验证应注意以下问题。

（1）模型验证是一个重要环节，也是建模者对所研究问题由感性认识上升到理性认识的过程，往往需要多次反复才能完成。

（2）模型验证过程具有不确定性。由于模型是实际系统的一种相似或近似，其相似或近似程度具有一定的不确定性。模型验证与建模者对实际系统的认识和理解程度有关。因此，建模过程不完全具备可重复性，对于同一个问题，不同的建模者所建的模型可能有所不同。

（3）对模型进行全面验证往往是不可能的。尤其是对于一些复杂的系统模型与仿真问题（如社会系统、生态问题、飞行器系统），模型验证所需要的大量统计数据难以获得，无法对模型进行全面验证。

2）模型验证的基本方法

（1）基于机理建模的必要条件法。必要条件法就是对实际系统的各种特性、规律和现象进行仿真实验，然后根据仿真结果与必要条件的吻合程度来验证模型的可信性和有效性。通常，模型验证需要进行实验设计，其实验结果是人们可以判定的，正确的结果是正确的模型所应具备的必要性质。对于采用机理建模法建立的模型，在模型验证过程中主要检验模型的可信性。

（2）基于实验建模的数理统计法。数理统计法又称为最大概率估计法，它是数理统计学中描述一般随机状态（或过程）发生的可能性的一种数学方法。实验建模中所依据的数据往往带有一定的随机性与不确定性，因此所得模型的可信性与准确性是不确定的。因此，在实验建模时，应该选取概率最大的数据进行建模，以保证所建模型具有较高的可信性。对基于实验建模法建立的模型，可通过对比在相同输入条件下模型与实际系统的输出结果的一致性、最大概率性、最小方差性等数理统计特性来综合判断其可信性与准确性。

（3）实物模型验证法。对于机电系统、化工过程系统及工程力学等可依据相似原理建立实物模型的仿真问题，应用实物（或半实物）仿真技术能够在一定条件下实现较高精度的模型验证，这种验证有时代价很高。这也是在产品开发和飞行器研制过程中，人们总是把实物仿真作为产品定型和批量生产前的最高级仿真实验的原因。

2.2 演绎推理

2.2.1 演绎推理的定义

演绎推理是从一般性的前提出发，通过推导即演绎，得出具体陈述或个别结论的过程。演绎推理的定义包含如下内涵。

（1）演绎推理是从一般到特殊的推理。

（2）演绎推理是前提蕴涵结论的推理。

（3）演绎推理是前提和结论之间具有必然联系的推理。

（4）演绎推理是前提与结论之间具有充分条件或充分必要条件联系的必然性推理。

演绎推理的逻辑形式对于理性的重要意义在于，它对人的思维保持严密性、一贯性有着不可替代的校正作用。这是因为演绎推理保证推理有效的依据并不在于它的内容，而在于它的形式。演绎推理最典型、最重要的应用通常存在于逻辑和数学证明中。

演绎推理是严格的逻辑推理，一般表现为大前提、小前提、结论的三段论模式，即从两个反映客观世界对象的联系和关系的判断中得出新的判断的推理形式。例如，自然界一切物质都是可分的，基本粒子是自然界的物质，因此，基本粒子是可分的。

演绎推理的基本要求是：①大、小前提的判断必须是真实的；②推理过程必须符合正确的逻辑形式和规则。演绎推理的正确与否首先取决于大前提的正确与否，如果大前提错误，结论自然不会正确。

2.2.2 演绎推理形式

演绎推理有三段论、假言推理、选言推理、关系推理等形式。

1. 三段论

三段论是由两个含有一个共同项的性质判断作前提，得出一个新的性质判断为结论的演绎推理。三段论是演绎推理的一般模式，包含三个部分：①大前提——已知的一般原理；②小前提——所研究的特殊情况；③结论——根据一般原理，对特殊情况作出判断。

例如，知识分子都是应该受到尊重的，人民教师都是知识分子，所以，人民教师都是应该受到尊重的。

其中，结论中的主项称为小项，用“S”表示，如上例中的“人民教师”；结论中的谓项称为大项，用“P”表示，如上例中的“应该受到尊重”；两个前提中共有的项称为中项，用“M”表示，如上例中的“知识分子”。在三段论中，含有大项的前提称为大前提，如上例中的“知识分子都是应该受到尊重的”；含有小项的前提称为小前提，如上例中的“人民教师都是知识分子”。三段论是根据两个前提所表明的中项 M 与大项 P 和

小项 S 之间的关系，通过中项 M 的媒介作用，从而推导出确定小项 S 与大项 P 之间关系的结论。

2. 假言推理

假言推理是以假言判断为前提的推理。假言推理分为充分条件假言推理和必要条件假言推理两种。

（1）充分条件假言推理的基本原则是：小前提肯定大前提的前件，结论就肯定大前提的后件；小前提否定大前提的后件，结论就否定大前提的前件。

例如，如果一个数的末位是 0，那么这个数能被 5 整除；这个数的末位是 0，所以这个数能被 5 整除。

又如，如果一个图形是正方形，那么它的四条边相等；这个图形四条边不相等，所以它不是正方形。

两个例子中的大前提都是一个假言判断，所以这种推理尽管与三段论有相似的地方，但不是三段论。

（2）必要条件假言推理的基本原则是：小前提肯定大前提的后件，结论就肯定大前提的前件；小前提否定大前提的前件，结论就否定大前提的后件。

例如，只有肥料足，菜才长得好；这块地的菜长得好，所以这块地肥料足。

又如，育种时，只有达到一定的温度，种子才能发芽；这次育种没有达到一定的温度，所以种子没有发芽。

3. 选言推理

选言推理是以选言判断为前提的推理。选言推理分为相容的选言推理和不相容的选言推理两种。

（1）相容的选言推理的基本原则是：大前提是一个相容的选言判断，小前提否定其中一个（或一部分）选言支，结论就肯定其他选言支。

例如，这个三段论的错误，或者是前提不正确，或者是推理不符合规则；这个三段论的前提是正确的，所以这个三段论的错误是推理不符合规则。

（2）不相容的选言推理的基本原则是：大前提是一个不相容的选言判断，小前提肯定其中一个（或一部分）选言支，结论就否定其他选言支；小前提否定除其中一个（或一部分）以外的选言支，结论就肯定这个（这部分）选言支。

例如，一个词，要么是褒义的，要么是贬义的，要么是中性的。“结果”是个中性词，所以，“结果”不是褒义词，也不是贬义词。

又如，一个三角形，要么是锐角三角形，要么是钝角三角形，要么是直角三角形。这个三角形不是锐角三角形和直角三角形，所以，它是钝角三角形。

4. 关系推理

关系推理是前提中至少有一个是关系命题的推理。下面简单举例说明常用的关系推理。

（1）对称性关系推理，如 1 米 = 100 厘米，所以 100 厘米 = 1 米。

（2）反对称性关系推理，如 a 大于 b，所以 b 不大于 a。

（3）传递性关系推理，如 $a>b$，$b>c$，所以 $a>c$。

2.3　系统辨识理论

2.3.1　系统辨识的定义及基本要素

系统辨识最早的定义由 Zadeh 于 1962 年提出。Zadeh 提出，系统辨识是在对被辨识系统进行输入和输出观测的基础上，在设定的一类系统中确定一个与被辨识系统等价的系统。

1978 年，Ljung 进一步补充：系统辨识就是在一系列模型类中，按照某个准则，选择一个与被辨识系统的观测数据拟合得最好的模型。

上述两个定义中，Zadeh 的定义较严格，但是要找出一个与实际系统完全等价的模型是比较困难的；而按 Ljung 的定义，辨识的实质可理解为数据拟合和优化，比较实用。系统辨识的基本原理如图 2-1 所示。

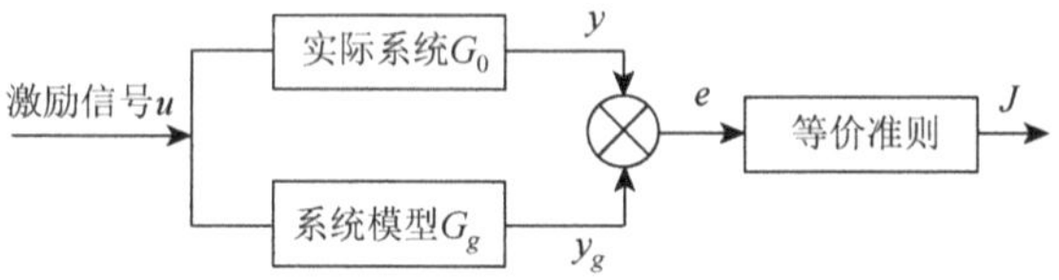

图 2-1　系统辨识基本原理示意图

图 2-1 中规定，等价准则为 $J(y,y_g)$，它是误差 e 的函数，实际系统 G_0 和系统模型 G_g 在同一激励信号 u 的作用下，产生实际系统输出信号 y 和系统模型输出信号 y_g，二者之间的误差为 e。经等价准则计算后，取修正模型参数，反复进行，直到误差满足代价函数最小，其数学表述为

$$J(y,y_g)=f(e) \tag{2-1}$$

式中，$f(e)$ 为准则函数表达式。辨识的目的是找出一个系统模型 $G_g\in\varphi$，φ 为给定的模型类，使 $J(y,y_g)\to\min$，则有 $G_g=G_0$，此时称系统被辨识。

这个定义明确了系统辨识过程的三大要素：①输入、输出数据（u，y，y_g）；②模型类（φ）；③等价准则（$J(y,y_g)$）。

模型的精度由 $J(y,y_g)$ 决定，即由 e 决定。其中，数据是辨识的基础；等价准则是辨识的优化目标；模型类是寻找模型的范围。从上述可知，辨识的实质就是按照某种等价准则，从一组模型类中选择一个模型，使之能最好地拟合所研究的实际系统的动态特性。

2.3.2 系统辨识准则

系统辨识过程中一个很重要的概念是，要求实际系统和系统模型在各种可能的相同输入下的输出近似相等，即两个系统等价，它是用来衡量模型接近实际系统的标准。通常实际系统和系统模型的等价性是通过引入评价函数定义的，这个评价函数称为等价准则函数。对某种相同的输入 u，若实际系统 G_0 的输出为 y，系统模型 G_g 的输出为 y_g，实际系统输出和系统模型输出之间的偏离（误差）为 $e = y - y_g$，则通常采用的准则函数如下。

连续信号下，其准则函数为

$$J(y,y_g)=\int_{t-T}^{t}[y(t)-y_g(t)]^2\mathrm{d}t=\int_{t-T}^{t}e^2(t)\mathrm{d}t \tag{2-2}$$

离散信号下，其准则函数为

$$J(y,y_g)=\sum_{k=1}^{N}\left|y-y_g\right|^2=\|e\|^2 \tag{2-3}$$

在给定的模型类中，当系统模型 G_g 使准则函数最小时，定义 G_g 与实际系统等价。因此，辨识就是求使准则函数最小的系统模型 G_g 的最优化问题。若模型类采用参数模型描述，辨识就归结为参数优化问题。

在给定的模型中，准则函数 $J(y,y_g)$ 是表述实际系统输出 y 和系统模型输出 y_g 之间关系的函数，常用的方式是表示成误差 e 的函数，写成 $J(y,y_g)=f(e)$。其具体表达方式中，平方误差准则 $f(e)=e^2$ 用得最多。根据误差的定义形式，辨识方法又可以分为输入误差、输出误差和广义误差等。

2.3.3 系统辨识的模型类

动态系统按其描述方法和分析、定义域可用不同的数学模型来表达，具体可分为连续模型和离散模型、时域模型和频域模型、参数型模型和非参数型模型等。经典控制理论中的微分方程和现代控制理论中的状态空间方程都属于时域范畴，离散模型中的差分方程和离散状态空间方程也是如此。传递函数和传递函数矩阵属于频域范畴。一般在经典控制理论中采用频域上的传递函数建模，在现代控制理论中则采用时域上的状态空间方程建模。

参数型模型是指用模型的参数来描述系统特性的模型。微分方程和传递函数中的系数 a_t，b_t，以及状态空间方程中的系数矩阵 A、B、C 和 D 即模型的参数。非参数型模型是指用响应曲线来描述系统特性的模型，如时域中的脉冲响应模型、频域中的频率响应模型。

2.3.4 系统辨识的步骤

实现系统辨识的过程可以分为以下步骤。

（1）选定一类代表实际系统的数学模型。

（2）在系统上加一个合适的实验信号，并记录其输入输出数据。如果系统处在连续运行中，并且不允许加实验信号，则利用正常系统运行数据来辨识。

（3）完成参数辨识，在给定的模型类中选定系统模型，使其最好地拟合统计数据。

（4）进行有效性检验，以考核所选系统模型对于最终的辨识系统来说是否适当地代表了实际系统的特性。

（5）如果通过有效性检验，则辨识过程结束，否则必须选择另一类系统模型并且重复步骤（2）～（4），直到获得有效的系统模型。

图 2-2 概略地展示了实际系统及其输入输出数据的测量、转换和辨识，直至获得描述系统输入输出关系的系统模型。

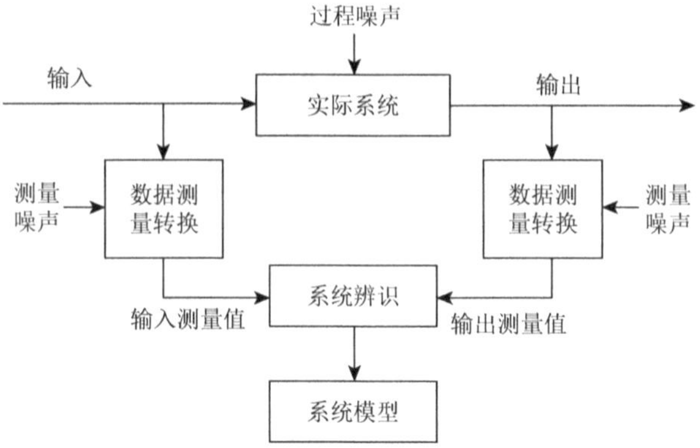

图 2-2　系统辨识示意图

系统辨识的结果是得到一个表示输入输出关系的数学表达式。为此，可利用各种输入信号去激励系统，并测量其输出。这些输入和输出信号通常被噪声污染，辨识技术就是通过处理带有噪声的数据而获得模型的。

2.4　相似理论

2.4.1　相似概念

自然界和人类社会中广泛存在着相似概念，最普遍的是几何相似和现象相似。几何相似最简单而直观，如平面几何中多边形相似和三角形相似。现象相似是几何相似的延伸和扩展，例如，相似的物理现象表明一个系统中所发生的过程的各物理量与另一个系统中所发生的过程的相应物理量之间存在着固定比例系数 m_i。这表明现象相似中必然存在类似几何相似的关系：

$$v' = \frac{v}{m_v},\ t' = \frac{t}{m_t},\ u' = \frac{u}{m_u} \tag{2-4}$$

式中，m_v、m_t、m_u为固定比例系数。

这是相似的一层含义，相似还具有另一层含义，这就是人们对客观事物认识上的相似性。人的感觉器官在接收信息及其变化时，经过转化单元及各级神经机构的整合，每一级所得到的中间结果都是相似的、有局限性的。同时，人在分析解决问题时需经过多级相似，从而丢失许多信息和产生部分失真，最后得到的结论自然不可能与客观存在完全相同，而只能相似。可见，在任何情况下，相似是绝对的，全映射或完全相同几乎是不可能的。

2.4.2 相似分类与方式

按照相似程度，相似可分为绝对相似、完全相似、不完全相似（或局部相似）、近似相似和模糊相似等。

绝对相似是指所研究的两个系统（如原型与模型）全部几何尺寸和其他相应参数在时空域上产生的全部变化（或整个过程）都是相似的。

如果两个系统相应方面的过程在时空域上相似，则称为完全相似。例如，当我们研究发电机的电流和电压问题时，所建立的发电机数学模型应保证与实际发电机在电磁现象方面是完全相似的。这时就无须追求热工或机械过程方面的相似，即没有必要强求模型与原型的绝对相似。

不完全相似仅保证研究部分的系统相似，非研究和不要部分的过程可能被歪曲，这是为研究目的所容许的。

在某些简化假设下的现象相似称为近似相似。对于建模来说，近似相似必须保证其模型的有效性。

模糊相似是指在两个系统之间保证它们的隶属函数相似或各自白化后的完全相似。

相似方式是保证上述系统相似的各个方面，采用何种相似方式取决于建模目标和仿真任务。通常，有如下相似方式可供选取：几何相似、参量比例相似、结构相似、性能相似、感觉相似、生理相似、心理相似、思维方法相似、行为过程相似、群体行为相似和环境相似等。

2.4.3 相似关系

数学上的关系一般包括普通数相等关系、大小关系、图形全等关系，几何之间的包含关系、对应关系（函数关系），以及相似关系等。

相似关系可作如下定义。

【定义 2-1】设 X、Y 是两个非空集，如果存在一个从 X 到 Y 的关系 S_S，使得 X 中的每一个元素 x，有 Y 中的唯一确定的元素 y 与之对应，即 $X \xrightarrow{S_S} Y$，这时则称关系 S_S 是从 X 到 Y 的相似关系。

同时，有 S_S 的定义域

$$D[S_S]=\{x;\ x \in X，\text{且对某一} y \in Y，\text{有} (x,y) \in S_S\}$$

及值域

$$R[S_S]=\{y;\ x\in X,(x,y)\in S_S,\ 对某一x\in S_S\}$$

2.4.4 相似定理

1. 相似第一定理

相似系统应具有同样的相似判据，即相似指标应当等于 1。

该定理的数学形式为

$$\pi=\mathrm{idem}$$

式中，π 为相似判据符号；idem 表示所观测的一系列系统是相同的。

相似第一定理是由牛顿在研究力学问题时提出的。对于两个力学系统，如果用 F、M、l 和 t 分别表示力、质量、长度和时间，m_F、m_M、m_l 和 m_t 分别表示力、质量、长度和时间的相似常数，则有

$$\frac{F_2}{F_1}=m_F,\quad \frac{M_2}{M_1}=m_M,\quad \frac{l_2}{l_1}=m_l,\quad \frac{t_2}{t_1}=m_t \tag{2-5}$$

可得，$\dfrac{m_M m_l}{m_t^2 m_F}=1$，这就是力学系统的相似指标。它进一步表明，相似系统的相似指标必然等于 1，即任何相似系统必须满足相似第一定理。

2. 相似第二定理

相似第二定理又称为 π 定理。它表明，相似系数的相似判据为 π。

假定任意物理系统是由 n 个不同量纲的物理量所组成的，物理过程的关系取决于方程 $F(j_1, j_2, \cdots, j_n)$，若 n 个物理量中有 k 个物理量是相互独立的，选出 $r_1, r_2, \cdots, r_k$ 作为基本量，则其余 $n-k$ 个物理量与选定的基本量所组成的 $n-k$ 个无量纲比例数 $\pi_1, \pi_2, \cdots, \pi_{n-k}$ 可以用算式完全表达出来，这些无量纲比例数就是相似判据。

π 定理的实质是如何寻求相似系统的相似判据。或者说，π 定理指出了如何利用量纲分析法找到一个物理现象（或系统）的相似判据数量，并确定出这些相似判据的表达式。π 定理强调以下两点。

（1）物理过程的量纲分析必须具备两个条件：①给出参与物理过程的物理量；②已知各物理量的量纲式。

（2）物理量 Q 的量纲式的一般形式为

$$\dim Q=\mathrm{L}^{\alpha}\mathrm{M}^{\beta}\mathrm{T}^{\gamma}$$

式中，α、β、γ 为量纲指数；L、M、T 为给定的三个基本量（l、m、t）的量纲。

3. 相似第三定理

若两个现象（系统）单值条件相似，并且从单值条件引出的相似判据相等，则这两个现象（系统）相似。

相似第三定理是相似第一、二定理的补充，它表明了判断现象（系统）相似的充要条件。

单值条件是指一个现象（系统）从一群现象（系统）里区别出来所需要的条件。通常，单值条件由现象（系统）的几何特性、物理参数、起始条件、边界条件等构成。从此角度讲，相似第三定理的实质是要求现象（系统）相似必须是单值条件相似，即几何特性相似、物理参数相似、起始条件相似、边界条件相似，当然还包括时间相似。

2.5 灰色系统理论

2.5.1 灰色系统基本原理

灰色系统理论是由我国著名学者邓聚龙创立的。1982 年，他的论文“灰色控制系统”的发表标志着灰色系统理论的问世。

灰色系统理论重点研究“小子样”“贫信息”不确定性系统或问题，通过对部分已知信息的生成、开发寻求实际系统运行行为和演化规律。其突出特点是少数据建模。

灰色系统理论经过 40 多年的发展，不仅丰富了本身原理内涵，而且基本建立起了它的学科结构体系。

灰色系统基本原理可用如下诸公理来描述与概括。

【公理 2-1】 差异是信息，凡信息必有差异——差异信息原理。

【公理 2-2】 信息不完全、不确定的解是非唯一的——解的非唯一原理。

【公理 2-3】 灰色系统理论的特点是充分开发利用已占有的最少信息——最少信息原理。

【公理 2-4】 信息是认知的根据——认知根据原理。

【公理 2-5】 新信息对认知的作用大于老信息——新信息优先原理。

【公理 2-6】 信息不完全（灰）是绝对的——灰性不灭原理。

2.5.2 灰色系统理论体系结构

目前，灰色系统已形成如下较完善的学科体系结构。

1. 理论体系

以灰色朦胧集、灰色代数系统、灰色矩阵、灰色方程等为理论基础。

2. 分析体系

包括灰色关联分析、灰色聚类和灰色统计评估等。

3. 方法体系

统一在序列算子概念下的灰色序列生成，包括缓冲算子、均值生成算子、级比生成算子、累加生成算子（accumulating generation operator，AGO）和累减生成算子（inverse accumulated generating operation，IAGO）等。

4. 模型体系

以灰色模型（grey model，GM）为核心，模型按照五步建模思想来构建，即通过灰色生成或序列算子的作用弱化随机性，挖掘潜在的规律，经过灰色系统差分方程与灰色微分方程之间的互换实现利用离散的数列建立连续的动态微分方程。

5. 技术体系

以系统分析、评估、建模、预测、决策、控制、优化为主体的技术体系。其中，灰色预测是基于模型作出的定量预测，并按照其功能分为数列预测、区间预测、序列灾变预测、季节灾变预测、波形预测及系统预测等模型。灰色决策包括灰靶决策、灰色关联决策、灰色统计决策、灰色局势决策和灰色层次决策等。灰色控制包括灰色系统控制、灰色关联控制和灰色预测控制等。灰色优化包括灰色线性规划、灰色非线性规划、灰色整数规划和灰色动态规划等。

2.5.3 灰数概念、运算及关联度分析

1. 灰数概念

灰数是指信息不完全的数，是灰色系统的标志之一，记为$\otimes$。其相应的白化数为$\tilde{\otimes}$。灰数分为离散灰数和连续灰数。

如果灰数$\otimes$是离散灰数，则有

$$\forall\tilde{\otimes}\in\otimes\Rightarrow\tilde{\otimes}\in A=\{x(k)\big|k\in K=(1,2,\cdots,n)\}$$

如果灰数$\otimes$中的白化数$\tilde{\otimes}$是按区间连续分布的，则有

$$\forall\tilde{\otimes}\in\otimes\Rightarrow\tilde{\otimes}\in \mathrm{It}(a,b)\in\{[a,b],(a,b),(a,b],[a,b)\}$$

2. 灰数运算及关联度分析

关联度是事物（系统）之间的关联相似性的测度。关联度分析是指根据序列曲线几何形状的相似程度来判断其联系是否紧密，曲线越接近，则相应序列之间的关联度越大；反之亦然。关联度分析法是一种按照待分析系统的各种特征参量序列所构成的曲线几何形状、发展变化趋势接近程度来度量待分析系统之间关联程度的方法。

在灰色系统建模中，主因素与各子因素之间的关联相似程度不同，因此需要用关联度分析来寻找这种相似程度，即关联度。关联度是根据原始数据的几何相似性通过数据处理方法求得的，与数据分布无关，这是关联度分析法与统计分析法的根本区别。

关联度分为绝对值关联度、速度关联度、斜率关联度等。通常采用绝对值关联度，其原理如下。

设母序列（主因素的量化值）为$X_0^{(0)}$，$X_i^{(0)}$为第i个子序列（子因素的量化值），那么

$$X_0^{(0)} = \{x_0^{(0)}(1), \cdots, x_0^{(0)}(n)\}$$
$$X_i^{(0)} = \{x_i^{(0)}(1), \cdots, x_i^{(0)}(n)\}$$

式中，上标(0)为未经累加生成的原始数据；n 为采样点数。

关联系数为

$$\xi_i(k) = \frac{\min\min\left|x_0^{(0)}(k) - x_i^{(0)}(k)\right| + \rho\max\max\left|x_0^{(0)}(k) - x_i^{(0)}(k)\right|}{\left|x_0^{(0)}(k) - x_i^{(0)}(k)\right| - \rho\max\max\left|x_0^{(0)}(k) - x_i^{(0)}(k)\right|} \tag{2-6}$$

式中，$\rho \in [0,1]$为给定的辨识系数，一般取$\rho = 0.5$，要比较各子序列对母序列的关联度，通常取共同参考点，如坐标原点。故式（2-6）的分子第一项为零，即

$$\xi_i(k) = \frac{\rho\max\max\left|x_0^{(0)}(k) - x_i^{(0)}(k)\right|}{\left|x_0^{(0)}(k) - x_i^{(0)}(k)\right| - \rho\max\max\left|x_0^{(0)}(k) - x_i^{(0)}(k)\right|} \tag{2-7}$$

称数 r_i 为 $X_i^{(0)}$ 对 $x_0^{(0)}$ 的关联度，$r_i = \frac{1}{n}\sum_{k=1}^{n}\xi_i(k)$。所有的 r_i 将构成一个关联度集 R，$R = \{r_1, r_2, \cdots, r_n\}$。根据 R 的大小顺序即可选出重要或次要影响因素。在此基础上，根据关联度选择模型的说明变量。关联度分析的全过程如图 2-3 所示。

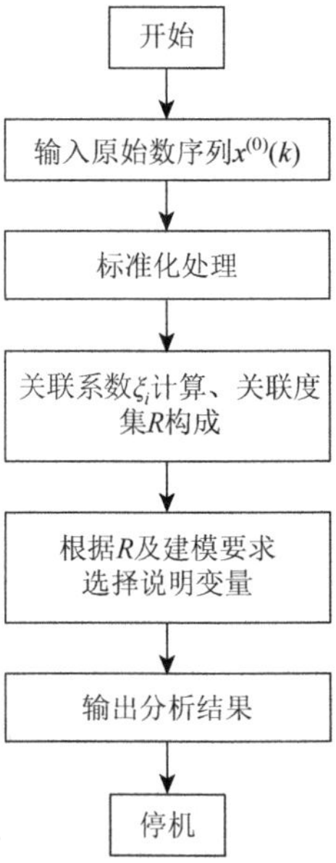

图 2-3　关联度分析全过程流程图

2.6　自组织理论

2.6.1　系统自组织概念

自组织是客观世界普遍存在的状态现象。如果没有外界的特定干扰，仅依靠系统内

部的相互作用来实现系统空间的、时间的或功能的结构，则称系统是自组织的。

自组织思想由来已久。从系统学角度讲，系统的自组织是指系统的各部分无须外界输入特殊的组织指令，自行结合为一个有机整体。这种自行结合是一个不可逆的动态过程。

自组织理论不是一个独立的理论体系，而是一个学科群，由协同学（synergetics）、超循环理论（hypercycle theory）、突变论（catastrophe theory）、混沌理论（chaos theory）和分形论（fractal theory）等若干系统演化理论共同组成，以系统的发生、发展为重点，揭示了组成一个宏观系统的大量子系统，如何自行组织，实现从无序到有序（或者从低级有序到高级有序）演化的一般条件、机制和规律性，深化了人们对系统（包括自然系统、社会系统、经济系统等）认识的程度。

自组织理论体系如图 2-4 所示，耗散结构理论深刻地揭示了系统自组织演化的客观环境条件；协同学以系统要素的竞争与协同效应解释自组织形成的内在机制；超循环理论阐述了系统自组织演化的具体形式及交叉作用于更大的循环链的发展过程；突变论着重剖析了系统自组织演化的局部渐变到整体突变的实现途径；混沌理论和分形论对系统自组织演化过程中的时间复杂性和空间结构与特性进行了解释和描述。以上这些理论形成了当今自然科学探索复杂系统自组织演化的理论前沿。

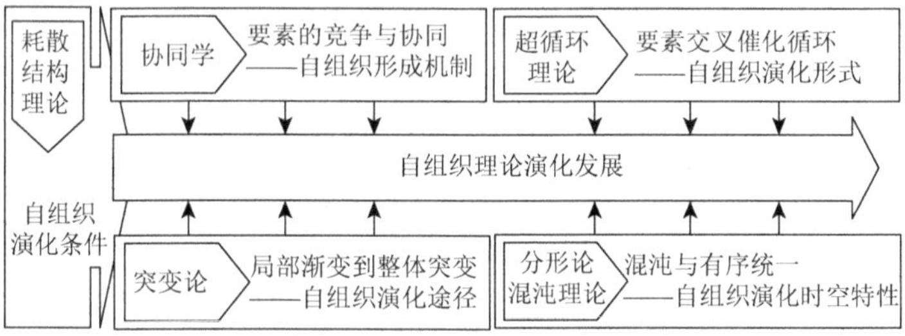

图 2-4 自组织理论体系

2.6.2 耗散结构理论

耗散结构是开放的复杂系统所具有的一种动态有序结构，是由比利时科学家普里高津（Prigogine）于 1969 年首先提出的。研究表明，一个远离平衡态的开放系统，通过不断与外界交换物质和能量，在外界环境对系统的影响程度达到一定阈值时，就会形成一种新的有序结构，且这种结构要依靠耗散外界的物质和能量来维持，故称为耗散结构。耗散结构是一个动态的有序结构，可以从一种耗散结构向另一种耗散结构跃迁。

基于上述研究成果，耗散结构理论指出，在开放条件下，非线性动力系统与外界的物质、能量和信息交换，当系统远离平衡并且大量微观粒子自组织协同一致时，将会在整体上涌现出新的有序结构——耗散结构。因此，耗散结构理论实质上就是远离平衡的非线性动力系统自组织理论。

耗散结构理论认为，系统要形成耗散结构必须具备如下基本条件。

1. 系统属于开放系统

耗散结构是在开放环境下生成的，若系统与外界环境隔绝，便不可能形成耗散结构，即使原系统存在耗散结构也终会瓦解。

2. 系统远离平衡态

耗散结构是在非平衡条件下生成的，因此要求系统在外界环境影响下，能超过非平衡的线性区，处于远离平衡态的非线性区。

3. 系统组分间存在非线性反馈

只有系统内部存在非线性反馈才能使系统稳定到耗散结构上。

4. 系统中存在涨落

涨落是指对系统的稳定的平均状态的偏离，即系统的不稳定状态。涨落对系统演化起着触发作用，通过涨落的有序和放大可使系统实现从无序到有序的转变、从低级有序向高级有序的进化。涨落并不是无条件地发展为序参量的，只有远离平衡且当控制参数达到分支点附近，才有可能实现。

耗散结构的形成就是系统的自组织过程。耗散结构理论第一次科学地揭示了自然界从简单到复杂、从无序到有序、从非生命到生命的演化，解决了使经典科学陷入困境的进化与退化、确定性与不确定性的宇宙学佯谬，阐明了系统自组织的内外部条件，揭示了系统“非平衡不可逆性是组织之源、有序之源”“通过涨落达到有序”的演化过程。

2.6.3 协同学

协同学是德国物理学家哈肯（Haken）于 1969 年提出的。它在自组织理论的动力学方法论中占有相当重要的地位，旨在研究自组织活动里的竞争、协同、支配及序参量等。

协同学的理论要点是，一个系统从无序到有序转变的关键不在于系统是平衡还是非平衡，也不在于离平衡态有多远，而是系统内部各子系统间通过非线性相互作用和协调，在一定条件下，能自发地产生在时间、空间或功能上稳定的有序结构，这就是系统的自组织能力。协同学还指出，系统在临界点（分支点）附近的行为仅由少数慢变量决定，系统的慢变量支配快变量，即支配原理。

协同学告诉人们：制定一定的规则，以一定的参数进行调节，然后让子系统自行相互作用，产生序参量运动模式，从而推动整个系统演化是非线性、自组织的最好管理方式。

2.6.4 超循环理论

德国物理学家曼弗雷德·艾根（Manfred Eigen）将物理学和化学的普遍性原理推广

到生物学领域，研究生物大分子自组织过程中生物信息起源，建立了关于生命起源的超循环模型，开创了超循环理论，不仅在生命科学界，而且在系统科学界乃至哲学社会科学界都引起了广泛的重视。

与耗散结构理论相比，超循环理论从另一个角度阐述系统的自组织实现过程。如图 2-5 所示，超循环理论认为，生命的起源可以分为三个阶段：化学反应阶段、生物分子自组织阶段和生命进化阶段，其中，生物分子自组织阶段一直被生物进化理论学者所忽视，而这个阶段正是生命演化的内在本质。生物大分子的自组织形成了超循环组织结构，提供分子自组织所需要的全部物质，发生在超循环组织之间的竞争和协同效应进一步扩大了循环链圈，使得这种超循环行为逐渐扩展到整个细胞内部，并形成了具有整合基因组、高度复杂酶、统一细胞结构的原细胞，最终实现了生物的进化。由此可见，超循环是生物大分子自组织导致生命起源以及进化的不可避免之路。

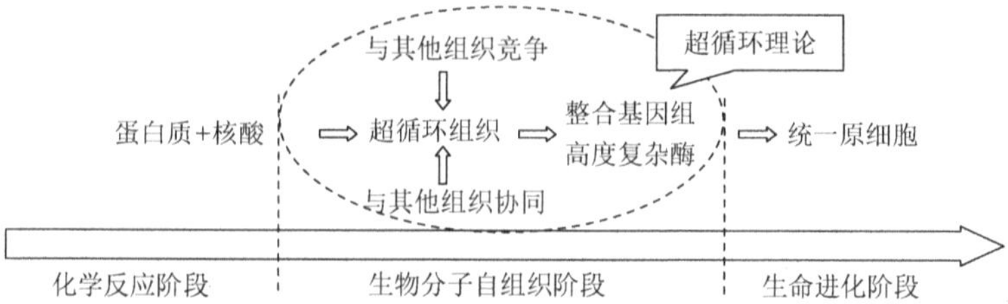

图 2-5　超循环理论与生物分子自组织阶段

生物系统是一个复杂的巨系统，将超循环理论抽象到对整个复杂系统的研究之中，为人类探索复杂系统的演化过程开辟了一种新的思路。耗散结构理论强调系统对来自外部环境物质和能量的耗散，超循环理论则侧重于系统内部发生的非平衡的、非线性的、随机不可逆的因果多种循环关系，揭示了系统自组织演化的普遍形式。

2.6.5　突变论

突变论是专门研究自然界连续的量变怎样引起质变并用数学模型描述这种变化现象的学科，其属于静态分支点即平衡点之间相互转换的范畴。

突变论认为系统内部任何变化都可以分为量变和质变，即渐变和突变，渐变可以引起突变，而突变是系统形态结构改变的根源。突变由系统内部的控制因素的变化引起，在整个突变过程中，控制因素 λ 始终处于临界点，如图 2-6 所示。当控制因素 λ 小于 λ_1，即在 $O \to \lambda_1$ 时，系统沿着 $O \to b \to a$ 轨迹演化；当系统的外界输入和内部输入导致控制因素 $\lambda \infty \lambda_1$ 时，即系统演化到控制因素的临界点 b 时，系统改变演化途径，发生跳跃性的变化 $b \to b'$，从 b'开始沿 $b' \to c \to d$ 轨迹演化，此时控制因素上升到新的临界点 λ_2，即 $\lambda_1 \to \lambda_2$，并且小于 λ_2；当系统演化到临界点 c，且 $\lambda \infty \lambda_2$ 时，系统再次发生跳跃现象。由此可见，系统的突变发生在控制因素无限接近临界点的临界状态。

突变论超越了以往“自然界无飞跃”的渐进进化思想，揭示出原因的连续作用有可能导致结果的突然变化，加深了人们对于系统有序与无序转化的方式和途径的多样性的理解。

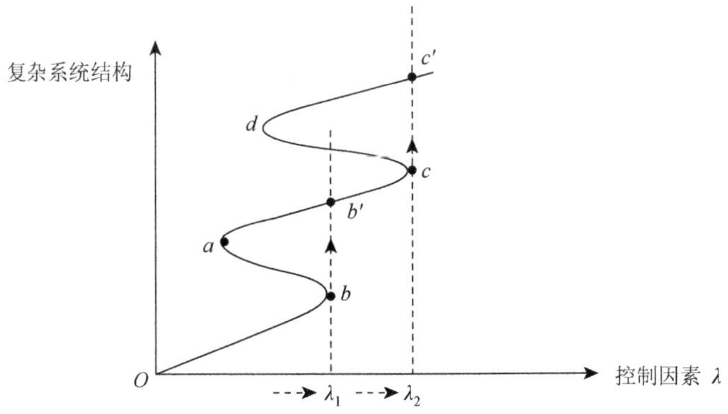

图 2-6　复杂系统突变过程

2.6.6　分形论

分形论是自欧几里得以来几何学最大的一次变革，分形论的创始人曼德尔布罗特（Mandelbrot）创造了与传统数学和其他学科截然不同的方法，通过这些方法和简单规则，产生了复杂性的分形图样，从而使得以往被几何学排斥在外的大量不规则几何对象得以描绘，跨越一切尺度的“穿透力”，揭示出深藏在复杂形状中从大尺度到小尺度的几何规律，而且建立了图形生长的模型，探索分支产生的整个结构。

分形论认为：具有不规则的、破碎形状的、部分与整体具有某种方式下的相似性的、其维数不必是整数的复杂系统，可以通过对部分的自相似性描述，揭示复杂系统的内部结构。分形论揭示出系统部分和整体的相似性，试图找到介于有序—无序、宏观—微观、整体—部分之间的新秩序。

分形论不仅突破了以往几何学只研究同一尺度中空间关系及规则图形的局限，突破了以往全部线性科学的正整数维空间概念，而且突破了数学限于逻辑推理和抽象形式的传统，并和混沌理论一起揭示了系统自组织演化的复杂性。

2.6.7　混沌理论

混沌理论是李天岩和约克（Yorke）于 1975 年首先提出的。混沌现象是非线性所产生的复杂非本质随机性不规则行为，它普遍存在于人类社会和自然界中。

混沌理论通过非线性不确定性方程所蕴含的蝴蝶效应，揭示了分形结构的动力学根源。分形论和混沌理论同为非线性科学的分支，它们之间存在很大的联系性，它们是复杂系统在时间和空间上的统一。混沌系统在空间上表现为分形结构；分形是描述系统混沌结构的有力工具。复杂系统的混沌现象在不同的时间标度上表现出相似的变化模式，具有时间的标度不变性，分形的自相似性是一种空间的标度不变性，即混沌在时间尺度上反映了系统的复杂性，分形则在空间尺度上反映了系统的复杂性。

2.7　元胞自动机理论

2.7.1　元胞自动机的定义

元胞自动机具有较为宽松甚至模糊的构成条件，但作为一个物理模型，元胞自动机有着严格的科学定义。它是物理学家、数学家、计算机科学家和生物学家共同的工作结晶。物理学家将其视为离散的、无穷维的动力系统；数学家将其视为描述连续现象的偏微分方程的对立体，是一个时空离散的数学模型；计算机科学家将其视为新兴的人工智能、人工生命的分支；生物学家则将其视为生命现象的一种抽象。下面给出元胞自动机常见的定义。

1. 物理学定义

元胞自动机是定义在一个由具有离散、有限状态的元胞组成的元胞空间上，并按照一定局部规则，在离散的时间维上演化的动力系统。不同于一般的动力学模型，元胞自动机不是由严格定义的物理方程或函数确定的，而是由一系列演化规则构成的。大量元胞通过简单的相互作用构成动态系统的演化。

2. 数学定义

美国数学家 L.P.Hurd 和 K.Culik 等在 20 世纪 90 年代初对元胞自动机分别从集合论和拓扑学等角度进行了严格的描述和定义。

1）基于集合论的定义

设 d 为空间维数，k 为元胞状态并在有限集合 S 中取值，r 为元胞的邻居半径，Z 为整数集，t 为时间，将整数集 Z 中的状态集 S 上的分布记作 S_Z。对于一维元胞自动机，元胞自动机的动态演化就是在时间上状态组合的变化，可记作 $S_Z^t \to S_Z^{t+1}$，这个动态演化由各元胞的局部规则 f 决定。局部规则 f 的输入、输出集均为有限集合，实际上，它是一个有限的参照表。对元胞空间内的元胞独立施加局部规则 f，则可得到全局的演化：$F(S_i^{t+1}) = f(S_{i-r}^t,\cdots,S_i^t,\cdots,S_{i+r}^t)$，其中，$S_i^t$ 为 t 时刻在位置 i 处的元胞。

2）基于拓扑学的定义

为描述和理解方便，同样假定维数 d 为 1。设 S 为 k 个符号的有限集合，Z 为整数集，Z 到 S 的映射的全体 S_Z 称为构形空间。显然 S_Z 就是用 S 中的符号组成的双侧无限的符号序列的全体，即一维元胞自动机的所有构形的集合。$a = (\cdots,a_{-1},a_0,a_1,\cdots)$ 称为构形空间中的点。在 S_Z 中引进任意两点 x 和 y 之间的距离：$\mathrm{dist}(x,y) = \sum \delta(x_i,y_i)2^{-|i|}$，当 $x_i = y_i$ 时，$\delta(x_i,y_i) = 0$，当 $x_i \ne y_i$ 时，$\delta(x_i,y_i) = 1$。然后，在 S_Z 中可以建立开、闭、紧等拓扑概念。定义移位算子 δ 为 $\delta(x_i) = x_{i-1}$，$i \in Z$。若连续映射 $F: S_Z^t \to S_Z^{t+1}$ 与 δ 可交换，即 $F\delta \to \delta F$，或对任意的 $x \in S_Z$ 有 $F[\delta(x)] \to \delta[F(x)]$，则 F 称为元胞自动机。

2.7.2 元胞自动机的构成

元胞自动机最基本的组成包括四个部分：元胞（cell）、元胞空间（lattice）、邻居（neighbor）及规则（rule）。简单讲，元胞自动机由一个元胞空间和定义于该空间的规则组成。元胞自动机组成之间的关系如图 2-7 所示。

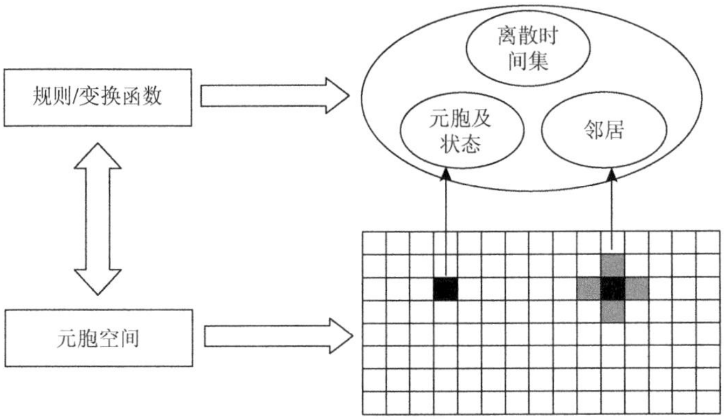

图 2-7 元胞自动机的组成示意图

1. 元胞

元胞又称为单元或基元，是元胞自动机的最基本的组成部分。元胞分布在离散的一维、二维或多维欧几里得空间的晶格点上。某一时刻每个元胞都具有自己的状态。状态可以是{0, 1}二进制形式或$\{S_0, S_1, \cdots, S_i, \cdots, S_k\}$整数形式的离散集。理论上元胞只能有一个状态变量，但在实际的应用中，常常要添加其他状态变量。

2. 元胞空间

元胞所分布的空间网点集合就是元胞空间。它可以是任意维数的欧几里得空间的规则划分。大多数研究集中在一维和二维元胞自动机上，三维或者三维以上元胞自动机的研究相对较少。一维元胞自动机的元胞空间划分只有一种，如图 2-8 所示；多维元胞自动机的元胞空间划分可以有多种形式。最为常见的二维元胞自动机的元胞空间可按三角、四方或六边形三种网格排列，如图 2-9 所示。

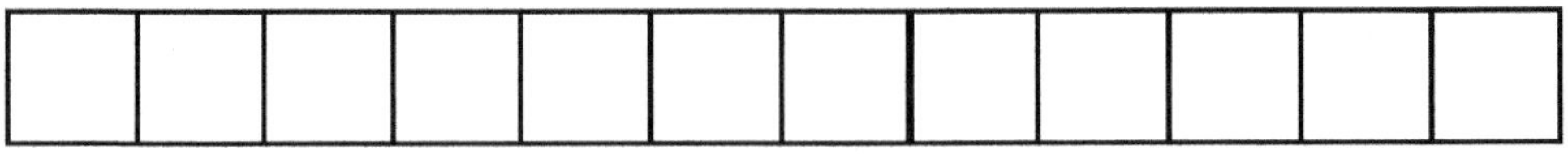

图 2-8 一维元胞自动机的元胞空间划分方式

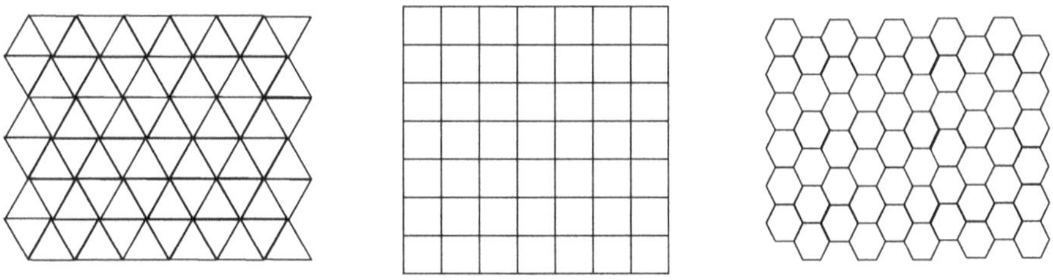

(a) 三角网格　　(b)四方网格　　(c) 六边形网格

图 2-9　常见的三种二维元胞自动机的元胞空间划分方式

这三种元胞空间划分方式在建模时各有优缺点。三角网格的优点是拥有相对较少的邻居数量，这在某些时候很有用；其缺点是在计算机上的表达与显示不方便，需要转换为四方网格。四方网格的优点是直观而简单，而且特别适合在现有计算机环境下进行表达显示；其缺点是不能较好地模拟各向同性的现象，如格子气模型中的 HPP 模型（由 Hardy、Pomeau 和 Pazzis 提出）。六边形网格的优点是能较好地模拟各向同性的现象，因此，模型更加自然而真实，如格子气模型中的 FHP 模型（由 Frisch、Hasslacher 和 Pomeau 提出）；其缺点同三角网格一样，在表达显示上较为困难、复杂。

3. 边界条件

在理论上，元胞空间在各维度上是无限延展的，这有利于理论推理和研究。但是在实际应用过程中，我们无法在计算机上实现这一理想条件，因此，需要定义不同的边界条件。归纳起来，边界条件主要有三种类型：周期型边界条件（periodic boundary）、反射型边界条件（reflective boundary）和定值型边界条件（constant boundary）。在应用中为更加客观、自然地模拟实际现象，还可能采用随机型边界条件，即在边界实时产生随机值。

周期型边界条件是指相对边界连接起来的元胞空间。对于一维空间，元胞空间表现为一个首尾相接的圈。对于二维空间，上下相接、左右相接，元胞空间形成一个拓扑圆环面（torus），形似车胎或甜甜圈。周期型空间与无限空间最接近，因而在理论探讨时常以此类型空间做实验。

反射型边界条件是指在边界外邻居的元胞状态是以边界为轴的镜面反射。在一维空间中，当半径 $r=1$ 时的边界情形如图 2-10 所示。

图 2-10　半径 $r=1$ 时的边界情形

定值型边界条件是指边界外所有元胞均取某一常量，如 0、1。

这三种边界类型在实际应用中，尤其是二维或更多维建模时，可以相互结合。例如，在二维空间中，上下边界采用反射型边界条件，左右边界采用周期型边界条件（相对边界中，不能单方面采用周期型边界条件）。

4. 邻居

元胞自动机演化是局部的，对指定元胞的状态进行更新时只需要知道其邻近元胞的状态。某一元胞状态更新时所要搜索的空间域称为该元胞的邻居。一般元胞邻居的大小没有限制，但所有元胞的邻居大小要相同。实际上只有邻接的元胞构成邻居，如果邻居太多，演化规则会变得过于复杂。一维元胞自动机通常用半径 r 来确定邻居，距离一个元胞 r 内的所有元胞都认为是该元胞的邻居；二维元胞自动机的邻居定义比较复杂，通常有冯·诺依曼（von Neumann）型、摩尔（Moore）型、扩展的 Moore 型、马哥勒斯（Margolus）型等分类，如图 2-11 所示。

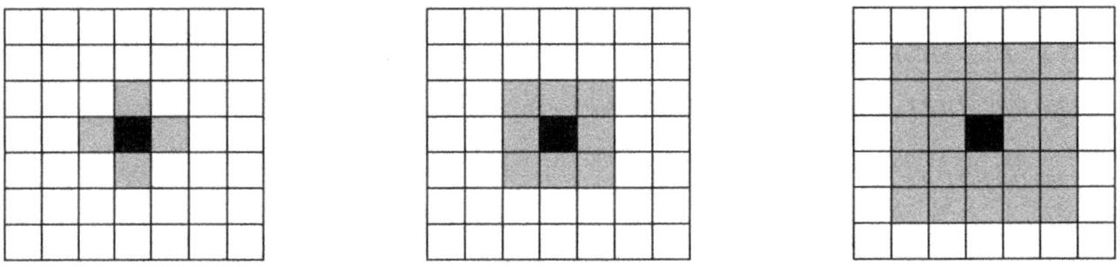

(a) von Neumann型　(b) Moore型　(c) 扩展的Moore型

图 2-11　元胞自动机的邻居模型

图 2-11 中黑色元胞为中心元胞，灰色元胞为其邻居，即它们的状态将决定下一时刻中心元胞的状态。von Neumann 型中一个元胞的上、下、左、右相邻的四个元胞为该元胞的邻居，其中，邻居半径 r 为 1。Moore 型中一个元胞的邻居半径 r 同样为 1，邻居数量扩展为与之相连的八个元胞。扩展的 Moore 型是将 Moore 型的邻居半径扩展为 2 或者更大而得到邻居。Margolus 型的图例类似扩展的 Moore 型，但是其每次将一个 2×2 的元胞做统一处理，其他三种邻居模型中每个元胞是分别处理的。

5. 规则

规则是指元胞在系统演化过程中所遵循的状态变换函数。这个函数构造了一种简单的、离散的空间/时间的局部物理成分。在要修改的范围里采用这个局部物理成分对元胞进行重复修改。这样，尽管物理结构本身每次都不发展，但是其状态在变化。它可以记为 $f:S_i^{t+1}=f(S_i^t,S_N^t)$，其中，$S_N^t$ 为 t 时刻的邻居状态组合，f 为元胞自动机的局部规则。

6. 时间

元胞自动机是一个动态系统，它在时间维上的变化是离散的，即时间 t 是一个整数，而且连续等间距。假设时间间距 $dt=1$，若 $t=0$ 为初始时刻，那么，$t=1$ 为其下一时刻。在上述状态变换函数中，一个元胞在 $t+1$ 时刻的状态只（直接）取决于 t 时刻该元胞及其邻居的状态，t–1 时刻元胞及其邻居的状态间接（时间上的滞后）影响了该元胞在 $t+1$ 时刻的状态。

由以上对元胞自动机的组成分析，我们可以更加深入地理解元胞自动机的概念。用数学符号来表示标准的元胞自动机是一个四元组：$A=(L_d,S,N,f)$，其中，A 为元胞自动机系统；L 为元胞空间，d 为表示元胞自动机内元胞空间维数的正整数；S 为元胞的有限的、离散的状态集合；N 为所有邻域内元胞的组合（包括中心元胞），记为 $N=(s_1,s_2,\cdots,s_n)$，即包含 n 个元胞状态的空间矢量；f 表示将 s_n 映射到 S 上的一个局部转换函数。

2.7.3　元胞自动机的基本特征

从元胞自动机的构成及其规则上分析，标准的元胞自动机应具有以下特征。

1. 同质性、齐性

同质性是指元胞空间内的每个元胞的变化都服从相同的规律，即元胞自动机的规则相同；齐性是指元胞的分布方式相同，大小、形状相同，空间分布规则、整齐。

2. 空间离散

元胞分布在按照一定规则划分的、离散的元胞空间上。

3. 时间离散

系统的演化是按照等间隔时间分步进行的，时间变量 t 只能取等步长的时刻点，形似整数形式的 $t, t+1, t+2, \cdots$。此外，t 时刻的状态构形只对其下一时刻即 $t+1$ 时刻的状态构形产生影响，$t+2$ 时刻的状态构形完全取决于 $t+1$ 时刻的状态构形及定义在上面的变换函数。元胞自动机的时间变量 t 区别于微分方程中的时间变量 t，微分方程中的时间变量 t 通常是连续变量。

4. 状态离散有限

元胞自动机的状态只能取有限（k）个离散值（$s_1, s_2, \cdots, s_k$）。相对于连续状态的动力系统，它不需要经过粗粒化处理就能转化为符号序列。在实际应用中，往往需要将有些连续变量进行离散化，如分类、分级，以便于建立元胞自动机模型。

5. 同步计算（并行性）

各元胞在 $t+1$ 时刻的状态变化是独立的行为，相互没有任何影响。若将元胞自动机的构形变化看作对数据或信息的计算或处理，则元胞自动机的处理是同步进行的，特别适合并行计算。

6. 时空局部性

每个元胞下一时刻（$t+1$ 时刻）的状态取决于其周围半径为 r 的邻域（或者其他邻居模型定义下的邻域）中该元胞当前时刻（t 时刻）的状态。从信息传输的角度来看，元胞自动机中信息的传递速度是有限的。

7. 多维

任何完备元胞自动机的元胞空间是定义在一维、二维或多维空间上的无限集，因此每个元胞的状态便是这个动力系统的变量，即元胞自动机是一类无穷维动力系统。

2.7.4 元胞自动机的分类

元胞自动机的应用领域广泛、模型种类繁多，且构模没有固定的数学公式，规则稍许变化会构成一个完全不同的元胞自动机模型。因此，元胞自动机的分类难度较大。目前，对元胞自动机分类的研究仍然是元胞自动机领域的一个重要的研究课题和核心理论。基于不同的出发点，目前有两种最常用的元胞自动机分类方式：基于维数的元胞自动机分类和基于动力学的元胞自动机分类。

1. 基于维数的元胞自动机分类

任意一个元胞自动机都定义在一定的元胞空间上，按照元胞自动机所处的元胞空间维数将其分为一维、二维、三维和多维元胞自动机。

1）一维元胞自动机

元胞按等间隔方式分布在一条向两侧无限延伸的直线上，每个元胞具有有限个状态 s，$s \in S=\{s_1, s_2, \cdots, s_k\}$，邻居半径为 r，元胞的左右两侧共有 $2r$ 个元胞作为其邻居集合 N，定义在离散时间维上的变换函数 $f: S^{2r+1} \rightarrow S$ 可以记为 $S_i^{t+1}=f(S_{i-r}^t, \cdots, S_{i-1}^t, S_i^t, S_{i+1}^t, \cdots, S_{i+r}^t)$，其中，$S_i^t$ 为第 i 个元胞在 t 时刻的状态。称上述 $A=\{S, N, f\}$ 三元组为一维元胞自动机。

学界对一维元胞自动机的系统研究最早，其状态、规则等较为简单，所有可能的规则可以一一列出，易于处理，研究也最为深入。目前，对于元胞自动机的理论研究多集中在一维元胞自动机上。沃尔弗拉姆对元胞自动机的动力学分类也是基于对一维元胞自动机的分析研究得出的。一维元胞自动机的最大特征在于容易实现元胞自动机动态演化的可视化，可视化以二维显示，一个维度显示其空间构形，即空间维；另一个维度显示其发展演化过程，即时间维。

2）二维元胞自动机

元胞分布在二维欧几里得平面中规则划分的网格点上，通常以方格划分。以康韦的生命游戏为代表，应用最为广泛。世界上很多现象是二维分布的，还有一些现象可以通过抽象或映射等方法转换到二维空间上，因此二维元胞自动机的应用最为广泛，多数应用模型都是二维元胞自动机模型。

3）三维元胞自动机

三维元胞自动机是一种空间、时间都离散的数学模型，其将计算区域划分成相同大小的立方体元胞，每个元胞具有多个属性值，如温度、浓度、固相率和最优生长方向等。1988 年，Bays 等在三维元胞自动机方面做了若干实验性工作，包括在三维空间上实现了生命游戏，延续和扩展了一维和二维元胞自动机的理论。

4）多维元胞自动机

多维元胞自动机只是在理论上进行少量的探讨，实际的系统模型较少。

2. 基于动力学的元胞自动机分类

沃尔弗拉姆详细分析研究了一维元胞自动机的演化行为，并在大量的计算机实验的基础上，将所有元胞自动机的动力学行为归纳为四大类。

1）平稳型

自任何初始状态开始，经过一定时间运行后，元胞空间趋于一个空间平稳的构形。空间平稳即指每一个元胞处于固定状态，不随时间变化而变化。

2）周期型

经过一定时间运行后，元胞空间趋于一系列简单的固定结构（stable patterns）或周期结构（periodical patterns）。这些结构可看作一种滤波器（filter），应用到图像处理的研究中。

3）混沌型

自任何初始状态开始，经过一定时间运行后，元胞自动机表现出混沌的非周期行为，所生成的结构的统计特征不再变化，通常表现为分形分维特征。

4）复杂型

出现复杂的局部结构（或者局部的混沌），其中有些局部结构会不断地传播。

【总结与习题】

1. 总结

本章在介绍建模的原则与模型的有效性的基础上，着重讲解了包括演绎推理、系统辨识理论、相似理论、灰色系统理论、自组织理论、元胞自动机理论等在内的建模基本理论。

2. 习题

（1）建模应该遵循哪些原则？
（2）模型验证有哪些基本方法？
（3）演绎推理的形式有哪些？
（4）系统辨识过程的三要素是什么？
（5）简述系统辨识的步骤。
（6）什么是相似第三定理？
（7）耗散结构需要具备哪些基本条件？
（8）什么是反射型边界条件、定值型边界条件？
（9）简述元胞自动机的特点。

第3章

仿真方法与技术

【学习目标】

1. 了解仿真技术的分类、仿真技术的应用与发展。
2. 掌握仿真技术的一般过程。
3. 理解仿真技术的特点和作用。

【开篇案例】

听说核试验可用计算机仿真来做，是真的吗？

1996年9月10日的联合国大会以158票赞成、3票反对、5票弃权通过了《全面禁止核试验条约》。不过善良的人们不要过于高兴，因为《全面禁止核试验条约》的通过只能说明核竞赛在实爆方面的结束，并不等于所有形式的核试验的终结，更不等于核战争的阴影从此消失。计算机仿真就是一种有效的试验方式。

核爆炸试验曾经是研制核武器不可缺少的一环，从技术上讲，计算机仿真核试验对于研制和完善新型核武器具有重大意义。俄罗斯军事专家认为，“许多西方发达国家即便不进行核试验，也能运用高速大规模电子计算机，在三维空间对核爆炸的全过程进行全方位模拟”。一语道破天机：未来的核试验将不用核弹而用计算机。

据估计，目前能够进行计算机仿真核试验的国家有美国、俄罗斯、英国、法国、中国、日本等。美国、俄罗斯已经进行多次亚临界的核试验。西方军事强国用计算机仿真核试验，将导致核竞赛在新的更高层次上进行。这种核试验既可以大大降低成本，又不会造成污染，还不违反《全面禁止核试验条约》，从而可以掩盖核武器给人类生存与和平带来的悲剧和不安。

核试验的计算机仿真仅仅是系统建模与仿真技术应用的一个领域。面对日益复杂的管理挑战，系统建模与仿真技术为解决各种管理问题提供了新的思路和科学的手段，进而推动了建模与仿真技术和管理科学的发展。

资料来源：http://www.cas.cn/kxcb/kpwz/201110/t20111031_3387791.shtml

3.1　仿真技术的分类

3.1.1　根据模型的构造方法分类

根据模型的构造方法或结构和实现手段，模型分为物理模型和数学模型，因此系统仿真可分为物理仿真、数学仿真、半实物仿真、人在回路仿真、软件在回路仿真。

1. 物理仿真

按照实际系统的物理性质构造系统的物理模型，并在物理模型上进行实验的过程称为物理仿真。物理仿真要求模型与原型有相同的物理性质。物理仿真的优点是直观、形象，模型能真实、全面地体现原型的特性。物理仿真的缺点是模型制作复杂、成本高、周期长，模型改变困难，实验限制多，投资较大。

2. 数学仿真

对实际系统进行抽象，并将其特性用数学关系加以描述而得到系统的数学模型，对数学模型进行实验的过程称为数学仿真。计算机技术的发展为数学仿真创造了环境，使数学仿真变得方便、灵活、经济，因而数学仿真也称为计算机仿真。数学仿真的缺点是受限于系统建模技术，即系统的数学模型不易建立。

3. 半实物仿真

半实物仿真又称物理-数学仿真，准确称为硬件（实物）在回路仿真，这种方法是将数学模型与物理模型甚至实物联合起来进行实验。对系统中比较简单的部分或对其规律比较清楚的部分建立数学模型，并在计算机上加以实现；而对比较复杂的部分或对其规律尚不十分清楚的系统，其数学模型的建立比较困难，则采用物理模型或实物。仿真时将两者连接起来完成整个系统的实验。

4. 人在回路仿真

人在回路仿真是操作人员（如飞行员、航天员）在系统回路中进行操作的仿真实验。这种仿真实验将对象实体的动态特性通过建立数学模型、编程在计算机上运行，此外要求有模拟生成人的感觉环境的各种物理效应设备，包括视觉、听觉、触觉、动感等人能感觉的物理环境的模拟生成。由于操作人员在回路中，人在回路仿真系统必须实时运行。

5. 软件在回路仿真

软件在回路仿真又称为嵌入式仿真，这里所指的软件是实物上的专用软件。控制系统、导航系统和制导系统广泛采用数字计算机，通过软件进行控制、导航和制导的运算，软件的规模越来越大、功能越来越强，许多设计思想和核心技术都反映在应用软件中，因此软件在系统中的测试愈加重要。这种仿真实验将系统用计算机与模拟计算机通过接口对接，进行系统实验。接口的作用是将不同格式的数字信息进行转换。一般情况下，软件在回路仿真要求实时运行。

3.1.2 根据仿真所采用的计算机类型分类

根据仿真所采用的计算机类型可将仿真分为三种：模拟计算机仿真、数字计算机仿真和数字模拟混合仿真。

1. 模拟计算机仿真

模拟计算机仿真是以相似原理为基础的，实际系统中的物理量（如距离、速度、角度和质量）都用按一定比例变换的电压来表示，实际系统某一物理量随时间变化的动态关系和模拟计算机上与该物理量对应的电压随时间的变化关系是相似的。因此，原系统的数学方程和模拟计算机上的排程方程是相似的。只要原系统能用微分方程、代数方程（或逻辑方程）描述，就可以在模拟计算机上求解。

模拟计算机仿真具有以下特点。

（1）能快速求解微分方程。模拟计算机运行时各运算器是并行工作的，模拟计算机的解题与原系统的复杂程度无关。

（2）可以灵活设置仿真实验的时间标尺。模拟计算机仿真既可以进行实时仿真，也可以进行非实时仿真。

（3）易于和实物相连接。模拟计算机仿真是用直流电压表示被仿真的物理量，因此和连续运动的实物连接时一般不需要模拟信号转换成数字信号（analog to digital converter，A/D）、数字信号转换成模拟信号（digital to analog converter，D/A）的转换装置。

（4）模拟计算机仿真的精度由于受到电路元件精度的制约和外界干扰，一般低于数字计算机仿真，且逻辑控制功能较差，自动化程度也比较低。

2. 数字计算机仿真

数字计算机仿真是将系统数学模型用计算机程序加以实现，通过运行程序来得到数学模型的解，从而达到系统仿真的目的。数字计算机的基本组成是存储器、运算器、控制器和外围设备等。由于数字计算机只能对数码进行操作，任何动态系统在数字计算机上进行仿真时都必须将原系统变换成能在数字计算机上进行数值计算的离散事件模型。数字计算机仿真需要研究各种仿真算法，这是数字计算机仿真与模拟计算机仿真的最基本的差别。

数字计算机仿真具有如下特点。

（1）数值计算的延迟。任何数值计算都有计算时间的延迟，其延迟的大小与计算机本身的存取速度、运算器的解算速度、所求解问题的复杂度及使用的算法有关。

（2）仿真模型的数字化。数字计算机对仿真问题进行计算时采用数值计算，仿真模型必须是离散模型，如果原始数学模型是连续模型，则必须转换成适合数字计算机求解的仿真模型，因此需要研究各种仿真算法。

（3）计算精度高。特别是在工作量很大时，与模拟计算机相比，数字计算机更显优越性。

（4）实现实时仿真困难。对复杂的快速动态系统进行实时仿真时，对数字计算机本身的计算速度、存取速度等要求高。

（5）利用数字计算机进行半实物仿真时需要 A/D、D/A 转换装置与连续运动实物连接。

3. 数字模拟混合仿真

本质上，模拟计算机仿真是一种并行仿真，即仿真时代表模型的各部件是并发执行的。早期的数字计算机仿真则是一种串行仿真，计算机只有一个 CPU，计算机指令只能逐条执行。为了发挥模拟计算机并行计算和数字计算机强大的存储记忆及控制功能，以实现大型复杂系统的高速仿真，20 世纪 60～70 年代，在数字计算机技术还处于较低水平时，产生了数字模拟混合仿真，即将系统模型分为两部分，一部分在模拟计算机上运行，另一部分在数字计算机上运行，两个计算机之间利用 A/D 和 D/A 转换装置交换信息。

数字模拟混合仿真的特点如下。

（1）数字模拟混合仿真可以充分发挥模拟仿真和数字仿真的特点。

（2）仿真任务同时在模拟计算机和数字计算机上执行，这就存在按什么原则分配模拟计算机和数字计算机的计算任务的问题。一般情况下，模拟计算机承担精度要求不高的快速计算任务；数字计算机则承担高精度、逻辑控制复杂的慢速计算任务。

（3）数字模拟混合仿真的误差包括模拟计算机误差、数字计算机误差和接口操作转换误差，这些误差在仿真中均应予以考虑。

（4）一般数字模拟混合仿真需要专门的混合仿真语言来执行仿真任务。

随着数字计算机技术的发展，数字计算机仿真的计算速度和并行处理能力不断提高，模拟计算机仿真和数字模拟混合仿真已逐步被数字计算机仿真取代。因此，今天的计算机仿真一般指的就是数字计算机仿真。

3.1.3　根据仿真时钟与实际时钟的比例关系分类

实际动态系统的时钟称为实际时钟，而系统仿真时模型所采用的时钟称为仿真时钟。根据仿真时钟与实际时钟的比例关系，系统仿真可分为实时仿真、亚实时仿真、超实时仿真。

1. 实时仿真

实时仿真即仿真时钟与实际时钟完全一致，也就是模型仿真的速度与实际系统运行的速度相同。当实际系统中存在物理模型或实物时，必须进行实时仿真，如各种训练仿真器。实时仿真也称为在线仿真。

2. 亚实时仿真

亚实时仿真即仿真时钟慢于实际时钟，也就是模型仿真的速度小于实际系统运行的速度。对仿真速度要求不苛刻的情况一般采用亚实时仿真，如大多数系统离线研究与分析。亚实时仿真也称为离线仿真。

3. 超实时仿真

超实时仿真即仿真时钟快于实际时钟，也就是模型仿真的速度大于实际系统运行的速度，如大气环流的仿真、交通系统的仿真、生物进化（宇宙起源）的仿真。

3.1.4 根据系统模型的特性分类

仿真基于模型，模型的特性直接影响仿真的实现。从仿真实现的角度来看，系统可分为连续系统和离散事件系统。由于这两类系统的固有运动规律不同，描述其运动规律的模型形式有很大的差别。相应地，系统仿真也分为连续系统仿真和离散事件系统仿真。

1. 连续系统仿真

连续系统仿真是指基于连续系统模型的仿真。连续系统仿真的目的是要得到状态变量的动态变化过程（行为的点轨迹），并由此分析系统的性能。离散事件模型中差分模型的仿真归为连续系统仿真范畴。原因在于，当用数字仿真技术对连续系统仿真时，其原有的连续形式的模型必须进行离散化处理，并最终变成差分模型。

2. 离散事件系统仿真

离散事件系统仿真是指基于离散事件系统模型的仿真。离散事件系统模型很难用人们熟悉的数学方程形式（如微分方程、差分方程）来描述，一般只能借助活动图或者流程图，这样无法得到系统动态过程的解析表达。因此离散事件系统仿真的主要目标是获得系统行为的统计性能，而不是状态变量的动态变化过程（行为的点轨迹）。

3.2 仿真的一般过程

概括来说，系统仿真需要经过三个活动，即系统建模、仿真建模和仿真实验。具体来说，系统仿真需要经过问题描述与系统定义、建立系统模型、收集和整理数据资料、建立仿真模型→设计程序、调试程序→确认模型、实验设计、计算机仿真运行、分析仿真结果、建立文档、实施仿真决策等步骤。仿真的一般过程如图 3-1 所示。

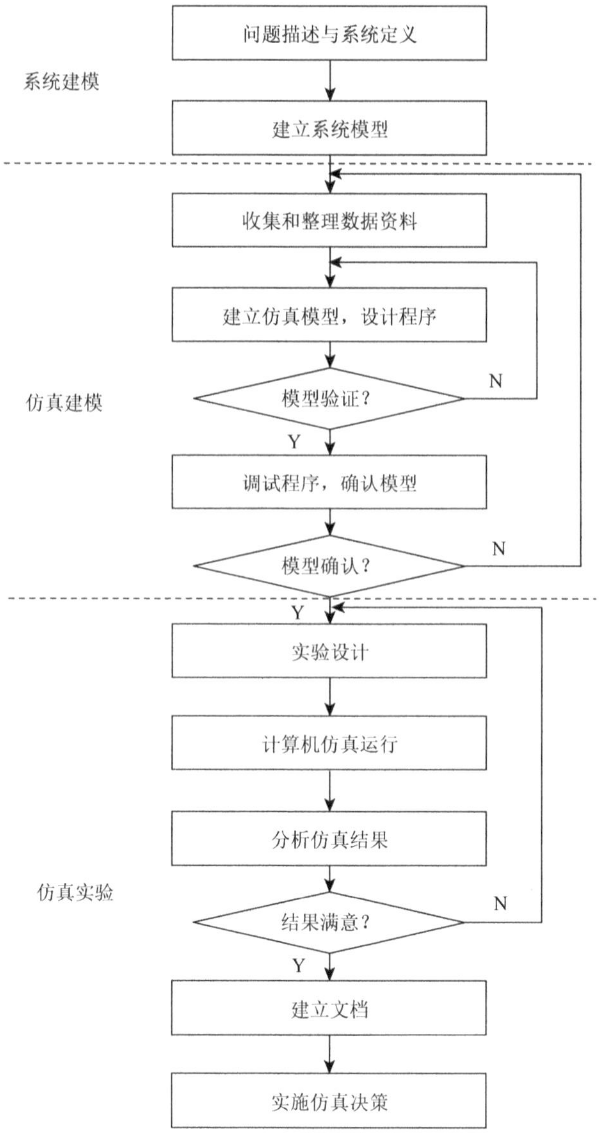

图 3-1　仿真的一般过程框图

1. 问题描述与系统定义

这是系统仿真的首要阶段。在进行系统仿真前，必须对研究的问题进行正确的定性或定量分析，明确系统仿真的目的和任务。在这一阶段中要正确定义所研究的系统边界、组成和环境，正确决定评价仿真方案优劣的准则，即衡量系统性能或输出结果的目标函数。这个阶段工作的好坏将直接影响系统仿真的质量和效率。

2. 建立系统模型

根据系统结构、管理决策原则和作业规则，分析系统及各组成部分的状态变化和参数之间的数学逻辑关系，在此基础上建立所研究系统的数学模型。系统模型应该正确反映实际系统的本质，并且繁简适宜。模型过于简化，无法全面、真实地反映实际系统，达不到研究系统的目的。模型过于详细，又会使模型显得烦琐，弱化了影响系统状态变化的主要因素，问题难以求解。因此，在建立系统模型时，可先建立考虑系统主要因素较为简单的模型，再逐步进行补充和完善。

3. 收集和整理数据资料

在系统仿真中需要输入大量的数据，这些数据的正确性直接影响仿真输出结果的正确性。因此，正确地收集和整理数据资料是系统仿真的一个重要步骤。数据资料包括数学模型计算所需的参数及基础资料、各项随机变量的分布函数及其相应参数、系统各组成部分的相互关系的定性分析资料。

4. 建立仿真模型，设计程序

运用通用的计算机程序语言或专用的仿真语言，将系统的数学模型转变为主要由计算机程序组成的仿真模型，以便在计算机上进行仿真运行。在这个阶段要进行模型的验证，考查计算机仿真程序是否正确地反映系统的数学模型，在必要时进行相应的修改。

5. 调试程序，确认模型

调试计算机程序，并进行调试性仿真运行，分析调试结果，进行模型的确认，主要检验所设计的数学模型是否正确地反映实际系统的本质。在模型确认的过程中，需要相应地修改模型和调整计算机程序，直至数学模型的精度满足要求。

6. 实验设计

根据仿真任务的目的，建立系统仿真运行的实验条件。合理地设计具有可控变量与参数组合的仿真方案，设定系统的初始条件，确定仿真运行长度，决定随机样本大小和独立仿真运行次数等。

7. 计算机仿真运行

根据设定的仿真运行实验条件，进行计算机仿真运行，以获得丰富的仿真输出资料。应详细、准确地记录每次仿真运行的输入参数和输出结果，供分析时使用。

8. 分析仿真结果

仿真结果的分析主要涉及以下方面：仿真结果是一种实验数据，因此要计算样本均值、均值方差及置信区间等指标来分析仿真结果的统计特征；进行灵敏度分析，考查输入参数变化对输出结果的影响；根据设定的目标函数，选择较优的方案。

9. 建立文档

将经过验证、确认和运行考核的系统模型、计算机仿真程序以及相应的输入、输出资料和分析结论建立文档，以备查询。这些文档一方面供系统分析与设计人员改进和深化完善模型作参考，另一方面供管理决策人员改善决策和实施决策之用。

10. 实施仿真决策

将经过计算机仿真实验辅助作出的管理决策进行实施。

3.3 仿真技术的特点和作用

3.3.1 仿真技术的特点

仿真技术是伴随着计算机技术的发展而发展的。现代仿真技术均是在计算机支持下进行的，因此目前我们所说的仿真或系统仿真通常是指计算机仿真。计算机仿真有如下显著特点。

1. 模型参数任意调整

模型参数可根据要求通过计算机程序随时进行调整、修改或补充，使人们能掌握各种可能的仿真结果，为进一步完善研究方案提供了极大的方便。这正是计算机被称为“计算机实验”的原因。与通常的实物实验相比，这种“实验”具有运行费用低、无风险以及方便灵活等优点。

2. 系统模型快速求解

借助先进的计算机系统，人们在较短时间内就能知道仿真运算的结果（数据或图像），从而为人类的实践活动提供强有力的指导。这是通常的数学模型方法所无法实现的。

3. 运算结果准确可靠

只要系统模型、仿真模型和仿真程序是科学合理的，那么计算机的运算结果一定准确无误（除非机器有故障）。因此，人们可毫无顾虑地应用计算机仿真的结果。

4. 仿真结果形象直观

计算机仿真的结果易于通过图形图像来形象直观地表现。把仿真模型、计算机系统和物理模型及实物连接在一起的实物仿真（有些同时是实时仿真）结果十分直观，状态也很逼真。

3.3.2 仿真技术的作用

仿真技术的独特作用主要表现为以下方面。

1. 优化系统设计

研究复杂系统时一般要求其达到最优化，为此必须对系统的结构和参数反复进行修改和调整。这只有借助计算机仿真方法才能方便、快捷地实现。

2. 降低实验成本

对于复杂的工程系统，如果直接进行实物实验，则费用会很高。应用计算机仿真方法可大大降低费用。以航空工业为例，单次实飞的成本为 1 万～1 亿美元（依不同机型而定），若用仿真手段，费用仅为上述成本的 1/10～1/5，且设备可重复使用。

3. 减小失败风险

对于一些难度高、风险大的复杂工程系统，如载人宇宙飞行，若直接实验，一旦失败则无论在经济上还是在政治上都是难以承受的。为了减小风险，必须先进行计算机仿真实验，以提高成功率。

4. 提高预测能力

对于各种非工程复杂系统，如经济、军事、社会等系统，几乎不可能进行直接实验研究，也很难准确预测其发展趋势。计算机仿真实验可以在给定的边界条件下，推演出此类系统的变化趋势，从而为人们制定对策提供可靠的依据。

3.4 仿真技术的应用

20 世纪中期以来，计算机技术和信息技术的发展推动了仿真技术的发展与应用。利用某种建模方法描述所研究的对象，采用一定的求解方法和计算机平台计算模型进而求得问题的解答，成为分析和解决复杂问题的一种普遍而有效的途径。继理论研究、实验研究之后，仿真实验正在成为人类认识世界和改造世界的第三种手段，而且其应用范围越来越广阔。

理论上系统仿真可以解决任何系统分析的问题，系统仿真的应用最有魅力的地方正是其不拘一格的应用对象和近乎神奇的手段方法。美国在调停波黑战争参战三方时就进行了仿真，将参战三方的地图、地区、人员情况、武器装备、司令部、弹药库的位置，以及采用的战术等建立起系统模型，再运用数学模型模拟整个战斗的过程，模拟的结果是三败俱伤。这个仿真的结果为实验人员提供了有价值的参考，并对加速停战协议的签订发挥了一定作用。1990 年，美国某栋大楼失火，根据失火前大楼的初始状态、火熄灭后的终止状态，以及火与烟的运动规律归纳出大楼着火的数学模型，根据线索找到了起火点。在演示着火的全过程后，法官找到着火原因，做出了相应的判决。20 世纪 90 年代，为利于中国人口计划生育以及中国经济的发展，建立了人口模型，模拟各种计划生育策略对我国人口增长、经济发展产生的影响，为我国制定计划生育策略提供了帮助。此外，还有宇航仿真系统用于供宇航员进行地面训练，反导弹仿真系统用来研究反导弹系统的性能等。

以上实例中虽然系统各不相同、研究目标各不相同，但它们的共同之处是系统都十分复杂，问题非常棘手，用现有的方法无法着手进行研究。这些实例说明了一个共同的事实：在研究处于山穷水尽时，系统仿真往往成了唯一可求助的方法。这就是系统仿真给我们的启示，它提醒人们，当问题复杂、无计可施时，不妨试试用系统仿真技术来解决。

随着专业仿真语言的产生，计算机运行性能的提高、费用的降低，以及仿真方法的进步，系统仿真在应用需求的牵引和有关学科发展的推动下，已经发展成为一项能在工业、农业、商业、教育、军事、交通、社会、经济、医学、娱乐、生活、服务等众多领域广泛采用的技术，并发展成为人们认识和改造客观世界的一项通用型技术。国际上一致认为系统仿真是迄今为止最为有效、经济的综合集成方法，是推动科技进步的战略技术。20 世纪 90 年代初，美国先后提出 22 项国家关键技术和 21 项国防关键技术，系统仿真技术分别被列为第 16 项和第 6 项。美国严格规定，所有重要的武器研究必须进行仿真实验后才可投入正式生产和使用。根据 20 世纪 80 年代末统计数据，日本企业运用系统工程解决管理与决策问题时，采用系统仿真方法的企业占比已经超过 80%。据国外应用统计，运用系统仿真优化系统设计规划可减少投资 30%，同时减少库存 15%。英国制造业也普遍采用系统仿真方法解决物料控制、人力配置、调度评估、投资策略及均衡生产等问题。

尽管从理论上讲系统仿真可以解决任何系统分析的问题，但是由于先验知识和手段所限，迄今为止，并不是任何系统都能运用系统仿真分析得到满意的结果或效果。下面为一些不适合仿真应用的场合。

（1）如果问题可以通过普通的、解析的方法解决，则不应使用仿真。例如，一个理发店系统，顾客以 10 人/时的速率随机抵达，理发师的平均服务速度是 4 人/时，为确定最少所需的理发师数量，并不需要用仿真，只需计算 $10/4 = 2.5$，就表明需要三个或更多的理发师。

（2）如果直接进行实验更为简便，则不应使用仿真。例如，为一个可以免下车的路边快餐店接收订单的人员配备手持终端及语音通信设备，为确定再增加一个订单接收站对客户等待时间的影响，实验的开销会更低。

（3）如果仿真成本超过仿真节省的开销，则不应使用仿真。完成一个仿真需要很多步骤，需要投入一些人力、物力，需要花费一些时间和成本。如果仿真成本估计为 2 万元，而仿真只节省 1 万元，则建议不要将资金投入仿真系统中。类似地，如果需要在两周内做出决定，而仿真需要花费一个月的时间，则也不建议进行仿真研究。

（4）如果系统行为太复杂或不可定义，无法建立有效的模型，则不适合使用仿真。例如，对人类行为建立模型有时是极为复杂的，很难建立一个有效的系统或仿真模型。

（5）仿真需要数据，有时需要大量的数据。如果无数据可用，甚至数据都无法估计，则不建议使用仿真。

3.5 仿真技术的发展

由于近年来计算机、网络、图形图像、多媒体、软件工程、信息处理等技术的推动，仿真技术发展得十分迅速，其发展的方向主要集中在以下方面。

1. 面向对象仿真与基于多智能体技术的仿真

面向对象仿真（object-oriented simulation）在理论上突破了传统仿真方法的观念，它根据组成系统的对象及其相互作用关系来构造仿真模型，模型的对象通常表示实际中相应的实体，从而弥补了模型与实际系统之间的差距，而且分析、设计和实现系统的观点与人们认识客观世界的自然思维方式极为一致，因而增加了仿真研究的直观性和易理解性。

面向对象仿真具有内在的可扩充性和可重用性，因而为仿真大规模复杂系统提供了极为方便的手段。面向对象仿真容易实现与计算机图形学、人工智能/专家系统和管理决策科学的结合，从而可以形成新一代面向对象仿真建模环境，更便于在决策支持和辅助管理中推广和普及仿真决策技术。

Agent 是指能够在复杂环境中执行任务的自治实体。多智能体（multi-agent）技术是当今计算机科学领域、信息工程领域和网络通信领域十分活跃的前沿方向之一，以其高度的并发性、强大的建模能力、对分布环境的适应性和良好的可扩充体系结构得到广泛的应用。Agent 是并发执行的自治实体，具有逻辑规范的推理系统，采用语言行为协议和消息传递方式相互通信。Agent 成员之间相互协同、相互服务，共同完成一个任务，其自身的目标和行为不受其他 Agent 成员的限制，它通过竞争或协商手段协调解决各 Agent 成员的目标和行为之间的矛盾与冲突。

2. 可视化、多媒体与虚拟现实仿真技术

面向对象仿真提供了更为自然、直观的系统仿真框架，实施框架则要进一步探讨创建高逼真感觉的信息环境，使真实化环境、模型化物理环境与用户融为一体，使作为研究主体的人产生身临其境的感觉，这种人机和谐的仿真环境的探索已广泛展开，如可视化仿真（visual simulation）、多媒体仿真（multimedia simulation）、虚拟现实（virtual reality）。

1）可视化仿真

数据及其他形式的信息通过可视化处理创建仿真分析环境或仿真虚拟环境，可使参与人员通过视觉信息掌握系统中变量之间、变量与参数之间、变量与外部作用之间的变化关系，直接了解系统的静态与动态特性，通过信息系统展示的动态变化规律，深化对系统模型概念化和形象化的理解，而且可能获得启发和灵感，发现数据信息不能展示的现象。

2）多媒体仿真

利用系统分析的原理和信息技术，以更接近自然的多媒体形式建立描述系统内在变化规律的模型，并在计算机上以多媒体的形式再现系统动态演变过程，从而获取有关系统的感性和理性认识。

3）虚拟现实

由计算机全部或部分地生成多维感觉环境，使参与者获得各种感官信号的刺激，如视觉、听觉、触觉，产生身临其境的感觉，能体验、接受和认识客观世界中的事物，同时，人与虚拟环境之间可以进行多维信息的交互，参与者从定性和定量综合集成的虚拟环境中可以获得对客观世界中客观事物的感性和理性认识，从而深化概念和建造新的构想和创意。

3. 分布式交互仿真技术

分布式交互仿真（distributed interactive simulation）是计算机仿真技术与网络技术相结合的产物，是采用协调一致的结构、标准、协议和数据库，通过局域网、广域网将分布在各地的仿真设备互联并交互作用，同时可由人参与交互作用的一种综合环境。分布式交互仿真系统在功能上主要有分布性、实时性、集成性和开放性等特点。

4. 智能仿真技术

计算机仿真与人工智能和专家系统的结合使系统仿真进入了新的领域。知识库仿真系统可以达到领域专家处理问题的水平，自动建模与仿真程序生成可以取代部分仿真建模与编程人员的工作，智能化仿真决策系统可辅助决策人员进行科学决策。人工智能与计算机仿真的关系表现为人工智能可以帮助人们进一步认识仿真，并利用人工智能技术实现智能建模、智能仿真和智能查询应用，使计算机仿真进入新的智能化仿真阶段。

随着计算机技术的迅速发展，系统仿真技术在交通运输与物流系统的规划和管理中也将起到更加重要的作用。运用系统仿真技术，可以对交通运输与物流系统的规划和管理进行分析和决策，特别是对存在多种随机性变量及复杂逻辑关系的交通运输离散事件系统，系统仿真技术具有十分重要的作用。

5. 互联网仿真技术

随着因特网技术的迅速发展，利用面向对象的互联网程序语言 Java，已经开发了多种面向万维网（world wide web，WWW）的仿真系统，如美国海军研究院的 simkit 仿真平台可以在浏览器的支持下进行分布式仿真，用 simkit 仿真平台建立的仿真模型可以在世界任何地点的网络用户机上运行，使分布在各网点的用户仿真模型可在其他网点上运行或进行全球范围内总体仿真模型的分布式仿真运行。近年来，利用面向 WWW 的程序语言开发离散事件仿真系统、基于 WWW 的仿真建模，以及互联网上的仿真运行已成为系统仿真研究工作的热点。

【总结与习题】

1. 总结

本章介绍了仿真技术的分类、仿真的一般过程、仿真技术的特点和作用，在此基础上分析了仿真技术的应用及其发展。

2. 习题

（1）试述系统仿真技术的分类。
（2）系统仿真依据仿真时钟与实际时钟的比例关系该如何分类？
（3）系统仿真依据系统模型的特性的分类有哪些？
（4）结合某管理系统，说明系统仿真的基本步骤。
（5）结合专业，举例说明系统仿真的应用。
（6）仿真技术适用于任何场合吗？试举例说明。
（7）简述仿真技术的发展趋势。
（8）仿真技术的特点有哪些？

第二篇　Python 基础

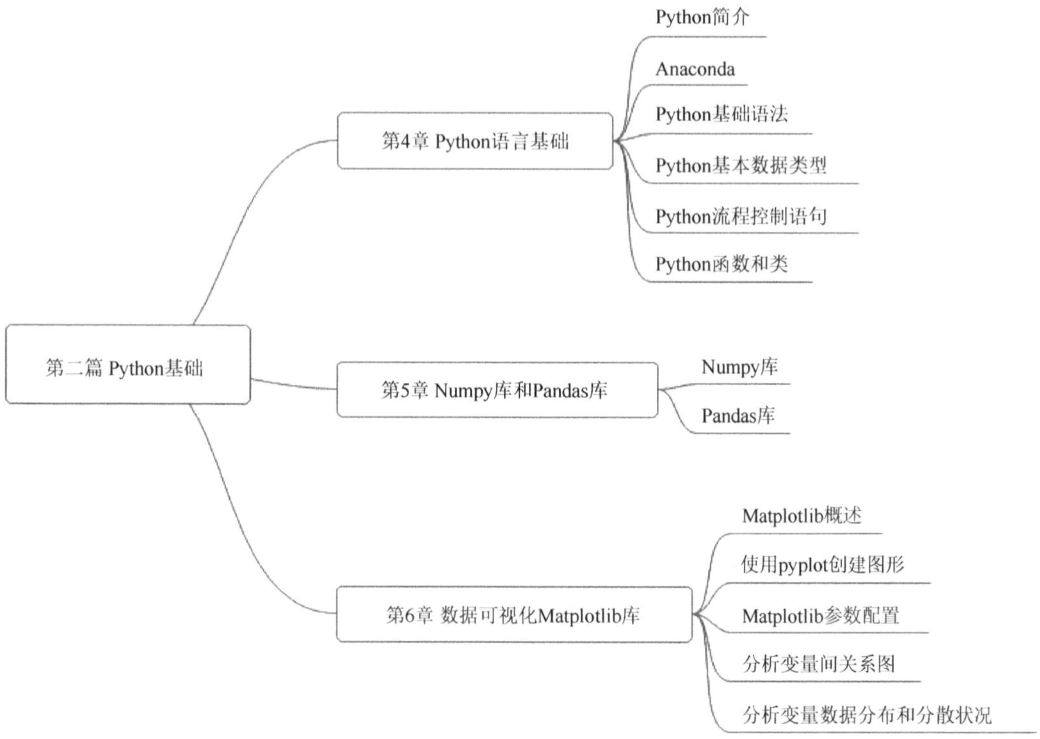

第4章

Python 语言基础

【学习目标】

1. 了解 Python 及主流编辑器。
2. 熟悉 Anaconda 的安装、Spyder 和 Jupyter Notebook 的基本功能。
3. 熟练掌握 Python 基础语法。
4. 熟练掌握 Python 基本数据类型。
5. 熟悉 Python 流程控制语句。
6. 熟悉 Python 函数和类。

【开篇案例】

Python 背后的故事

1982 年，吉多·范·罗苏姆（Guido van Rossum）从阿姆斯特丹大学获得了数学和计算机硕士学位。尽管他算得上是一位数学家，但他更加享受计算机带来的乐趣。用他的话说，尽管拥有数学和计算机双料资质，他总趋向于做计算机相关的工作，并热衷于做任何和编程相关的事情。

吉多·范·罗苏姆接触并使用过 Pascal、C、Fortran 等语言。这些语言的基本设计原则是让机器能更快运行。20 世纪 80 年代，虽然 IBM 和苹果公司已经掀起个人计算机浪潮，但这些个人计算机的配置很低。所有的编译器的核心是做优化，以便让程序能够运行。这种编程方式让吉多·范·罗苏姆感到苦恼。

吉多·范·罗苏姆希望有一种语言，这种语言既能够像 C 语言那样，能够全面调用计算机的功能接口，又可以像 shell 那样，可以轻松地编程。ABC 语言让吉多·范·罗苏姆看到希望。ABC 语言是由荷兰国家数学与计算机科学研究中心开发的，刚好吉多·范·罗苏姆在该研究中心工作，并参与了 ABC 语言的开发。于是吉多·范·罗苏姆在 1989 年的圣诞节开始编写 Python 语言的编译器。他希望这个新的称为 Python 的语言能符合他的理想：创造一种 C 和 shell 之间、功能全面、易学易用、可拓展的语言。

1991 年，第一个 Python 编译器诞生。它是用 C 语言实现的，并能够调用 C 语言的库文件。从创建之初，Python 已经具有类、函数、异常处理、包含表和字典在内的核心数据类型，以及以模块为基础的拓展系统。

最初的 Python 完全由吉多 • 范 • 罗苏姆开发，随后 Python 得到吉多 • 范 • 罗苏姆同事的欢迎，他们迅速地反馈使用意见，并参与到 Python 的改进工作中。后来，Python 拓展到该研究所之外的领域。

Python 将许多机器层面上的细节隐藏，交给编译器处理，并凸显出逻辑层面的编程思考。Python 程序员可以花更多的时间用于思考程序的逻辑，而不是具体的实现细节。这一特征吸引了广大的程序员，Python 开始流行。

Python 发展至今，从入门级选手（爬虫、前端、后端、自动化运维）到专业级数据挖掘、科学计算、图像处理、人工智能，Python 都可以胜任。

Python 是“不经意间”开发出来的，但 Python 垄断 TIOBE、IEEE、PYPL、Stack Overflow 四大榜单，成为当今最热门的语言、人工智能 + 大数据最佳语言，以及上升速度最快的语言。

资料来源：https://blog.csdn.net/weixin_39638086/article/details/110762203

【思政思考题】

思考题 1：吉多 • 范 • 罗苏姆开发 Python 的主要动力是什么？

思考题 2：你认为“兴趣”在科学研究中发挥着怎样的作用？

4.1 Python 简介

4.1.1 Python 概述

Python 是一种跨平台的、开源的、免费的、解释型的高级编程语言。在 2021 年 12 月的 TIOBE 顶级编程语言排行榜中排名第一，占比为 12.90%。Python 的应用领域非常广泛，如 Web 编程、图形处理、大数据处理、网络爬虫和科学计算。

Python 英文本义为“蟒蛇”。1989 年，Python 由荷兰国家数学与计算机科学研究中心的吉多 • 范 • 罗苏姆开发，是一种面向对象的解释型高级编程语言。Python 的标志如图 4-1 所示。Python 的设计理念为优雅、明确、简单。

图 4-1 Python 的标志

Python 是一种扩充性强大的编程语言。它具有丰富和强大的库，能够把其他语言（尤其是 C/C++）制作的各种模块很轻松地联结在一起，因此，Python 常称为“胶水”语言。

1991 年，Python 的第一个公开发行版本问世。2004 年，Python 的使用率开始呈现线性增长。2010 年，Python 赢得 TIOBE 2010 年度语言大奖；2021 年 *IEEE Spectrum* 编程语言排行榜（图 4-2）中，Python 连续第五年夺冠。

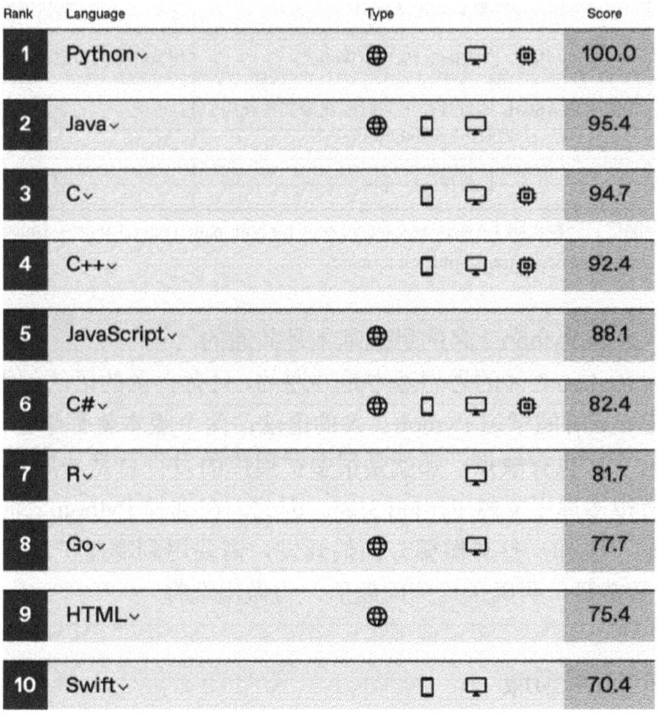

图 4-2　2021 年 *IEEE Spectrum* 编程语言排行榜前 10 名

资料来源：https://spectrum.ieee.org/top-programming-languages-2021

4.1.2　Python 的版本

Python 自发布以来，主要经历了三个版本的变化，分别是 1994 年发布的 Python 1.0（已过时）、2000 年发布的 Python 2.0 和 2008 年发布的 Python 3.0。

学习 Python 前，初学者应该确定选择哪个版本。建议初学者选择 Python 3.×。主要有以下理由。

（1）使用 Python 3.×是大势所趋。虽然使用 Python 2.×的开发者很多，但是使用 Python 3.×的开发者更愿意进行版本更新，并且使用 Python 3.×的开发者的数量正在迅速增多。此外，Python 2.7 的支持时间已经在 2020 年 1 月 1 日终止。

（2）Python 3.×较 Python 2.×有很大改进。Python 3.×对 Python 2.×的标准库进行了一定程度的重新拆分和整合，特别是在字符编码方面，Python 3.×比 Python 2.×更容易理解。

Python 3.×与 Python 2.×的主要区别如表 4-1 所示。

表 4-1　Python 3.×与 Python 2.×的主要区别

差异点	Python 2.×	Python 3.×
输出方式	用 print 关键字，如 print "Hello"	用 print( )函数，如 print("Hello")
输入方式	用 raw_input( )函数	用 input( )函数
字符串的编码格式	默认采用 ASCII	默认采用 Unicode
格式化字符串的方式	用%，如"Hello,%s"%("World")	用 format( )函数，如"Hello,{}".format('World')
源文件的编码格式	默认采用 ASCII，因此使用中文时要在源文件开头加上一行#-*-coding:UTF-8-*-	默认采用 UTF-8
不等运算符	有两种：!=和<>	只有一种：!=

注：ASCII 是美国标准信息交换代码（American standard code for information interchange）；Unicode 是统一码；UTF-8 是 8 位的 Unicode 转换格式（8-bit Unicode transformation format）。

（3）Python 3.×和 Python 2.×的思想基本是共通的。

Python 3.×和 Python 2.×的思想基本是共通的，只有少量的语法差别。学会了 Python 3.×，只要稍微花一点时间学习 Python 2.×的语法，两个版本就都学会了。

当然，Python 3.×也有缺点，那就是很多扩展库的发行总是滞后于 Python 的发行版本，甚至目前还有很多库不支持 Python 3.×。因此，在选择 Python 之前，一定要考虑清楚自己的学习目的，例如，打算做哪方面的开发，需要用到哪些扩展库，以及扩展库支持的最高 Python 版本等。明确了这些问题后，再做出选择。

4.1.3　Python 的应用领域

Python 作为一种功能强大并且简单易学的编程语言广受好评。Python 的应用领域概括起来主要有以下方面。

（1）Web 开发。

（2）大数据处理。

（3）人工智能。

（4）自动化运维开发。

（5）云计算。

（6）网络爬虫。

（7）游戏开发。

4.2　Anaconda

4.2.1　Python 的主流编辑器简介

学习 Python 少不了使用集成开发环境（integrated development environment，IDE）或

者代码编辑器，这些 Python 开发工具可以帮助开发者加快使用 Python 开发的速度，以提高效率。

“工欲善其事，必先利其器”。在使用 Python 编程时，也需要一个好用的“武器”来编写代码，这就是编辑器。Python 编辑器很多，甚至 Windows 自带的记事本都可以用于编写 Python 代码。当前比较主流的 Python 编辑器如下。

1. IDLE

如果计算机安装的是 Windows 系统，可以使用集成开发和学习环境（integrated development and learning environment，IDLE），它是 Python 自带的一款编辑器。IDLE 具备各种语法高亮功能，还可以运行程序。

2. Sublime Text

Sublime Text 比较适合 Python 初学者使用。Sublime Text 支持跨平台，而且提供丰富的插件和主题。Sublime Text 具备各种语法高亮和代码补全功能，视觉感受更舒适。

3. Vim

Vim 是一款强大的编辑器。熟练使用 Vim 的开发人员完全可以脱离鼠标，通过快捷命令即可实现代码的编辑和运行。不过使用 Vim 需要花费时间去研究各种快捷命令和插件。

4. PyCharm

PyCharm 有一整套可以帮助用户提高开发效率的工具，如调试、语法高亮、Project 管理、代码跳转、智能提示、自动完成、单元测试、版本控制等。PyCharm 的主要特点如下。

（1）编码协助。PyCharm 提供了一个带有编码补全和代码片段、支持代码折叠和分割窗口的智能、可配置等功能的编辑器，可帮助用户更快更轻松地完成编码工作。用户可使用其编码语法、错误高亮、智能检测以及一键式代码快速补全建议，使得编码更优化。

（2）Python 重构。有了该功能，用户便能在项目范围内轻松进行重命名、提取方法/超类、导入域/变量/常量、移动和前推/后退重构。

（3）支持 Django 框架。有了它自带的超文本标记语言（hypertext markup language，HTML）、层叠样式表（cascading style sheets，CSS）和 JavaScript 编辑器，用户可以更快速地通过 Django 框架进行 Web 开发。此外，它还支持 CoffeeScript、Mako 和 Jinja2。

（4）图形页面调试器。用户可以用它自带的功能全面的调试器对 Python 或者 Django 框架以及测试单元进行调整。该调试器具有断点、步进、多画面视图、窗口以及评估表达式等功能。

5. Emacs

Emacs 是一款开源的编辑器，支持插件扩展，也支持所有编程语言。在编程方面，

Emacs 的功能是非常全面的，支持基本的语法高亮、语法式结构编辑、代码浏览管理、智能代码补全、实时语法检测等功能。

6. Spyder

和其他 Python IDE 相比，Spyder 有一个很大的特点：它可以用表格的形式查看数据，其针对数据科学做了一定的优化。Spyder 的独特之处如下。

（1）类 MATLAB 设计。Spyder 在设计上参考了 MATLAB，变量查看器模仿了 MATLAB 里“工作空间”的功能，并且有类似 MATLAB 的 pythonpath 管理对话框，对熟悉 MATLAB 的 Python 初学者非常友好。

（2）资源丰富且查找便利。Spyder 有变量自动完成、函数调用提示以及随时随地访问文档帮助的功能，并且其能够访问的资源及文档链接包括 Python、Matplotlib、Numpy、Scipy、Qt、IPython 等多种工具及工具包的使用手册。

（3）对初学者友好。Spyder 在其菜单栏中的【Help】里给新用户提供了交互式的使用教程以及快捷方式的备忘单，能够帮助新用户快速直观地了解 Spyder 的用户界面及使用方式。

（4）工具丰富，功能强大。Spyder 除了拥有 IDE 普遍具有的编辑器、调试器、用户图形界面等组件，还具有对象查看器、变量查看器、交互式命令窗口、历史命令窗口等组件，以及数组编辑及个性定制等多种功能。

4.2.2 安装 Anaconda

Anaconda 是一款开源的控制 Python 版本和库管理的软件，用于大规模数据的处理、预测分析和科学计算，致力于简化库的管理和部署。Anaconda 使用软件库管理系统 Conda 进行库管理。

使用 Anaconda 的主要优势如下。

（1）默认安装 Python 标准程序。

（2）默认安装常用的数据分析和挖掘工具包，如 Pandas、Numpy、Scipy、Statsmodels、Scikit-learn（sklearn）等。

（3）支持 Windows、macOS 和 Linux 多种平台。

（4）提供多种 Python 交互功能，如 IPython、Jupyter、Spyder 等。

相比于 Python 用 pip install 命令安装库，Anaconda 中增加了 conda install 命令来安装库，使用方法同 pip install 命令。

Anaconda 的安装非常方便，安装步骤如下。

（1）进入 Anaconda 官方网站（https://www.anaconda.com）的下载页面，找到匹配个人计算机的版本，单击“Download”按钮，将文件安装包下载到本地，下载页面如图 4-3 所示。

除访问 Anaconda 官方网站下载 Anaconda 以外，还可访问清华大学开源软件镜像站（https://mirrors.tuna.tsinghua.edu.cn/anaconda/archive/?C = M&O = D）下载 Anaconda，下载页面如图 4-4 所示。

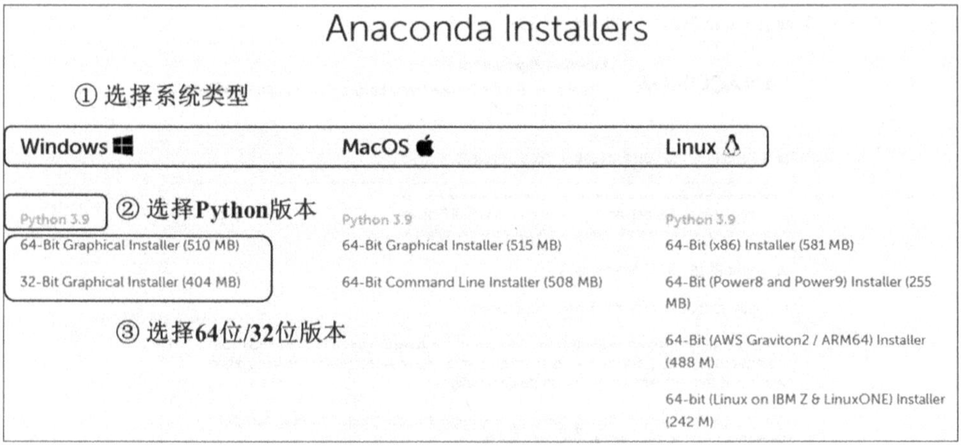

图 4-3　Anaconda 官方网站下载页面

图 4-4　清华大学开源软件镜像站下载页面

（2）安装 Anaconda。Anaconda 安装界面如图 4-5 所示。

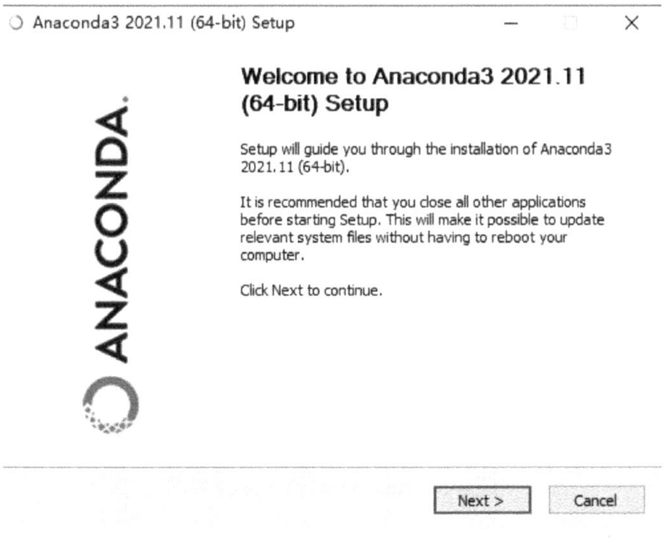

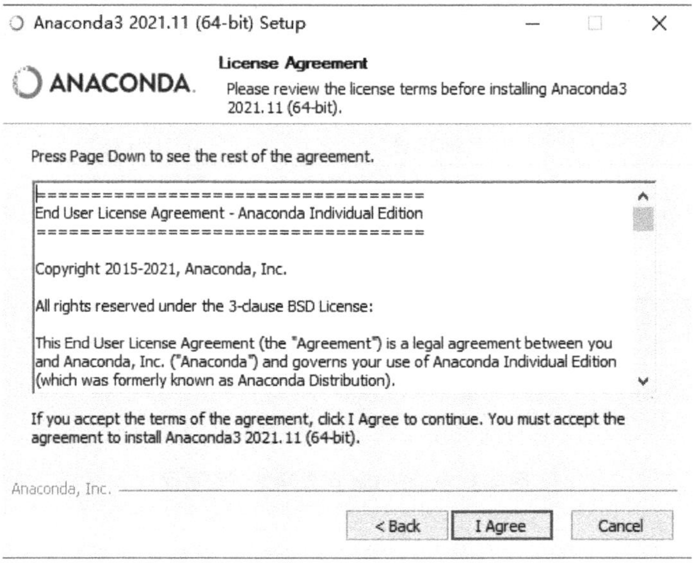

图 4-5　Anaconda 安装界面

Anaconda 安装完毕后，在“开始”菜单中单击 Anaconda Navigator 图标，出现图 4-6 所示的界面。界面中包含几个常用的 IDE，其中就有 Spyder 和 Jupyter Notebook。

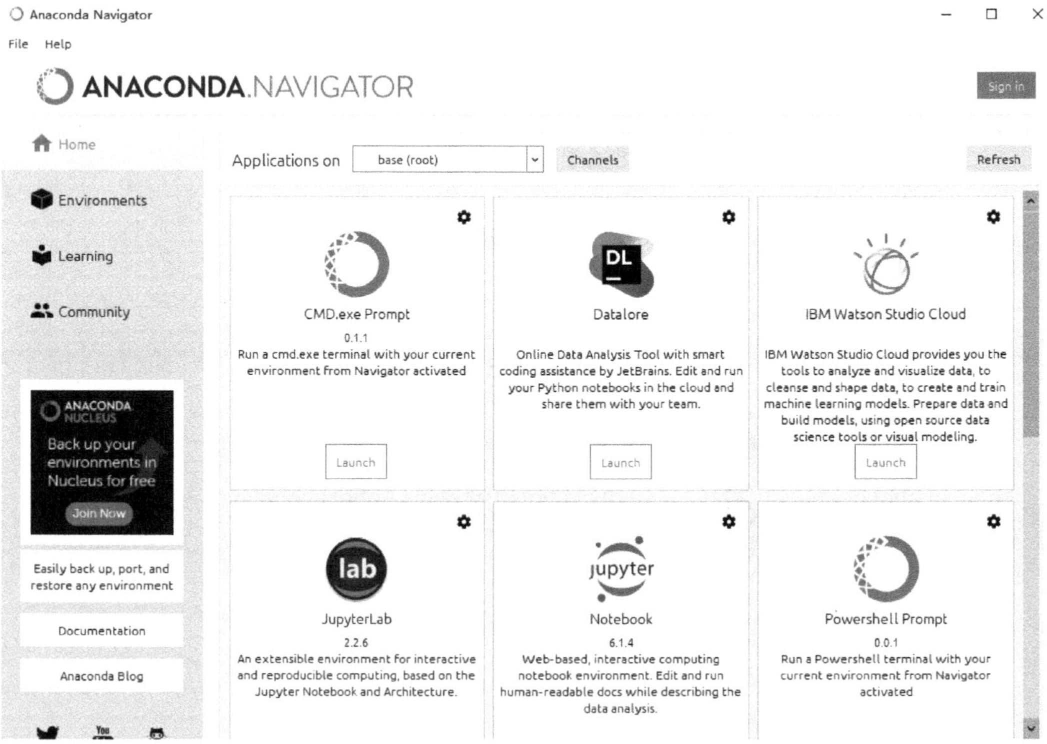

图 4-6　Anaconda Navigator 界面

Anaconda 安装成功后，会自动附带安装常用的 Python 库，如 Numpy、Pandas、Scipy 等。当然，很多包和库都在不断地被开发和贡献出来，所以 Anaconda 不可能收集所有的包和库，当需要使用这些包和库时可自行下载和安装。在 Windows 系统中可以打开“开始”菜单，选择 Anaconda3 目录下的 Anaconda prompt 图标；在 macOS 系统中直接打开终端，即可进行相关的操作。

4.2.3 Spyder

Spyder 的界面如图 4-7 所示，不同的版本略有不同。图 4-7 所示的 A 区域是工具栏区，B 区域是编辑区，C 区域是变量显示区，D 区域是结果显示区。当运行代码时，在编辑区中选中要运行的代码，再在工具栏上单击（Run current cell）按钮或者按 Ctrl + Enter 组合键即可。

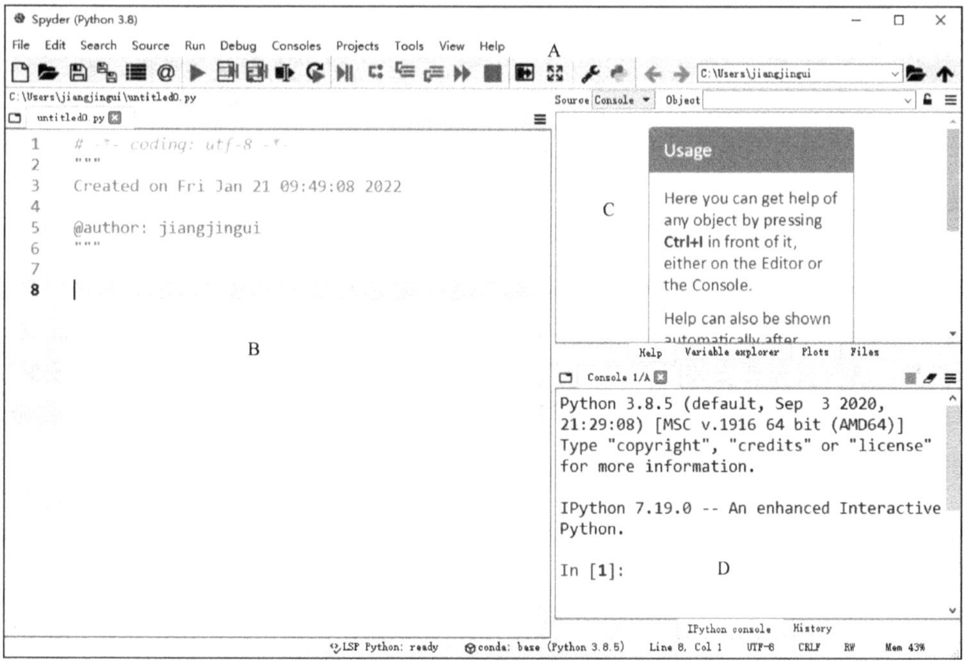

图 4-7　Spyder 界面

4.2.4 Jupyter Notebook

不同于 Spyder，Jupyter Notebook（曾称为 IPython Notebook）是一个交互式笔记本，支持 40 多种编程语言的运行。它的出现是为了方便科研人员随时可以把自己的代码和运行结果生成 PDF 或者网页格式文件与大家分享交流。

启动 Jupyter Notebook 后，进入图 4-8 所示的界面，选择 New 下拉选项中的 Python 3 选项，进入主区域（编辑区），可以看到很多单元（cell）。每个 Notebook 都由许多 cell 组成，每个 cell 的功能也不尽相同，代码 cell 前都带有 In[ ]编号。

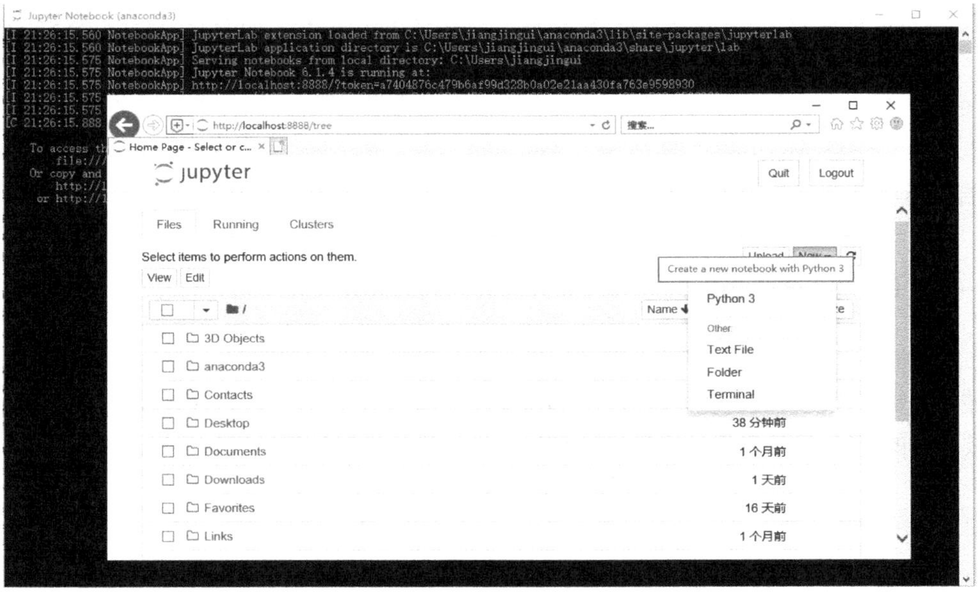

图 4-8 Jupyter Notebook 界面

4.2.5 安装扩展库

Anaconda 集成了众多的 Python 库，基本能够满足大部分的应用需求，但是仍然有部分专用库没有集成进去。如果在应用中需要用到某个 Python 库，但是 Anaconda 又没有集成进来，这时就需要安装其扩展库了。安装扩展库的方法为：执行 Anaconda 安装文件夹下的 Anaconda Prompt 命令，并在打开的 Anaconda Prompt 命令窗口中输入安装命令：pip install + 安装库名称，按 Enter 键。

下面以安装文本挖掘专用库 jieba 为例，介绍安装 Python 扩展库的方法。首先打开 Anaconda 安装文件夹下的 Anaconda Prompt 命令窗口，如图 4-9 所示。

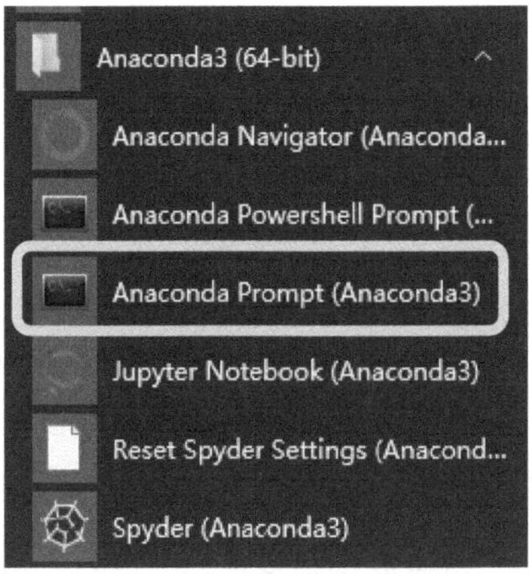

图 4-9 Anaconda Prompt 命令窗口

然后，在打开的 Anaconda Prompt 命令窗口中输入：pip install jieba，按 Enter 键，进入 jieba 库的进程，如图 4-10 所示。

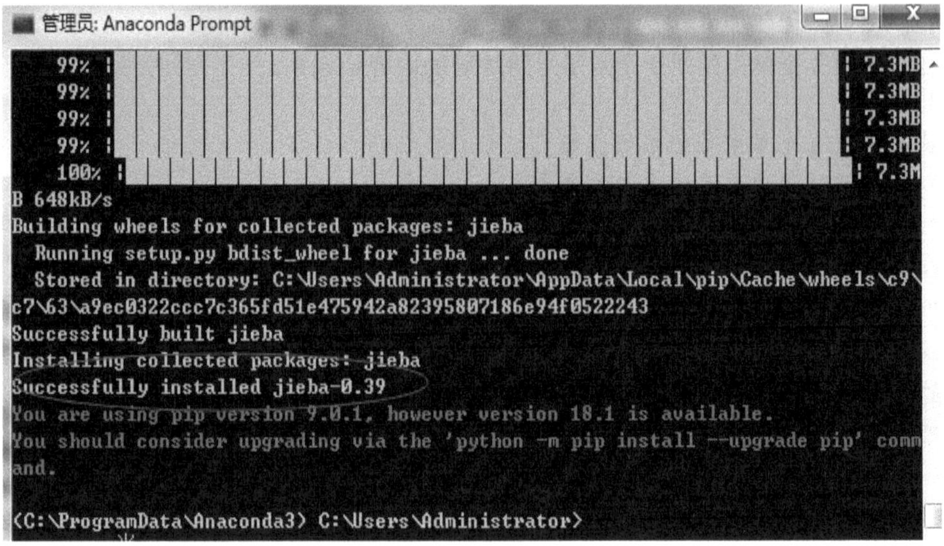

图 4-10　jieba 库安装命令窗口

4.3　Python 基础语法

4.3.1　Python 的语法规则

1. Python 编码设置

Python 3.×源文件为 UTF-8 编码，但是如果编辑器不支持 UTF-8 编码文件，或者要使用其编码方式，就要为源文件指定特定的字符编码。此时，需要在文件首行或者第二行插入一行特殊的注释行作为字符编码声明，其格式为 #-*-coding:UTF-8-*-，也可以是 #coding:UTF-8 或者 #coding = UTF-8。

2. 代码注释

在程序设计中，常常要对程序代码添加注释，而添加代码注释的目的主要是便于程序设计人员对程序进行维护。Python 的代码注释有以下方法。

1）单行注释

单行注释通常以“#”开头，在“#”后面紧接的是注释说明的文字。单行注释可以单独放置一行或放置于语句或表达式的行末。其示例程序如下：

```
# 这是输出语句(单行注释)
print("你好！欢迎到 Python 社区来！")#这是输出语句(单行注释)
```

注意：注释行是不会被机器解释的。编码声明也以“#”开头，但它不是代码注释行，而且编码声明要放在首行或第二行才能被机器解释。

2）多行注释

多行注释有以下两种方法。

（1）在每一行前加“#”。

（2）使用 3 个单引号或 3 个双引号将注释的内容括起来。

```
'''
这是使用 3 个单引号的多行注释
这是使用 3 个单引号的多行注释
'''
print("你好！ 欢迎使用 Python! ")
"""
这是使用 3 个双引号的多行注释
这是使用 3 个双引号的多行注释
"""
print("你好！ 欢迎使用 Python! ")
```

3. Python 标识符

（1）Python 标识符由英文字母、数字及下划线（_）组成。

（2）Python 标识符不能以数字开头。

（3）Python 标识符是区分大小写的。

（4）以下划线开头的标识符是有特殊意义的。以单下划线开头（如_foo）代表不能直接访问的类属性，需通过类提供的接口进行访问，不能用 from…import 语句导入。以双下划线开头（如_ _foo）代表类的私有成员。以双下划线开头和结尾（如_ _foo_ _ ）代表 Python 中特殊方法的专用标识，如_ _init_ _ 代表类的构造函数。

4. Python 关键字

Python 中的关键字如表 4-2 所示。

表 4-2　Python 中的关键字

关键字	描述	关键字	描述
and	逻辑运算符	def	定义函数
as	创建别名	del	删除对象
assert	调试	elif	在条件语句中使用，等同于 else if
break	跳出循环	else	用于条件语句
class	定义类	except	处理异常，发生异常时执行其后语句
continue	继续循环的下一个迭代	False	布尔值，比较运算的结果

续表

关键字	描述	关键字	描述
finally	处理异常，无论是否存在异常，都将执行一段代码	not	逻辑运算符
for	创建 for 循环	or	逻辑运算符
from	导入模块的特定部分	pass	null 语句，一条什么都不做的语句
global	声明全局变量	raise	产生异常
if	写一个条件语句	return	退出函数并返回值
import	导入模块	True	布尔值，比较运算的结果
in	检查列表、元组等集合中是否存在某个值	try	编写 try…except 语句
is	测试两个变量是否相等	while	创建 while 循环
lambda	创建匿名函数	with	简化异常处理
None	表示 null 值	yield	结束函数，返回生成器
nonlocal	声明非局部变量		

Python 中的关键字不能用作常量、变量或标识符。

5. 缩进代码

Python 最具特色的就是用缩进方式来标识代码块。在同一个代码块的语句必须保证相同的缩进空格数，否则，程序会报错。Python 对缩进的空格数没有要求，但最好使用 4 个空格进行悬挂式缩进。

设置缩进空格时，不要将空格键与 Tab 键混用，以免使设置的空格数不一致。

6. 多行语句

在 Python 编程中，如果一条语句太长，可以使用反斜杠（\）将一行的语句换行分为多行，而不会被机器识别为多条语句。其示例程序如下：

```
item_one=1
item_two=2
item_three=3
total=item_one+\
    item_two+\
    item_three
print(total)
```

但是在 Python 中，如果[ ]、{ }或( )里面有多行语句，在换行时不需要使用反斜杠，使用逗号（,）换行即可。

如果一行包含多条语句，则使用分号（;）对多条语句分隔。

7. Python 空行

在 Python 中，一般在函数之间或类的方法之间用空行分隔，以表示一段新的代码的开始。类和函数入口之间也可以用空行分隔，以突出函数入口的开始。空行用于分隔两段不同功能或含义的代码，以便于代码的阅读、维护或重构。

8. 代码组

缩进相同的一组语句构成一个代码块，也称代码组。例如，if、while、def 和 class 这样的复合语句的首行以关键字开始，以冒号（:）结束，该行之后的一行或多行程序构成代码组，此时将首行及其后面的程序称为一个子句。

9. print( )输出函数

print( )函数默认输出是换行的，如果要实现不换行输出，就需要在变量末尾加上 end = ""。

10. import 与 from…import 语句

在 Python 中可以使用 import 或者 from…import 语句来导入相应的模块。import 与 from…import 语句的作用如表 4-3 所示。

表 4-3 import 与 from…import 语句的作用

语句格式	作用
import modulename	将整个模块导入（modulename 为模块名）
from modulename import functionname	从某个模块中导入某个函数（functionname 为函数名）
from modulename import firstfunc, secondfunc	从某个模块中导入多个函数（firstfunc、secondfunc 均为函数名）
from modulename import *	将某个模块中的全部函数导入

4.3.2 变量的命名和赋值

1. 变量的命名规则

Python 中的变量需要先定义再使用，常见的命名规则如下。

（1）由数字、字母、下划线（_）组成，但不能以数字开头。

（2）不能使用 Python 关键字，如 if、while、enumerate、True 等。

（3）区分大小写，例如，$a = 1$ 和 $A = 1$ 是不同的变量。

（4）使用可理解、行业通用的变量名，而非无意义的简写，便于理解变量含义。

（5）前后有下划线的变量名通常为系统变量，如_name_、_doc_都是系统变量。

（6）以一个下划线开头的变量（如_abc）不能被 from…import *语句从模块导入。

（7）以两个下划线开头、末尾无下划线的变量（如_ _ abc）是类的本地变量。

2. 变量赋值

在 Python 中，用等号（=）为变量赋值。这个等号称为赋值运算符，等号左边是一个变量名，等号右边是存储在变量中的值。任何一个对象都能赋值给变量，包括数字、字符串、日期、数组、矩阵等。

Python 可以为多个变量赋相同的值，如 $a = b = c = 1$。

Python 还可以为多个对象指定多个变量，如 a,b,c = 1,2,"john"。

在 Python 3.×中，等号可以和一个算术操作符组合在一起，将计算结果重新赋值给左边的变量，这称为增量赋值，如 age = 9 + 1。

增量赋值通过使用赋值操作符，将数学运算隐藏在赋值过程中。和普通赋值相比，增量赋值不仅仅是写法上的改变，其有意义之处在于，赋值运算符左边的对象仅仅处理和操作了一次。

4.4 Python 基本数据类型

4.4.1 数值

1. 数值类型

Python 中的数值类型有以下四种：int（整数）、float（浮点数）、complex（复数）、bool（布尔型），如表 4-4 所示。

表 4-4 数值类型

数值类型	描述	举例
int（整数）	正整数、零、负整数	1、2、0 0b010110（二进制） 0o17（八进制） 0x9F（十六进制）
float（浮点数）	有小数点的数都是浮点数 科学计数法都是浮点数	1.0、2.3、−0.33 1.2e−4、−2.3e4
complex（复数）	$a + bj$，或者 complex (a,b) a 为实部，b 为虚部 .real 为取出实部，.imag 为取出虚部	1 + 2j、complex (2,3)
bool（布尔型）	True/False True 和 False 对应的值为 1 和 0	True/False

注意：Python 3.×取消了 long（长整数型）。

2. 数值运算符

1）算术运算符

Python 中算术运算符如表 4-5 所示。

表 4-5 Python 中算术运算符

运算符	描述
+	加：两个对象相加
-	减：得到负数或一个数减去另一个数
*	乘：两个数相乘或返回一个被重复若干次的字符串
/	除：x 除以 y
%	取模：返回除法的余数
**	幂：返回 x 的 y 次幂
//	取整除：返回商的整数部分（向下取整）

注意：取整除时，如果其中一个操作数作为负数，则结果将被保留，即从零（向无穷大）舍去，例如，–11/4 = –3。

2）赋值运算符

Python 中赋值运算符如表 4-6 所示。

表 4-6 Python 中赋值运算符

运算符	描述	实例
=	简单的赋值运算符	$c = a + b$ 将 $a + b$ 的运算结果赋值为 c
+=	加法赋值运算符	$c += a$ 等效于 $c = c + a$
-=	减法赋值运算符	$c -= a$ 等效于 $c = c - a$
*=	乘法赋值运算符	$c *= a$ 等效于 $c = c * a$
/=	除法赋值运算符	$c /= a$ 等效于 $c = c/a$
%=	取模赋值运算符	$c \% = a$ 等效于 $c = c \% a$
**=	幂赋值运算符	$c ** = a$ 等效于 $c = c ** a$
//=	取整除赋值运算符	$c // = a$ 等效于 $c = c // a$

3）比较（关系）运算符

Python 中比较运算符如表 4-7 所示。

表 4-7 Python 中比较运算符

运算符	描述	实例
==	等于：比较两个对象是否相等	($a == b$)返回 False
!=	不等于：比较两个对象是否不相等	($a != b$)返回 True

续表

运算符	描述	实例
<>	不等于：比较两个对象是否不相等。Python 3.×已废弃	$(a<>b)$返回 True
>	大于：返回 x 是否大于 y	$(a>b)$返回 False
<	小于：返回 x 是否小于 y。所有比较运算符返回 1 表示真，返回 0 表示假。这分别与特殊的变量 True 和 False 等价	$(a<b)$返回 True
>=	大于等于：返回 x 是否大于等于 y	$(a>=b)$返回 False
<=	小于等于：返回 x 是否小于等于 y	$(a<=b)$返回 True

注：假设变量 a 为 10，变量 b 为 20。

4）逻辑运算符

Python 支持逻辑运算符，如表 4-8 所示。

表 4-8　Python 中逻辑运算符

运算符	表达式	描述	实例
and	x and y	布尔“与”：如果 x 为 False，它返回 False，否则它返回 y 的计算值	(a and b)返回 20
or	x or y	布尔“或”：如果 x 是非 0，它返回 x 的计算值，否则它返回 y 的计算值	(a or b)返回 10
not	not x	布尔“非”：如果 x 为 True，它返回 False；否则它返回 True	not(a and b)返回 False

注：假设变量 a 为 10，变量 b 为 20。

5）Python 运算符优先级

表 4-9 列出了从最高到最低优先级的运算符。

表 4-9　Python 运算符优先级

运算符	描述
**	指数（最高优先级）
* / % //	乘、除、取模和取整除
+ -	加法、减法
<> == !=	比较运算符
= %= /= //= -= += *= **=	赋值运算符
not and or	逻辑运算符

3. python 数值内置函数

1）转换函数

int(x)：将 x 转换为整数，不四舍五入，只取整数部分，结果为整数。例如，int(2.2)→2。

float(x)：将 x 转换为浮点数。例如，float(3)→3.0。

complex(x, y)：将 x 和 y 转换为具有实部为 x 和虚部为 y 的复数。例如，complex(2, 3)→2 + 3j。

bool(x)：将 x 转换为布尔值。例如，bool(0)→False，bool(1)→True。

bin(x)：把 x 转换为二进制值。例如，bin(4)→0b100。

oct(x)：把 x 转换为八进制值。例如，oct(10)→0o12。

hex(x)：把 x 转换为十六进制值。例如，hex(20)→0x14。

注意：bool( )把空字符串、空列表、空元组、空字典、None 转化为 False。

2）功能函数

abs(x)：求 x 的绝对值。例如，abs(−1)→1。

max($x_1, x_2, x_3, \cdots, x_n$)：输入一串数，取最大值。例如，max(−1, −3, 0, 1, 3)→3。

min($x_1, x_2, x_3, \cdots, x_n$)：输入一串数，取最小值。例如，min(−1, −3, 0, 1, 3)→−3。

pow(x, y)：求 x 的 y 次方，和 x**y 一样。例如，pow(2, 3)→8。

round(x)：四舍五入 x 到个位，结果为整数。例如，round(5.5)→6。

round(x, n)：四舍五入 x 到小数点后 n 位，结果为浮点数。round(6.656, 2)→6.66。

注意：（1）round(x)结果为最近偶数，这个四舍五入在 Python 3.×中对于十分位为 5 的数来说比较特殊，如 2.5、4.5、6.5 等个位是偶数的，十分位数字全部舍去，结果为 2、4、6；而 1.5、3.5、7.5 等个位是奇数的，按照“五入”的方式得到 2、4、8。

（2）round(x, n)中，如果 n 为 2，就是四舍五入到百分位；如果 n 为 0，就是四舍五入到个位，结果仍为浮点数；如果 n 为−1，就是四舍五入到十位，结果仍为浮点数。

4. python 数值标准库

1）math 标准库介绍

math.pi：π，圆周率 3.1415926…。

math.e：自然常数 2.71828…。

math.sqrt(x)：求 x 的平方根，x 必须是非负数。

math.sin(x)：正弦，x 必须是弧度制。

math.cos(x)：余弦，x 必须是弧度制。

math.tan(x)：正切，x 必须是弧度制。

math.exp(x)：e 的 x 次方。

math.log(x)：相当于 ln，以 e 为底数，求 x 的对数。

math.log(x, n)：以 n 为底数，求 x 的对数。

2）random 标准库介绍

random.choice(x)：x 为列表、元组或字符串，随机返回元素。例如，random.choice([1, 2, 3, 4, 5])→2。

random.randrange(start, stop, step)：从范围 range(start, stop, step)中随机返回元素。例如，random.randrange(1, 10, 2)→5。

random.random( )：无须参数，随机返回浮点数 n（$0 \leqslant n < 1$）。例如，random.random( )→0.6586022112766232。

random.uniform(*x*, *y*)：随机返回浮点数 *n*（$x \leqslant n < y$）。例如，random.uniform(5, 9)→6.09983866301606。

random.shuffle(*x*)：*x* 为列表，随机打乱列表元素顺序，返回 None。

random.sample(*x*, *n*)：*x* 为列表，从 *x* 中随机获取长度为 *n* 的片断。sample( )函数不会修改原有序列。

4.4.2　字符串

Python 中的字符串就是字符的序列，可以包含字母、数字、标点和空格。字符串放在引号中，这样 Python 就会知道字符串从哪里开始到哪里结束。

1. 字符串定义

在 Python 中，可以使用单引号（'）、双引号（"）或三引号（'''或"""）来标识字符串，引号的开始与结束必须是相同类型的。其中，三引号标识的字符串可以由多行字符串组成，并且字符串中可以包含换行符、制表符以及其他特殊字符，常用于表示文档字符串，在文件的特定区域中，三引号中的字符串也可以作为注释。

2. 转义字符

在 Python 中，当字符串中需要使用特殊字符时，可使用反斜杠（\）转义字符来定义，Python 中常用的转义字符如表 4-10 所示。

表 4-10　Python 中常用的转义字符

转义字符	描述	转义字符	描述
\（在行尾时）	续行符	\n	换行
\\	反斜杠符号	\v	纵向制表符
\'	单引号	\t	横向制表符
\"	双引号	\r	回车
\a	响铃	\f	换页
\b	退格（Backspace）	\o*yy*	八进制数，*y* 代表 0～7 的字符，例如，\012 代表换行
\e	转义	\x*yy*	十六进制数，以 \x 开头，*yy* 代表字符，例如，\x0a 代表换行
\000	空	\other	其他字符以普通格式输出

3. 字符串索引

在 Python 中，字符串中的字符是通过索引来提取的，索引从 0 开始。索引可以理解为字符串的下标。字符串的索引分为正索引和负索引，通常说的索引就是指正索引。

正索引从左到右去标记字母，索引从 0 开始，也就是说从左边开始第一个字母索引是 0，第二个字母索引是 1，依次类推。

负索引从右到左去标记字母，然后加上负号（–），负索引的第一个值是–1，也就是说从右边开始第一个字母索引是–1，第二个字母索引是–2，依次类推。

4. 字符串的操作

1）字符串提取

字符串的提取就是通过索引获取字符串中指定位置的字符。字符串提取的方法是在变量名后使用方括号（[ ]）将需要提取的字符索引放置在方括号中即可。

例如，变量 var = 'Hello'，如果要提取字符串中字母“H”和“e”，可用 var[0]输出字母“H”，用 var[1]输出字母“e”。

2）字符串切片

字符串切片的方法是变量名后使用方括号（[*i*: *j*]），其中 *i* 表示截取字符串的开始索引，*j* 表示截取字符串的结束索引。在截取字符串时将包含起始字符，但不包含结束字符，这是一个半开半闭区间。同时，Python 还提供了 len( )内置函数用于返回字符串（或其他有长度对象）的长度。

例如，变量 var = 'Hello'，如果要截取子字符串“ell”，使用 var[1: 4]即可；如果要截取子字符串“llo”，使用 var[2: 5]即可。

3）字符串拼接

字符串拼接也就是将字符串连接，字符串连接的方法就是使用加号（ + ）将字符串变量连接起来。如果需要重复输出字符串，可使用星号（*），重复输出字符串格式如下：重复次数*字符串或者字符串*重复次数。另外，相邻的两个字符串会自动拼接在一起。

4）判断字符串是否包含指定字符串

判断字符串是否包含指定字符串的方法是使用（in）操作符。

5）判断字符串中是否不包含指定字符串

判断字符串中是否不包含指定字符串的方法是使用（not in）操作符。

6）字符串格式化

字符串格式化的方法就是在格式化操作符（%）的左侧放一个格式化字符串（包含%的字符串），在格式化操作符的右侧放一个或多个对象，这些对象是想在左侧插入的转换目标。

例如，print("我是%s 学生，我们班有%d 名学生"%("软件技术专业", 40))

Python 字符串格式化符号如表 4-11 所示。

表 4-11　Python 字符串格式化符号

符号	描述	符号	描述
%c	格式化字符及其 ASCII	%f	格式化浮点数字，可指定小数点后的精度
%s	格式化字符串	%e	用科学计数法格式化浮点数
%d	格式化整数	%E	用科学计数法格式化浮点数（大写）

续表

符号	描述	符号	描述
%u	格式化无符号整型	%g	%f 和%e 的简写
%o	格式化无符号八进制数	%G	%f 和%E 的简写
%x	格式化无符号十六进制数	%p	用十六进制数格式化变量的地址
%X	格式化无符号十六进制数（大写）		

Python 字符串格式化操作符辅助指令如表 4-12 所示。

表 4-12　Python 字符串格式化操作符辅助指令

符号	功能
*	定义宽度或者小数点精度
–	左对齐
+	在正数前面显示加号
<sp>	在正数前面显示空格
#	在八进制数前面显示'0'，在十六进制数前面显示'0x'或者'0X'（取决于用的是'x'还是'X'）
0	显示的数字前面填充'0'而不是默认的空格
%	'%%'输出单一的'%'
(var)	映射变量（字典参数）
m.n.	*m* 是显示的最小总宽度，*n* 是小数点后的位数（如果可用）

4.4.3　数据结构组成

1. 数据类型

除了数字和字符串，Python 还有 4 个内建的数据结构，也称为容器（container），其中主要包含序列（如列表和元组）、映射（如字典）以及集合 3 种基本的数据类型。

1）序列类型

序列是数据结构对象的有序排列，Python 中有 6 种内建的序列，包括字符串（string）、列表（list）、元组（tuple）、Unicode 字符串、buffer 对象和 xrange 对象，其中列表和元组是最常见的类型。

2）映射类型

映射是存储了对象与对象之间映射关系的数据类型，Python 中唯一的映射类型是字典。字典中的每个元素都存在相应的名称（称为键）与之一一对应。字典相当于带有各自名称的元素组成的集合，与序列不同的是字典中的元素没有排列顺序。

3）集合类型

Python 还提供了一种称为集合的数据类型。集合中的元素不能重复出现，集合中的元素是相对唯一的，并且元素不存在排列顺序。集合包括可变集合（set）和不可变集合（frozenset）。

2. 可变数据类型与不可变数据类型区别

Python 中的可变数据类型有列表和字典，不可变数据类型有整型、浮点型、字符串型和元组。

可变数据类型可以直接对数据结构对象进行元素的赋值修改、删除或增加操作，而不需要重新创建一个对象。

不可变数据类型不允许变量的值发生变化，改变变量的值相当于新建一个对象。

4.4.4 列表

列表是 Python 对象作为其元素并按顺序排列构成的有序集合。列表中的每个元素都有各自的位置编号，称为索引。列表中的元素不需要具有相同的数据类型，可以是各种类型的对象，如数值、字符串、元组、字典，以及列表类型本身。

1. 创建列表

Python 中创建列表的方法有两种：一种是使用方括号（[ ]）创建；另一种是使用 list( ) 函数创建。

1）使用方括号（[ ]）创建列表

只需要把所需的列表元素用逗号分隔开，并将这些列表元素用方括号括起来即可。创建列表的示例程序如下：

```
student_list=['王红','张小红','李明','杨丽']          #创建学生列表
score_list=[['20170001','王红'],70,80,65,90]  #创建成绩列表
produce_list=['电视机','长虹',3600,'四川']     #创建产品列表
emptylist=[]                                    #创建空列表
print(student_list)                             #输出完整列表
```

2）使用 list( )函数创建列表

Python 中 list( )函数的作用实质上是将传入的数据类型换成列表类型。例如，向函数传入一个元组对象，就会将对象从元组类型转变为列表类型。如果不传入任何对象到 list( ) 函数中，则会创建一个空列表。通过 list( )函数对字符串创建列表非常有效。使用 list( ) 函数创建列表的示例程序如下：

```
    str_list=list('Python')                          #创建字符串列表
emptylist=list()                                     #创建空列表
score_list1=list((['2017001','王红'],70,80,65,90))#创建成绩列表
print(str_list)                                      #输出完整列表
print(score_list1)
```

2. 列表索引

列表是属于序列的数据类型，列表中的每个元素都有各自的位置编号（称为索引）。列表索引与字符串的索引类似，也分为正索引（也称为索引）和负索引两种。列表的正索引从 0 开始，自左向右，以 1 为步长逐渐递增。列表的负索引按从右到左的方向标记元素，最右边元素的负索引为–1，然后向左边依次为–2、–3 等。

3. 列表元素的提取和切片操作

1）通过索引访问提取列表元素

为提取列表中的某个元素，可采用在列表对象后面紧接方括号（[*i*]），其中 *i* 是指定的索引。其示例程序如下：

```
str_list=list('Python')                    #创建字符串列表
print(str_list[1])                         #输出列表中 y
print(str_list[4])                         #输出列表中 o
```

如果索引超出了列表正索引或负索引的范围，Python 会返回一个错误。

2）列表切片操作

列表切片操作时，需要传入所提取子序列起始元素的索引、终止元素的索引和提取的步长，此时得到的列表切片将包含从起始元素开始，以提取步长为间隔，到终止元素之前的所有元素。切片操作的格式如下：序列对象[起始元素索引: 终止元素索引: 提取步长]。其示例程序如下：

```
student_list=['王红','张小红','李明','杨丽'] #创建学生列表
print(student_list[2:5])
print(student_list[0:5:2])
```

4. 列表中常用函数和方法

1）添加列表元素

（1）append( )函数：使用 append( )函数向列表对象中添加元素的方法就是向 append 传入需要添加到列表对象的一个元素，则该元素会被追加到列表的尾部。

（2）extend( )函数：使用 extend( )函数能够将另一个列表添加到该列表的末尾，相当于将两个列表进行拼接。

（3）insert( )函数：使用 insert( )函数也可以向列表添加一个元素，但与 append( )函数不同的是，insert( )函数可以在指定位置添加元素。

列表元素添加的示例程序如下：

```
    student_list=['王红','张艳','李明','杨丽']
#使用 append( )函数向列表尾部添加元素
student_list.append('王小峰')
print(student_list)
#使用 extend( )函数将列表合并
```

```
student_list.extend(other_list)
print(student_list)
    #使用 insert( )函数在'王红'后面插入'李涛'
student_list.insert(1,'李涛')
print(student_list)
```

2）删除列表元素

（1）使用 del 语句删除列表元素的格式如下：del 列表[索引号]。

（2）使用 pop 语句删除列表元素。使用 pop 语句删除列表元素的方法是将元素的索引传入 pop 语句中，将会获取该元素，并将其在列表中删除，相当于把列表中的元素抽离出来。若不指定元素位置，pop 语句将指定列表中最后一个元素。使用 pop 语句格式如下：列表对象.pop(索引号)。

（3）使用 remove 语句删除列表元素。除了指定元素的位置进行元素的删除，还可以指定元素进行删除。将指定的元素放入 remove 语句，则列表中第一次出现的该元素会被删除。使用 remove 语句格式如下：列表对象.remove(元素值)。

3）修改列表元素

由于列表是可变的，修改列表元素最简单的方法是提取该元素并进行赋值操作。在对列表进行添加元素、删除元素和修改元素操作时，如果需要保留原来的列表不变，只有采用 copy 语句创建列表的副本。copy 语句的格式如下：列表对象.copy( )。

4）查询列表元素位置

利用列表方法 index 来查询指定元素在列表中第一次出现的位置索引。判断列表中是否包含某个元素，还可以使用 in 函数。in 函数的格式如下：元素 in 列表对象。

5. 列表其他常用操作

除了上面所述的列表常用函数和方法，Python 中列表还有其他常用的操作，具体如表 4-13 所示。

表 4-13　列表其他常用操作

方法与函数	作用
+	将两个列表合并成一个列表
*	重复合并同一个列表多次
len	获得列表的长度，即列表中元素的个数
max	获得列表中的最大值
min	获得列表中的最小值
list.count	统计某个元素在列表中出现的次数
list.reverse	反转列表中的元素
list.sort	对原列表进行排序，参数 reverse = True 是降序，反之为升序
list.clear	清空列表

4.4.5 元组

元组与列表相似，都是有序元素的集合，并可以包含任意类型的元素。与列表不同的是，元组是不可变的，也就是说元组一旦创建就不能修改。

1. 创建元组

1）使用圆括号（( )）创建元组

元组创建很简单，只需要使用圆括号将有序元素括起来，并用逗号隔开。在 Python 中定义元组的关键是逗号，而圆括号可以省略。创建元组的示例程序如下：

```
season =('春','夏','秋','冬')                #创建 season 元组
constant =(('r',10),3.1416)                  #创建 constant 元组
emptytuple =()                               #创建空元组
tup1=12,                                     #创建一个元素元组
tup2=(12)
print(season,constant,emptytuple,tup1,tup2)
```

2）使用 tuple( )函数创建元组

tuple( )函数能够将其他数据类型转换成元组类型。其方法是先创建一个列表，将列表传入 tuple( )函数中，再转换成元组。使用 tuple( )函数创建元组的示例程序如下：

```
    constant=tuple((('r',10),3.1416)) #创建 constant 元组
tup1=tuple((12,))                            #创建一个元素元组
print(constant,tup1)                         #输出元组
```

2. 元组索引

与列表类似，元组索引也分为正索引（也称为索引）和负索引两种。

3. 元组元素的提取和切片操作

1）通过索引访问提取元素

与列表索引访问提取元素一样，只要传入元素索引，就可以获得对应的元素。提取元组中元素的方法是在元组对象后面紧接方括号（[*i*]），其中 *i* 是指定的索引。其示例程序如下：

```
season =('春','夏','秋','冬')                #创建元组
tup1=season [1]                              #提取第二个元素
print(tup1)
```

2）元组切片操作

元组切片操作与列表类似，只需要传入所提取子序列起始元素的索引、终止元素的索引和提取步长即可。元组切片操作的格式如下：序列对象[起始元素索引: 终止元素索引: 提取步长]。元组切片操作的示例程序如下：

```
season =('春','夏','秋','冬')      #创建元组
tup1=season [1:3]                 #提取第 2 至 3 元素开始所有元素
tup2=season [0:5:2]               #从第 1 个元素开始,步长为 2 提取元素
print(tup1,tup2)
```

4. 元组解包

将元组中的各元素赋值给多个变量的操作通常称为元组解包。元组解包的格式如下：$var_1,var_2,\cdots,var_n$ = tuple。

在 Python 中有多重赋值语句，由于创建元组时可以省略圆括号，元组解包可以看作多重赋值语句，以实现将右边元素平行赋值给左边变量。元组解包的示例程序如下：

```
constant=tuple((('r',10),3.1416))    #创建元组
x,y=constant                         #元组解包
print('x=',x,'y=',y)                 #输出 x,y
(x,y),z=constant                     #元组解包
print('x=',x,'y=',y,'z=',z)          #输出 x,y,z
```

5. 元组中常用方法和函数

元组中的元素值是不允许修改的,但是可以对元组中的元素进行统计、查找和排序，还可以对元组进行合并和删除。元组中常用函数和方法如表 4-14 所示。

表 4-14　元组常用方法和函数

方法与函数	作用
+	将两个元组合并成一个元组
*	重复合并同一个元组多次
in	判断元素是否存在，存在为 True，否则为 False
len	获得元组的长度，即元组中元素的个数
max	获得元组中的最大值
min	获得元组中的最小值
tuple.count	统计某个元素在元组中出现的次数
tuple.index	获取元素在元组中第一次出现的位置索引
sorted	创建对元组进行排序后的列表
del	删除整个元组

列表与元组的运用示例程序如下：

```
title =('姓名','电话','Email')                          #创建元组
cont=['李芳',13862345616,'lifang@163.com'] #创建列表
str1,str2,str3=title
```

```
con1,con2,con3=cont
str4="--------"
str5=str4*4
print('%s'%(str5))
print('|%s|%s    |%s    |'%(str1,str2,str3))
print('%s'%(str5))
print('|%s|%d|%s|'%(con1,con2,con3))
print('%s'%(str5))
cont[0]='李志'
cont[1]=18573323312
cont[2]='lizhi@sina.com'
con1,con2,con3=cont
print('|%s|%d|%s|'%(con1,con2,con3))
```

4.4.6 字典

字典主要通过键来访问对应的元素，为了获取指定键所关联的值，将键放到一对方括号中，例如，值＝字典对象[键]。

1. 创建字典

1）使用花括号（{ }）创建字典

字典是用花括号（{ }）括起来的一系列键/值对（key-value），其中每个键/值对的键与值之间用冒号（:）分隔，各键/值对之间用逗号（,）隔开。字典的格式如下：{key_1:$value_1$,key_2:$value_2$,…,key_n:$value_n$}。创建字典的示例程序如下：

```
contacts={'张艳':13873321234,'杨丽':13623456712}#创建 contacts 字典
student={'Name':'张艳','Age':20,3:13873321234}#创建 student 字典
emptydict={}                                  #创建空字典
dict1={1:'空调',2:'1.5p',2:1989}              #创建 dict1 字典
print(contacts)                               #输出字典
print(student)                                #输出字典
print(emptydict,dict1)                        #输出字典
```

2）使用 dict( )函数创建字典

dict( )函数用于创建一个字典，它的作用是将传入 dict( )函数中的包含两个元素的子序列的数据类型转换为字典类型，子序列中第一个元素是键，第二个元素是值，一个子序列构成一个键/值对。通过转换方式用 dict( )函数创建字典的格式如下：dict(([key_1,$value_1$],(key_2,$value_2$),'*ab*'…))或 dict([[key_1,$value_1$],(key_2,$value_2$),'*ab*'…])。其中，key_1 和 key_2 只能是数字、字符和元组；$value_1$ 和 $value_2$ 可以是数字、字符、列表、元组和字典；*a* 和 *b* 代表任意两个字符。

除了通过转换方式创建字典，还可以直接向 dict( )函数传入键和值进行创建，其中须通过等号（=）将键和值隔开，其格式如下：dict(key_1 = $value_1$,key_2 = $value_2$,⋯,key_n = $value_n$)。

使用 dict( )函数创建字典的示例程序如下：

```
student=dict(([‘Name’,’张艳’],(‘Age’,20),’xy’,(‘d’,{1:2})))
contacts=dict([((‘tel’,’email’),[13873321234,’zhangyan@163.
com’])])
dict1=dict(Name=’杨丽’,Age=18,a=(1,2))
dict2=dict()
print(student)
print(contacts)
print(dict1,dict2)
```

2. 获取字典的元素

（1）通过键获取字典元素。

（2）使用字典 get( )函数。

3. 字典中常用函数和方法

1）添加字典元素

通过向字典中传入一个新的键，并对这个新键进行赋值操作，可实现向字典中添加一个元素的功能，其格式如下：dict_name[new_key] = new_value。

字典的 update( )函数可实现将两个字典中的键/值对进行合并。

2）删除字典元素

使用 del 语句可以删除某个键/值对，另外，字典也包含 pop 语句，只要传入键，函数就能将对应的值从字典中抽离，若要清空字典内容，可以使用字典的 clear( )函数。

3）修改字典元素

可使用键访问赋值来修改字典元素。

4）查询和获取字典元素信息

除了可以使用字典元素提取的方法进行查询，还可以使用 in( )函数进行判断。在字典中，可以使用 keys( )函数获取字典中的所有键，values( )函数获取字典中的所有值，itmes( )函数得到字典中的所有键/值对。

4.4.7 集合

集合是一个无序的不重复元素序列。关于集合的说明如下。

（1）Python 中的集合元素是无序的，即元素没有顺序问题，也不能像数组、列表、字符串那样使用索引来访问某个元素。

（2）各元素的顺序也并不是定义时的顺序。

（3）Python 中集合的每个元素都是不同的，即使定义了相同的元素，其在使用时也会自动消除。利用集合的这一特点可以去除重复值。

1. 创建集合

创建可变集合的方法是使用花括号（{ }）或 set( )函数。

创建一个空集合必须用 set( )函数而不是使用花括号，这是因为花括号用来创建一个空字典。

2. 集合的运算

在 Python 中，集合对象支持并集、交集、差集和异或差集等数学运算操作。集合运算方法如表 4-15 所示。

表 4-15　集合运算方法

方法	运算符	作用
different	-	根据一个集合中不存在于另一个集合中的元素，创建出一个新的集合
intersection	&	根据两个集合中共有的元素，创建出一个新的集合
issubset	<=	判断一个集合的所有元素是否都包含于另一个集合
issuperset	>=	判断一个集合是否包含另一个集合的所有元素
symmetric_difference	^	根据两个集合中的所有不存在于对方的元素，创建出一个新的集合
union	|	根据两个集合中的所有元素，创建出一个新的集合

3. 集合中常用函数和方法

除了对集合进行数学运算操作，集合还有一些常用的函数和方法，如表 4-16 所示。

表 4-16　集合常用函数和方法

函数和方法	作用
add( )	向可变集合中添加一个元素
update( )	向可变集合添加其他集合的元素，即合并两个集合
pop( )	删除可变集合中的一个元素，集合对象为空时，报错
remove( )	删除可变集合中指定的一个元素
clear( )	删除可变集合中的所有元素，返回集合
in( )	查询元素是否存在于集合中
len( )	获取集合中的元素个数
copy( )	复制可变集合内容并创建一个副本对象

4.5 Python 流程控制语句

4.5.1 if 条件语句

if 条件语句的基本语法格式如下：

```
if 条件表达式:
语句块
```

if 语句执行过程中，首先判断条件表达式（也就是布尔表达式）是否成立，即条件表达式是否为真（True），如果为真（True），则执行冒号（:）下面的语句块，否则，就不执行该语句块。

除了单路分支语句，还会经常遇到多路分支语句。多路分支语句的语法格式如下：

```
if  条件表达式 1:
    分支一语句块
elif  条件表达式 2:
    分支二语句块
else:
    分支三语句块
```

4.5.2 while 循环控制语句

Python 中的循环控制语句有 while 语句和 for 语句，其中，while 语句的语法格式如下：

```
while (条件表达式):
    语句块
```

while 语句的执行过程中，首先判断条件表达式是否为真，如果为真，则执行条件表达式冒号（:）后的语句块，执行完毕后再次判断条件表达式是否为真，如果仍然为真，则再次执行冒号（:）后的语句块，如此反复，直到条件表达式为假。

4.5.3 for 循环控制语句

在 Python 中，for 语句是一个通用的序列迭代器，可以遍历任何有序列的序列，如字符串、列表、元组等。

Python 中的 for 语句接收可迭代对象，如果序列和迭代器作为其参数，每次循环可以调取其中的一个元素。Python 的 for 语句看上去像伪代码，非常简洁。for 语句的语法格式如下：

```
for <变量> in <序列>:
    语句块
```

4.5.4 break、continue 语句

1. break 语句

在 while 循环和 for 循环中，break 语句的作用是终止循环语句，即循环条件没有 False 条件或者序列还没被完全递归完，就停止执行循环语句，跳出循环。在嵌套循环中，break 语句可以停止执行最深层的循环，并开始执行下一行代码。

在 Python 中，break 语句的语法格式为 break。

2. continue 语句

在 while 循环和 for 循环中，continue 语句的作用是跳过当前循环的剩余语句，然后继续进行下一轮循环。continue 语句与 break 语句不同：continue 语句是跳出本次循环，而 break 语句是跳出整个循环。

在 Python 中，continue 语句的语法格式为 continue。

4.6 Python 函数和类

4.6.1 函数

函数是把实现一定功能的代码集合到一起以便能够重复使用这些代码的一种方法。函数允许我们在程序中的多个位置运行相同的代码段，而不需要重复地复制和粘贴代码。此外，通过把大段代码隐藏到函数中，并给它起一个容易理解的名字，我们可以更好地组织和规划代码。

利用函数，我们可以把注意力集中在函数的组织上，而不用过多地关注组成这些函数的所有的代码细节。代码段分割得越小，越易于管理，我们也就越能够看到更大的蓝图，并思考如何在更高的层级上构建程序。

Python 有两种函数：一种是内置函数，如 print( )函数、int( )函数；另一种是自定义函数。

1. 函数的基本结构

在 Python 中，声明自定义函数时要包含以下部分。

（1）def 关键字。

（2）函数的名称。

（3）参数列表（参数的数量可以根据需要而定）。

（4）冒号。

（5）从下一行开始，缩进的代码。

（6）关键字 return 和返回的结果（这部分是可选的）。

创建一个简单的函数的示例程序如下：

```
def firstFunction(name):
    str1="Hello "+name+"!"
    print(str1)
```

通过关键字 def 声明这是一个函数，函数名为 firstFunction，函数有一个参数 name，将语句"Hello " + name + "!" 生成的字符串赋值给变量 str1。这个函数没有返回结果。

2. 函数的参数

函数的参数称为形参。每个函数包含的参数列表称为形参列表。形参列表中的参数可以是一个参数，也可以是多个参数，甚至可以不带参数。如果使用多个参数，每个参数名要用逗号隔开。带参数的函数示例程序如下：

```
def sum(number1,number2):
    result=number1+number2
    print(str(result))
```

这是一个进行加法运算的函数，它的两个形参分别名为 number1 和 number2。当调用这个函数时，会传入两个参数，传入的两个参数称为实参。

4.6.2 特殊函数

1. 匿名函数 lambda

lambda 函数中函数名被隐藏。lambda 函数的格式如下：lambda 参数 1,参数 2,…,参数 n: 函数体。

lambda 函数的函数体只有一行代码，并且该行代码必须具有运行结果，运行结果会被作为函数的返回值自动返回。

lambda 函数没有函数名，因此通常通过变量接受该函数，之后通过变量名（参数列表）来调用。同时 lambda 函数只有一句代码，因此 lambda 函数一般只用来解决比较简单的数据计算问题。

2. 过滤函数 filter

filter 函数相当于过滤器。filter 函数的功能是调用一个布尔函数 bool_func 来迭代遍历每个列表中的元素；返回一个使 bool_func 返回值为 True 的元素的序列。

3. 映射和归并函数 map/reduce

1）map 函数

map( )函数的格式如下：map (func, seq_1[, seq_2…])。

Python 中的 map( )函数是将 func 作用于列表中的每一个元素，并用一个列表给出返回值。如果 func 为 None，作用等同于 zip( )函数。

2）reduce 函数

reduce( )函数的格式如下：reduce (func, seq[, init])。

reduce( )函数即化简，它的过程如下：每次迭代，将上一次的迭代结果（第一次时为 init 的元素，若没有 init 则为 seq 的第一个元素）与下一个元素一同执行一个二元的 func( ) 函数。在 reduce( )函数中，init 是可选的，如果使用，则作为第一次迭代的第一个元素。

4.6.3　类

Python 中几乎一切都可以用对象来表示。面向对象编程（object oriented programming，OOP）是设计和编写程序的一种方式。

前面的学习中已经用到对象，数字、字符串、字典和列表这些数据类型都是对象。对象往往包含各种属性值和方法，而各种数据类型都有其内置的函数，如将字符串的所有单词首字母大写的 upper( )函数、取出字典所有键的 keys( )函数，这些都是数据类型各自所内置的函数。

Python 中所有变量也都是对象，只不过变量通常只有一个值。例如，字符串保存一组字符，整数保存一个数字，列表保存项的一组元素。对象比变量可以更好地模拟现实世界，因为我们接触的事物往往不止一面。

1. 类和对象创建

要创建对象，首先需要一个类。类就像一个橡皮图章，而对象就是图章印出来的一个实例。类是创建相同类型对象的蓝图或模板，决定了能够得到什么样的对象。例如，如果创建了一个拥有 name 属性和 age 属性的 Dog 类，那么通过这个 Dog 类创建的所有对象都会有 age 属性和 name 属性——这一类对象所拥有的属性不会多也不会少。

总之，类是一种 OOP 工具，能使程序员对所要研究的问题进行抽象。在 OOP 中，抽象是用编程对象来表示现实世界中的对象的行为。编程对象不需要拥有现实世界中对象的所有细节。例如，如果 Dog 对象只需要打招呼，那么 Dog 类只需要一个方法，就是 SayHello。

首先，创建一个简单的 Dog 类，这个类包含小狗的许多属性，示例程序如下：

```
class Dog:
    name=None
    legs=None
    age=None
    gender=None
    isCute=None
```

然后，创建一个对象，也就是要创建 Dog 类的一个实例 dog1，可以使用点号（.）来访问对象的属性，为其赋值，示例程序如下：

```
dog1=Dog()
dog1.name="Wang Wang"
dog1.legs=4
```

```
dog1.age=2
dog1.gender="Boy"
dog1.isCute=True
```

最后，就可以访问这个对象的属性了，示例程序如下：

```
print("The dog name is "+dog1.name+".")
print("The dog is a "+dog1.gender+".")
print("It is "+str(dog1.age)+ " years old.")
if dog1.isCute==True:
    print("It is cute.")
else:
    print("It is not cute.")
```

2. *给对象添加方法*

在前面的示例中创建了几个属性，其中存储了不同数据类型的值。还可以为类添加函数。类的函数称为方法。

以前面的 Dog 类为例，为它添加一个 SayHello 方法，示例程序如下：

```
class Dog:
    name=None
    legs=None
    age=None
    gender=None
    isCute=None
    def SayHello(self):
        print("Woof...Woof")
        print("My name is "+self.name+".")
        print("I am a "+self.gender+".")
        print("I want to play with you.")
```

添加了 SayHello 这个新的方法，并且这个方法有一个名为 self 的参数。self 是关键字，表示对对象本身的一个引用，通过它，可以引用该类的任何成员。例如，当在 Dog 对象上调用 SayHello 方法时，self 引用的就是 Dog 对象，因此 self.name 引用的就是 Dog.name。

创建这个类的示例程序如下：

```
dog1=Dog()
dog1.name="Wang Wang"
dog1.gender="Boy"
dog1.SayHello()
```

创建了 Dog 类的实例 dog1，为其属性 name 和 gender 赋值，调用这个类的 SayHello 方法，打印出小狗打招呼的内容。

4.6.4　函数和类的调用

1. 函数的调用

定义一个函数只给了函数名，指定了函数里包含的参数和代码块结构。函数的基本结构完成以后，可以通过另一个函数调用执行。

调用一个函数时，需要在函数名后边跟一对圆括号，然后把调用该函数时使用的参数放在圆括号中。例如，调用 4.6.1 节中创建的函数，函数 firstFunction 名后面的圆括号中是要传入的参数"World"。函数调用的示例程序如下：

```
firstFunction("World")
```

2. 类的调用

类的调用与函数的调用类似，类的调用方法包括类的内部调用（格式为 self. <方法名>(参数列表)）和类的外部调用（格式为<实例名>. <方法名> (参数列表)）。

以上两种调用方法中，提供的参数列表中都不用包括 self。

类的调用示例程序如下：

```
class Washer:
      def __init__(self):
         self.water=0
         self.scour=0
      def add_water(self,water):
print('Add water:',water)
self.water=water
   def add_scour(self,scour):
self.scour=scour
print('Add scour:',self.scour)
def start_wash(self):
print('Start wash...')
if __name__ == '__main__':
w=Washer()
w.add_water(10)
w.add_scour(2)
w.start_wash()
```

【总结与习题】

1. 总结

本章是 Python 语言基础，首先介绍了 Python 及主流编辑器，其次介绍了 Anaconda

的安装、Spyder 和 Jupyter Notebook 的基本功能，最后讲解了 Python 基础语法、基本数据类型、流程控制语句、函数和类。

2. 习题

（1）简述 Anaconda 的特点。

（2）Python 的代码注释有几种方法？

（3）Python 中变量是否需要提前声明才能使用？变量的数据类型如何确定？

（4）Python 的数据类型有哪些？如何查看数据类型？

（5）Python 中如何定义字符串？简述字符串提取、切片、拼接的方法。

（6）Python 中可变数据类型有哪些？

（7）简述列表创建方法，以及列表元素提取、切片的方法。

（8）为列表添加元素的函数有哪些？这些函数各有什么特点？

（9）简述元组创建方法，以及元组元素提取、切片、元组解包的方法。

（10）简述列表、元组和字典的区别。

（11）Python 的流程控制语句中如何划分语句块？

（12）简述 Python 中定义函数的方法。

（13）Python 中如何定义可变参数？在函数中放置可变参数有什么要求？

（14）编写一个 Python 程序，实现如下操作：

①定义一个列表，该列表由 2 个元组组成，其中元组中元素由（学号，平时成绩，期末成绩）组成，如列表[（'2020099101'，85，87），（'2020099102'，75，71）]，实现为列表添加一个元素（'2020099103'，90，93）的操作。

②根据上面定义的列表创建一个新列表，新列表也由元组组成，元组中元素由（学号，期评成绩）组成，期评成绩 = 平时成绩×0.3 + 期末成绩×0.7。

③删除①所定义的列表中学号为'2020099101'所对应的元组项。

（15）编写一个 Python 的自定义函数，实现 1～n 个数字的偶数和的操作。

第5章

Numpy 库和 Pandas 库

【学习目标】

1. 掌握 Numpy 数组的创建和相关操作。
2. 熟悉 Numpy 数组的计算、统计基础和矩阵运算。
3. 掌握 Pandas 的序列、数据框的相关操作。
4. 熟悉 Pandas 的函数应用。
5. 掌握不同类型的数据读取与写入。

【开篇案例】

即使不学编程，你也要了解计算机思维

计算机已进入我们生活的各个方面，成长于互联网时代的一代甚至被称为“数字原住民”。对他们而言，会使用计算机已是基本生存技能，了解计算机运作背后的逻辑（也就是计算机思维）变得非常必要。

加利福尼亚大学伯克利分校Daniel Garcia为非计算机专业的学生设计了一门名为《计算机的美与乐趣》的课程。在这门课程里，Daniel 解释了一个非常重要的概念——抽象化。Daniel 说：“抽象化的意思就是隐藏细节。”这要求我们可以识别模式、将复杂的东西提炼，并形成精确清晰的概括。

抽象化以及计算机科学领域里的其他想法都又酷又有用，能激发人们的求知欲。很明显，计算机已经成为人们解决问题不可或缺的伙伴，但是熟练操作软件还远远不够，了解隐藏在计算机魔力背后的东西更重要。

计算机思维主要包括识别模式和顺序、创造算法、设计用于发现以及修正错误的测试，把一般浓缩为精确，把精确拓展到一般。在微软公司负责基础研究的 Jeannette M. Wing 针对计算机理念的广泛使用进行讨论。她在一次采访里提到，计算机思维不仅可以应用于思维，也可以提升日常生活效率并且让人们的压力变得小一点。计算机思维有很多的应用。例如，把困难的问题解构成我们所知道的方式去解决，观察时间和空间里的平衡问题以及流水线问题。

计算机思维可以辅助一个基本的任务，例如，策划一段旅程——你可以把它分成预订机票、预订旅馆、租车这几个步骤。计算机思维也可以用于身体保健或政策制定等复杂的领域。我们只有识别次问题以及描述这些次问题与主问题之间的关系，才可以完成目标工作。Wing 说："一旦你有了一个好的接口，你就可以忽略剩下问题的复杂性。"

《追随你的心：用思想改变世界——乔布斯的十大演讲》中提到："活着，就是为了改变世界！"。人类的思想会产生无法估量的力量，用思想改变世界的事情时刻都在发生。苹果公司最初的招聘广告上有这么几句话："这个世界有疯狂的人，你不能忽视他们。可能有人认为他们是疯子，但我们认为他们是天才，因为这些人够疯狂，他们认为自己可以改变世界，而且他们确实在这么做。"不可否认，苹果公司的成就来自这一群思想独特的人。

一个健全的人不但要拥有对科学和时事的看法，还应具备各种不同的看法。思想是根基，理想是嫩绿的胚芽，在这上面生长出人类的思想、活动、行为、热情、激情的大树。雨果说："未来将属于两种人，思想的人和劳动的人。"因此，拥有了杰出思想，我们才能了解世界。

每个人都拥有不可复制的自己的思想，不同的人将不同的思想付诸实践，世界将会因你卓越的思想而改变！

资料来源：https://blog.csdn.net/lau317/article/details/80055129

【思政思考题】

思考题 1：作为管理类专业的学生，你觉得掌握计算机思维有怎样的意义？

思考题 2：除了计算机思维，你觉得管理类专业的学生还需要开拓哪些方面的思维视野？

5.1 Numpy 库

5.1.1 Numpy 简介

Numpy 库（简称 Numpy）是 Python 用于科学计算的基础库，也是大量 Python 数学和科学计算库的基础，不少数据处理及分析库都是在 Numpy 的基础上开发的，如后面介绍的 Pandas 库就是在其基础上开发的。Numpy 的核心基础是 ndarray，即由数据类型相同的元素组成的 *N* 维数组（*N*-dimensional array）。

在 Anaconda 发行版中，Numpy 已集成在系统中，无须另外安装。下面介绍如何在 Python 脚本文件中导入 Numpy 并使用。首先在打开的 Spyder 界面中新建一个脚本文件 test.py，如图 5-1 所示。

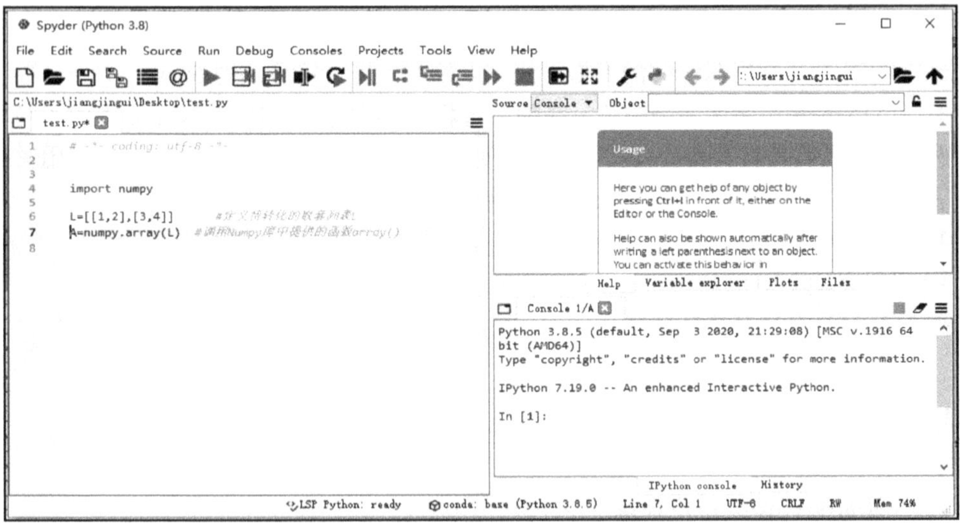

图 5-1 Spyder 界面中新建脚本文件

执行 import numpy 命令，即可将 Numpy 导入脚本文件中并使用。利用 Numpy 提供的数组定义函数 array( )，将嵌套列表 L = [[1, 2], [3, 4]]转化为二维数组。在 test.py 脚本文件中，输入以下示例程序：

```
import numpy                    #导入 Numpy
L=[[1,2],[3,4]]                 #定义待转化的嵌套列表 L
A=numpy.array(L)                #调用 Numpy 中提供的 array( )函数
```

执行 test.py 脚本文件，通过 Spyder 变量资源管理器双击变量 A，即可查看其执行结果，如图 5-2 所示。

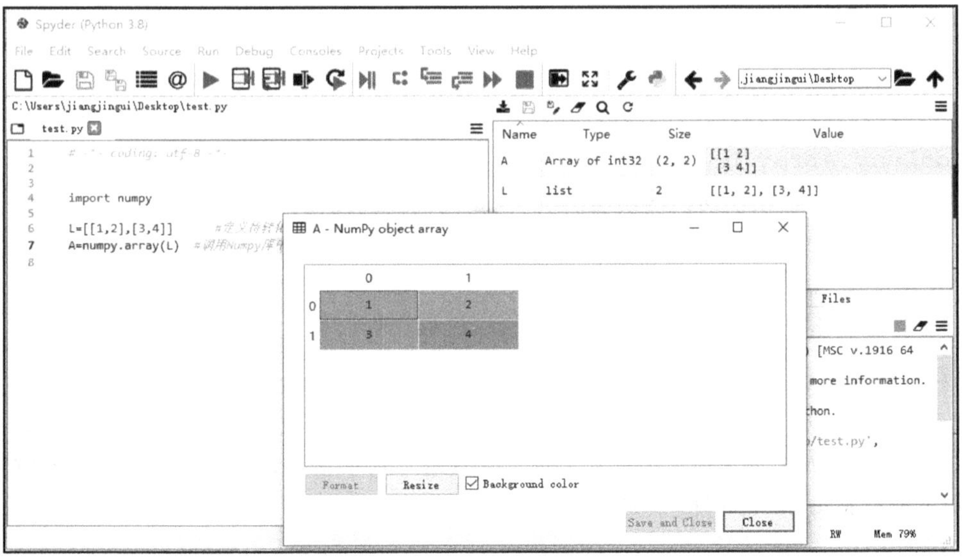

图 5-2 变量 A 的数据内容

从图 5-2 可以看出，*A* 的尺寸为 2×2，即 2 行 2 列。数组中元素的数据类型为整型（int32）。双击 *A* 弹出其详细的表格形式，其表格标题也显示 *A* 为 Numpy array（数组）。

有时，Python 的库名字符较长，在使用过程中不太方便，所以 Python 提供了简写机制。例如，常见的是将 Numpy 简写为 np，使用方法为：import numpy as np，即用关键词 as 对 Numpy 进行重命名。以上示例程序可以修改为

```
import numpy as np
L=[[1,2],[3,4]]
A=np.array(L)
```

5.1.2 数组的创建

1. 利用 array( )函数创建数组

基于 array( )函数可以将列表、元组、嵌套列表、嵌套元组等给定的数据类型转化为数组。利用 array( )函数之前，要导入 Numpy。示例程序如下：

```
#先预定义列表 d1,元组 d2,嵌套列表 d3、d4 和嵌套元组 d5
d1=[1,2,3,4,0.1,7]            #列表
d2=(1,2,3,4,2.3)              #元组
d3=[[1,2,3,4],[5,6,7,8]]      #嵌套列表,元素为列表
d4=[(1,2,3,4),(5,6,7,8)]      #嵌套列表,元素为元组
d5=((1,2,3,4),(5,6,7,8))      #嵌套元组
#导入 Numpy,并调用其中的 array( )函数,创建数组
import numpy as np
d11=np.array(d1)
d21=np.array(d2)
d31=np.array(d3)
d41=np.array(d4)
d51=np.array(d5)
#删除 d1,d2,d3,d4,d5 变量
del d1,d2,d3,d4,d5
```

2. 利用内置函数创建数组

利用内置函数，可以创建一些特殊的数组。例如，ones(*n*, *m*)函数创建 *n* 行 *m* 列元素全为 1 的数组；zeros(*n*, *m*)函数创建 *n* 行 *m* 列元素全为 0 的数组；arange(*a*, *b*, *c*)函数创建以 *a* 为初始值、*b*–1 为末值、*c* 为步长的一维数组，其中 *a* 和 *c* 参数可无，这时 *a* 取默认值 0，*c* 取默认值 1。示例程序如下：

```
z1=np.ones((3,3))       #创建 3 行 3 列元素全为 1 的数组
z2=np.zeros((3,4))      #创建 3 行 4 列元素全为 0 的数组
```

```
z3=np.arange(10)        #创建初始值为0、步长为1、末值为9的一维数组
z4= np.arange(2,10)     #创建初始值为2、步长为1、末值为9的一维数组
z5= np.arange(2,10,2)   #创建初始值为2、步长为2、末值为9的一维数组
```

3. 数组尺寸

数组尺寸，也称数组大小，通过行数和列数来表现。通过数组的shape属性，可以返回数组尺寸，其返回值为元组。如果是一维数组，返回的元组中仅一个元素，代表这个数组的长度。如果是二维数组，元组中有两个值，第一个值代表数组的行数，第二个值代表数组的列数。示例程序如下：

```
d1=[1,2,3,4,0.1,7]  #列表
d3=[[1,2,3,4],[5,6,7,8]] #嵌套列表,元素为列表
import numpy as np
d11=np.array(d1)      #将d1列表转换为一维数组,结果赋值给变量d11
d31=np.array(d3)      #将d3嵌套列表转换为二维数组,结果赋值给变量d31
del d1,d3             #删除d1,d3
s11=d11.shape         #返回一维数组d11的尺寸,结果赋值给变量s11
s31=d31.shape         #返回二维数组d31的尺寸,结果赋值给变量s31
```

5.1.3 数组的操作

1. 数组的索引和切片

选取数组中某个特定元素的方法即在数组名后面加方括号，方括号里面是数组的下标。数组下标就是数组的索引，与列表索引类似，数组索引也分为正索引（也称为索引）和负索引两种。数组索引从0开始，自左向右，以1为步长逐渐递增。数组负索引从右到左标记数组元素，最右边数组元素的负索引为–1，然后向左边依次类推为–2、–3等。

类似于列表，数组通过索引访问数组中的元素，数组的切片也通过索引对数组中的元素进行提取，其中，数组索引访问提取仅返回数组的一个对应元素，数组切片则会返回数组中一个区域内所对应的元素。

1）一维数组的索引与切片

一维数组的操作类似于Python中列表类型的操作。

例如，定义arr为一维数组，数组有n个元素，则数组中的元素与索引的对应关系如下：

一维数组　arr　=　[a_0, a_1, a_2, a_3, a_4, $\cdots$, a_n]

数组索引　　　　　0　1　2　3　4 $\cdots$ n

（1）利用数组索引获取指定元素。获取数组中指定元素的方法如下：数组名[索引]。例如，获取数组arr中第4个元素a_3，使用arr[3]即可。

（2）数组的切片。截取数组中某个范围之间元素的方法如下：数组名[start: end:

step]。其中，参数 start 表示截取数组中开始元素的索引，end 表示截取数组中结束元素的索引，但是不包括 end 索引所指定的元素，step 表示步长。省略 start 索引，表示从 0 索引开始；省略 end 索引，表示截取数据要包括数组最后一个元素；索引可以使用负数，–1 表示从数组最后往前数的第一个元素。例如，截取 arr 数组中第 2～5 个元素，包括第 5 个元素，则使用 arr[1: 5]；arr[: 8, 2]表示截取数组元素[a_0, a_2, a_4, a_6]，arr[–1]表示截取数组元素[a_n]。

数组切片还可以用来修改元素的值。例如，用 arr[: 2] = 10, 11 可将 arr 数组修改为 arr = [10, 11, a_2, a_3, a_4, …, a_n]。

2）二维数组的索引与切片

二维数组是由行和列组成的，二维数组中的每一行相当于一维数组。二维数组中元素的索引是由该元素所在的行下标和列下标组成的，即由元素的行索引和列索引组成。例如，arr 是二维数组，该二维数组元素用 arr[行索引, 列索引]表示，该二维数组中元素与索引的对应关系如图 5-3 所示。

	列索引	0	1	…	*m*
行索引	0	arr[0, 0]	arr[0, 1]	…	arr[0, *m*]
	1	arr[1, 0]	arr[1, 1]	…	arr[1, *m*]
	⋮	⋮	⋮		⋮
	n	arr[*n*, 0]	arr[*n*, 1]	…	arr[*n*, *m*]

图 5-3　二维数组中元素与索引的对应关系

（1）利用二维数组的行索引和列索引获取指定元素。获取二维数组中指定元素的方法如下：数组名[行索引, 列索引]。例如，获取二维数组中第 2 行第 2 列的元素，用 arr[1, 1]即可。

（2）二维数组的切片。截取二维数组中某个区域之间的元素的方法如下：数组名[rows_start: rows_end: rows_step, cols_start: cols_end: cols_step]。其中，参数 rows_start: rows_end 表示截取数组中元素的行索引范围；cols_start: cols_end 表示截取数组中元素的列索引范围，但不包括 rows_end 行索引和 cols_end 列索引所指定的元素；rows_step 表示行索引的步长，cols_step 表示列索引的步长。省略 rows_start、cols_start 索引，表示从 0 索引开始；省略 rows_end、cols_end 索引，表示截取数据要包括行或列最后一个元素；行索引或列索引可以使用负数，–1 表示从行或列数组最后往前数的第一个元素；数组切片时，行索引或列索引范围可以使用省略号（…），表示行或列所选择元素的长度与数组的行或列的维度相同。数组切片还可以用来修改元素的值。

多维数组的索引与切片可参考二维数组的索引和切片方法，依次类推。

一维数组和二维数组的元素获取与切片操作示例程序如下：

```
import numpy as np
arr=np.array([1,2,6,8,9,10,12])              #创建一维数据
a=arr[4]                                      #获取第 5 个元素
```

```
print(a)
#一维数组切片
b1=arr[1:6:2]                                    #b1 数组[2  8  10]
b2=arr[:5]                                       #b2 数组[1  2  6  8  9]
b3=arr[2:]                                       #b3 数组[6  8  9  10  12]
print(b1,b2,b3)
#修改数组中元素
arr[1:3]=20,30
print(arr)
arr=np.array([[0,1,2,3,4],[5,6,7,8,9]])  #创建二维数据
a=arr[1,3]
print(a)
#二维数组切片
b1=arr[:2,1:3]
b2=arr[1:,2:5]
b3=arr[:2:2,:3:2]
b4=arr[...,1:3]
print(b1,b2,b3,b4)
#修改数组中元素
arr[:2:2,:3:2]=44,55
print(arr)
```

3）整数索引

整数索引就是从两个序列的对应位置取出两个整数来组成行下标和列下标。示例程序如下：

```
import numpy as np
a=np.array([[1,2,3],[4,5,6],[7,8,9]])
b=a[[(0,1,2),(0,1,0)]]  #获取 a[0,0],a[1,1],a[2,0]元素组成数组 b
print(b)
#获取 a 数组上下左右四个角上的元素
b=a[[(0,0,2,2),(0,2,0,2)]]#获取 a[0,0],a[0,2],a[2,0],a[2,2]元素
print(b)
```

4）布尔值索引

当结果对象是布尔运算（如比较运算符）的结果时，将使用布尔值索引。示例程序如下：

```
import numpy as np
a=np.array([[0,1,2],[3,4,5],[6,7,8],[9,10,11]])
print('a 数组是:',a)
#生成大于 6 的元素组成数组
```

```
b=a[a>5]
print('大于 6 的元素是:',b)
```

2. 修改数组形状

数组的形状取决于其每个轴上的元素个数，也就是数组的维度。在数组的操作中，常常要修改数组的形状。在 Numpy 中，修改数组的形状可直接用一个正整数元组来设置数组的维度，或者用 reshape( )函数和 resize( )函数来设置数组的维度。

1）用元组设置维度

用元组设置维度修改数组形状的方法如下：数组名.shape = $(x_0, x_1, x_2, \cdots, x_n)$。其中，参数 x_0, x_1, x_2, ⋯, x_n 表示数组中每个维度上的大小。例如，arr.shape = (3, 4)表示将 arr 数组修改成 3 行 4 列数组，利用该方法可改变原数组 arr 的形状。

2）用 reshape( )函数设置维度

用 reshape( )函数是改变数组形状最常用的方法，reshape( )函数的参数为一个正整型元组，分别指定数组在每个维度上的大小。用 reshape( )函数修改数组形状的方法如下：数组名.reshape$(x_0, x_1, x_2, \cdots, x_n)$。其中，参数 $x_0, x_1, x_2, \cdots, x_n$ 表示数组中每个维度上的大小。例如，arr.reshape(3, 4)生成一个 3 行 4 列新数组，而原数组 arr 形状不会改变。如果指定的维度和数组的元素数量不吻合，将抛出函数异常。

3）用 resize( )函数设置维度

用 resize( )函数可返回指定大小的新数组。如果新数组大于原数组，则包含原数组中元素的重复副本。用 resize( )函数修改数组形状的方法如下：数组名.resize$(x_0, x_1, x_2, \cdots, x_n)$。其中，参数 $x_0, x_1, x_2, \cdots, x_n$ 表示数组中每个维度上的大小。例如，arr.resize(3, 4)表示将 arr 数组修改成 3 行 4 列数组，原数组 arr 形状改变。这种方法与用 shape 属性修改数组的形状相似。

修改数组形状的示例程序如下：

```
import numpy as np
#创建 3 行 4 列数组
arr=np.array([[0,1,2,4],[5,6,7,8],[9,10,11,12]])
#显示数组形状
print(arr.shape)
#用 shape 属性改变数组形状为 4 行 3 列
arr.shape =(4,3)          #将 arr 数组形状修改为 4 行 3 列
print(arr,arr.shape)
#用 reshape( )函数生成形状为 2 行 6 列数组 arr_b
arr_b=arr.reshape((2,6))#生成形状为 2 行 6 列数组 arr_b,arr 数组没变化
pint(arr,arr_b)
#用 resize( )函数改变数组 arr 形状为 2 行 6 列
arr_c=arr.resize((2,6))#arr 改变形状为 2 行 6 列数组,arr_c 为 none
print(arr,arr_c)
```

3. 数组的展平

在 Numpy 中，利用 ravel( )函数和 flatten( )函数可实现数组的展平操作。

1）ravel( )函数

在 Numpy 中，可以使用 ravel( )函数将多维数组展平（即变成一维数组），展平数组元素的顺序通常以行为基准，元素最右边的索引发生变化，如元素 a[0, 0]之后是 a[0, 1]。Numpy 通常创建一个以这个顺序保存数据的数组，所以 ravel( )函数不需要创建调用数组的副本。

用 ravel( )函数展平数组的方法如下：数组名.ravel( )。例如，arr.ravel( )返回将 arr 数组展平成一维新数组视图，原数组 arr 不改变。

2）flatten( )函数

flatten( )函数与 ravel( )函数的功能相同，不过 flatten( )函数会请求分配内存来保存结果，而 ravel( )函数只是返回数组的一个视图。

用 flatten( )函数展平数组的方法如下：数组名.flatten( )。例如，arr.flatten( )表示将 arr 数组展平成一维新数组，原数组 arr 不改变。

数组的展平示例程序如下：

```
import numpy as np
#创建 3 行 4 列数组
arr=np.array([[0,1,2,4],[5,6,7,8],[9,10,11,12]])
#用 ravel( )函数展平 arr 成一维数组 arr_b,但 arr 数组不改变
arr_b=arr.ravel()
print(arr,arr_b)
#用 flatten( )函数展平 arr 成一维数组 arr_c,但 arr 数组不改变
arr_c=arr.flatten()
print(arr,arr_c)
```

4. 数组的转置和轴对换

在 Numpy 中，利用 transpose( )、ndarray.T、rollaxis( )和 swapaxes( )等函数可实现翻转数组的操作。

1）transpose( )函数

transpose( )函数可翻转给定数组的维度，并且返回数组的一个视图。使用 transpose( )函数的方法如下：numpy.transpose(arr)。其中，参数 arr 表示要转置的数组。例如，arr 是一个 3 行 5 列数组，numpy.transpose(arr)函数就会返回 arr 数组转置为 5 行 3 列的数组视图，而原数组 arr 不改变。

2）ndarray.T 函数

ndarray.T 函数属于 ndarray 类，作用类似于 numpy.transpose 函数。

3）rollaxis( )函数

rollaxis( )函数可使数组向后滚动特定的轴，直到一个特定位置。使用 rollaxis( )函数的

方法如下：numpy.rollaxis(arr, axis, start)。其中，参数 arr 表示数组；axis 表示要向后滚动的轴，其他轴的相对位置不会改变；start 表示滚动到特定位置，默认为 0，表示完整的滚动。

4）swapaxes( )函数

swapaxes( )函数可交换数组的两个轴。使用 swapaxes( )函数的方法如下：numpy.swapaxes(arr, $axis_1$, $axis_2$)。其中，参数 arr 表示数组，$axis_1$ 表示对应第 1 个轴的整数，$axis_2$ 表示对应第 2 个轴的整数。

翻转数组的示例程序如下：

```
import numpy as np
#创建数组 2 行 5 列
arr=np.arange(10).reshape(2,5)
print('原数组:',arr)
#用 transpose( )函数转置
print('转置数组:')
print(np.transpose(arr))
#用 ndarray.T 函数转置
print('转置数组:')
print(arr.T)
#用 rollaxis( )函数滚动轴
arr=np.arange(8).reshape(2,2,2)
print('原数组:',arr)
#将轴 2 滚动到轴 0(宽度到深度)
print('调用 rollaxis 函数:')
print(np.rollaxis(arr,2))
#将轴 0 滚动到轴 1(宽度到高度)
print('调用 rollaxis 函数:')
print(np.rollaxis(arr,2,1))
#用 swapaxes( )函数交换轴
arr=np.arange(8).reshape(2,2,2)
print('原数组:',arr)
#现在交换轴 0 到轴 2(深度到宽度)
print('调用 swapaxes 函数后的数组:')
print(np.swapaxes(arr,2,0))
```

5. 数组的连接

在 Numpy 中，利用 concatenate( )、stack( )、hstack( )和 vstack( )等函数可实现数组的连接操作。

1）concatenate( )函数

concatenate( )函数用于沿指定轴连接相同形状的两个或多个数组。使用 concatenate( )

函数的方法如下：numpy.concatenate((arr_1, arr_2, …, arr_n), axis)。其中，参数 arr_1, arr_2, …, arr_n 表示相同维度的数组序列；axis 表示沿着它连接数组的轴，默认为 0。

2）stack( )函数

stack( )函数用于沿新轴连接数组序列。使用 stack( )函数的方法如下：numpy.stack(arrays, axis)。其中，参数 arrays 表示相同形状的数组序列；axis 表示返回数组中的轴，输入数组沿着它来堆叠。

3）hstack( )函数

hstack( )函数可通过堆叠生成水平的单个数组。使用 hstack( )函数的方法如下：numpy.hstack(arrays)。其中，参数 arrays 表示相同形状的数组序列。

4）vstack( )函数

vstack( )函数可通过堆叠生成竖直的单个数组。使用 vstack( )函数的方法如下：numpy.vstack(arrays)。其中，参数 arrays 表示相同形状的数组序列。

数组连接的示例程序如下：

```
import numpy as np
arr1=np.array([[1,2,3],[4,5,6]])           #创建数组 arr1
print('第 1 个数组 arr1:',arr1)
arr2=np.array([['a',8,9],['b',11,12]])     #创建数组 arr2
print('第 2 个数组 arr2:',arr2)             #注意两个数组的维度相同
#concatenate( )函数
print('沿轴 0 连接两个数组:')
print(np.concatenate((arr1,arr2)))
print('沿轴 1 连接两个数组:')
print(np.concatenate((arr1,arr2),axis=1))
#stack( )函数
print('沿轴 0 堆叠两个数组:')
print(np.stack((arr1,arr2),0))
print('沿轴 1 堆叠两个数组:')
print(np.stack((arr1,arr2),1))
#hstack( )函数和 vstack( )函数
print('水平堆叠:')
print(np.hstack((arr1,arr2)))
print('竖直堆叠:')
print(np.vstack((arr1,arr2)))
```

6. 数组的分割

在 Numpy 中，利用 split( )、hsplit( )和 vsplit( )等函数可实现数组的分割操作。

1）split( )函数

split( )函数可沿特定的轴将数组分割为子数组。使用 split( )函数的方法如下：

numpy.split(arr, indices_or_sections. axis)。其中，参数 arr 表示被分割的数组；indices_or_sections 表示将 arr 数组创建为大小相同的子数组的数量，可以为整数，如果此参数是一维数组，则该参数表示在 arr 数组中的分割点，arr 数组将按照分割点来分割数组；axis 表示返回数组中的轴，默认为 0，表示竖直方向分割，1 表示水平方向分割。

2）hsplit( )函数

hsplit( )函数是 split( )函数的特例，它是将数组沿着水平方向分割，即将一个数组按列分割为多个子数组。使用 hsplit( )函数的方法如下：numpy.hsplit(arr, indices_or_ sections)。其中，参数 arr 表示被分割的数组；indices_or_sections 表示将 arr 数组创建为大小相同的子数组的数量，如果此参数是一维数组，则该参数表示在 arr 数组中的分割点，arr 数组将按照分割点来分割数组。

3）vsplit( )函数

vsplit( )函数也是 split( )函数的特例，它是将数组沿着竖直方向分割，即将一个数组按行分割为多个子数组。使用 vsplit( )函数的方法如下：numpy.vsplit(arr, indices_or_ sections)。其中，参数 arr 表示被分割的数组；indices_or_sections 表示将 arr 数组创建为大小相同的子数组的数量，如果此参数是一维数组，则该参数表示在 arr 数组中的分割点，arr 数组将按照分割点来分割数组。

数组分割的示例程序如下：

```
import numpy as np
arr1=np.array([[1,2,3],[4,5,6]])    #创建数组 arr1
print('第 1 个数组 arr1:',arr1)
arr2 =np.arange(9)                  #创建数组 arr2
print('第 2 个数组 arr2:',arr2)
#使用 split( )函数
print('将 arr1 数组竖直分割为 2 个大小相等的子数组:')
print(np.split(arr1,2))
print('将 arr1 数组水平分割为 3 个大小相等的子数组:')
print(np.split(arr1,3,1))
print('将 arr2 数组在一维数组中标明的位置分割:')
print(np.split(arr2,[2,5]))
#使用 hsplit( )函数和 vsplit( )函数
print('arr1 数组水平分割:')
print(np.hsplit(arr1,3))
print('arr1 数组竖直分割:')
print(np.vsplit(arr1,2))
print('arr2 数组水平分割:')
print(np.hsplit(arr2,[2,5]))
```

7. 数组元素的添加和删除

在 Numpy 中，经常需要对数组元素进行添加和删除操作。例如，使用 append( )函数和 insert( )函数为数组添加元素；使用 delete( )函数返回删除了某轴的子数组的新数组；使用 unique( )函数寻找数组内的唯一元素。下面分别介绍这些函数的运用。

1）append( )函数

append( )函数是在数组的末尾添加元素，该函数会返回一个新数组，而原数组不变。使用 append( )函数的方法如下：numpy.append(arr, values, axis)。其中，参数 arr 表示输入的数组；values 表示向 arr 数组添加的元素，values 为数组，values 数组列维度与 arr 数组列维度相同；axis 表示沿着水平或竖直方向完成添加操作的轴，axis 取 0 表示沿竖直方向操作，axis 取 1 表示沿水平方向操作。如果未提供 axis 值，在添加操作之前输入数组会被展开，values 可以是单个元素，也可以是任意数组，将 values 添加到 arr 数组后，该函数会返回一个新数组，而原数组不变。append( )函数的示例程序如下：

```
import numpy as np
#创建数组 arr
arr=np.array([[1,2,3,4],[5,6,7,8]])
print('第 1 个数组 arr:',arr)
print('向 arr 数组添加元素:')
print(np.append(arr,[[9,10],[11,12]]))
print('原数组:',arr)
print('沿轴 0 添加元素:')
print(np.append(arr,[[9,10,11,12],[11,11,11,11]],axis=0))
print('沿轴 1 添加元素:')
print(np.append(arr,[[9,10],[11,12]],axis=1))
```

2）insert( )函数

insert( )函数在给定索引之前，沿给定轴在输入数组中插入值。该函数会返回一个新数组，原数组不变。使用 insert( )函数的方法如下：numpy.insert(arr, obj, values, axis)。其中，参数 arr 表示输入的数组；obj 表示在其之前插入值的索引；values 表示向 arr 数组插入的值，values 值可为单元素或 values 数组，并且 values 数组行维度与 arr 数组列维度相同；axis 表示沿着水平或竖直方向完成插入操作的轴，axis 取 0 表示沿竖直方向操作，即在 arr 数组行索引位于 obj 处插入 values 值，axis 取 1 表示沿水平方向操作，即在 arr 数组列索引位于 obj 处插入 values 值。如果未提供 axis 值，在插入之前输入数组会被展开，values 可以是单个元素，也可以是一维数组，将 values 插入 obj 处，该函数会返回一个新数组，原数组不变。

另外，insert( )函数如果传递了 axis 参数，则插入 values 值时，会以广播值数组来配输入数组，即 np.insert(arr, 2, [9], axis = 0)，其中，values 为[9]，arr 是 2 行 4 列数组，axis = 0，则插入值的数组列维度与 arr 数组列维度相同，因此，插入值数组为 1 行 4 列的数组，也就是广播值数组[9, 9, 9, 9]。insert( )函数的示例程序如下：

```
import numpy as np
```

```
#创建数组 arr
arr=np.array([[1,2,3,4],[5,6,7,8]])
print('第 1 个数组 arr:',arr)
print('未传递 axis 参数。在插入之前输入数组会被展开。')
print(np.insert(arr,4,[9,10,11,12]))
print('传递了 axis 参数,会以广播值数组来配输入数组。')
print('沿轴 0 广播:')
print(np.insert(arr,2,[9],axis=0))#插入值是[9,9,9,9]
print('沿轴 0 插入:')
print(np.insert(arr,2,[9,10,11,12],axis=0))
print('沿轴 1 广播:')
print(np.insert(arr,2,[[9],[10]],axis=1))
print('沿轴 1 插入:')
print(np.insert(arr,2,[[9,10],[11,12]],axis=1))
```

3）delete( )函数

delete( )函数返回从输入数组中删除指定子数组的新数组，原数组不变。与 insert( )函数的情况一样，如果未提供轴参数，则输入数组将展开。使用 delete( )函数的方法如下：numpy.delete(arr, obj, axis)。其中，参数 arr 表示输入的数组；obj 是用整数或者整数数组表示的从输入数组中删除的子数组，obj 可以用切片 numpy.s_[start: end: step]表示要删除的子数组范围；axis 表示沿着它删除给定子数组的轴，如果未提供 axis 值，则输入数组会被展开。delete( )函数的示例程序如下：

```
import numpy as np
#创建数组 arr
arr=np.arange(16).reshape(4,4)
print('第 1 个数组 arr:',arr)
print('未传递 axis 参数,在删除之前输入数组会被展开。')
print(np.delete(arr,[6,9,12]))#删除 arr 数组中索引为 6,9,12 的元素
print(arr)
print('删除第 3 列:')
print(np.delete(arr,2,axis=1))
print('删除第 2 行:')
print(np.delete(arr,1,axis=0))
print('从数组中删除用切片表示元素范围值:')
print(np.delete(arr,np.s_[::2]))
```

5.1.4 数组的矢量计算

Numpy 的 ndarray 是一个快速而灵活的大数据集容器，它不仅具有矢量运算和复杂广

播的能力，而且具有对数组数据进行快速运算的标准数学函数。在 Numpy 中，数组不需要循环就可对数据进行批量运算，这称为矢量化，不同形状的数组之间的运算称为广播。同时，在 Numpy 中包含 ufunc 对象，该对象具有对数组数据进行快速运算的通用函数。

1. 数组的运算

在 Numpy 中，数组可以直接进行加、减、乘、除、指数、求倒数、取相反数、位运算等运算，而不需要使用烦琐的 for 循环之类的算法，并且在除法运算时，若除数为 0，会自动提示无效运算，但是仍会将计算结果显示出来，无效值处用 NaN 或 inf 表示。在数组运算中，相同形状的数组按元素级进行逐个元素运算，不同形状的数组则按广播机制进行计算，并且在数组运算后，将返回包含运算结果的新数组。

1）相同形状数组的运算

创建两个相同形状数组 arr_a 和 arr_b，现将它们分别进行加、减、乘、除、取相反数、平方和按位异或运算。观察其输出结果，发现两个数组的运算就是将这两个数组中索引相同的元素进行运算。如果是一个数组的运算，则是将数组中的所有元素都进行相同运算。例如，计算数组平方，就是将数组中每个元素都进行平方运算。相同形状数组运算的示例程序如下：

```
import numpy as np
#先创建两个相同形状的数组 arr_a,arr_b
arr_a=np.arange(4)
arr_b=np.array([0,1,1,0])
print('两个相同形状数组 arr_a,arr_b 相加:')
arr_c=arr_a+arr_b
print(arr_c,'=',arr_a,'+',arr_b)
print('两个相同形状数组 arr_a,arr_b 相减:')
arr_c=arr_a-arr_b
print(arr_c,'=',arr_a,'-',arr_b)
print('两个相同形状数组 arr_a,arr_b 相乘:')
arr_c=arr_a * arr_b
print(arr_c,'=',arr_a,'*',arr_b)
print('两个相同形状数组 arr_a,arr_b 相除:')
arr_c=arr_a/arr_b
print(arr_c,'=',arr_a,'/',arr_b)
print('数组 arr_a 相反数:')
print(-arr_a)
print('数组 arr_a 的平方:')
print(arr_a**2)
print('数组 arr_a 的按位异或:')
print(arr_a^2)
```

2）不同形状数组的运算（广播机制）

当两个数据的形状（shape）不一致时，低维数组会自动将维度扩充到与多维数组一致，再按元素逐个运算，这就是数组的广播机制。为了更好地使用广播机制，需要遵循 4 个原则。

（1）让所有的输入数组向其中 shape 最长的数组看齐，shape 中不足的部分通过在前面加 1 补齐。

（2）输出数组的 shape 是输入数组 shape 的各轴上的最大值。

（3）如果输入数组的某轴和输出数组的对应轴的长度相同或者其长度为 1，则这个数组能够用来计算，否则会报错。

（4）当输入数组的某轴的长度为 1 时，沿着此轴计算时使用此轴上的第一组值。

例如，创建 2 行 3 列的数组 arr_a = np.arange(6).reshape(2, 3)和 1 行 3 列的数组 arr_b = np.arange(3)，现将这两个数组相加。由于这两个数组的维度不相同，当两个数组相加时，低维的 arr_b 数组会自动向多维以复制的方式进行扩充，即复制 arr_b 数组第 1 行的元素到第 2 行，arr_b 数组扩充为 2 行 3 列数组，如下所示：

[[0 1 2]
 [0 1 2]]

其示例程序如下：

```
import numpy as np
arr_a=np.arange(6).reshape(2,3)     #创建 2 行 3 列数组
arr_b=np.arange(3)                  #创建 1 行 3 列数组
arr_c=arr_a+arr_b                   #两个数组相加
print(arr_c,'=',arr_a,'+',arr_b)
```

然后，这两个数组按元素逐个运算，运行结果如下：

[[0 2 4] [3 5 7]] = [[0 1 2] [3 4 5]] + [0 1 2]

3）数组和标量之间的运算

大小相等的数组之间的任何算术运算都将应用到元素级。标量是只有大小没有方向的数据，数组和标量之间的算术运算就是将这个标量值传播到数组的各元素，即将数组中的每个元素都与标量进行运算。例如，创建 2 行 3 列的数组 arr = np.arange(6).reshape(2, 3)，现在计算 arr−1，其中 1 就是标量，则 arr−1 相当于将 arr 数组中的每个元素都减去标量 1。

2. Numpy ufunc 通用函数

Numpy 中的 ufunc 对象也称为 ufunc 函数，它包含对数组进行处理的通用函数。通用函数是针对 ndarray 对象执行元素级运算的函数，即通用函数会对数组中的每一个元素值作用后产生新的元素值，并返回新的元素值组成的数组，因此，通用函数都是以 Numpy 数组作为输出的。

通用函数的分类如下。

（1）按照通用函数所接收的数组参数个数来划分，接收一个数组参数的通用函数称

为一元通用函数，接收两个数组参数的通用函数称为二元通用函数。

（2）按照通用函数的运算功能划分，常用的通用函数运算有四则运算、比较运算和逻辑运算等。通用函数支持全部的四则运算，并且保留习惯的运算符，与数值运算使用方法相同，但要注意操作的对象是数组。

常用的一元通用函数说明如表 5-1 所示，常用的二元通用函数说明如表 5-2 所示。

表 5-1　常用的一元通用函数

函数	说明
ceil( )	计算各元素的 ceiling 值，即大于等于该值的最小整数
floor( )	计算各元素的 floor 值，即小于等于该值的最大整数
rint( )	将各元素的值四舍五入到最接近的整数，保留 dtype
modf( )	将数组的小数和整数部分以两个独立数组的形式返回
isnan( )	返回一个“哪些值是 NaN”的布尔型数组
isfinite( )、isinf( )	分别返回一个“哪些元素是有穷（非 inf，非 NaN）”或“哪些元素是无穷”的布尔型数组
abs( )、fabs( )	计算整数、浮点数或复数的绝对值，对于非复数值可以使用更快的 fabs( )函数
sqrt( )	计算各元素的平方根，相当于 arr**0.5
square( )	计算各元素的平方，相当于 arr**2
exp( )	计算各元素的指数 e^x
log( )、log10( )、log2( )、log1p( )	分别为自然对数（底数为 e），底数为 10，底数为 2，log(1 + x)
sing( )	计算各元素的正负号，1（正数），0（零），–1（负数）
arccos( )、arccosh( )、arcsin( )、arcsinh( )、arctan( )、arctanh( )	反三角函数
logical_not( )	计算各元素取反，相当于–arr

表 5-2　常用的二元通用函数

函数	等价运算符	说明
add( )	+	将数组中对应元素相加
subtract( )	–	从第一数组中减去第二数组中的元素
multiply( )	*	将数组中对应元素相乘（数量积）
dot( )		数组中对应元素相乘的累加和（矢量积）
divide( )、floor_divide( )	/、//	将数组中对应元素相除或向下整除
mod( )、remainder( )、fmod( )	%	元素级的求模计算（除法的余数）；mod( )函数与 remainder( )函数的功能完全一致；fmod( )函数处理负数的方式与 remainder( )函数、mod( )函数和%不同，所得余数的正负由被除数决定，与除数的正负无关
maximum( )、fmax( )		元素级的最大值计算，fmax( )函数将忽略 NaN
minimum( )、fmin( )		元素级的最小值计算，fmin( )函数将忽略 NaN
power( )	**	对第一个数组中的元素 A，根据第二个数组中的相应元素 B，计算 A^B
copysing( )		将第二个数组中的值的符号复制给第一个数组中的值

续表

函数	等价运算符	说明
equal( )、not_equal( )、greater( )、greater_equal( )、less( )、less_equal( )	= =、! =、>、> =、<、< =	执行元素级的比较运算，最终产生布尔型数组
logical_and( )、logical_or( )、logical xor( )	&、|、^	执行元素级的真值逻辑运算，返回布尔型值

【例 5-1】定义 arr 为 0～9 的一维数组，运用通用函数完成下列计算。

（1）对 arr 数组求平方根和将 arr 数组与 2 相加。

（2）将 arr 数组的平方根乘以 3 的 arr_f 数组的浮点数分解成整数和小数部分。

（3）求 arr_f 与 arr 的最大值。

（4）定义一个 0～6 的 2 行 3 列数组和 0～3 的一维数组，计算这两个数组的矢量积和数量积。

其示例程序如下：

```
import numpy as np
arr=np.arange(10)
arr_a=np.sqrt(arr)
print('求平方根',arr_a)
print('数组与标量相加')
print(np.add(arr,2))
print('使用 modf 函数把浮点数分解成整数和小数部分')
arr_f=arr_a * 3    #统一乘以 3
print(np.modf(arr_f))
print('数组比较')
print(arr_f,arr)
print(np.maximum(arr_f,arr))
#计算数组矢量积和数量积
arr_a=np.arange(6).reshape(2,3)
arr_b=np.arange(3)
print('计算数组矢量积',np.dot(arr_a,arr_b))
print('计算数组数量积',arr_a*arr_b)
```

5.1.5 统计基础

统计分析常用的统计函数如表 5-3 所示。

表 5-3 常用的统计函数

函数	说明	函数	说明
sum( )	计算数组中的和	min( )	计算数组中的最小值
mean( )	计算数组中的均值	argmax( )	返回数组中最大元素的索引

续表

函数	说明	函数	说明
var( )	计算数组中的方差	argmin( )	返回数组中最小元素的索引
std( )	计算数组中的标准差	cumsum( )	计算数组中所有元素的累计和
max( )	计算数组中的最大值	cumprod( )	计算数组中所有元素的累计积

注：每个统计函数都可以按行和列来统计计算；当 axis = 1 时，沿着横轴（行）计算；当 axis = 0 时，沿着纵轴（列）计算。

其示例程序如下：

```
import numpy as np
c=np.array([[1,2,3,4],[4,5,6,7],[7,8,9,10]])
print(np.sum(c))
print(np.sum(c,axis=0))
print(np.sum(c,axis=1))
print(np.cumsum(c))
print(np.cumsum(c,axis=0))
print(np.cumsum(c,axis=1))
```

1. 求和与加权平均值

在 Numpy 中，sum( )函数是沿某轴方向计算数组中相关元素之和。sum( )函数格式如下：

$$\mathrm{sum}(a[,\ \mathrm{axis} = \mathrm{None}])$$

其中，参数 a 表示输入数据；axis 表示指定沿着某轴来计算；默认值 None 表示对整个数组。

average( )函数是沿某轴方向计算数组中相关元素的加权平均值，当每个数对应的权重为 1 时，也就是算术平均值。

加权平均值的数学概念是有 n 个数 $X_1, X_2, \cdots, X_n$ 的权重分别是 $W_1, W_2, \cdots, W_n$，则这 n 个数的加权平均值为$(X_1\times W_1 + X_2\times W_2 + \cdots + X_n\times W_n)/(W_1 + W_2 + \cdots + W_n)$。加权平均值的函数格式如下：

$$\mathrm{average}(a,\ \mathrm{axis} = \mathrm{None},\ \mathrm{weights} = \mathrm{None})$$

其中，参数 a 表示输入数据；axis 表示指定沿着某轴来计算；默认值 None 表示对整个数组；weights 表示权重，当权重为一维数组时，其长度必须与沿指定轴方向的长度一致，另外，权重数组也可以与 a 数组的形状相同。

sum( )函数和 average( )函数除 a 参数外，其余参数为可选项。

求和与加权平均值的函数的示例程序如下：

```
import numpy as np
arr=np.arange(12).reshape((3,4))
#计算和
a=np.sum(arr)
b=np.sum(arr,axis=0)
```

```
c=np.sum(arr,axis=1)
print(a,b,c)
#计算加权平均值
a=np.average(arr)
b=np.average(arr,axis=0)
c=np.average(arr,axis=1)
d=np.average(arr,axis=0,weights=[1,2,2])
e=np.average(arr,axis=1,weights=[1,0,2,1])
print(a,b,c,d,e)
```

2. 求最大值和最小值

在 Numpy 中，求数组最大值的函数是 amax( )和 nanmax( )，求数组最小值的函数是 amin( )和 nanmin( )，其中，amax( )函数和 amin( )函数用于返回一个数组的最大值和最小值或者沿轴返回数组的最大值和最小值；nanmax( )函数和 nanmin( )函数用于返回忽略任何 NaN 的数组的最大值和最小值或者沿轴返回忽略任何 NaN 的数组的最大值和最小值。

如果数组是全 NaN 切片，将会出现运行警告（runtime warning），并为该切片返回 NaN。

amax( )函数的格式如下：

numpy.amax(*a*, [axis = None[, out = None[, keepdims = False]]])

其中，参数 *a* 表示输入数据；axis 表示指定沿着某轴来计算最大值；out 表示替代输出数组，用于放置结果，默认为 None；keepdims 默认为 False，输出行维度为 1，如果设置为 True，则输出列维度为 1。

amax( )函数除了 *a* 参数外，其余参数为可选项。amin( )、nanmax( )、nanmin( )与 amax( )的函数格式和参数相同。另外，也可以使用 max( )函数和 min( )函数求序列或数组的最大值和最小值。对于大型数组，使用 amax( )函数和 amin( )函数性能会更好。

求最大值和最小值的函数的示例程序如下：

```
import numpy as np
arr=np.array([[0,3,1,5],[2,4,6,1],[2,8,9,2]])
#求 arr 数组的最大值
max1=np.amax(arr)
#求 arr 数组垂直方向的最大值
max2=np.amax(arr,axis=0)
#求 arr 数组水平方向的最大值
max3=np.amax(arr,axis=1)
max4=np.max(arr,axis=1)
print(max1,max2,max3,max4)
#amin( )函数与 nanmin( )函数的区别
arr=np.arange(5,dtype=float)
print(arr)            #[0. 1. 2. 3. 4.]
```

```
arr[3]=np.nan
a=np.amin(arr)
print(a)                #用 amin( )函数输出 NaN
b=np.nanmin(arr)
print(b)                #用 nanmin( )函数输出 0.0
```

3. 求沿轴方向的取值范围

在 Numpy 中，使用 ptp( )函数能返回沿某轴方向上的最大值与最小值的差值，即 maximum-minimum 的值形成的数组。ptp( )函数的格式如下：

numpy.ptp(*a*, [axis = None[, out = None]])

其中，参数 *a* 表示输入数据；axis 表示指定沿着某轴来计算差值；out 表示替代输出数组，用于放置结果，默认为 None。该函数除了 *a* 参数外，其余参数为可选项。

求沿轴方向的取值范围的函数的示例程序如下：

```
import numpy as np
arr=np.arange(12).reshape((3,4))
a=np.ptp(arr,axis=0)
print(a)                #[8  8  8  8]差值形成的数组
b=np.ptp(arr,axis=1)
print(b)                #[3  3  3]差值形成的数组
```

4. 求百分位数

百分比分位数就是位于 *q*%位置处的值，称为第 *q* 百分位数。数列要递增排序后再计算。在 Numpy 中，使用 percentile( )函数和 nanpercentile( )函数可以沿某轴方向计算数组中第 *q* 数值的百分位数。percentile( )函数的格式如下：

percentile(*a*, *q*[, axis, out, …])

其中，参数 *a* 表示数组或可以转化成数组的对象；*q* 表示[0, 100]的浮点数；axis 表示指定沿着某轴来计算百分位数。percentile( )函数除了 *a*、*q* 参数外，其余参数为可选项。percentile( )函数还可以计算多维数组的任意百分位数。

nanpercentile( )函数格式与 percentile( )函数格式相同，只是在计算百分位数时会忽略数组中的 NaN 值。

5. 求中位数

在 Numpy 中，利用 median( )函数和 nanmedian( )函数可以沿某轴方向计算数组中的中位数。median( )函数格式如下：

numpy.median(*a*[, axis, out, overwrite_input, keepdims])

其中，参数 *a* 表示数组或可以转化成数组的对象；axis 表示指定沿着某轴来计算中位数。median( )函数除了 *a* 参数外，其余参数为可选项。median( )函数相当于 percentile( )函数在参数 $q = 50$ 时的值。

nanmedian( )函数是计算数组 *a* 在沿某轴方向上忽略 NaN 值的中位数。求百分位数和中位数的函数的示例程序如下：

```
import numpy as np
arr=np.arange(12).reshape((3,4))
#使用 percentile( )函数求百分位数
a=np.percentile(arr,50)          #相当于求中位数
b=np.percentile(arr,50,axis=0)   #输出[4.  5.  6.  7.]
c=np.percentile(arr,60,axis=0)   #输出[4.8  5.8  6.8  7.8]
print(a,b,c)
#使用 median( )函数求中位数
d=np.median(arr)             #输出 5.5
e=np.median(arr,axis=0)      #输出[4.  5.  6.  7.]
f=np.median(arr,axis=1)      #输出[1.5  5.5  9.5]
print(d,e,f)
```

6. 算术平均数

算术平均数是所有元素的总和除以元素的数量。在 Numpy 中，mean( )函数和 nanmean( )函数可以计算数组或者轴方向的算术平均数。mean( )函数格式如下：

mean(*a*[, axis = None])

其中，参数 *a* 表示输入数组；axis 表示指定沿着某轴来计算算术平均数。mean( )函数除了 *a* 参数外，其余参数为可选项。nanmean( )函数在计算算术平均数时如果遇到 NaN 值会忽略。

7. 标准差

标准差也称为标准偏差，其定义是总体中各单位标准值与其平均数离差平方的算术平均数的平方根，它反映组内个体间的离散程度。在 Numpy 中，计算标准差的函数有 std( )和 nanstd( )。std( )函数的格式如下：

numpy.std(*a*[, axis = None])

其中，参数 *a* 表示输入数组；axis 表示指定沿着某轴来计算标准差。std( )函数除了 *a* 参数外，其余参数为可选项。nanstd( )函数在计算标准差时如果遇到 NaN 值会忽略。

8. 方差

方差是元素与元素的平均数差的平方的平均数。在 Numpy 中，计算方差的函数有 var( )和 nanvar( )。var( )函数的格式如下：

numpy.var(*a*[, axis = None, dtype = None])

其中，参数 *a* 表示输入数组；axis 表示指定沿着某轴来计算方差；dtype 表示数据类型。var( )函数除了 *a* 参数外，其余参数都为可选项。nanvar( )函数在计算方差时会忽略数组中的 NaN 值。

计算算术平均数、标准差与方差的示例程序如下：

```
import numpy as np
arr=np.arange(12).reshape((3,4))
#计算算术平均数
a=np.mean(arr)
b=np.mean(arr,axis=0)
c=np.mean(arr,axis=1)
print(a,b,c)
#计算标准差
a=np.std(arr)
b=np.std(arr,axis=0)
c=np.std(arr,axis=1)
print(a,b,c)
#计算方差
a=np.var(arr)
b=np.var(arr,axis=0)
c=np.var(arr,axis=1)
print(a,b,c)
```

5.1.6 矩阵运算

Numpy 提供了两个基本的对象：一个多维数组对象和一个通用函数对象，其他对象都是在它们的基础上构建的。Numpy 中还包含两种基本的数据类型，即数组和矩阵。

Numpy 中的矩阵对象为 matrix，它包含矩阵的数据处理、矩阵计算、转置、可逆性等功能。matrix 是 ndarray 的子类，矩阵对象是继承自 Numpy 数组对象的二维数组对象，因此，矩阵含有数组的所有数据属性和方法。

矩阵与数组还有一些重要的区别。

（1）矩阵对象可以使用一个 MATLAB 风格的字符串来创建，也就是一个以空格分隔列、以分号分隔行的字符串。

（2）矩阵是维数为 2 的特殊数组。矩阵的维数是固定的，即便经过加、减、乘、除各种运算，矩阵的维数也不会发生变化，而数组在运算时其维数会发生变化。总之，矩阵的维数永远是 2。

（3）矩阵与数组之间的转化，数组转矩阵用 numpy.asmatrix 或者 numpy.matrix，矩阵转数组用 numpy.asarray 或者 matrix 的 A 属性。

（4）数组中的很多通用函数运算都是元素级的，即函数是针对数组中的每个元素进行处理的，而矩阵是根据矩阵的定义进行整体处理的。

（5）矩阵默认的_array_priority_是 10.0，因而数组与矩阵对象混合的运算总是返回矩阵。

（6）矩阵有一些特有的属性使计算更加容易，这些属性如下。

① .T：返回自身的转置。

② .H：返回自身的共轭转置。

③ .I：返回自身的逆矩阵。

④ .A：返回自身数据的二维数组的一个视图（没有做任何复制）。

矩阵对象也可以使用其他 matrix 对象、字符串或者可以转换为一个 ndarray 的参数来构造。

1. 矩阵的创建

在 Numpy 中，使用 mat( )函数、matrix( )函数以及 bmat( )函数创建矩阵的方法如下。

1）使用字符串创建矩阵

在 mat( )函数中输入一个 MATLAB 风格的字符串，该字符串以空格分隔列、以分号分隔行。例如，numpy.mat('1 2 3; 4 5 6; 7 8 9')，可创建一个 3 行 3 列矩阵，矩阵中元素为整数。

2）使用嵌套序列创建矩阵

在 mat( )函数中输入嵌套序列，例如，numpy.mat([[2, 4, 6, 8], [1.0, 3, 5, 7.0]])，可创建一个 2 行 4 列矩阵，矩阵中的元素为浮点数。

3）使用一个数组创建矩阵

在 mat( )函数中输入数组，例如，numpy.mat(numpy.arange(9).reshape(3, 3))，可创建一个 3 行 3 列矩阵，矩阵中的元素为整数。

4）使用 matrix( )函数创建矩阵

matrix( )函数可以将字符串、嵌套序列、数组和 matrix 转换成矩阵，其函数格式如下：

matrix(data, dtype = None, copy = True)

其中，参数 data 是指输入的用于转换为矩阵的数据。如果 dtype 为 None，那么数据类型将由 data 的内容来决定。如果 copy 为 True，则会复制 data 中的数据，否则会使用原来的数据缓冲。如果没有找到数据的缓冲区，当然也会进行数据复制。这说明用 matrix( )函数创建矩阵，修改矩阵的值不会改变输入 matrix( )函数的 data 数据值。

用 mat( )函数创建矩阵时，若输入 matrix 或 ndarray 对象，则不会为它们创建副本。也就是说用 mat( )函数创建矩阵时，修改矩阵的值同时会改变输入 mat( )函数的 matrix 或 ndarray 的值。

5）使用 bmat( )函数创建矩阵

如果想将小矩阵组合成大矩阵，在 Numpy 中，可以使用 bmat( )函数实现，其函数格式如下：

bmat(obj, ldict = None, gdict = None)

其中，参数 obj 为 matrix；ldict 和 gdict 为 None。

矩阵创建的示例程序如下：

```
import numpy as np
#使用字符串创建矩阵
```

```
str='1 2 3;4 5 6;7 8 9'
a=np.mat(str)
a[1,1]=11                          #修改 a 矩阵 1 行 1 列值,不会影响 str
print('用字符串创建矩阵:',a,str)   #观察 str 输出没有变化
#使用嵌套序列创建矩阵
b=np.mat([[2,4,6,8],[1.0,3,5,7.0]])
print('用嵌套序列创建矩阵:',b)
#使用一个数组创建矩阵
arr=np.arange(9).reshape(3,3)   #创建 3 行 3 列数组
c=np.mat(arr)
c[1,1]=55                       #修改 c 矩阵 1 行 1 列值,arr 值也跟着变化
print('数组创建矩阵:',c,arr)
#使用 matrix( )函数创建矩阵
c=np.matrix(arr,dtype=np.float) #用 arr 数组创建矩阵
c[1,1]=66                       #修改 c 矩阵 1 行 1 列值,arr 值不变化
d=np.matrix([[2,4,6,8],[1.0,3,5,7.0]],dtype=np.int64)
#用序列创建矩阵
e=np.matrix('1 2 3;4 5 6;7 8 9',dtype=np.str_)#用字符串创建矩阵
f=np.matrix(a,dtype=np.str_)    #用 matrix 对象创建矩阵
print('用 matrix 函数创建矩阵',c,arr,d,e,f)
#使用 bmat( )函数创建矩阵
a=np.mat('3 3 3;4 4 4')
b=np.mat('1 1 1;2 2 2')
print('用 bmat 函数创建矩阵:',np.bmat('a b;b a'))
```

2. 矩阵的计算及操作

在 Numpy 中，矩阵的计算是针对整个矩阵中的每个元素进行的，不需要使用 for 循环，而且运算效率更高。在进行矩阵的加、减、除法运算时，只有相同行数和列数的矩阵才能相互进行计算，否则会抛出程序异常。

矩阵的乘法计算有计算矢量积和计算数量积两种方式。如果计算矢量积，则运算符采用星号（*），并且星号左边矩阵的列数要与星号右边矩阵的行数相等，运算结果是矩阵中对应元素相乘的累加和。例如，计算两矩阵 ma*mb，则运算结果矩阵 mc 为

mc[0, 0] = ma[0, 0]*mb[0, 0] + ma[0, 1]*mb[1, 0] + ma[0, 2]*mb[2, 0] + ⋯ + ma[0, *n*]*mb[*n*, 0]

mc[0, 1] = ma[0, 0]*mb[0, 1] + ma[0, 1]*mb[1, 1] + ma[0, 2]*mb[2, 1] + ⋯ + ma[0, *n*]*mb[*n*, 1]

……

mc[*i*, *j*] = ma[*i*, 0]*mb[0, *j*] + ma[*i*, 1]*mb[1, *j*] + ma[*i*, 2]*mb[2, *j*] + ⋯ + ma[*i*, *n*]*mb[*n*, *j*]

如果计算数量积，也称为矩阵的点乘操作，则使用 multiply( )函数。该函数是 Numpy 的通用函数，执行方法是将矩阵的对应元素相乘，与矢量积运算方式不同，类似 MATLAB 中的点乘。

矩阵常用的操作有矩阵转置、索引取值、求矩阵的行列数、排序和将列表转换成矩阵等。矩阵计算和操作示例程序如下：

```
import numpy as np
#矩阵计算
ma=np.mat([[6,4,2,8],[2.0,1,5,7.0]]) #创建 2 行 4 列矩阵
mb=np.mat(np.arange(9).reshape(3,3)) #创建 3 行 3 列矩阵
mc=np.mat(np.arange(8).reshape(2,4)) #创建 2 行 4 列矩阵
#print('矩阵相加:',ma+mb)  #不同行列数矩阵不能相加,会报错
print('矩阵相加:',ma+mc)   #相同行列数矩阵能相加
print('矩阵相减:',ma-mc)
print('矩阵相除:',mc/ma)
#矩阵相乘,执行计算矩阵的矢量积操作
print('矩阵相乘:',ma,mc.T,ma*mc.T)#mc.T 为转置操作
#使用 multiply( )函数,执行计算矩阵数量积(点乘)操作
print('矩阵点乘:',np.multiply(ma,mc))
#矩阵操作
arr=np.array([[2,4,6,8],[1.0,3,5,7.0]])#创建数组
print('取矩阵 ma 第 1 行值',ma[0]) #取矩阵第 1 行值
ma[1,1]                     #取矩阵第 2 行第 2 个数据
arr[1][1]           #数组取值,注意矩阵不能用 ma[1][1]取值,会发生错误
ma.shape                    #获得 ma 矩阵的行列数
ma.shape[0]                 #获得 ma 矩阵的行数
ma.shape[1]                 #获得 ma 矩阵的列数
#索引取值
ma[0,:]                     #取得第 1 行的所有元素
print(ma[0,:])
ma[0,1:2]                   #第 1 行第 2 个元素,注意左闭右开
print(ma[0,1:2])
ma.sort()                   #对每 1 行进行排序
print(ma)
#将 Python 的列表转换成 Numpy 的矩阵
list=[1,2,3,5,6]
np.mat(list)                #列表转换成 Numpy 的矩阵
print(np.mat(list))
```

5.1.7　生成随机数

在 Python 中可以通过 random 模块生成随机数，但是其效率要远低于利用 Numpy 中的 random 模块生成随机数。numpy.random 模块提供了非常全的自动产生数据的应用程序编程接口（application programming interface，API），通过该模块中的函数可以很方便地生成随机数。下面介绍使用 numpy.random 模块中的函数生成随机数的常用方法。

1. 使用 rand( )函数

rand( )函数的格式如下：numpy.random.rand(d_0, d_1, …, d_n)。

该函数的作用是生成一个(d_0, d_1, …, d_n)维的数组，数组的元素取自[0, 1)内均匀分布的随机数，但数组的元素不包括 1。若没有参数输入，则生成一个数。括号里面的参数指定产生数组的形状。

2. randn( )函数

randn( )函数的格式如下：numpy.random.randn(d_0, d_1, …, d_n)。

该函数的作用是生成一个(d_0, d_1, …, d_n)维的数组，数组的元素是标准正态分布随机数。若没有参数输入，则生成一个数。括号里面的参数指定产生数组的形状。

3. randint( )函数

randint( )函数的格式如下：numpy.random.randint(low, high, size, dtype)。

该函数的作用是生成指定范围的随机数，随机数取值为[low, high)。若没有输入参数 high，则取值为[0, low)。size 参数是元组，用于确定数组的形状，dtype 用于指定数组中的数据类型。

4. random( )函数

random( )函数格式如下：numpy.random.random(size = None)。

该函数的作用是产生[0.0, 1.0)的浮点数，但数组的元素不包括 1。size 表示生成元素个数。若没有参数输入，则生成一个数。生成随机数的示例程序如下：

```
import numpy as np
#用 rand( )函数生成随机数
a=np.random.rand()              #生成一个数
b=np.random.rand(1)             #生成 1 行 1 列数组
c=np.random.rand(2,3)           #生成 2 行 3 列数组
print(a,b,c)
#用 randn( )函数生成随机数
a=np.random.randn()             #生成一个数
b=np.random.randn(1)            #生成 1 行 1 列数组
```

```
c=np.random.randn(2,3)          #生成 2 行 3 列数组
print(a,b,c)
#用 randint( )函数生成随机数
a=np.random.randint(6)
b=np.random.randint(6,size=1)
c=np.random.randint(6,size=(2,4),dtype='int64')
print(a,b,c)
#用 random( )函数生成随机数
a=np.random.random(6)
b=np.random.random( )
print(a,b)
```

除了上述产生随机数的函数，random 模块还包括许多产生随机数的函数，如表 5-4 所示。

表 5-4　random 模块中其他产生随机数的函数

函数	说明
seed( )	确定随机数生成器的种子
permutation( )	返回一个序列的随机排列或返回一个随机排列的范围
shuffle( )	对一个序列进行随机排列
binomial( )	产生二项分布的随机数
normal( )	产生正态（高斯）分布的随机数
beta( )	产生 Beta 分布的随机数
chisquare( )	产生卡方分布的随机数
gamma( )	产生 Gamma 分布的随机数
uniform( )	产生在[0, 1]中均匀分布的随机数

5.1.8　数组的排序、去重与重复操作

1. 排序函数

Numpy 的排序方式主要分为直接排序和间接排序两种。直接排序是指对数值直接进行排序；间接排序是指根据一个或多个键对数据集进行排序。在 Numpy 中，直接排序常用 sort( )函数，而间接排序常用 argsort( )函数和 lexsort( )函数。

1）sort( )函数

sort( )函数用于返回输入数组的排序副本，函数格式如下：

numpy.sort(arr[, axis, kind, order])

其中，参数 arr 表示输入数组；axis 表示指定沿着某轴排序数组，axis = 0 表示沿着纵轴（列）排序，axis = 1 表示沿着横轴（行）排序，若没有设置 axis，则按行排序；kind 表示指定排序算法是快速排序（Quicksort）、归并排序（Mergesort）或堆排序（Heapsort），默

认为 Quicksort；order 表示如果数组包含字段，则指明排序的字段。sort( )函数除了 arr 参数，其余参数都为可选项。sort( )函数示例程序如下：

```
import numpy as np
arr=np.array([[4,5,3],[8,1,7]])
print('原数组',arr)
a=np.sort(arr)                    #调用 sort( )函数
print('sort()函数排序',a)
b=np.sort(arr,axis=0)             #沿轴 0 排序
print('沿轴 0 排序',b)
c=np.sort(arr,axis=1)             #沿轴 1 排序
print('沿轴 1 排序',c)
#使用 sort( )函数设置排序字段
dt=np.dtype([('name',np.str,10),('age',int)])
arr=np.array([("李明",19),("王力",21),("张艳",18)],dtype=dt)
print('自定义的数组是:',arr)
print('按 name 排序:')
print(np.sort(arr,order='name'))
```

2）argsort( )函数

argsort( )函数用于使输入数组沿着给定轴执行间接排序，并根据指定排序类型返回数据的索引数组。使用该索引数组可以获得排序数据。

argsort( )函数的格式和参数与 sort( )函数相同。其示例程序如下：

```
import numpy as np
arr=np.array([4,5,3,8,1,7])
print('原数组',arr)
a=np.argsort(arr)                 #数组排序后的索引数组
print('调用 argsort()函数:',a)
#根据索引数组重构排序数组
print('用循环输出排序数组')
for i in a:
   print(arr[a])
```

3）lexsort( )函数

lexsort( )函数使用键序列执行间接排序，键可以看作电子表格中的一列，最后一个键是排序的主键，该函数返回一个索引数组。使用该索引数组可以获得排序数据。lexsort( )函数格式如下：

numpy.lexsort(keys[, axis])

其中，参数 keys 表示键序列；axis 表示指定沿着某轴排序数组，为可选项。其示例程序如下：

```
import numpy as np
```

```
k =('name','age','tel')
v =('李明','21','13871234456')
ind=np.lexsort((k,v))
print('调用 lexsort()函数:',ind)
print('使用这个索引来获取排序后的数据:')
print([k[i]+","+v[i]  for i in ind])
```

2. 去重与重复函数

在数据处理过程中，不可避免地会出现“脏”数据的情况，而重复数据就是“脏”数据的情况之一。在 Numpy 中，可以通过 unique( )函数找出数组中去重后的元素并返回已排序的数组，从而实现去除数组中重复数据的目的。

另外，在统计分析中，经常还会遇到需要将一个数据重复若干次的情况。在 Numpy 中，为了实现数据重复，可使用 tile( )函数和 repeat( )函数。下面将介绍 Numpy 中去重与重复函数的应用。

1）unique( )函数

unique( )函数可以返回输入数组中所有不同的值（即去重后的值），并且按照从小到大的顺序排列。即 unique( )函数能够返回由输入数组中的去重后的值组成的去重数组、去重数组的索引数组、去重数组的下标和去重值的重复数量等结果。

unique( )函数格式如下：

numpy.unique(arr, return_index, return_inverse, return_counts)

其中，参数 arr 表示输入的数组，如果不是一维数组则会展开；return_index 如果为 True，返回输入数组中去重数组的索引数组；return_inverse 如果为 True，返回去重数组的下标，它可以用于重构输入数组；return_counts 如果为 True，返回去重数组中的元素在原数组中的重复数量。unique( )函数的示例程序如下：

```
import numpy as np
#创建数组 arr
arr=np.array([3,7,5,6,8,9,7,2,6,2,5,9,10])
print('第 1 个数组:',arr)
print('第 1 个数组的去重(去重后的值)数组:')
arr_u=np.unique(arr)
print(arr_u)
print('去重数组的索引数组:')
u_index=np.unique(arr,return_index=True)
print(u_index)
print('查看原数组中的元素相对于去重数组中的元素的索引值')
print('原数组',arr)
print('用去重数组下标标记原数组中元素:')
arr_u,u_inverse=np.unique(arr,return_inverse=True)
```

```
print(u_inverse)
print('使用去重数组下标重构原数组:')
print(arr_u[u_inverse])
print('返回去重后的值的重复数量:')
arr_u,u_inverse=np.unique(arr,return_counts=True)
print(u_inverse)
```

2）tile( )函数

tile( )函数是 numpy.lib.shape_base 模板中的函数。该函数的作用是将一个已有的数组重复一定的次数。该函数的格式如下：

numpy.tile(*a*, reps)

其中，参数 *a* 指定重复的数组；reps 指定重复的次数。tile( )函数的示例程序如下：

```
import numpy as np
arr=np.array([10,20])
#输出[10 20 10 20]
a=np.tile(arr,2)
#输出[[10 20 10 20],[10 20 10 20],[10 20 10 20]]
b=np.tile(arr,(3,2))
#输出[[42. 42.],[42. 42.],[42. 42.]]
c=np.tile(42.0,(3,2))
print(a,'\n',b,'\n',c)
```

3）repeat( )函数

repeat( )函数的格式如下：

numpy.repeat(*a*, repeats, axis = None)

其中，参数 *a* 指定需要重复的数组元素；repeats 指定重复的次数；axis 指定沿着某轴进行重复。repeat( )函数的示例程序如下：

```
import numpy as np
a=np.repeat(7.,4)       #输出[7. 7. 7. 7.]
arr=np.array([10,20])
b=np.repeat(arr,[3,2])  #输出[10 10 10 20 20]
arr=np.array([[10,20],[30,40]])
#沿轴 0 重复数据,输出[[10 20],[10 20],[10 20],[30 40],[30 40]]
c=np.repeat(arr,[3,2],axis=0)
#沿轴 1 重复数据,输出[[10 10 10 20 20],[30 30 30 40 40]]
d=arr.repeat([3,2],axis=1)
print('数据重复 4 次',a,'\n 元素重复',b,'\n 沿轴 0 重复数据',
    c,"\n 沿轴 1 重复数据",d)
```

tile( )函数和 repeat( )函数的主要区别在于，tile( )函数是对数组进行重复操作，而 repeat( )函数是对数组中的每个元素进行重复操作。

5.2 Pandas 库

Pandas 库（简称 Pandas）是一个专门用于数据分析的开源 Python 库。Pandas 是目前所有使用 Python 研究和分析数据集的专业人士在做相关统计分析和决策时都需要使用的不可或缺的工具。

5.2.1 Pandas 简介

Pandas 是由 Wes McKinney 于 2008 年开发设计的。2012 年，Wes McKinney 的同事 Sien Chang 加入开发工作，他们一起开发出了用于数据分析的著名开源 Python 库——Pandas。

Pandas 是以 Numpy 为基础进行设计的。Pandas 不仅能与其他大多数模块兼容，而且能借力 Numpy 模块强大的计算能力。因此，在数据分析中，Pandas 和 Numpy 这两个模块经常是一起使用的。Pandas 的基本功能如下。

（1）具备按轴自动或显示数据对齐功能的数据结构。这可以防止许多由数据未对齐以及来自不同数据源（索引方式不同）的数据导致的常见错误。

（2）集成时间序列功能。

（3）既能处理时间序列数据，也能处理非时间序列数据。

（4）数学运算和约简（如对某轴求和）可以根据不同的元数据（轴编号）执行。

（5）灵活处理缺失数据。

（6）合并及其他出现在常见数据库（如基于结构化查询语言（structured query language，SQL））中的关系型运算。

Pandas 的核心是序列（series）和数据框（data frame）两大数据结构，数据分析相关的所有事物都是围绕着这两种结构进行的。其中，序列数据结构用于存储一个序列的一维数组，数据框数据结构则用于存储复杂数据的二维数据。

在 Anaconda 发行版中，Pandas 已经集成在系统中，无须另外安装。在使用过程中直接导入该库即可，导入的方法为 import pandas as pd。

5.2.2 序列

序列是 Pandas 中非常重要的一个数据结构。序列由两部分组成：一部分是索引（index）；另一部分是对应的值（value）。序列能实现一维数组的功能，还增加了丰富的数据操作与处理功能。

1. 序列创建及访问

序列由索引和对应的值构成，默认情况下索引从 0 开始，从小到大按顺序排列，每个索引对应一个值。可以通过指定列表、元组、数组创建默认序列，也可以通过指定索引创建个性化序列，还可以通过字典创建序列，其中字典的键转化为索引，值即序列的值。

1）通过 Series( )函数创建序列

序列对象的创建通过 Pandas 中的 Series( )函数来实现。其语法格式如下：

pandas.Series(data[, index])

其中，参数 data 是输入给序列对象的数据；index 是序列对象中数据的标签（即索引）。序列创建的示例程序如下：

```
import pandas as pd                          #导入 Pandas
import numpy as np                           #导入 Numpy
se1=pd.Series([1,-2,2.3,'hq'])               #指定列表创建默认序列
#指定列表和索引,创建个性化序列
se2=pd.Series([1,-2,2.3,'hq'],index=['a','b','c','d'])
se3=pd.Series((1,2,3,4,'hq'))                #指定元组创建默认序列
se4=pd.Series(np.array([1,2,4,7.1]))         #指定数组创建默认序列
```

2）用 Numpy 数组或其他序列对象定义新的序列

（1）用 Numpy 数组定义新的序列。其示例程序如下：

```
import numpy as np
arr=np.array([2,3,4,5])
se=pd.Series(arr)
print(se)
```

（2）用其他序列对象定义新的序列。其示例程序如下：

```
import numpy as np
se=pd.Series([2,4,-3,7],index=['b','c','a','d'])
se2=pd.Series(se)
print(se2)
```

利用这两种方法创建的新序列对象中的元素不是原 Numpy 数组或序列对象元素的副本，而是对它们的引用。也就是说，这些对象是动态插入新序列对象中的。如果改变原对象元素的值，新序列对象中这些元素也会发生变化。

3）将字典转换为序列对象

如果数据存放在字典中，字典中的一个键与值的映射关系可以看作序列对象中的索引值到数据值的映射，因此，可以将字典直接转换为序列对象。其示例程序如下：

```
import numpy as np
s_data={'s_number':20171010,'Normal':86,'exam':90}
se=pd.Series(s_data)
print(se)
```

将字典直接转换为序列对象，当字典中值发生变化时，转换为序列对象中的元素不会变化。同样，也可以将序列对象转换成字典。

4）访问序列

通过索引访问序列对应的元素值。例如，se2.values 查看值，se2.index 查看标签。

2. 序列方法

1）unique( )方法

通过序列中的 unique( )方法，可以去掉序列中重复的元素值，实现元素值的唯一性。

2）isin( )方法

通过序列中的isin( )方法，可以判断元素值的存在性，如果存在则返回True，否则为False。

3）value_counts( )方法

通过序列中的 value_counts( )方法，可以统计获得序列元素值出现的次数。其中索引为原序列元素的值，其值则为出现的次数。

unique( )方法、isin( )方法和 value_counts( )方法的示例程序如下：

```
import pandas as pd
se=[1,2,2,3,'hq','hq','he']
se=pd.Series(se)
se1=se.unique()          #调用 unique( )方法去重
se2=se.isin([0,'he'])    #调用 isin( )方法判断元素值的存在性
se3=se.value_counts()
print(se1)
print(se2)
print(se3)
```

4）空值处理方法

序列中处理空值的方法有三种：isnull( )方法、notnull( )方法、dropna( )方法。isnull( )方法判断序列中是否有空值（nan 值），如果有空值，返回 True，否则 False；notnull( )方法判断序列中的非空值，如果真，返回 True，否则返回 False，与 isnull( )方法刚好相反；dropna( )方法清洗序列中的空值。可以配合使用空值处理函数，实现对空值的清洗。示例程序如下：

```
import pandas as pd
import numpy as np
#定义序列 se,其中 np.nan 为空值
se=pd.Series([10,'hq',60,np.nan,20])
tt=se[~se.isnull()]      #~为取反,采用逻辑数组进行索引获取数据
tt1=se[se.notnull()]
tt2=se.dropna()
```

3. 序列切片

序列元素的访问是通过索引完成的，切片即连续或者间断地批量获取序列中的元素，可以通过给定一组索引来实现切片访问。一般地，给定的一组索引可以用列表或者逻辑数组来表示。示例程序如下：

```
import numpy as np
s1=pd.Series([1,-2,2.3,'hq'])
```

```
s2=pd.Series([1,-2,2.3,'hq'],index=['a','b','c','d'])
s4=pd.Series(np.array([1,2,4,7.1]))
s22=s2[['a','d']]          #取索引号为字符 a,b 的元素
s11=s1[0:2]                #索引为连续的数组
s12=s1[[0,2,3]]            #索引为不连续的数组
s41=s4[s4>2]               #索引为逻辑数组
print(s22)
print('-'*20)
print(s11)
print('-'*20)
print(s12)
print('-'*20)
print(s41)
```

4. 序列聚合运算

序列的聚合运算主要包括对序列中的元素求和、平均值、最大值、最小值、方差、标准差等。示例程序如下：

```
import pandas as pd
s=pd.Series([1,2,4,5,6,7,8,9,10])
su=s.sum()
sm=s.mean()
ss=s.std()
smx=s.max()
smi=s.min()
```

5.2.3 数据框

Pandas 中另一个重要的数据结构为数据框。数据框由多个序列按照相同的索引组织在一起形成一个二维表。事实上，数据框的每一列为序列。数据框的属性包括索引、列名和值。数据框对象的数据结构与工作表（最常见的是 Excel 工作表）极为相似，由按一定顺序排列的多列数据组成，各列的数据类型可以不同（数值、字符串或布尔值等）。数据框的数据结构特点如下。

（1）数据框由共用相同索引的一组列组成。

（2）数据框是一个表格型的数据结构，每列值类型可以不同。

（3）数据框常用于表达二维数据，也可表达多维数据。

（4）数据框既有行索引（index），也有列索引（columns），其中行索引的数组与行相关，它与序列的索引数组相似，每个标签与标签所在行的所有元素相关联；列索引包含一系列列标签，每个标签与一列数据相关联。

1. 创建数据框

基于字典，利用 Pandas 中的 DataFrame( )函数创建数据框。其中字典的键转化为列名，字典的值转化为列值，而索引为默认值，即从 0 开始从小到大排列。DataFrame( )函数的格式如下：

pandas.DataFrame(data[, index[, columns]])

其中，参数 data 是输入给 DataFrame 构造器的数据；index 是数据框对象中行索引的标签；columns 是数据框对象中列索引的标签。示例程序如下：

```
import pandas as pd
import numpy as np
data={'a':[2,2,np.nan,5,6],'b':['kl','kl','kl',np.nan,'kl'],'
c':[4,6,5,np.nan,6],'d':[7,9,np.nan,9,8]}
df=pd.DataFrame(data)
```

2. 数据框属性

数据框对象具有三个属性，分别为列名、索引和值。前面定义的数据框 df 可以通过以下示例程序获取：

```
print('columns= ')
print(df.columns)
print('-'*50)
print('index= ')
print(df.index)
print('-'*50)
print('values= ')
print(df.values)
```

3. 利用数据框属性选择元素

（1）选择所有列的名称和索引列表。数据框属性有 index 属性和 columns 属性，调用 columns 属性可获取数据框对象所有列的名称，调用 index 属性可获取数据框的索引列表。

（2）选择所有的元素。调用 values 属性可获取所有存储在数据结构中的元素。

（3）选择一列元素。如果想选择一列的内容，可把列名称作为索引，或者用列名称作为数据框实例的属性。

（4）选择一行元素。如果想选择一行的内容，可利用 iloc 属性和行的索引值。

（5）选择多行元素。利用 iloc 属性和一个数组的切片来指定数据框实例的索引列表的取值范围，从而可选取多行元素。

（6）选择数据框实例中的一个元素或一个范围内的元素。如果想获取存储在数据框实例中的一个元素，需要依次指定元素所在的列名称、行的索引值或标签。如果想获取存储在数据框实例中一个范围内的元素，可用切片方式指定元素所在的列名称的范围和行的索引值或标签的范围。

利用数据框属性选择元素的示例程序如下：

```
import pandas as pd
dt={'product':pd.Series(['电视机','空调','洗衣机','计算机']),
'price':pd.Series([2300,1980,780])}
df=pd.DataFrame(dt)
print(df.columns)                #选择所有列的名称
print(df.index)                  #选择所有列的索引
print(df.values)                 #选择所有元素
print(df['price'])               #选择一列元素
print(df.iloc[1])                #选择一行元素
print(df.iloc[0:4:2])            #选择多行元素
print(df['product'][1])          #选择一个元素
print(df['product'][1:3])        #选择一个范围内的元素
```

5.2.4 数据结构之间的运算

Pandas 数据结构序列和数据框对象都支持 Numpy 的接口，因此，这两种数据结构都可以使用 Numpy 提供的 ufunc 函数。Pandas 还提供了一些函数，如 mean( )函数、std( )函数和 max( )函数，Pandas 的这些函数与 Numpy 类似。此外，Pandas 还提供了二元运算符对应的函数，如 add( )函数、sub( )函数、mul( )函数、div( )函数和 mod( )函数。在算术运算中，Pandas 还具备按轴自动或显示数据对齐的功能。

1. 算术和数据对齐

Pandas 具有将两个数据结构索引自动对齐的功能。当参与运算的两个数据结构的索引项的顺序不一致，或者有的索引只存在于一个数据结构中时，也能实现这两个数据结构之间的运算，这称为 Pandas 的数据对齐。

【例 5-2】定义两个序列对象，分别指定两个不完全一致的标签数组，并将这两个序列对象进行加、减、乘、除运算。其示例程序如下：

```
import numpy as np
from pandas import DataFrame,Series
print('定义两个序列对象')
se1=Series([2.1,4.3,-1.6],index=['c','d','a'])
se2=Series(np.arange(4),index=['a','b','c','d'])
print(se1,se2)
#将两个序列对象进行加、减、乘、除运算
se=se1+se2
```

```
print('两个序列对象相加',se)
print('两个序列对象相减',se1-se2)
print('两个序列对象相乘',se1*se2)
print('两个序列对象相除',se1/se2)
```

【例 5-3】 定义两个数据框对象，分别指定它们的行索引和列索引不完全一致，并将这两个数据框对象进行加、减、乘、除运算。其示例程序如下：

```
import numpy as np
from pandas import DataFrame,Series
print('定义两个数据框')
df1=DataFrame(np.arange(6).reshape(2,3),columns=['a','b','c'])
df2=DataFrame(np.arange(12).reshape(3,4),columns=['a','b','
c','d'])
print('df1',df1,'\n','df2',df2)
#将两个数据框对象进行加、减、乘、除运算
df=df1+df2
print('两个数据框对象相加','\n',df)
print('两个数据框对象相减','\n',df1-df2)
print('两个数据框对象相乘','\n',df1*df2)
print('两个数据框对象相除','\n',df1/df2)
```

2. 算术运算方法

Pandas 数据结构之间可以使用运算符运算，也可以使用算术运算方法来完成。Pandas 提供的算术运算方法有 add( )、sub( )、mul( )、div( )和 mod( )等函数。这些函数分别可完成加、减、乘、除和求余数的运算，函数的调用方法如下：obj_1.add(obj_2)。其中，参数 obj_1 和 obj_2 是序列或数据框对象；sub( )、mul( )、div( )和 mod( )等函数的调用方法与 add( ) 函数相同。

【例 5-4】 定义两个数据框对象，分别指定它们的行索引和列索引不完全一致，并用 add( )、sub( )、mul( )、div( )和 mod( )等函数对这两个数据框对象进行加、减、乘、除和求余数运算。其示例程序如下：

```
import numpy as np
from pandas import DataFrame,Series
print('定义两个数据框')
df1=DataFrame(np.arange(6).reshape(2,3),columns=['a','b','c'])
df2=DataFrame(np.arange(12).reshape(3,4),columns=['a','b','
c','d'])
print('df1',df1,'\n','df2',df2)
#将两个数据框对象进行加、减、乘、除、求余数运算
df=df1.add(df2)
```

```
print('两个数据框对象相加',df)
print('两个数据框对象相减',df1.sub(df2))
print('两个数据框对象相乘',df1.mul(df2))
print('两个数据框对象相除',df1.div(df2))
print('两个数据框对象求余',df1.mod(df2))
```

观察该程序的输出结果，其运算结果与用算术运算符运算的结果是相同的。

3. 数据框与序列对象之间的运算

Pandas 不仅可以实现相同数据结构之间的运算，而且可以实现不同数据结构之间的运算，如数据框与序列对象之间的运算。

【例 5-5】 定义一个序列对象 se = Series(np.arange(4))，再定义一个数据框对象 df = DataFrame(np.arange(6).reshape(2, 3))，编写一个程序实现这两种数据结构之间的运算。其示例程序如下：

```
import numpy as np
from pandas import DataFrame,Series
print('定义序列对象')
se1=Series(np.arange(4),index=['a','b','c','d'])
print('定义数据框对象')
df1=DataFrame(np.arange(6).reshape(2,3),columns=['a','b','c'])
print('se1',se1,'\n','df1',df1)
#将序列与数据框对象进行加、减、乘、除运算
df=df1+se1
print('相加',df)
print('相减',df1-se1)
print('相乘',df1*se1)
print('相除',df1/se1)
```

观察程序输出结果可知，序列与数据框对象之间的运算就是将数据框对象中的所有行同时与序列对象进行运算，即将序列对象的索引和数据框对象的列名称相同的元素进行运算。序列对象的索引和数据框对象的列名称不匹配的索引也会出现在输出结果中，但其值为 NaN。

因此，要实现序列与数据框对象之间的运算，序列对象的索引和数据框对象的列名称一定要有相同部分，否则输出结果会全部为 NaN。

5.2.5 Pandas 的函数应用

1. 数据筛选

数据筛选是 Pandas 数据结构中常用的数据操作之一。Pandas 提供了一些数据筛选函数，常用的数据筛选函数如表 5-5 所示。

表 5-5　常用的数据筛选函数

函数	功能
df.columns 列名	返回 Index 类型的列的集合
obj.index 索引名	返回 Index 类型的索引的集合
obj. values	返回 obj 的值，以 numpy.ndarray 对象返回
obj.head(*n*)	返回前 *n* 行
obj.tail(*n*)	返回最后 *n* 行
obj.shape	返回元组，表示行数和列数
df.info( )	返回数据框的索引、数据类型和内存信息
obj[*m*: *n*]	切片，选取 *m*～*n*–1 行
obj[obj 条件表达式]	选取满足条件的元素
df.loc[*m*: *n*]	获取 *m*～*n* 行（推荐）
df.iloc[*m*: *n*]	获取 *m*～*n*–1 行
df.loc[*m*: *n*, 'col1': 'col*n*']	获取 *m*～*n* 行的 col1～col*n* 列
s.iloc[*n*]	按位置 *n* 选取数据
s.loc['index_one']	按索引选取数据

注：obj 为序列或数据框对象，df 为数据框对象，s 为序列。

2. 数据统计函数

数组的大多数统计函数对数据框对象依旧有效，Pandas 常用的统计函数如表 5-6 所示。

表 5-6　常用的统计函数

函数	功能	函数	功能
df.count( )	求非 NA 值的数量	df.describe( )	按各列返回基本统计量和分位数
df.max( )	求最大值	df.var( )	求方差
df.min( )	求最小值	df.std( )	求标准差
df.sum(axis = 0)	按各列求和	df.mad( )	根据平均值计算平均绝对偏差
df.mean( )	按各列求平均值	df.cumsum( )	求累计和
df.median( )	求中位数		

注：df 为数据框对象。

3. apply( )函数

apply( )函数是 Pandas 所有函数中自由度最高的函数。它分为以下两种情况。

1）Series.apply( )函数

该函数的功能是在序列的每一个元素上应用自定义函数，函数的格式如下：

Series.apply(func, convert_dtype = True, args = ( ), **kwds)

其中，参数 Series 表示序列对象名称；func 表示要应用到序列上每一个元素的函数；convert_dtype 表示布尔数据类型，默认为 True，表示寻找到最合适的结果类型；args = ( )

表示元组数据类型，表示传入 func 函数的参数；**kwds 表示传入 func 函数的参数。

2）DataFrame.apply( )函数

该函数的功能是在数据框对象指定的轴方向应用自定义函数，函数的格式如下：

DataFrame.apply(func, axis, broadcast, row, reduce, args = ( ), **kwds)

其中，参数 DataFrame 表示数据框对象名称；func 表示要应用在数据框对象的行或列的函数；axis 表示用于控制的是将数据框对象的行数据还是列数据传入 func 函数，axis 默认值是 0，axis = 1 表示将数据框对象的行数据作为序列的数据结构传入 func 函数；broadcast 表示布尔数据类型，默认为 False，对于聚合函数，返回具有传播值的相同大小的对象；row 表示布尔数据类型，默认为 False，其作用是将每行或每列转换为一个系列，如果 row = True，则传递的函数将接收 ndarray 对象；reduce 默认为 None，表示尽量减少应用程序；args = ( )表示元组数据类型，表示传入 func 函数的参数；**kwds 表示传入 func 函数的参数。

3）apply( )函数应用

（1）查看序列中元素类型的示例程序如下：

```
import pandas as pd
se =pd.Series(['a',2,True])
print(se.apply(type))        #使用 type( )函数
```

（2）数据框的多列运算的示例程序如下：

```
import numpy as np
#创建匿名函数,实现两列数据运算
f=lambda x:x['item1']+2 * x['item2']
df=pd.DataFrame(np.arange(6).reshape(3,2),columns=['item1',
'item2'])
#应用 apply( )函数,并创建运算结果列
df['item3']=df.apply(f,axis=1)
print(df)
```

4. 排序与排名

1）排序

在数据分析时，对数据排序是常用的一种操作，因此，Pandas 提供了根据索引的大小或者值的大小对序列和数据库进行排序的函数，如表 5-7 所示。

表 5-7　排序函数

函数	功能
obj.sort_index(axis, ascending)	将 obj 按行或列的索引进行排序。参数：axis 可以赋值为 0 或 1，默认为 0，表示指定对行或列的索引排序；ascending 可以赋值 True 或 False，默认为 True，表示升序排序或降序排序
obj.sort_values(by, axis)	将 obj 按指定行或列的值进行排序。参数：by 指定行或列，axis 可以赋值为 0 或 1，表示指定对行或列的索引排序

注：obj 为序列或数据库对象。

【例 5-6】定义一个序列对象 se 和一个数据框对象 df，编写一个程序分别实现对 se 和 df 的按索引排序和按值排序。其示例程序如下：

```
import numpy as np
from pandas import DataFrame,Series
#Series 按索引排序
se=Series([1,np.nan,5,7,0],index=['a','c','e','b','d'])
#对 Series 的索引进行排序,默认是升序
print(se.sort_index())
#对索引进行降序排序
print(se.sort_index(ascending=False))
#对 Series 的值进行排序,默认是升序
print(se.sort_values())
#对 Series 的值进行降序排序
print(se.sort_values(ascending=False))
#对 DataFrame 按索引排序
a=np.array([[2,5,7],[1,0,3]])
df=DataFrame(a,index=['0','1'],columns=['b','c','a'])
#按行的索引升序进行排序
print(df.sort_index())
#按行的索引降序进行排序
print(df.sort_index(ascending=False))
#按列的索引升序进行排序
print(df.sort_index(axis=1))
#按列的索引降序进行排序
print(df.sort_index(axis=1,ascending=False))
#按指定列的值进行排序
print(df.sort_values(by=['c','a']))
#按指定行的值进行排序
print(df.sort_values(by='1',axis=1))
```

2）排名

排名和排序类似，排名会为序列的每个元素安排一个初始值为 1、依次加 1 的位次，位次越靠前，所使用的数据越小，通过 rank( )函数可计算排名的位次。

（1）序列的排名。

使用 rank( )函数计算排名的位次。rank( )函数表示序列中的每个元素在原来的序列中排第几位（初始值为 1，依次加 1），若有相同的数，默认情况下取其排名的平均值。

① 默认情况下排名。其示例程序如下：

```
import pandas as pd
se=pd.Series([1,-1,0,1,2])
```

```
se.rank()
```

rank( )函数中有一个 method 参数，method 参数的选项如表 5-8 所示。

表 5-8　method 参数的选项

参数	说明
average	默认值，即在相等分组中，为各值分配平均排名
min	使用整个分组的最小排名
max	使用整个分组的最大排名
first	按值在原始数据中出现的顺序分配排名
dense	与 min 类似，但是排名每次只会增加 1，即并列的数据只占一个位次

② 按降序进行排名。其示例程序如下：

```
import pandas as pd
se=pd.Series([1,3,2,1,2])
se.rank(ascending=False,method='max')
```

（2）数据框的排名。

若对数据框进行排名，则可根据 axis 指定的轴进行排名，axis = 0 按行排名，axis = 1 按列排名，其示例程序如下：

```
import pandas as pd
df=pd.DataFrame({'x':[4,6,-1],'y':[1,0,2],'z':[5,7,-1]})
df.rank(axis=0)
```

5.2.6　数据读取与写入

数据的存储形式常分为文件和数据库两大类，具体见表 5-9。为了实现数据处理，需要解决的问题是如何从文件或数据库中读取数据，并将其存储为数据框对象，或将处理后的数据框中的数据存储到文件或数据库中。

表 5-9　数据的存储形式

存储	存储形式	说明
文件	csv	用逗号（,）等分隔符分隔列的文件，又称为字符分隔文件
	Excel	微软办公软件 Excel 文件
	txt	纯文本文件
	JSON	一种轻量级的数据交换格式文件
数据库	MySQL	开源的数据库
	Access	微软办公软件 Access 文件
	SQL Server	微软企业级数据库
	...	其他数据库

注：JSON 指 JavaScript 对象表示法（JavaScript object notation）。

Pandas 为实现文件的读取与写入提供了专门的工具，即 I/O API 函数，这些函数可分为完全对称的两大类——读取函数和写入函数。常用的读写数据源主要有文本文件、Excel 文件、数据库文件和 JSON 文件，下面将分别介绍读写这四类数据文件的操作。

1. 文本文件的读写

文本文件是一种由若干行字符构成的计算机文件，它是一种典型的顺序文件。csv 是一种用分隔符分隔的文件格式，其分隔符不一定是逗号，因此又称为字符分隔文件。csv 文件是以纯文件形式存储表格数据（数字和文本）的，它最广泛的应用是在程序之间转移表格数据，而这些程序本身是在不兼容的格式上进行操作的（往往是私有的、无规范的格式）。大量程序都支持 csv 或者其变体，因此 csv 可以作为大多数程序的输入和输出格式。

1）文本文件读取

Pandas 在处理千万行级别的数据时有很高的实用价值，将文本数据读取加载到内存中，再利用 Pandas 进行数据处理运算，效率非常高。常用的文本文件有 csv 文件和 txt 文件，Pandas 提供了一些用于将表格型文本数据读取为数据框对象的函数，常用的有 read_csv( )函数和 read_table( )函数。read_csv( )函数从文件、统一资源定位符（uniform resource locator，URL）、文件型对象中加载带分隔符的数据，默认分隔符为逗号（,）。read_table( )函数从文件、URL、文件型对象中加载带分隔符的数据，默认分隔符为制表符（\t）。

read_csv( )函数的语法格式如下：pandas.read_csv(file, sep = ', ', header = 'infer', names = None, index_col = 0, dtype = None, encoding = utf-8, engine = None, nrows = None)。

read_table( )函数的语法格式如下：pandas.read_table(file, sep = '\t', header = 'infer', index_col = None, dtype = None, encoding = utf-8, engine = None, nrows = None)。

read_csv( )函数和 read_table( )函数的大多数参数相同，函数中常用参数如下。

（1）file：接收 string，表示 csv 或 txt 的文件名和路径。

（2）sep：接收 string，表示分隔符，read_csv( )函数默认为逗号，read_table( )函数默认为制表符。

（3）header：接收 int 或 sequence，表示将某行数据作为列名，默认为 infer，表示自动识别。

（4）names：接收 array，表示列名，默认为 None。

（5）index_col：接收 int、sequence 或 False，表示索引列的位置，取值为 sequence 则代表多重索引，默认为 None。

（6）dtype：接收 dict，代表写入的数据类型（列名为 key，数据格式为 values，默认为 None）。

（7）engine：接收 C 或 Python，表示数据解析引擎，默认为 None。

（8）nrows：接收 int，表示读取前 *n* 行，默认为 None。

（9）encoding：表示文件的编码方式。常用的编码方式有 UTF-8、16 位的 Unicode

转换格式（16-bit Unicode transformation format，UTF-16）、汉字内码扩展规范（Chinese internal code extension specification，GBK）、《信息交换用汉字编码字符集 基本集》（GB/T 2312—1980）、《信息技术 中文编码字符集》（GB 18030—2005）等。

【例 5-7】现有一个包含员工姓名（name）、性别（sex）、年龄（age）和月工资收入（salary）的 salary.csv 文件，文件内容如图 5-4 所示。

	A	B	C	D
1	name	sex	age	salary
2	李明	男	24	3600
3	王小红	女	28	4000
4	杨勇	男	30	4500
5	张艳	女	31	5000
6	陈丹	女	25	2800
7	李志敏	男	32	5000
8	张建国	男	45	8000
9	杨平远	男	50	10000
10	周源	男	40	7000
11				

salary

图 5-4　salary.csv 文件内容

其中第一行数据 name、sex、age、salary 是列名，每列数据用逗号隔开。将 salary.csv 文件另存为 salary.txt 文件，并分别读取 salary.csv 和 salary.txt 文件。其示例程序如下：

```
import pandas as pd
print('数据文件保存在 d 盘的 data 目录下')
df=pd.read_csv('d:\data\salary.csv',encoding='GBK')
print('输出 df:','\n',df)
df1=pd.read_table('d:\data\salary.txt',encoding='GBK',sep='\t')
print('输出 df1:','\n',df1)
```

在读取文本文件时，要设置文件的编码方式（encoding）和分隔符（sep）等参数。

2）文本文件存储

文本文件的存储与其读取类似，对于结构化的数据，可以通过 Pandas 中的 to_csv( ) 函数实现以 csv 文件格式存储。to_csv( )函数的语法格式如下：

DataFrame.to_csv(path_or_buf = None, sep = ', ', na_rep = '', columns = None, header = True, index = True, index_label = None, mode = 'w', encoding = None)。函数中的参数如下。

（1）path_or_buf：接收 string，表示保存的文件名和路径。

（2）sep：接收 string，表示分隔符，默认为逗号。

（3）na_rep：接收 string，表示缺失值，默认为单引号（''）。

（4）columns：接收 list，表示写出的列名。

（5）header：接收 boolean，表示是否将列名写出，默认为 True。

（6）index：接收 boolean，表示是否将行名（索引）写出，默认为 True。

（7）index_label：接收 sequence，表示索引名，默认为 None。

（8）mode：接收特定的 string，表示数据写入的模式，默认为 w。

（9）encoding：接收特定的 string，表示存储文件的编码格式。

【例 5-8】以例 5-7 中读取的员工月工资收入信息为例，在读取 salary.csv 文件后，在数据框对象中增加一个员工月工资收入信息为（周斌，男，35，5000），然后将增加后的数据重新存储到 salaryadd.csv 文件中。示例程序如下：

```
import pandas as pd
print('数据文件保存在 d 盘的 data 目录下')
df=pd.read_csv('d:\data\salary.csv',encoding='GBK')
print('输出 df:','\n',df)
df.loc['add_row']=['周斌','男',35,5000]
print('输出 df:','\n',df)
df.to_csv('D:\data\salaryadd.csv',encoding='GBK')
```

2. Excel 文件的读写

1）Excel 文件读取

Pandas 提供了 read_excel( ) 函数来读取 Excel 文件，其函数的语法格式如下：pandas.read_excel(io, sheet_name = 0, header = 0, index_col = None, names = None, dtype = None)。函数中的参数如下。

（1）io：接收 string，表示文件名和路径。

（2）sheet_name：接收 string 或 int，表示 Excel 表内数据的分表位置，默认为 0。

（3）header：接收 int 或 sequence，表示将某行数据作为列名，取值为 int 代表将该列作为列名，取值为 sequence 则代表多重列索引，默认为 0，表示第一行。

（4）names：接收 array，表示列名，默认为 None。

（5）index_col：接收 int、sequence 或 False，表示索引列的位置，取值为 sequence 代表多重索引，默认为 None。

（6）dtype：接收 dict，代表写入的数据类型（列名为 key，数据格式为 values），默认为 None。

在执行 Pandas 读取 Excel 的操作时，需要安装 xlrd 库，并且在当前代码中导入 xlrd 库。安装 xlrd 库的方法如下：进入 cmd 状态，执行 pip install xlrd 命令。

【例 5-9】将员工月工资收入信息 salary.csv 文件打开，另存为 salary.xls 文件，然后将 salary.xls 文件中的数据读取为数据框对象。示例程序如下：

```
import pandas as pd
import xlrd
print('数据文件保存在 d 盘的 data 目录下')
df=pd.read_excel('d:\data\salary.xls',sheet_name='salary')
```

```
print('输出 df:','\n',df)
```

2）Excel 文件存储

将数据框的数据保存为 Excel 文件，可使用 to_excel( )函数。to_excel( )函数的语法格式如下：DataFrame.to_excel(excel_writer = None, sheet_name = None, na_rep = '', header = True, index = True, index_label = None, mode = 'w', encoding = None)。函数中的参数如下。

（1）excel_writer：接收 string，表示保存的文件名和路径。

（2）sheet_name：接收 string，表示保存到 Excel 内数据的分表名称，默认为 None。

（3）na_rep：接收 string，表示缺失值，默认为单引号（''）。

（4）header：接收 boolean，表示是否将列名写出，默认为 True。

（5）index：接收 boolean，表示是否将行名（索引）写出，默认为 True。

（6）index_label：接收 sequence，表示索引名，默认为 None。

（7）mode：接收特定的 string，表示数据写入的模式，默认为 w。

（8）encoding：接收特定的 string，表示存储文件的编码格式。

在执行 Pandas 写入 Excel 的操作时，需要安装 xlwt 库，并且在当前代码中导入 xlwt 库。安装 xlwt 库方法如下：进入 cmd 状态，执行 pip install xlwt 命令。

【例 5-10】以例 5-9 读取的员工月工资收入信息为例，读取 salary.xls 文件后，在数据框对象中增加一个员工月工资收入信息为（李丽，女，25，3000），然后将增加后的数据重新存储到 salaryadd.xls 文件中。示例程序如下：

```
import pandas as pd
import xlrd
import xlwt
print('数据文件保存在 d 盘的 data 目录下')
df=pd.read_excel('d:\data\salary.xls',sheet_name='salary')
print('输出 df:','\n',df)
df.loc['add_row']=['李丽','女',25,3000]
print('输出 df:','\n',df)
df.to_excel('D:\data\salaryadd.xls',encoding='GBK')
```

3. 数据库文件的读写

在实际工作中，大多数数据是存储在数据库中的。Pandas 提供了读取与存储关系型数据库数据的函数。除了 Pandas，还需要使用 SQLAlchemy 库建立对应的数据库连接。SQLAlchemy 库是配合相应数据库的 Python 连接工具。例如，MySQL 数据库需要安装 mysqlclient 库或者 pymysql 库，Oracle 数据库需要安装 cx_oracle 库。

可使用 create_engine( )函数建立一个数据库连接。Pandas 支持 MySQL、PostgreSQL、Oracle、SQL Server 和 SQLite 等主流数据库。下面以 MySQL 数据库为例，介绍 Pandas 的读写数据库文件的操作。

1）SQLAlchemy 连接 MySQL 数据库

（1）对象关系映射（object relational mapping，ORM）介绍。ORM 可将数据库中的

表与面向对象语言中的类建立一种对应关系。当操作数据库时，数据库中的表或者表中的一条记录就可以直接通过操作类或者类实例来完成，ORM 相当于将数据库实例化了。ORM 的优点如下：①隐藏了数据访问细节，使数据库的交互变得简单易行，并且完全不用考虑 SQL 语句；②使构造固化数据结构变得简单易行。

（2）SQLAlchemy 安装。SQLAlchemy 是 Python 社区最知名的 ORM 工具之一，使用它可以实现高效和高性能的数据库访问。在 Windows 下安装 SQLAlchemy 的方法如下：进入 cmd 状态，执行

```
pip install SQLAlchemy
pip install pymysql
```

命令。

由于 MySQL 数据库不支持 Python 3.×版本，要用 pymysql 与 SQLAlchemy 交互。

（3）创建 MySQL 数据库。创建一个 MySQL 数据库，数据库名为 salary。在该数据库下创建一个员工月工资收入表，表的结构包括姓名、性别、年龄和月工资收入，再输入 10 条员工月工资收入的记录，记录的内容可自拟。

（4）连接数据库。编写连接数据库的程序如下：

```
from sqlalchemy import create_engine
#创建实例,并连接 salary 库
engine=create_engine('mysql+pymysql://root:@localhost:3306/
salary?charset=gb2312')
print(engine)
```

运行该程序，如果输出 Engine(mysql + pymysql://root: ***@localhost: 3306/salary?charset = gb2312)，数据库就连接成功了。

在连接数据库的程序中，create_engine 中输入的是一个连接字符串。在使用 Python 的 SQLAlchemy 时，MySQL 和 Oracle 数据库连接字符串的格式如下：数据库产品名 + 连接工具名: //用户名: 密码@数据库 IP 地址: 数据库端口号/数据库名称? charset = 数据库数据编码。

2）读取数据库文件

Pandas 提供了 3 个读取数据库文件的函数，它们的作用如下。

（1）read_sql( )函数：既可读取数据库中的某个表，又可实现查询操作。

（2）read_sql_table( )函数：只能读取数据库中的某个表，不能实现查询操作。

（3）read_sql_query( )函数：可实现查询操作，但不能直接读取数据库中的某个表。

read_sql( )函数的语法格式如下：pandas.read_sql(sql, con, index_col = None, coerce_float = True, columns = None)。

read_sql_table( )函数的语法格式如下：pandas.read_sql_table(table_name, con, schema = None, index_col = None, coerce_float = True, columns = None)。

read_sql_query( )函数的语法格式如下：pandas.read_sql_query(sql, con, index_col = None, coerce_float = True)。

函数中的参数如下：

（1）sql：接收 string，表示读取数据库的表名或者 SQL 语句，无默认值。

（2）table_name：接收 string，表示读取数据库的表名，无默认值。

（3）con：接收数据库连接，表示接收数据库连接信息，无默认值。

（4）index_col：接收 int、sequence 或 False，表示设定的列作为行名。如果是一个数列，则是多重索引，默认为 None。

（5）coerce_float：接收 boolean。将数据库中的 decimal 类型的数据转换为 pandas 中的 float64 类型的数据，默认为 True。

（6）columns：接收 int，表示读取数据的列名，默认为 None。

【例 5-11】以员工月工资收入信息为例，分别运用 read_sql( )函数、read_sql_table( )函数和 read_sql_query( )函数读取 MySQL 数据库文件 salary，并观察这 3 个函数的特点。示例程序如下：

```
import pandas as pd
from sqlalchemy import create_engine
#创建实例,并连接 salary 库
engine=create_engine('mysql+pymysql://root:@localhost:3306/
salary?charset=gb2312')
print(engine)
#使用 read_sql_query( )函数查看数据表的数量
tables=pd.read_sql_query('show tables',con=engine)
print('salary 数据库数据表的清单:','\n',tables)
#使用 read_sql_table( )函数读取 salary 数据表的数据
dftable=pd.read_sql_table('salary',con=engine)
print('salary 数据表的数据:','\n',dftable)
#使用 read_sql( )函数读取 salary 数据表的数据
dftable=pd.read_sql('SELECT * FROM 'salary'',con=engine)
print('salary 数据表的数据:','\n',dftable)
```

3）存储为数据库数据

将数据框写入数据库中，同样要依赖 SQLAlchemy 的 create_engine( )函数创建数据库连接。to_sql( )函数用于将数据存储到数据库中。to_sql( )函数的语法格式如下：DataFrame.to_sql(name, con, schema = None, if_exists = 'fail', index = True, index_label = None, dtype = None)。函数中的参数如下。

（1）name：接收 string，表示数据库的表名，无默认值。

（2）con：接收数据库连接，表示接收数据库连接信息，无默认值。

（3）if_exists：接收 fail、replace 和 append。fail 表示如果表名存在，则不执行写入操作；replace 表示如果表名存在，则将原数据库表删除，再重新创建；append 则表示在原数据库表的基础上追加数据，默认为 fail。

（4）index：接收 boolean，表示是否将行索引作为数据传入数据库，默认为 True。

（5）index_label：接收 string 或者 sequence，代表是否引用索引的名称。如果 index

参数为 True，此参数为 None，则使用默认名称。如果为多重索引，则必须使用 sequence，默认为 None。

（6）dtype：接收 dict，代表写入的数据类型（列名为 key，数据格式为 values），默认为 None。

【例 5-12】以员工月工资收入信息为例，首先读取 salary.csv 文件，然后将读取的数据存储到 salary 数据库的 salary 数据表中。示例程序如下：

```
import pandas as pd
from sqlalchemy import create_engine
#创建实例,并连接 salary 库
engine=create_engine('mysql+pymysql://root:@localhost:3306/
salary?charset=gb2312')
print('数据文件保存在 d 盘的 data 目录下,读取 csv 文件')
df=pd.read_csv('d:\data\salary.csv',encoding='GBK')
print('将读取 csv 文件中数据存储到 salary 数据表中')
df.to_sql('salary.',con=engine,if_exists='replace')
```

4. JSON 文件读写

（1）JSON 简介。JSON 是一种轻量级的数据交换格式。简单地说，JSON 可以将 JavaScript 对象中表示的一组数据转换为字符串，然后在函数之间轻松地传递这个字符串，或者在异步应用程序中将字符串从 Web 客户机传递给服务器端程序。

JSON 具有良好的可读性和便于快速编写的特性，适合服务器与 JavaScript 客户端的交互，是目前网络中主流的数据传输格式之一，应用十分广泛。

（2）JSON 基本语法。JSON 数据以键/值对的方式存在。JSON 值可以是数字（整数或浮点数）、字符串（在双引号中）、逻辑值（True 或 False）、数组（在方括号中）、对象（在花括号中）、null（空值）等。JSON 的语法规则如下。

①并列的数据之间用逗号（,）分隔。

②映射用冒号（:）表示。

③并列数据的集合（数组）用方括号（[ ]）表示。

④映射的集合（对象）用花括号（{}）表示。

JSON 的 Object（对象类型）用花括号包含的一系列无序的键/值对表示，其中键和值之间用冒号分隔，每个键/值对之间用逗号分隔。访问其中的数据，通过 obj.key 来获取对应的值。例如，json = {"name": "小芳", "age": 16}。

JSON 的 Array（数组类型）用方括号包含的所有元素表示，每个元素用逗号分隔，元素可以是任意的值。访问其中的元素，使用索引号从 0 开始。例如，json = ["唱歌", "编程", "打球"]。

JSON 的复杂数据形式为 Object 或数组中的值，还可以是另一个 Object 或者数组，例如，json = {"name": "小芳", " hobby": ["唱歌", "编程", "打球"]}。

（3）Python 读取 JSON 文件。在 Python 中若要进行 JSON 文件的读写，需要添加 JSON

模块。在 Python 中读取 JSON 文件是通过调用 json.load( )函数来实现的。json.load( )函数的语法格式如下：json.load(file, encoding = "utf-8")。其中，参数 file 表示 JSON 文件名；encoding 表示编码方式。

（4）Python 存储 JSON 文件。存储 JSON 文件需要调用 json.dump( )函数。json.dump( )函数的语法格式如下：json.dumps(data, file, sort_keys = False, indent = 4, separators = (', ', ': '), encoding = "utf-8", ensure_ascii = False)。其中，data 表示存储的 JSON 数据；file 表示存储的 JSON 文件名；sort_keys 表示是否排序，默认为 False，不排序；indent 指定每个变量的缩进量，一般填 4，即缩进 4 格；separators 消除多余的空格，以减小文件；encoding 表示编码方式，默认为 UTF-8。

其示例程序如下：

```
import json
#写文件
data=[{'a':'apple','b':'banana','c':[1,2,3]},11,'test',True]
file=open('d:/data/jsontest1.txt','w')
json.dump(data,file)
file.close()
#读文件
file=open('d:/data/jsontest1.txt')
data=json.load(file,encoding="utf-8")
print(data)
```

【总结与习题】

1. 总结

本章介绍了 Numpy 数组的创建和相关操作，详细讲解了 Numpy 数组的计算、统计基础和矩阵运算。在此之后，介绍了 Pandas 的序列、数据框的相关操作，以及 Pandas 的函数应用。最后，分析了不同类型中数据的读取与写入。

2. 习题

（1）如何创建主对角线上元素为 1 的数组？如何创建元素全部为 1 的数组？用 empty( )函数创建数组有什么特点？

（2）如何获取 arr 数组的维度、尺寸、元素总数和元素的类型？

（3）说明数组与矩阵的联系和区别。

（4）创建一个自定义数据类型，该数据类型由姓名和手机号码组成，其中姓名是长度为 10 个字符的字符串类型，手机号码是长度为 11 位的整型数。然后创建该自定义数据类型的数组。

（5）现有序列 *a* 为[6, 2, 5, 0, 1, 3, 4, 7, 8, 9]，要求将序列 *a* 转换成 2 行 5 列数组，再分割成 2 个数组。

（6）现有序列 *a* 为[6, 2, 5, 0, 1, 3, 4, 7, 8, 9, 10, 11]，要求将序列 *a* 转换成 3 行 4 列数组，如何获取该数组中[[6, 2], [1, 3]], [8, 9, 10, 11], [[4, 7], [10, 11]]这 3 组数据。

（7）创建一个数据框对象，表示张艳、李明期中、期末各科成绩。在其中增加一列期评综合成绩，该列值按照其中 40%、期末 60%的比例计算得出。计算张艳、李明的最高成绩、最低成绩和平均成绩。

第6章

数据可视化 Matplotlib 库

【学习目标】

1. 了解 Python 中的数据可视化 Matplotlib 库。
2. 熟悉 pyplot 创建图形。
3. 掌握 Matplotlib 参数配置。
4. 熟悉绘制散点图和折线图。
5. 熟悉绘制直方图、柱状图、饼图和箱线图。

【开篇案例】

数据可视化及其经典案例

1. 什么是数据可视化?

数据可视化是指将数据以视觉的形式来呈现，如图表或地图，以帮助人们了解这些数据的意义。通过观察数字、统计数据的转换以获得清晰的结论并不是一件容易的事。人类大脑对视觉信息的处理优于对文本的处理，因此使用图表、图形和设计元素，数据可视化可以帮你更容易地解释数据模式、趋势、统计数据和数据相关性，而这些内容在其他呈现方式下可能难以被发现。

简单理解，数据可视化 = 数据 + 可视化，数据是基础，可视化是用图形化的方式呈现，并借此传达信息。

数据可视化可以是静态的或交互的。几个世纪以来，人们一直在使用静态数据可视化，如图表和地图。交互数据可视化相对更为先进：人们能够使用计算机和移动设备深入到这些图表和图形的具体细节，然后用交互的方式改变他们看到的数据及数据的处理方式。

2. 数据可视化的经典案例

1）公共汽车群现象

这里有一个关于复杂数据集的很好的例子，它看起来像一个游戏。在这个例子里，

Setosa 网站为我们呈现了公共汽车群现象（图 6-1）是如何发生的，即当一辆公共汽车被延迟，就会导致多辆公共汽车在同一时间到站。

只用数字讲述这个故事是非常困难的，取而代之的是，Setosa 网站把它变成一个互动游戏。当公共汽车沿着路线旋转时，我们可以按下一个按钮来使公共汽车延迟，然后观察一个短暂的延迟如何使公共汽车在一段时间以后聚集起来。

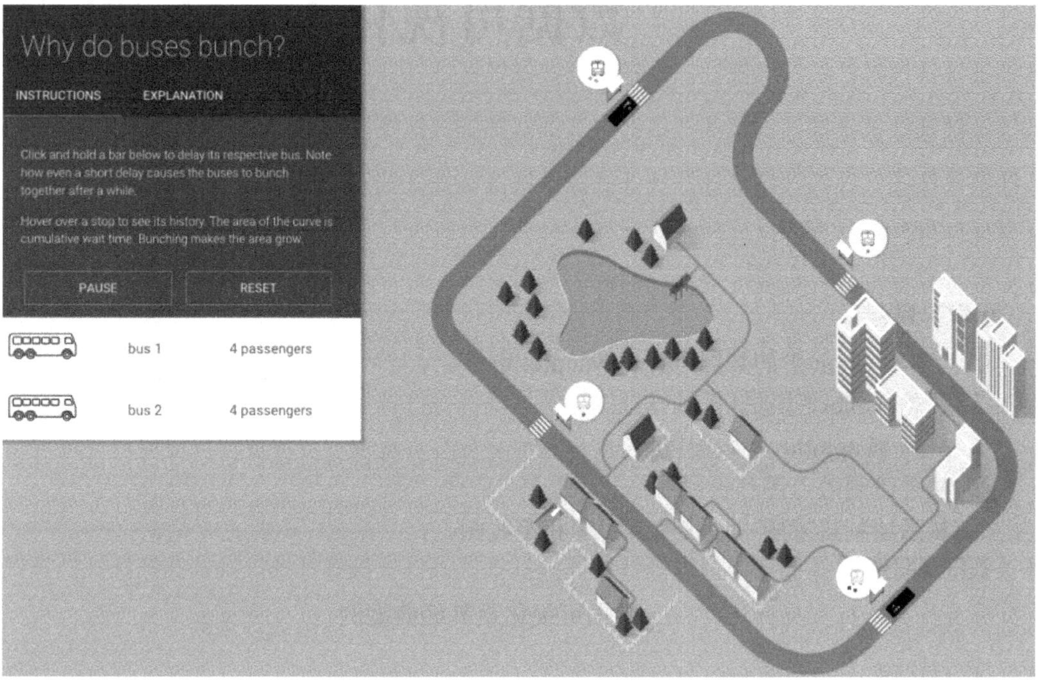

图 6-1 公共汽车群现象

2）世界上的语言

这个由 DensityDesign 设计的互动作品令人印象深刻，它将世界上众多（或者大多数）语言用非语言的方法表现出来，一共有 2678 种。

这个作品可以让你浏览使用共同语言的家庭，看看哪些语言是最常用的，并查看语言在世界各地的使用范围。这是一种了不起的视觉叙事方法：将一个有深度的主题用一种易于理解的方式进行解读。

3）报表开发与分发

报表开发与分发是数据可视化系统的核心功能，在实现报表开发功能的同时，还需要完成权限（查看权限与数据权限）的配置。实现该部分功能设计有一条捷径——学习市面上主流可视化工具的实现方式，它们翔实的产品帮助文档都是自研产品设计的灵感源泉。

资料来源：https://www.jianshu.com/p/bddcd4e61568，https://baijiahao.baidu.com/s?id = 1639028971226025318&wfr = spider&for = pc

6.1 Matplotlib 概述

6.1.1 Matplotlib 简介

Matplotlib 库（简称 Matplotlib）是专门用于开发二维图表的，是 Python 二维绘图领域使用最广泛的套件。它能让使用者很轻松地将数据图形化，并且提供多样化的输出格式。使用 Matplotlib 实现数据图形化的优势如下。

（1）使用极其简单。

（2）以渐进、交互式方式实现数据可视化。

（3）表达式和文本使用 LaTeX 排版。

（4）对图像元素控制力更强。

（5）可输出 PNG、PDF、SVG 和 EPS 等多种格式。

Matplotlib 最初模仿了 MATLAB 图形命令，但是其与 MATLAB 是相互独立的。在使用方面，Matplotlib 不仅具有简洁性和推断性，而且继承了 MATLAB 的交互性。

Matplotlib 整合了 LaTeX 用于表示科学表达式和符号的文本格式模型。Matplotlib 是 Python 的一个库，因此，在程序开发中它也可以使用 Python 的其他库。Matplotlib 通常与 Numpy 和 Pandas 等库配合使用。

6.1.2 Matplotlib 绘图基本流程

Matplotlib 绘图基本流程如图 6-2 所示。

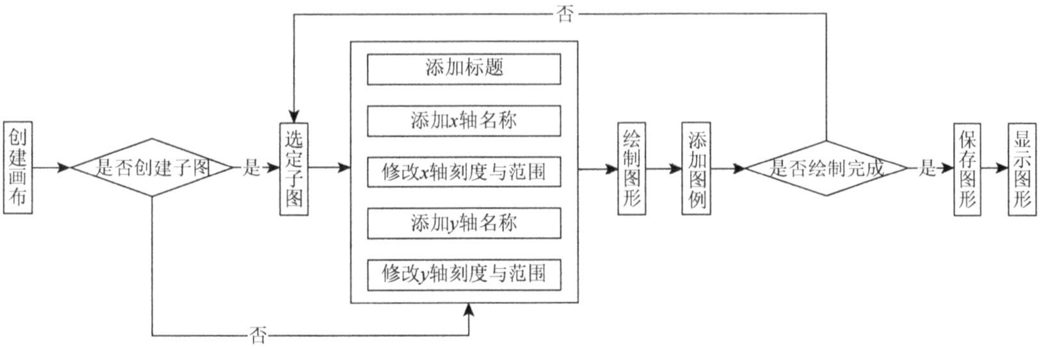

图 6-2 Matplotlib 绘图基本流程图

6.2 使用 pyplot 创建图形

pyplot 是 Matplotlib 的子库，该子库提供了与 MATLAB 类似的绘图 API，使用 pyplot

子库可快速地绘制二维图表。Anaconda 发行版中已经集成 Matplotlib，直接导入 pyplot 模块就可以使用了。

6.2.1 创建简单图形

1. 导入快速绘图的函数库——pyplot 子库

导入 pyplot 子库的方法如下：import matplotlib.pyplot as plt。

2. 创建绘图对象——绘图对象

由于 Matplotlib 的图像均位于绘图对象中，在绘图前，先要创建绘图对象。如果不创建绘图对象就直接调用 plot( )函数，Matplotlib 会自动创建一个绘图对象。创建绘图对象的 plot( )函数语法格式如下：

plt.figure(num = None, figsize = None, dpi = None, facecolor = None, edgecolor = None, frameon = True, FigureClass = <class 'matplotlib.figure.Figure'>, clear = False, **kwargs)。

函数中的参数说明如下。

（1）num：接收 int 或 string，可选，默认为 None。如果未提供 num，将创建新图形，并且图形编号将递增，图形对象将此数字保存在数字属性中。如果提供 num，并且已存在具有此 num 的数字，将其设置为活动状态，并返回对它的引用。如果图形不存在，则创建它并返回它。如果 num 是一个字符串，则窗口标题将设置为此数字的 num。

（2）figsize：接收整数元组（tuple），可选，默认为 None。figsize 指定绘图对象的宽度和高度，单位为 in（1in = 2.54cm）。如果没有提供 figsize，默认为 rcfigure.figsize。

（3）dpi：接收 int，可选，默认为 None。dpi 指定绘图对象的分辨率，即 1in 的像素。如果没有提供 dpi，默认为 80 或默认为 rcfigure.dpi。

（4）facecolor：可选，默认为 None。facecolor 指定背景颜色。如果未提供 facecolor，默认为 rcfigure.facecolor。

（5）edgecolor：可选，默认为 None。edgecolor 指定边框颜色。如果未提供 edgecolor，默认为 rcfigure.edgecolor。

（6）frameon：接收 boolean，可选，默认为 True。如果为 False，则禁止绘制图框。

（7）FigureClass：从 matplotlib.figure.Figure 派生的类，可选，使用自定义图形实例。

（8）clear：接收 boolean，可选，默认为 False。如果为 True，并且该图已经存在，那么它将被清除。

3. 绘制图表

通过调用 plot( )函数可实现在当前绘图对象中绘制图表。plot( )函数的语法格式如下：

plt.plot(x, y, label, color, linewidth, linestyle)

或

plt.plot(*x*, *y*, fmt, label)

函数中的参数说明如下。

（1）*x*，*y*：表示所绘制的图形中各点位置在 *x* 轴和 *y* 轴上的数据，用数组表示。

（2）label：给所绘制的曲线设置一个名字，此名字在图例（Legend）中显示。只要在字符串前后添加$，Matplotlib 就会使用其内嵌的 LaTeX 引擎来绘制数学公式。

（3）color：指定曲线的颜色。

（4）linewidth：指定曲线的宽度。

（5）linestyle：指定曲线的样式。

（6）fmt：指定曲线的颜色和线型，如 b--，其中，b 表示蓝色，--表示虚线。fmt 也称为格式化参数。

4. 添加各类标签和图例

在调用 plot( )函数完成绘图后，还需要为图表添加各类标签和图例。pyplot 中添加各类标签和图例的函数如表 6-1 所示。

表 6-1　pyplot 添加各类标签和图例的常用函数

函数	说明
plt.xlabel( )	在当前图形中指定 *x* 轴的名称，可加指定位置、颜色、字体大小等参数
plt.ylabel( )	在当前图形中指定 *y* 轴的名称，可以指定位置、颜色、字体大小等参数
plt.title( )	在当前图形中指定图表的标题，可以指定标题名称、位置、颜色、字体大小等参数
plt.xlim( )	指定当前图形 *x* 轴的范围，只能输入一个数值区间，不能使用字符串
plt.ylim( )	指定当前图形 *y* 轴的范围，只能输入一个数值区间，不能使用字符串
plt.xticks( )	指定 *x* 轴刻度的数量与取值
plt.yticks( )	指定 *y* 轴刻度的数量与取值
plt.legend( )	指定当前图形的图例，可以指定图例的大小、位置和标签

5. 示例程序代码

【例 6-1】用 Matplotlib 绘制一个正弦函数曲线，要求为所绘制的正弦函数曲线设置名字为 sin(*x*)，曲线的颜色为红色，曲线的宽度为 3。另外，再绘制一个余弦函数曲线，要求所绘制的余弦函数曲线设置名字为 cos(*x*)，曲线的颜色为蓝色，曲线为虚线。

绘制正弦函数曲线的 Python 程序如下：

```
import numpy as np
import matplotlib.pyplot as plt
#设置 matplotlib 正常显示中文和负号
plt.rcParams['font.sans-serif']=['SimHei']
plt.rcParams['axes.unicode_minus']=False
#在[0,10]等距取 1000 个数作为 x 的取值
```

```
x=np.linspace(0,10,1000)
y=np.sin(x)#定义 y 轴坐标
z=np.cos(x)#定义 z 轴坐标
plt.figure(figsize=(10,6))#创建绘图对象
plt.plot(x,y,label="$sin(x)$",color="red",linewidth=3)
plt.plot(x,z,"b--",label="$cos(x)$")
#设置各类图例和标签
plt.xlabel("Time(s)")
plt.ylabel("Volt")
plt.title("PyPlot First Example")
plt.ylim(-1.2,1.2)
plt.legend()
plt.show()
```

正弦函数和余弦函数绘制结果如图 6-3 所示。

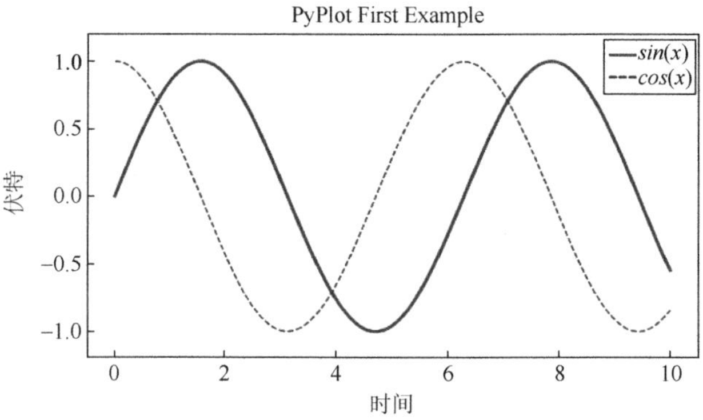

图 6-3　正弦函数和余弦函数图

6.2.2　创建子图

在 Matplotlib 中，可以将一个绘图对象分为几个绘图区域，在每个绘图区域中可以绘制不同的图像，这种绘图形式称为创建子图。创建子图可以使用 subplot( )函数。subplot( )函数的语法格式如下：

subplot(numRows, numCols, plotNum)

其中，numRows 表示将整个绘图区域等分为 numRows 行；numCols 表示将整个绘图区域等分为 numCols 列；plotNum 表示当前选中要操作的区域。

subplot( )函数的作用是将整个绘图区域等分为 numRows（行）×numCols（列）个子区域，然后按照从左到右、从上到下的顺序对每个子区域进行编号，左上方子区域的编号为 1。

如果 numRows、numCols 和 plotNum 这 3 个数都小于 10，可以把它们缩写为一个整数，例如，subplot(223)和 subplot(2, 2, 3)是相同的。subplot( )函数在 plotNum 指定的区域

中创建图形。如果新创建的图形和先前创建的图形重叠，则先前创建的图形将被删除。

【例 6-2】创建 3 个子图，分别绘制正弦函数、余弦函数和线性函数。

绘制子图的 Python 程序如下：

```
import numpy as np
import matplotlib.pyplot as plt
x=np.linspace(0,10,1000)
y=np.sin(x)
z=np.cos(x)
k=x
plt.subplot(221)   #第 1 行的左图
plt.plot(x,y,label="$sin(x)$",color="red",linewidth=2)
plt.subplot(222)   #第 1 行的右图
plt.plot(x,z,"b--",label="$cos(x)$")
plt.subplot(212)   #第 2 整行
plt.plot(x,k,"g--",label="$x$")
plt.legend()
plt.savefig('image.png',dpi=100)
plt.show()
```

子图的绘制结果如图 6-4 所示。

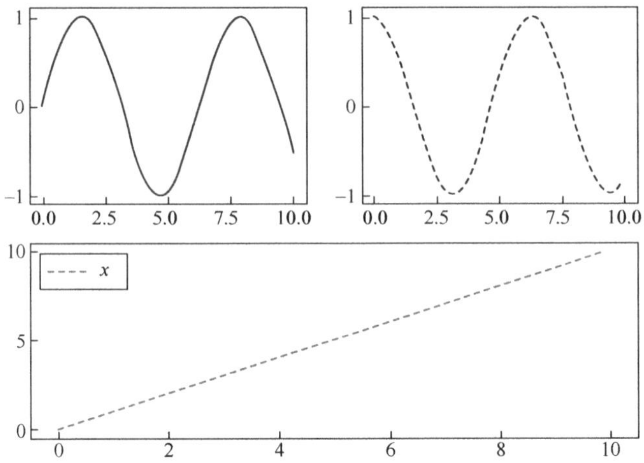

图 6-4　绘制 3 个子图

6.3　Matplotlib 参数配置

在绘制图形时，有许多需要配置的属性，如颜色、字体、线型。在许多情况下，这些属性直接采用 Matplotlib 的默认配置。Matplotlib 将默认配置保存在 matplotlibrc

配置文件中。通过修改 matplotlibrc 配置文件，可修改图表的默认样式，这称为 rc 配置或者 rc 参数。

6.3.1 matplotlibrc 配置文件

在 Matplotlib 中可以使用多个 matplotlibrc 配置文件，它们的搜索顺序如下，顺序靠前的 matplotlibrc 配置文件将会被优先采用。

（1）当前路径：程序的当前路径。

（2）用户配置路径：在用户文件夹的 matplotlib 目录下，可通过环境变量 matplotlibrc 修改它的位置。

（3）系统配置路径：保存在 Matplotlib 安装目录下的 mpl-data 中。

通过下面的代码可以获取用户配置路径和系统配置路径。

```
import matplotlib
print(matplotlib.get_configdir())          #获取用户配置路径
print(matplotlib.matplotlib_fname())       #获得系统配置路径
```

matplotlibrc 配置文件实际上是一个字典。在该字典中，为了对众多的配置进行区分，关键字可以用点（.）分开。

如果需要读取 matplotlibrc 配置文件中的所有参数及其参数值，可在 Matplotlib 模块载入时调用 rc_params( )函数，并把得到的配置字典保存到 rcParams 变量中，其代码如下：

```
import matplotlib
print(matplotlib.rc_params())#读取 matplotlibrc 配置文件中的所有参数及其参数值
```

6.3.2 设置动态 rc 参数

1. 直接修改 rcParams 变量值

当配置字典保存到 rcParams 变量后，Matplotlib 将使用 rcParams 变量中的配置进行绘图。用户可以直接修改该字典中的配置，所做的改变会反映到此后所绘制的图形中。

【例 6-3】绘制一条斜线，并设置所绘制的斜线标记符（lines.marker）为“v”一角朝下的三角形。

绘制该斜线的 Python 程序如下：

```
import matplotlib.pyplot as plt
import matplotlib
matplotlib.rc_params()#读取 matplotlibrc 配置文件中的所有参数及其参数值
#设置标记符 lines.marker 为"v"一角朝下的三角形
plt.rcParams["lines.marker"]="v"
plt.plot([1,2,3])
```

```
plt.show()
```

绘制结果如图 6-5 所示。

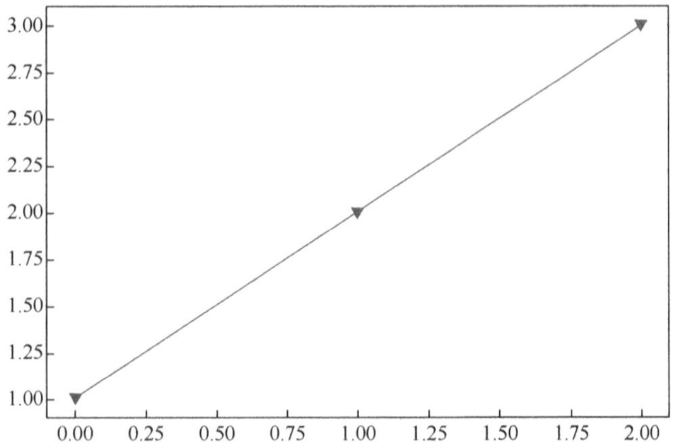

图 6-5　斜线标记符为“v”一角朝下的三角形

2. 使用 rc( )函数修改参数配置

使用 rc( )函数可以修改 matplotlibrc 配置文件中的参数。rc( )函数的语法格式如下：

matplotlib.rc(group, **kwargs)

其中，group 为 rc 参数的分组；kwargs 为字典属性名称/值对。

线条常用的 rc 参数名称、解释与取值如表 6-2 所示。

表 6-2　线条常用的 rc 参数名称、解释与取值

rc 参数名称	解释	取值
lines.linewidth	线条宽度	取 0～10 的数值，默认为 1.5
lines.linestyle	线条样式	可取实线（-）、长虚线（--）、点线（-·）、短虚线（:）4 种，默认为实线
lines.marker	线条上点的形状	可取点（.）、圆圈（o）、一角朝下的三角形（v）、一角朝上的三角形（^）等 20 多种，默认为 None
lines.markersize	点的大小	取 0～10 的数值，默认为 1

其中，lines.marker 参数的取值及其代表的意义如表 6-3 所示。

表 6-3　lines.marker 参数的取值及其代表的意义

参数取值	意义	参数取值	意义
o	圆圈	.	点
D	大菱形	s	正方形
h	小六边形	*	星号

续表

参数取值	意义	参数取值	意义
H	大六边形	d	小菱形
-	水平线	v	一角朝下的三角形
8	八边形	<	一角朝左的三角形
P	五边形	>	一角朝右的三角形
,	像素	^	一角朝上的三角形
+	加号	\	竖线

【例 6-4】绘制一条斜线，并设置所绘制的斜线标记符（lines.marker）为“o”圆圈，线宽为 3，线型为虚线，并设置字符的字体、样式和大小。

绘制的 Python 程序如下：

```
import matplotlib.pyplot as plt
import matplotlib
matplotlib.rc("lines",marker="o",linewidth=3,linestyle='--')
font={'family' :'monospace',
       'style' :'italic',
       'size' :'16'}
matplotlib.rc("font",**font)
plt.title("rc()Example")
plt.plot([1,2,3])
plt.show()
```

绘制结果如图 6-6 所示。

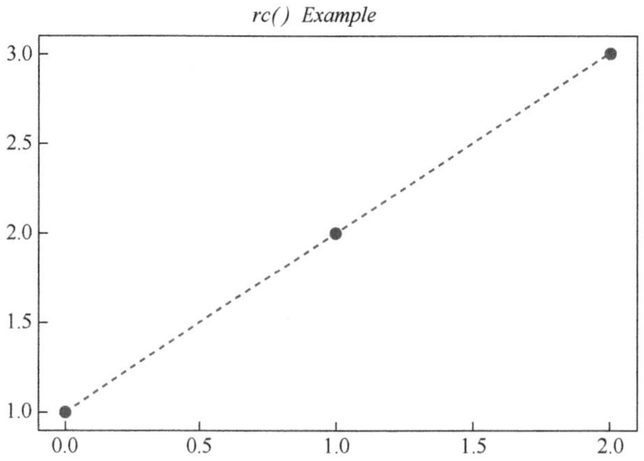

图 6-6　标记符设置图

修改配置文件中的参数后，如果想恢复到默认的配置（Matplotlib 载入时从配置文件读入的配置），可以调用 rcdefaults( )函数。rcdefaults( )函数的语法格式如下：

matplotlib.rcdefaults( )

如果通过文本编辑器修改了配置文件，希望重新载入最新的配置文件，则调用 update( )函数。update( )函数的语法格式如下：

matplotlib.rcParams.update(matplotlib.rc_params( ))

6.4　分析变量间关系图

6.4.1　绘制散点图

散点图（scatter diagram）又称为散点分布图，是一种以一个变量为横坐标、以另一个变量为纵坐标，利用坐标点（散点）的分布形态反映变量间的统计关系的图形。散点图将序列显示为一组点，值由点在图表中的位置表示，类别由图表中的不同标记表示。散点图通常用于比较跨类别的聚合数据。

散点图可以提供以下两类关键信息。

（1）变量之间是否存在数值或数量的关联趋势，以及关联趋势是线性还是非线性的。

（2）如果某一个点或者某几个点偏离大多数点，也就是有离群值，通过散点图可以一目了然，从而可以进一步分析这些离群值是否可能在建模分析中对总体产生很大影响。

散点图通过散点的疏密程度和变化趋势表示变量的数量关系。如果有 3 个变量，并且自变量为分类变量，通过对点的形状或者点的颜色进行区分，即可了解这些变量之间的关系。

pyplot 中绘制散点图的函数为 scatter( )函数。scatter( )函数的语法格式如下：

matplotlib.pyplot.scatter(*x*, *y*, *s* = None, *c* = None, marker = None, cmap = None, norm = None, vmin = None, vmax = None, alpha = None, linewidths = None, verts = None, edgecolors = None, hold = None, data = None, **kwargs)

函数中的主要参数说明如下。

（1）*x*，*y*：接收 array。表示 *x* 轴和 *y* 轴对应的数据，无默认。

（2）*s*：接收数值或者一维的 array。指定点的大小，若传入一维 array，则表示每个点的大小，默认为 None。

（3）*c*：接收颜色或者一维的 array。指定点的颜色，若传入一维 array，则表示每个点的颜色，默认为 None。

（4）marker：接收特定 string。表示绘制的点的类型，默认为 None。

（5）alpha：接收 0～1 的小数。表示点的透明度，默认为 None。

【例 6-5】使用不同颜色、不同形状的点，绘制 2010～2019 年的全部就业人员、城镇就业人员和乡村就业人员的散点图。其中，全部就业人员（万人）用“o”形状的点表示，城镇就业人员（万人）用“x”形状的点表示，乡村就业人员（万人）用“v”形状的点表示。红色用 r 表示，绿色用 g 表示，蓝色用 b 表示。

2010～2019 年的全部就业人员、城镇就业人员和乡村就业人员的数据保存为 Employedpopulation.csv，如图 6-7 所示。

	A	B	C	D	E	F	G	H	I	J	K
1		2010	2011	2012	2013	2014	2015	2016	2017	2018	2019
2	全部就业人员(万人)	75321	75564	75828	76105	76420	76704	76977	77253	77451	77603
3	城镇就业人员(万人)	30953	32103	33322	34687	35914	37102	38240	39310	40410	41428
4	乡村就业人员(万人)	44368	43461	42506	41418	40506	39602	38737	37943	37041	36175
5											
6											

Employedpopulation

图 6-7　Employedpopulation.csv 文件内容

绘制散点图的 Python 程序如下：

```
import numpy as np
import matplotlib.pyplot as plt
#导入数据
Emp_data= np.loadtxt('Employedpopulation.csv',delimiter=",",
                 usecols=(1,2,3,4,5,6,7,8,9,10),dtype=int)
#设置 matplotlib 正常显示中文和负号
plt.rcParams['font.sans-serif']=['SimHei']  #用黑体显示中文
plt.rcParams['axes.unicode_minus']=False    #正常显示负号
#创建一个绘图对象,并设置对象的宽度和高度
plt.figure(figsize=(6,4))
plt.figure(dpi=1200)
#绘制全部就业人员、城镇就业人员、乡村就业人员散点图
plt.scatter(Emp_data[0],Emp_data[1],c='r',marker='o')
plt.scatter(Emp_data[0],Emp_data[2],c='g',marker='x')
plt.scatter(Emp_data[0],Emp_data[3],c='b',marker='v')
plt.xlabel('年份')
plt.ylabel('人员(万人)')
plt.ylim((30000,80000))
plt.xlim(2009,2020)
plt.title("2010～2019 年城镇、乡村和全部就业人员情况散点图")
#添加图例
plt.legend(('全部就业','城镇就业','乡村就业'))
plt.show()
```

绘制的 2010～2019 年就业人员情况散点图如图 6-8 所示。从就业人员情况散点图可见，2010～2019 年城镇就业人员的数量不断增加，而乡村就业人员的数量不断减少。2016 年以后，城镇就业人员的数量超过乡村就业人员的数量。

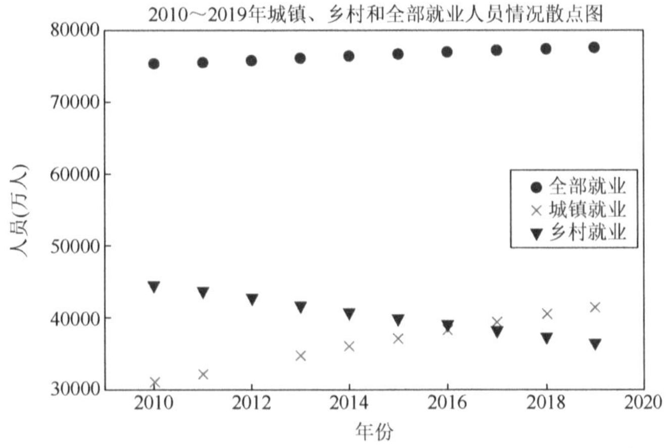

图 6-8　2010～2019 年就业人员情况散点图

6.4.2　绘制折线图

折线图（line chart）是一种将数据点按照顺序连接起来的图形，可以看作将散点图按照 x 轴坐标顺序连接起来的图形。折线图的主要功能是查看因变量 y 随着自变量 x 改变的趋势，最适合显示随时间（根据常用比例设置）而变化的连续数据，同时可以看出数量的差异和增长趋势的变化。

pyplot 中绘制折线图的函数为 plot( )函数。plot( )函数的语法格式如下：

matplotlib.pyplot.plot(*args, **kwargs)

plot( )函数在官方文档的语法中只要求输入不定长参数，实际可以输入的参数说明如下。

（1）x，y：接收 array。表示 x 轴和 y 轴对应的数据，无默认。

（2）color：接收特定 string。指定线条的颜色，默认为 None。

（3）linestyle：接收特定 string。指定线条的类型，默认为实线。

（4）marker：接收特定 string。表示绘制的点的类型，默认为 None。

（5）alpha：接收 0～1 的小数。表示点的透明度，默认为 None。

其中，color 参数的 8 种常用颜色的缩写如表 6-4 所示。

表 6-4　color 参数常用颜色的缩写

颜色缩写	代表的颜色	颜色缩写	代表的颜色
b	蓝色	m	品红
g	绿色	y	黄色
r	红色	k	黑色
c	青色	w	白色

【例 6-6】使用不同线条样式，绘制例 6-5 的折线图。其中，全部就业人员（万人）

用实线表示，城镇就业人员（万人）用长虚线表示，乡村就业人员（万人）用点线表示。

绘制折线图的 Python 程序如下：

```
import numpy as np
import matplotlib.pyplot as plt
#导入数据
Emp_data= np.loadtxt('Employedpopulation.csv',delimiter=",",
                 usecols=(1,2,3,4,5,6,7,8,9,10),dtype=int)
#设置 matplotlib 正常显示中文和负号
plt.rcParams['font.sans-serif']=['SimHei']    #用黑体显示中文
plt.rcParams['axes.unicode_minus']=False      #正常显示负号
#创建一个绘图对象,并设置对象的宽度和高度
plt.figure(figsize=(6,4))
plt.figure(dpi=1200)
#绘制全部就业人员、城镇就业人员、乡村就业人员折线图
plt.plot(Emp_data[0],Emp_data[1],"r-")
plt.plot(Emp_data[0],Emp_data[2],"g--")
plt.plot(Emp_data[0],Emp_data[3],"b-.")
plt.xlabel('年份')
plt.ylabel('人员(万人)')
plt.ylim((30000,80000))
plt.xlim(2009,2020)
plt.title("2010～2019 年城镇、乡村和全部就业人员情况折线图")
#添加图例
plt.legend(('全部就业','城镇就业','乡村就业'))
plt.show()
```

绘制的 2010～2019 年就业人员情况折线图如图 6-9 所示。

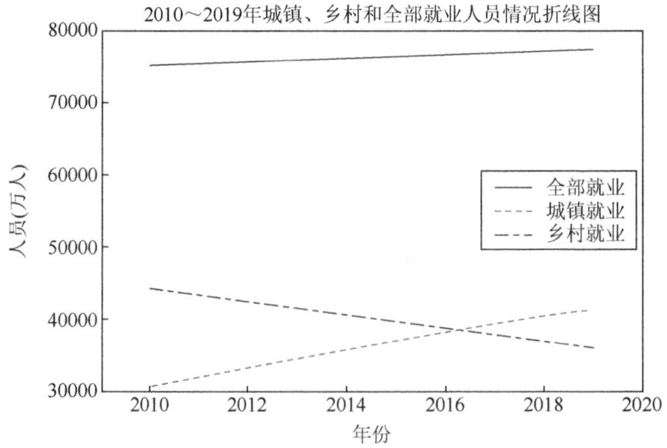

图 6-9　2010～2019 年就业人员情况折线图

6.5　分析变量数据分布和分散状况

6.5.1　绘制直方图

直方图（histogram）又称为质量分布图，是一种二维统计图表。它用一系列高度不等的纵向条纹或线段表示数据分布的情况，一般用横轴表示数据所属类别，用纵轴表示数量或者占比。直方图可以比较直观地看出产品质量特征的分布状态，便于判断其总体质量分布情况。

在直方图中可以发现分布表无法发现的数据模式、样本的频率分布和总体分布。

pyplot 中绘制直方图的函数为 hist( )函数。hist( )函数的语法格式如下：

matplotlib.pyplot.hist(*x*, bins = None, range = None, density = None, weights = None, cumulative = False, bottom = None, histtype = 'bar', align = 'mid', orientation = 'vertical', rwidth = None, log = False, color = None, label = None, stacked = False, normed = None, hold = None, data = None, **kwargs)

函数中的主要参数说明如下：

（1）*x*：接收 array。表示 *x* 轴的数据，无默认。

（2）bins：接收 int、序列或 auto。表示直方图的长条形数量，可选，默认为 10。

（3）range：接收 tuple。表示箱子的下部和上部范围，忽略较低和较高的异常值。如果未提供，则范围为(x.min( ), x.max( ))，可选，默认为 None。

（4）histtype：取值为 bar、barstacked、step、stepfilled，可选，默认为 bar，表示要绘制的直方图类型。其中，bar 是传统的条形直方图，如果给出多个数据，则条形直方图并排排列；barstacked 是将多个数据堆叠在一起的条形直方图；step 生成一个默认未填充的线图；stepfilled 生成一个默认填充的线图。

（5）align：取值为 left、mid、right，可选，默认为 mid，用于控制直方图的绘制方式。其中，left 表示直方图位于左边框的中心；mid 表示直方图在 bin 边缘之间居中；right 表示直方图位于右边框的中心。

（6）rwidth：接收标量或无，可选，默认为 None。表示条形的相对宽度作为箱宽的一部分。如果为 None，则自动计算宽度。如果 histtype 是'step'或'stepfilled'，则忽略。

（7）color：接收特定 string 或者包含颜色字符串的 array，表示直方图颜色，默认为 None。

（8）normed：表示是否将得到的直方图向量归一化，可选，默认为 0，代表不归一化，显示频数。normed = 1，表示归一化，显示频率。

【例 6-7】绘制一个正态分布数据的直方图。

绘制直方图的 Python 程序如下：

```
import matplotlib.pyplot as plt
import numpy as np
import matplotlib
```

```
matplotlib.rcParams['font.sans-serif']=['SimHei']
matplotlib.rcParams['axes.unicode_minus']=False
#随机生成 10000 个满足正态分布的数据
data=np.random.randn(10000)
plt.figure(dpi=1200)
plt.hist(data,bins=40,color="red",edgecolor="black",rwidth=0.7
,alpha=0.7)
plt.xlabel("区间")
plt.ylabel("频数/频率")
plt.title("频数/频率分布直方图")
plt.show()
```

绘制的直方图如图 6-10 所示。

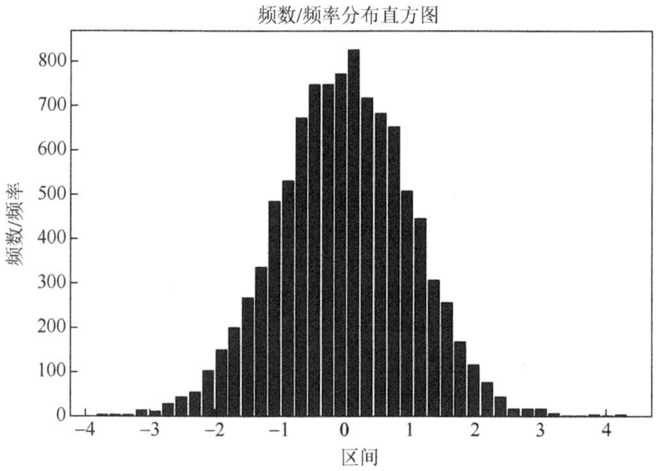

图 6-10　绘制的直方图

6.5.2　绘制柱状图

柱状图（bar chart）是一种以长方形的长度为变量的表达图形的统计报告图。柱状图由一系列高度不等的纵向条纹表示数据分布的情况，用来比较两个或两个以上的数值（不同时间或者不同条件），只有一个变量，通常适用于较小的数据集分析。柱状图亦可横向排列，或用多维方式表达。

pyplot 中绘制柱状图的函数为 bar( )函数。bar( )函数的语法格式如下：

matplotlib.pyplot.bar(*x*, height, *, align = 'center', **kwargs)

matplotlib.pyplot.bar(*x*, height, width, *, align = 'center', **kwargs)

matplotlib.pyplot.bar(*x*, height, width, bottom, *, align = 'center', **kwargs)

函数中的主要参数说明如下。

（1）x：接收 array。表示 x 轴的数据，无默认。

（2）height：接收 array。表示 x 轴所代表数据的数量，无默认。

（3）width：接收 0～1 的 float，指定柱状图宽度，默认为 0.8。

（4）bottom：接收 array，可选，表示柱状图的 y 坐标，默认为 0。

（5）align：取值为 center 或 edge，可选，默认为 center，表示柱状图对齐 x 坐标。

【例 6-8】绘制例 6-5 的柱状图。其中，全部就业人员（万人）用横线的柱状表示，城镇就业人员（万人）用点状的柱状表示，乡村就业人员（万人）用斜线的柱状表示。

绘制柱状图的 Python 程序如下：

```
import numpy as np
import matplotlib.pyplot as plt
Emp_data= np.loadtxt('Employedpopulation.csv',delimiter=",",
                 usecols=(1,2,3,4,5,6,7,8,9,10),dtype=int)
plt.rcParams['font.sans-serif']=['SimHei']
plt.rcParams['axes.unicode_minus']=False
plt.figure(figsize=(8,4))
plt.figure(dpi=1200)
#绘制全部就业人员、城镇就业人员、乡村就业人员柱状图
plt.bar(Emp_data[0],Emp_data[1],width=0.3,color='w',
edgecolor='k',hatch='-'*3)
plt.bar(Emp_data[0]+0.3,Emp_data[2],width=0.3,color='w',
edgecolor='k',hatch='.'*3)
plt.bar(Emp_data[0]+0.6,Emp_data[3],width=0.3,color='w',
edgecolor='k',hatch='x'*3)
#给图加 text
X=Emp_data[0]
Y1=Emp_data[1]
for x,y in zip(X,Y1):
   plt.text(x+0.3,y+0.05,'%i'%y,ha='center')
Y2=Emp_data[2]
for x,y in zip(X,Y2):
   plt.text(x+0.6,y+0.05,'%i'%y,ha='center')
Y3=Emp_data[3]
for x,y in zip(X,Y3):
      plt.text(x+0.9,y+0.05,'%i'%y,ha='center')
plt.xlabel('年份')
plt.ylabel('人员(万人)')
plt.ylim((30000,80000))
plt.xlim(2009,2020)
```

```
plt.title("2010～2019年城镇、乡村和全部就业人员情况柱状图")
#添加图例
plt.legend({'全部就业','城镇就业','乡村就业'})
plt.show()
```

绘制的柱状图如图 6-11 所示。

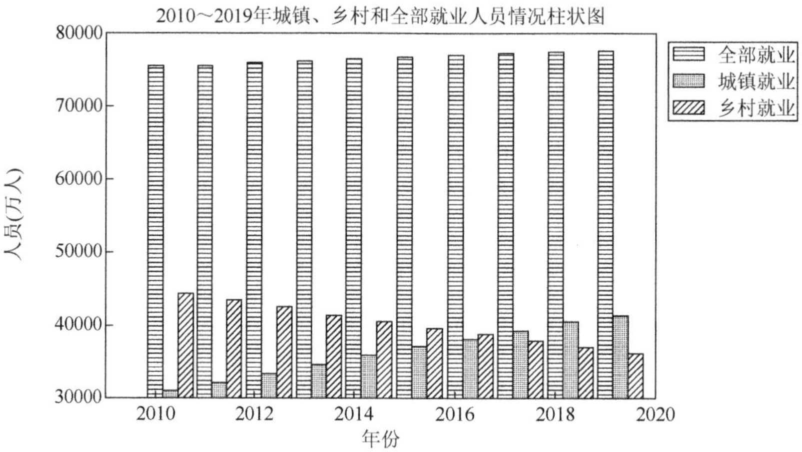

图 6-11　2010～2019 年就业人员情况柱状图

6.5.3　绘制饼图

饼图（pie graph）用于显示一个数据系列中各项的大小及其在各项总和中所占的比例。饼图中的数据点显示为整个饼图的百分比。饼图可以比较清楚地反映出部分与部分、部分与整体之间的比例关系，易于显示每组数据相对于总数的大小，且显示方式直观。

pyplot 中绘制饼图的函数为 pie( )函数。pie( )函数的语法格式如下：

matplotlib.pyplot.pie(*x*, explode = None, labels = None, colors = None, autopct = None, pctdistance = 0.6, shadow = False, labeldistance = 1.1, startangle = None, radius = 1, counterclock = True, wedgeprops = None, textprops = None, center = (0, 0), frame = False, rotatelabels = False, hold = None, data = None)

函数中的主要参数说明如下：

（1）*x*：接收 array。表示用于绘制饼图的数据，无默认。

（2）explode：接收 array。表示指定项为 *n* 个半径，默认为 None。

（3）labels：接收 array。指定每一项的名称，默认为 None。

（4）colors：接收特定 string 或者包含颜色字符串的 array，表示饼图颜色，默认为 None。

（5）autopct：接收特定 string，指定数值的显示方式，默认为 None。

（6）pctdistance：接收 float，指定每一项的比例 autopct 和半径，默认为 0.6。

（7）labeldistance：接收 float，指定每一项的名称 labels 和半径，默认为 1.1。

（8）radius：接收 float，表示饼图的半径，默认为 1。

【例 6-9】绘制例 6-5 中 2019 年城镇就业人员和乡村就业人员的饼图。

绘制饼图的 Python 程序如下：

```
import numpy as np
import matplotlib.pyplot as plt
#导入 2019 年就业数据
Emp_data= np.loadtxt('Employedpopulation.csv',delimiter=",",
                  usecols=(10),dtype=int)
plt.rcParams['font.sans-serif']=['SimHei']   #用黑体显示中文
plt.rcParams['axes.unicode_minus']=False    #正常显示负号
X=[Emp_data[2],Emp_data[3]]
#创建一个绘图对象,将画布设定为正方形,则绘制的饼图是正圆
plt.figure(figsize=(8,8))
plt.figure(dpi=1200)
label=['城镇就业','乡村就业']     #定义饼图的标签,标签是列表
explode=[0.01,0.01]            #设定各项的 n 个半径
#绘制饼图(数据,半径,数据对应的标签,百分数保留两位小数点)
colors=['silver','violet']
plt.pie(X,explode=explode,labels=label,autopct='%1.2f%%',co
lors=colors)
plt.title("2019 年城镇和乡村就业人员情况饼图")
plt.legend(('城镇就业','乡村就业'))
plt.show()
```

绘制的饼图如图 6-12 所示。

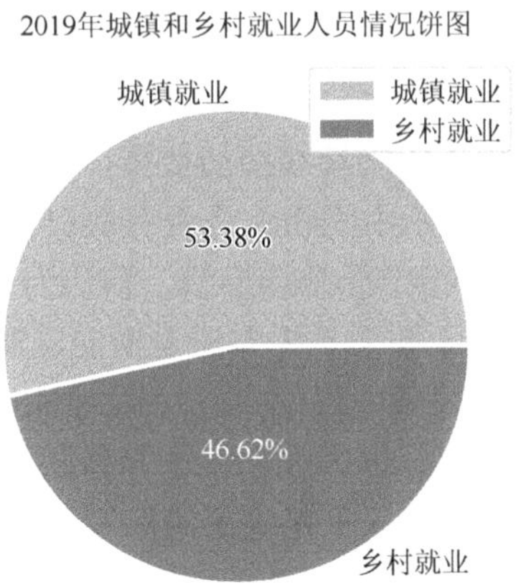

图 6-12　2019 年就业人员情况饼图

6.5.4 绘制箱线图

箱线图（boxplot）也称为箱形图，其绘制需使用常用的统计量，能提供有关数据位置和分散情况的关键信息，尤其在比较不同特征时，更可表现其分散程度差异。图 6-13 标出了箱线图中每条线的含义。

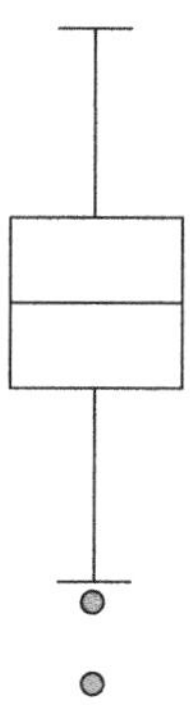

图 6-13 箱线图中每条线的含义

箱线图利用数据中的 5 个统计量（最小值、下四分位数、中位数、上四分位数、最大值）来描述数据。它可以粗略地看出数据的对称性、分布的分散程度等信息。特别地，箱线图可以用于对几个样本进行比较。

pyplot 中绘制箱线图的函数为 boxplot( )函数。boxplot( )函数的语法格式如下：

matplotlib.pyplot.boxplot(*x*, notch = None, sym = None, vert = None, whis = None, positions = None, widths = None, patch_artist = None, bootstrap = None, usermedians = None, conf_intervals = None, meanline = None, showmeans = None, showcaps = None, showbox = None, showfliers = None, boxprops = None, labels = None, flierprops = None, medianprops = None, meanprops = None, capprops = None, whiskerprops = None, manage_xticks = True, autorange = False, zorder = None, hold = None, data = None)

函数中的主要参数说明如下：

（1）*x*：接收 array。表示用于绘制箱线图的数据，无默认。

（2）notch：接收 boolean。表示中间箱体是否有缺口，默认为 None。

（3）sym：接收特定 string。指定异常点形状，默认为 None。

（4）vert：接收 boolean。表示图形是纵向还是横向，默认为 None。

（5）positions：接收 array。表示图形位置，默认为 None。

（6）widths：接收 scalar 或者 array。表示每个箱体的宽度，默认为 None。

（7）labels：接收 array。指定每一个箱线图的标签，默认为 None。

（8）meanline：接收 boolean。表示是否显示均线值，默认为 None。

【例 6-10】绘制例 6-5 中 2010～2019 年的全部就业人员、城镇就业人员和乡村就业人员的箱线图。

绘制箱线图的 Python 程序如下：

```
import matplotlib.pyplot as plt
import numpy as np
Emp_data= np.loadtxt('Employedpopulation.csv',delimiter=",",
                 usecols=(1,2,3,4,5,6,7,8,9,10),dtype=int)
plt.rcParams['font.sans-serif']=['SimHei']
plt.rcParams['axes.unicode_minus']=False
X=[Emp_data[1],Emp_data[2],Emp_data[3]]
plt.figure(figsize=(8,6))
plt.figure(dpi=1200)
label=['全部就业','城镇就业','乡村就业']  #定义箱线的标签,标签是列表
#绘制箱线图
plt.boxplot(X,notch=True,labels=label,meanline=True)
plt.ylabel（'人员（万人）'）
#添加标题
plt.title("2010～2019 年城镇、乡村和全部就业人员情况箱线图")
#添加图例
plt.legend(('全部就业','城镇就业','乡村就业'))
plt.show()
```

绘制的箱线图如图 6-14 所示。

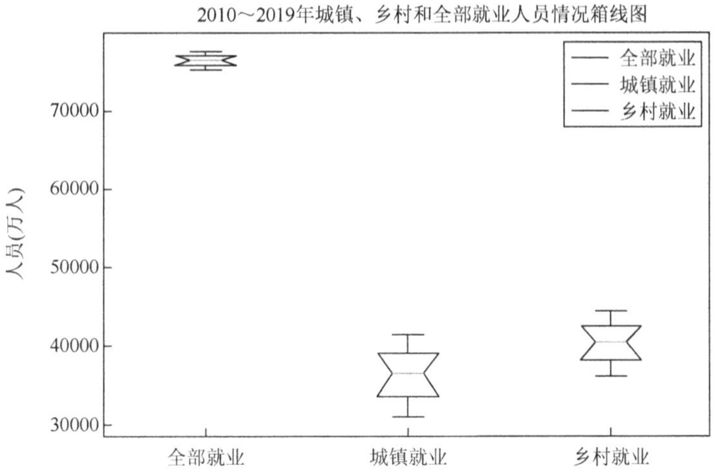

图 6-14　2010～2019 年就业人员情况箱线图

【总结与习题】

1. 总结

本章首先介绍了 Python 中可视化 Matplotlib，分析了如何运用 pyplot 创建图形、子

图和动态配置 rc 参数的方法；然后讲解了绘制分析变量间关系图（如绘制散点图和折线图），以及绘制分析变量数据分布和分散状况的图表（如绘制直方图、柱状图、饼图和箱线图）的方法。

2. 习题

（1）简述 Matplotlib 是如何实现绘图功能的。

（2）利用 Matplotlib 绘图前是否一定要先创建绘图对象？

（3）如何创建子图？

（4）如何动态配置 rc 参数？

（5）现有 2021 年 1 月 1～16 日的猪肉价格和牛肉价格的数据并存于一个 Excel 表格中，如表 6-5 所示。

表 6-5　猪肉价格和牛肉价格数据

日期	猪肉价格/元	牛肉价格/元	日期	猪肉价格/元	牛肉价格/元
2021/1/1	32	48	2021/1/9	35	50
2021/1/2	33	48.5	2021/1/10	34.5	51.5
2021/1/3	32.5	47	2021/1/11	36	51
2021/1/4	33	49	2021/1/12	35	52
2021/1/5	33	49.5	2021/1/13	34.5	52.5
2021/1/6	32.5	50	2021/1/14	35	52.3
2021/1/7	34	51	2021/1/15	36	53
2021/1/8	33.6	51.5	2021/1/16	35	54

①将其读入 Python 中并用一个数据框对象 df 保存。

②分别绘制 2021 年 1 月 1～16 日的猪肉价格和牛肉价格走势图。

③在同一个 figure 界面中，用一个 2×1 的子图分别绘制 2021 年 1 月 1～16 日的猪肉价格和牛肉价格走势图。

第三篇　预测问题的建模与仿真

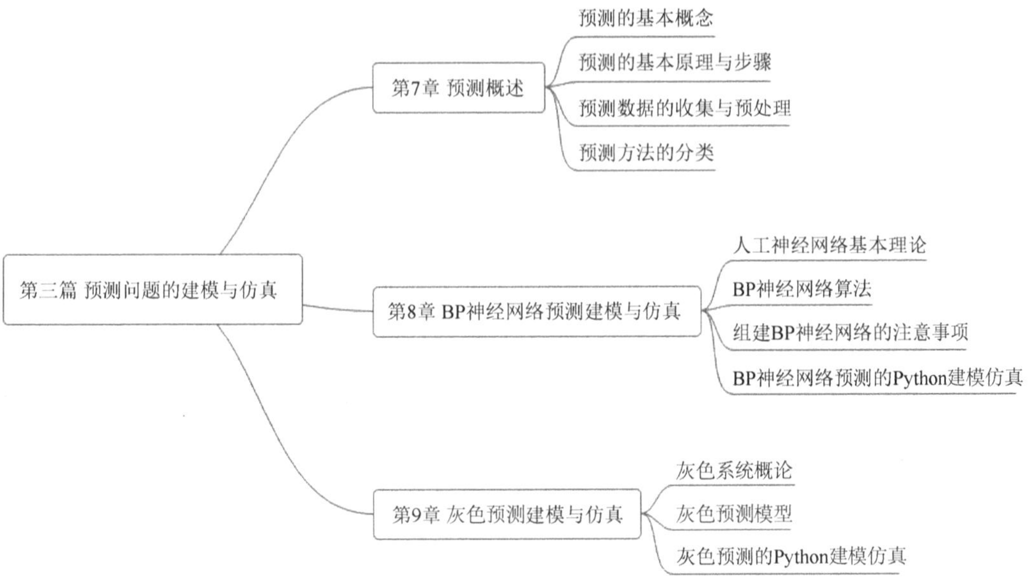

第7章

预测概述

【学习目标】

1. 掌握预测的基本概念、预测的原理与步骤。
2. 掌握预测数据的分析与预处理方法。
3. 了解预测方法的分类。

【开篇案例】

世界人口不会爆炸

谈到世界人口，以前很多科学家有过预测：到××××年，全球人口数量将达到××亿或×××亿……然而现在一些科学家（包括未来学家）就人口问题开始“翻旧账”，特别是针对世界权威机构罗马俱乐部的预测。有人指出，罗马俱乐部于1973年所作的预测（人口数字、地理空间、自然资源、环境污染、物种状态和资本投资等）有一个很大的弱点，用当年所采用的数学模型是不可能预测地球上今天的状态的，这是预测偏差（说重一点是失败）的主要原因。

其实，计算机能做的也就是对人能输入的东西加以计算和处理。人如何想象世界，模型也就如何建立，计算机也就如何解释未来世界。计算未来世界进程的必要数据当时根本就不具备，而所用的模拟装置是在假设初始参数的基础上“吐出”结论的，所以生物圈（地球表面的生物及其生存环境的总和）的严重污染、不可逆转的世界经济危机等自然会从模拟装置中“跳出来”。很多数据被设定为不变量或极限量，用之不竭的太阳能和风能却没有被考虑进去，为技术的革新、系统效率的提高、资源的再生及循环利用所留的空间太少。在模型中，环境污染和经济增长的比例关系被处理成1∶1。用今天的眼光来看，此模型太过简单，模型的算法又基于线性逻辑，而世界是一个非线性的动态系统。想知道切合实际的未来世界，我们需要一个能用数学方法显示复杂的动态变化的模型。

在预测未来世界时，人口数量是一个关键参数。根据未来学家的一贯理论，人越多，对环境的压力越大，粮食越紧缺，饥饿和贫困越严重，最后导致全球大饥荒，人口数量于是大大减缩。不少社会学家和人口学家认为，人口数量不是按这么简单的公式发展的，随着科学技术的发展和农村人口不断转向城市，迟早会出现“人口跳跃”，儿童的卫生医疗和教育会加大投资，儿童平均受教育时间将会有很大增长，作为社会单元的城市小家庭的人口数量会通过各种因素（晚婚、少生、移风易俗、机制变化）而得到控制。

据瑞士和非洲布基纳法索的统计，目前每个有生育能力的妇女平均生育 2.4 个孩子，这一数字还在继续下降。据人口专家和社会学家估计，约 10 年后，全球的人口出生数字将低于死亡数字。最晚至 2060 年，全球人口数量将开始收缩，人口数量峰值将不是 110 亿或 130 亿，可能为 90 亿～94 亿。到 2050 年，在地球上生活的人口数量很可能少于今天。但是少数国家的人口密度过高以及一个国家的人口过分集中在少数大城市的现象需要引起警惕。

资料来源：http://xmwb.xinmin.cn/lab/xmwb/html/2013-05/25/content_30_4.htm

7.1 预测的基本概念

预测是一个古老的话题。自从人类诞生以来，预测活动就已经存在了。人类的祖先由于不能理解风雨雷电、陨石流星、潮汐海啸等自然现象而赋予它们以神秘的气息，并逐渐把这些自然现象超自然化，将自己的命运寄托于主宰这些自然现象的“神”的身上。远古的人们利用龟甲或兽骨去占卜（预测）战争的胜负、年成的好坏，并据此决定本部落的行动。

随着人类社会和科学技术的发展，预测技术不断进步，预测工作逐渐褪去了神秘的色彩，进入科学预测的阶段。科学的预测能够正确地向人们展现未来，使人们不再盲目地行动，使人类可以有计划地发展自己。

科学技术作用于社会的效果不仅体现在它给社会带来巨大利益，而且体现在它给社会带来一些令人担忧的不良后果。从这个意义上来讲，预测研究更引起了人们的关注。预测研究的领域在不断扩大，方法也在逐渐完善。直到今天，预测科学已经成为一门发展迅速、应用广泛的新学科。

7.1.1 预测的定义

预测是指根据客观事物的发展趋势和变化规律对特定的对象未来发展的趋势或状态做出科学的推测与判断。换言之，预测是根据对事物的已有认识，做出对未知事物的预估。预测是一种行为，表现为一个过程，同时，它也表现为行为的某种结果。

用于探索客观事物未来发展的趋势或状态的预测活动是人类“鉴往知来”智慧的表现，是科学实践活动的构成部分。预测之所以是一种科学活动，是由预测前提的科学性、预测方法的科学性和预测结果的科学性决定的。

预测前提的科学性包括三层含义：一是预测必须以客观事实为依据，即以反映这些事实的历史与现实的资料和数据为依据进行推断；二是作为预测依据的事实资料与数据必须通过抽象上升到规律性的认识，并以这种规律性的认识作为预测的指导；三是预测必须以正确反映客观规律的某些成熟的科学理论作指导。

预测方法的科学性包含两层含义：一是各种预测方法是在预测实践经验的基础上总结出来，并获得理论证明与实践检验的科学方法，包括预测对象所处学科领域的方法以及数学的、统计学的方法；二是预测方法的应用不是随意的，它必须依据预测对象的特点合理选择和正确运用。

预测结果的科学性包含两层含义：一是预测结果是由已认识的客观对象发展的规律性和事实资料为依据，采用定性与定量相结合的科学方法做出的科学推断，并用科学的方式加以表述；二是预测结果在允许的误差范围内可以验证预测对象已经发生的事实，在条件不变的情况下，预测结果能够经受实践的检验。

7.1.2　预测的基本功能

预测的基本功能就是为决策系统提供制定决策所必需的未来信息。为提高未来信息的可靠性，必须深入研究为获取这些信息所使用的各种方法与手段。对于工业企业而言，预测贯穿企业的经营活动之中。在销售方面，需要迎合市场规模和市场特点的可靠预测，顾客类型、市场占有份额、物价变动趋势、新产品开发等方面的预测资料都对销售起促进作用。在生产方面，需要预测产品的销售规模、原材料需求量、材料成本及劳动力成本的变动趋势、材料与劳动力的可用量的变动趋势等，以便企业对生产和库存进行计划，并在合理的成本上满足销售的需求。在会计方面，预测现金流出量和各种收支项目的比率，使企业资金周转灵活，经营卓有成效，还需要预测可收取的应收账款、实际业务状况等。在人事方面，需要预测每一类员工所需人数、员工流动趋势等。

7.1.3　预测的不准确性

（1）预测的准确性与预测对象变化的速度及其复杂性呈反向变化。只有在一个静止的系统中、一个规则不变的状态下，才能准确地预测未来。随着科学技术的发展，各种因素、现象之间的联系越来越复杂，变化的速度越来越快，准确地预测未来的难度也越来越大。

（2）人们的认识能力是有限的，人们的理性还不能看清楚其行为的所有结果，对很多事物还不能既知其然，又知其所以然。在这种情况下，人们想要把握其变化规律几乎是不可能的。预测要求人们能超越现实、理解未来，然而人们的理解力局限于他们的经历，这是一个难以解决的矛盾。因而，人们很难得出准确的预测结论。

（3）虽然可以采用概率统计的方法来研究偶然事件，但是人们并不能消除这些事件的偶然性。预测不准确来源于未来所具有的偶然性。“有意栽花花不发，无心插柳柳成荫”正反映了这一点。

（4）预测活动本身也在“干扰”未来。当人们预感前景不妙时，便会设法阻止其出现；当前景不错时，人们会努力促使它尽快实现。有学者称前者为自失败预测，并称后者为自成功预测。例如，科学家指出物种的多样性是保证食物链稳定的基础，人类若乱捕滥杀，破坏生态环境，就会加速物种消亡，导致食物链崩溃。

既然如此，如何评价预测的结果？预测结果的评价主要看其是否可信、有效。关于是否可信，至少要考虑如下三个方面。

（1）预测结果应该是历史与现实的合理延伸。

（2）预测结果应具有可检验性。它隐含着预测资料的来源及其真实性、预测模型的合理性、预测结果的逻辑性都可检验。无论由谁来做预测，结果都应该一样。

（3）可信程度与预测的时间跨度、预测对象的复杂程度、预测结果的详细程度等有关，同时与预测机构或预测者的权威性有关。

预测的有效性是指预测结果能否为决策者提供可靠的未来信息，以使决策者做出正确决策。现实中对预测结果的评价通常是以有效性为标准的，而有效性暗含着决策者认为预测结果是可信的，同时暗含着决策者主观上认为预测是准确的。

7.2 预测的基本原理与步骤

7.2.1 预测的基本原理

1. 系统性原理

预测的系统性原理是指预测必须坚持以系统的观点为指导，采用系统分析方法，实现预测的系统目标。系统是相互联系、相互依存、相互制约、相互作用的诸事物及其发展过程所形成的统一体。预测工作中体现系统本质特性的观点应包括以下三个方面：一是全面地、整体地看问题，而不是片面地、局部地看问题；二是联系地、连贯地看问题，而不是孤立地、分割地看问题，必须注意预测对象各层次之间的联系、预测对象与环境之间的联系、预测对象内部与外部各要素之间的联系、预测对象各发展阶段之间的联系等；三是发展地、动态地看问题，而不是静止地、凝固地看问题。预测是对预测对象未来发展趋势的推测，没有发展变化，就不需要预测。预测必须根据预测对象的过去、现在推断未来，从而正确地反映发展观与动态观。

系统都有结构、有层次。预测对象系统的内部结构与层次及其相互关系是系统按照一定规律运动的内在根据；外部环境因素与系统的相互关系则是系统按照一定规律运动的外在条件。在预测工作中，通过对内在根据与外在条件的分析，便能较好地认识和把握预测对象的运动规律，进而依据这种规律性的认识对预测对象的未来状态和趋势做出科学的推测与判断。在预测工作中采用系统分析方法时要求做到：一是通过对预测对象的系统分析，确定影响其变化的变量及其关系，建立符合实际的逻辑模型与数学模型；二是通过对预测对象的系统分析，系统地提出预测问题，确定预测的目标体系；三是通过对预测对象的系统分析，正确地选择预测方法，综合运用各种预测方法，使预测尽可能地符合实际；四是通过对预测对象的系统分析，按照预测对象的特点组织预测工作，并对预测方案进行验证和跟踪研究，为经营决策的实施提供及时的反馈。

2. 连贯性原理

事物的发展变化与其过去的行为总有或大或小的联系，过去的行为影响现在，也影响未来，这称为连贯现象。连贯性原理就是研究对象的过去和现在，依据其惯性，预测其未来状态。

连贯性取决于事物本身的动力和外界因素的强度。连贯性越强，越不易受外界因素的干扰，其延续性越强。例如，属于生产资料的产品，一般对其品种、质量、产量的需求较稳定，表现出来的连贯性较强；属于消费资料的产品，由于顾客的兴趣爱好容易变动，其连贯性就较弱，尤其是流行服装，几乎没有连贯性。

在实际的运用过程中，应注意以下两个方面的问题：一是连贯性的形成需要足够长的历史，且历史发展数据所显示的变动趋势具有规律性；二是对预测对象演变规律起作用的客观条件必须保持在适度的变动范围之内，否则该规律的作用将随条件变化而中断，连贯性失效。

3. 类推原理

许多特性相近的客观事物的变化亦有相似之处。寻找并分析类似事物相似的规律，根据已知的某事物的发展变化特征，推断具有近似特性的预测对象的未来状态，这就是类推原理。

利用事物之间的相似性进行类推预测时，两个事物的发展过程间必定有一个时间差，时间会使许多条件发生变化，也给了人们总结经验和教训的机会，使人们有可能根据变化了的条件去探索后发展事物在哪些方面还保持着与先发展事物相似的特征，在哪些方面已不再相似，等等，从而做出较为准确的预测。

4. 相关性原理

任何事物的发展变化都不是孤立的，都是在与其他事物的发展变化相互联系、相互影响的过程中确定其轨迹的。

相关性最主要的表现形式是因果关系。因果关系是存在于客观事物之间的一种普遍联系。因果关系具有时间上的相随性：作为原因的某一现象发生，作为结果的另一现象必然发生；原因在前，结果在后。因果关系往往呈现出多种多样的情况，有单因单果、单因多果、多因单果、多因多果，还有互为因果及因果链等。在预测中运用因果性原理，必须科学分析，确定相关事物之间因果联系的具体形式，找出其关键因素，适当进行简化，据此建立合适的预测模型。

5. 概率推断原理

由于受到社会、经济、科技等因素的影响，预测对象的未来状态带有随机性。例如，某商品下个月可能畅销，可能销路一般，也可能滞销，事前难以确定。预测对象的未来状态如何，这实际上是一个随机事件，可以用概率来表示这一事件发生的可能性。

掌握预测的基本原理，可以建立正确的思维程序。这对于预测人员开拓思路、合理选择和灵活运用预测方法都是十分必要的。然而，世界上没有一成不变的事物。预测对象的发展不可能是过去状态的简单延续，预测事件也不可能是已知的类似事件的机械再现。相似不等于相同。因此，在预测过程中，还应对客观情况进行具体细致的分析，以求提高预测结果的准确程度。

7.2.2 预测的步骤

预测作为一个过程，一般包括以下步骤。

1. 确定预测目标

预测是为决策服务的，所以要根据决策的需要来确定预测对象、预测结果达到的精确度，确定是定性预测还是定量预测，以及完成预测的期限等。例如，当决策只需知道产品销售发展的趋势时，能够预测出销售量是增加、减少，还是不变的就可以了；当决策需要了解产品销售量能达到什么样的水平时，必须对销售量增加或减少的具体数值进行预测，预测也就从定性变为定量了。总之，预测一个事物的发展变化时，首先要了解决策的要求，并据此确定预测类型和标准。

2. 收集、整理有关资料

预测是根据有关历史资料去推测未来的，资料是预测的依据。应根据预测目标的具体要求去收集资料。预测中所需的资料通常包括以下三项。

（1）预测对象本身发展的历史资料。

（2）对预测对象发展变化有影响作用的各相关因素的历史和现时资料。

（3）形成上述资料的历史背景，其将影响因素在预测期间内可能表现的状况。

3. 选择预测方法

预测方法有很多，不同的方法有不同的适用范围、不同的前提条件和不同的要求。对于特定的预测对象很可能有多种方法可用，而人、财、物、时间等因素的限制使得只能用一种或少数几种方法。实际中应根据计划、决策的需要，结合预测工作的条件、环境，以经济、方便、精度足够好为原则去选择预测方法。

4. 建立预测模型

预测模型是对预测对象发展变化的客观规律的近似模拟，预测结果是否有效取决于模型对预测对象未来发展规律近似的真实程度。对于数学模型，要求出其模型形式和参数值。如果用趋势外推法，则要求出反映发展趋势的公式；如果用类推法，则要寻求与预测对象发展类似的事物在历史上所呈现的发展规律。

5. 评价预测模型

由于预测模型是用历史资料建立的，它们能否比较真实地反映预测对象未来发展的规律是需要讨论的。评价预测模型就是评价模型能否真实地反映预测对象的未来发展规律。例如，预测对象是否仍按原趋势发展下去，即事物发展是否会产生突变？如果无突变，所建立的模型能否反映它的趋势？如果模型不能真实地反映预测对象的未来发展状况，则需要重建模型；如果模型能真实地反映预测对象的未来发展状况，则可进入下一步。

6. 利用模型进行预测

根据收集的有关资料，利用经过评价的模型，计算或推测出预测对象的未来结果。

7. 分析预测结果

利用模型得到的预测结果有时并不一定与事物发展的实际结果相符。这是由于所建立的模型是对实际情况的近似模拟，有的模型模拟效果可能好些，有的模型模拟效果可能差些；同时，在计算和推测过程中难免会产生误差，再加上预测是在前述的假设条件下进行的，因此，预测结果与实际结果难免会发生偏差。

因此，每次得到预测结果之后，都应对其加以分析和评价。通常是根据常识和经验，检查、判断预测结果是否合理，与实际结果之间是否存在较大的偏差，以及未来条件的变化会对实际结果产生多大的影响，等等，以确定预测结果是否可信，并想出一些办法对预测结果加以修正，使之更接近实际结果。此外，在条件允许的情况下，可以采用多种方法进行预测，再经过比较或综合，确定可信的预测结果。

在整个预测过程中，对预测成败影响最大的是两个“分析和处理”：一个是对收集的资料进行分析和处理，资料是基础，如果基础质量不好，建立在这个基础之上的预测模型质量就差，预测结果的质量也必定差；另一个是对预测结果的分析和处理，这是对预测效果的最后一次检查，它直接决定预测的质量。这两个“分析和处理”最能体现预测者的水平，预测的质量完全取决于预测者对预测对象及客观条件的熟悉程度、知识面的广度、对事物的观察能力及逻辑推理与分析判断的能力。就像使用相同原料、相同工具进行生产的工人生产出不同质量的产品一样，不同的预测者在运用相同的资料和相同的预测方法对同一预测对象进行预测时，也可能会得到质量相差很大的预测结果。这种差别常常产生在这两个“分析和处理”上。

从上述基本步骤可以看出，预测是一项“技艺”性的工作，它既需要科学的方法，又需要进行艺术的处理。由于预测对象的发展变化规律要比自然科学所研究的对象的发展变化规律复杂得多，所处的环境也复杂得多，预测者的这种“技艺”也就显得愈加重要。

7.3 预测数据的收集与预处理

预测是利用历史的和现在的资料来对事物的未来发展前景进行探索的过程。在用各种定量预测方法进行预测之前，都需要收集相当数量的数据。同时，由于实际收集的数据可能不足以反映出预测对象变化发展的规律，需要对收集的数据进行分析和处理。

7.3.1 变量的确定与说明

进行预测时，首先要确定预测变量；其次要确定对预测变量的发展有影响的其他变量（这对回归预测方法尤其重要）。在确定有关变量时，应注意以下几点。

1. 每个数据值涉及的时期

在实际中，很多因素可视为连续发生的，如大型商场的商品销售量。但出于核算的目的，必须规定某个时期并按该时期将每个变量的值加起来，如商场每天、每周、每月的销售总量。

在确定变量的每个观察值所涉及的时期时，还必须考虑预测的具体应用。为长期决策服务的预测一般以相当长时期（季、年）为单位的数据值为基础；为日常管理服务的预测则常以一天甚至一小时为单位的数据值为基础。

2. 要求的详细程度

要求的详细程度是指一个变量所要综合历史资料的总量。例如，是预测某给定时期整个公司的销售量，还是按产品类别甚至在每个地区按产品类别来预测销售量。如果最初的预测过于笼统，就必须重新收集更详细的数据。因此，在预测开始时，按时间确定数据的详细程度是能够节约大量费用的。总之，按尽可能的详细程度来收集数据并加以汇总，比先收集综合数据而后才发现需要进一步细分要有效得多。

3. 计量单位

通常的核算体系是按价值来编制报表的，大多数数据已将其单位换算为元，这实际上是资料的损失。例如，洗衣机的销售量的单位已换算为元，当洗衣机的价格变化时就很难再进行估算了。因此，预测中的一个重要步骤是确定各变量的合适单位，而且应在原始数据已经存储的条件下进行单位的换算。

4. 要求的准确程度

预测的不同用途要求不同的准确程度。如果某项预测对某些重要管理工作来说是辅助性的，这时所要求的准确程度就不会太高。在中等重要程度的管理工作中，有可能利用个别变量的预测作为决策的基础，在这种情况下希望有较高的准确程度。提高预测准确程度一般会带来费用的增加，因此，在确定合适的准确程度时需要恰当地权衡利弊。

在确定数据的最初阶段，还需要对预测的价值进行粗略的估计，以便能够把数据收集过程的费用控制在预测结果价值规定的范围。

7.3.2 数据的收集与整理

确定预测变量之后，就要考查和了解变量的特性及其有关情况，即收集和获取所需的数据（或称资料）。首先注意数据的客观性和准确性，即要求数据如实地反映实际情况；其次要求数据具有及时性、完整性、经济性。这些要求有时会自相矛盾。例如，完整的数据资料受时间、经费等的限制而难以收集。实际预测时，应根据具体情况兼顾各项要求。

按调查资料的来源，一般将资料分为原始资料和第二手资料。原始资料是指直接对预测对象进行观察、登记而搜集的未经整理的第一手资料，如工业企业的原始记录、产品需求的调查问卷。原始资料可如实地反映有关情况，但要反映预测对象的全面情况，还需对其进行整理和汇总。第二手资料是指经加工整理过的资料，也称为间接资料，如统计年鉴、报刊和杂志上发表的调查统计资料。搜集原始资料要耗费较多的人力、物力和时间，同时第二手资料未必能满足预测研究的要求，因此常要将两种资料结合起来运用。一般来说，从第二手资料中便于了解预测对象的环境条件。在工业企业经营预测中，借助国家及有关部门公布的第二手资料来研究经营环境是简便有效的做法，往往可收到事半功倍的效果。

按照调查的组织形式，资料分统计报表和专门调查两种方式。统计报表是我国目前主要的调查方式，是了解总体情况的重要资料来源。它属于第二手资料，是以原始资料和基层核算资料为依据，按规定程序报送组织的。专门调查是指专门组织的有针对性的调查，如人口普查、全国经济普查、某地区某类产品需求调查等。按其所包括的调查单位是否完全，专门调查可分为全面调查和抽样调查。按照调查的时间连续性，专门调查又分为经常性调查和一次性调查。采取何种调查方式，应根据预测对资料的要求而定。

在多数情况下，收集的资料还需经过整理才能用于预测。资料整理也就是对资料进行加工使之系统化的工作。资料整理包括以下三个环节。

（1）对资料的校核。为了保证资料的准确性，必须对资料进行校核以去伪存真。对资料的校核包括逻辑性校核和计算性校核。逻辑性校核是指检查搜集的资料是否符合预测对象变动的逻辑发展，以排除明显的偶发性因素的影响；计算性校核是指检查搜集的各种指标数据是否有计算错误，或统计与计算口径是否一致等。

（2）对资料的分类。按搜集资料所表征的经济社会现象的特征、结构、性质、规模等方面的差异对资料进行分类，是资料整理工作的主要环节。按特征分类通常是指按资料所显示的变动规律分类，如直线型变动形态、曲线型变动形态、季节型变动形态等；按结构分类一般是指按市场结构层次、商品结构层次等分类，如国际市场容量、全国市场容量、各区域市场容量、各目标市场容量等；按性质分类多指按社会性质、经济性质分类，如人口资料、购买力资料、商品销售资料、商品供应资料等；按规模分类是指按市场的容量规模、企业产品的生产规模、销售的盈利规模等分类。对资料分类的标准既取决于预测任务与目标，也取决于预测方法。

（3）对变量序列的编制。经过分类整理的资料用数值表示，按不同的变量排序，形成某变量的大小序列。但对于不同的事物，我们能够予以计量或测度的程度是不同的，有些事物只能对它的属性进行分类，如人口的性别和教育程度、产品的型号及质量等级；有些事物则可以用比较精确的数字加以计量，如物体长度、产品的重量和价值。根据我们对事物计量的精确程度和结果，可以将统计数据分为以下三种。第一种是分类数据，这类数据是对事物进行分类的结果，数据表现为类别。例如，人口按性别分为男、女两类；企业按照经济性质分为国有企业、集体企业、私营企业、合资企业和独资企业等。虽然这些数据只是表现为某种类别，但为了便于统计处理，特别是为了便于计算机识别，我们可以对不同类别用不同的数字或编码来表示，如用“1”表示男性人口，“0”表示女性人口；用“1”表示国有企业，“2”表示集体企业，“3”表示私营企业。这些数字只是赋予类别的代码，并不意味着这些数字可以区分大小或进行数学运算。对于分类数据，我们通常是通过计算出每个类别中各元素或个体出现的频数或频率来进行分析的。第二种是顺序数据，有些事物不仅可以分成不同的类别，而且可以确定这些类别的优劣或顺序。顺序数据的结果虽然也表现为类别，但这些类别之间是有顺序的。例如，产品可以分为一等品、二等品、三等品、次品等；考试成绩可以分为优、良、中、及格、不及格等；教育程度可以分为小学、初中、高中、大学及以上。第三种是数值型数据，对有些事物通常使用自然或度量衡单位进行计量，其结果表现为具体的数值。例如，用人民币来度量的收入、用百分制度量的考试成绩、用摄氏或华氏度量的温度、用克度量的物体质量等。

区分数据的类型是很重要的。对不同类型的数据，将采用不同的统计方法来处理和分析。例如，对分类数据通常计算出各组的频数或频率，进而计算其众数；对顺序数据，可以计算其中位数；对数值型数据，可以用更多的统计方法进行处理，如计算各种平均数、进行参数估计和检验等。

7.3.3 数据的分析与预处理

在定量预测中，数据是建立预测模型的基础，缺少数据或数据异常都会导致所建立的模型不准确，所以需要对数据进行分析与鉴别。

1. 数据的分析与鉴别

首先，对得到的数据进行大体的估计，去掉与问题无关或不能说明问题的数据。

其次，对怀疑和需要探讨的数据（如有大起大落的情况）进行研究，调查其产生的背景，鉴别其真实程度，分析原因，以便判断这些受怀疑的数据是否异常或能否反映预测对象的正常情况。

异常数据的鉴别可采用图形观察法、统计滤波法等。

【例 7-1】某企业 2021 年的产品销售量如表 7-1 所示，其图形如图 7-1 所示。

表 7-1 某企业 2021 年产品销售量 （单位：吨）

月份	销售量	月份	销售量
1	320	3	180
2	330	4	350

续表

月份	销售量	月份	销售量
5	340	9	380
6	340	10	470
7	360	11	350
8	350	12	370

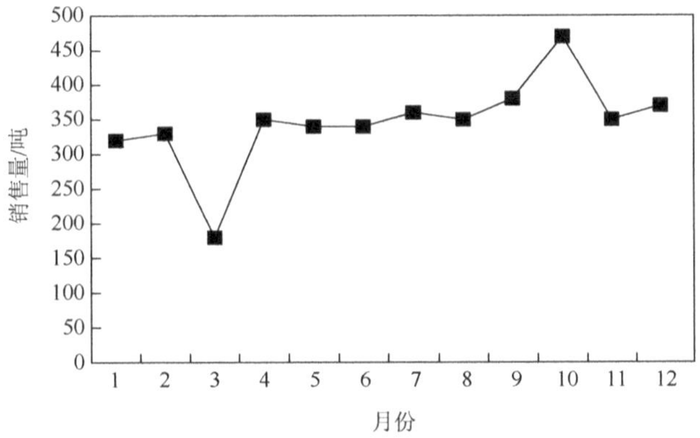

图 7-1　某企业 2021 年的产品销售量图

观察图 7-1，可见该企业 3 月的产品销售量严重下降，原因是主要设备出了故障，使产量下降而影响了销售量；10 月的销售量明显增加，原因是外贸部门根据国际市场行情变化订购了 100 吨外销品。对这两个数据的背景进行调查，并对比其他数据，显然这两个数据不能反映该企业产品销售量的正常情况，应视为异常数据。

此外，也可以用统计方法对异常数据进行鉴别。通常使用的统计方法是统计滤波法，先利用已有的数据确定数据允许变动的范围（上、下限），凡是在这个范围以外的数据是异常数据。

一般是利用正态分布来确定数据的变动范围，设已有数据 $y_1, y_2, \cdots, y_N$，确定数据变动范围的具体步骤如下。

（1）利用已知的 N 个数据计算样本均值 $\overline{y}$ 和样本标准差 $\overline{s}$：

$$\overline{y}=\frac{1}{N}\sum_{i=1}^{N}y_i,\ \ \overline{s}=\sqrt{\frac{1}{N-1}\sum_{i=1}^{N}(y_i-\overline{y})^2} \tag{7-1}$$

（2）确定一个 k 值，并由 k 与 $\overline{y}$、$\overline{s}$ 组成数据变动的上、下限：

$$y_{下}=\overline{y}-k\overline{s},\ y_{上}=\overline{y}+k\overline{s} \tag{7-2}$$

在 $[y_{下}, y_{上}]$ 以外的数据是异常数据。

式（7-2）中的 k 值由样本容量 N 和概率 p_1、p_2 确定，p_2 是落在 $[\overline{y}-k\overline{s},\ \overline{y}+k\overline{s}]$ 的统计数据的个数与样本容量 N 的百分比，如 $p_2=0.99$，就是要求有 99%以上的统计数据落在 $[\overline{y}-k\overline{s},\ \overline{y}+k\overline{s}]$；$p_1$ 是实现 p_2 的置信度，即实现有 99%的统计数据在 $[\overline{y}-k\overline{s},\ \overline{y}+k\overline{s}]$ 内

这一事件的概率。表 7-2 列出了 p_1 分别为 0.95 和 0.99、p_2 分别为 0.99 和 0.999 时，不同 N 值所对应的 k 值。

表 7-2　k 值表

N	p_1 为 0.95		p_1 为 0.99	
	p_2 为 0.99	p_2 为 0.999	p_2 为 0.99	p_2 为 0.999
10	4.43	5.58	8.59	7.13
15	3.88	4.95	3.80	5.88
20	3.61	4.61	3.16	5.31
25	3.46	4.41	3.90	4.99
30	3.35	4.28	3.73	4.77
35	3.27	4.18	3.61	4.61
40	3.21	4.10	3.51	4.49
45	3.16	4.04	3.44	4.40
50	3.13	3.99	3.38	4.32
60	3.07	3.92	3.29	4.21
70	3.02	3.86	3.22	4.12
80	2.99	3.81	3.17	4.05
90	2.96	3.78	3.13	4.00
100	2.93	3.74	3.10	3.95
∞	2.58	3.29	2.58	3.29

【例 7-2】某商店连续 30 个月的零售额（单位：万元）如下：12.43，12.36，12.30，12.40，12.51，12.66，12.73，12.52，13.01，12.74，12.45，12.75，12.64，12.82，13.10，13.04，13.23，13.52，18.45，16.28，13.50，13.47，13.28，13.62，13.33，13.71，13.44，13.20，13.83，13.60。

可求得 $\overline{y}=13.30$（万元），$\overline{s}=1.23$（万元），若取 $p_1=0.95$，$p_2=0.99$，则由 $N=30$ 查表可得 $k=3.35$，从而上、下限分别为

$$y_{上}=17.42\text{（万元）},\quad y_{下}=9.18\text{（万元）}$$

逐项检查原始数据可得

$$y_{19}=18.45>y_{上}$$

因此，y_{19} 为异常数据。

应引起读者注意的是，统计滤波法只适用于 $y_1,y_2,\cdots,y_N$ 是从一正态分布总体中抽取出来的，即 N 个样本数据在均值上、下波动这一情况。

2. 数据的预处理

常用的预处理方法有四种。

1）剔除法

剔除法就是去掉那些不能如实反映预测对象正常发展趋势的数据。这是最简单的一

种方法。例如，去掉例 7-1 中某企业 2021 年产品销售量中 3 月和 10 月的数据。

对于时间序列数据，剔除其中某些异常数据建立的预测模型将能较好地描述研究对象的发展规律，减小误差。剔除法的缺点是破坏了时间序列数据的连续性，但对因果关系型的横断面数据没有影响。

2）还原法

当数据比较少时，采用剔除法会使数据变得更少，给建立预测模型造成不便，这时可采用还原法。还原意指把数据处理成没有突变因素影响时本应表现出的数值，当然这只是估计值。

在利用时间序列外推法求趋势方程时，可用异常数据 y_t 前后两期数据 y_{t-1} 和 y_{t+1} 的算术平均值或几何平均值作为还原值，即

$$y_t' = (y_{t-1} + y_{t+1})/2 \tag{7-3}$$

或

$$y_t'' = \sqrt{y_{t-1} \cdot y_{t+1}} \tag{7-4}$$

例如，利用算术平均值还原例 7-1 中 3 月的数据 y_3 为

$$y_3' = (y_{t-1} + y_{t+1})/2 = (330+350)/2 = 340 \text{（吨）}$$

通常，当历史数据的发展趋势呈线性时，取算术平均值较好；当历史数据的发展趋势呈非线性时，取几何平均值较好。

在利用因果关系建立数学模型时，设有自变量 x 和因变量 y。为去掉偶然因素对建立模型的影响，可采用下面的计算方法对数据中的异常数据 y_k 加以还原。

当 x 与 y 之间为线性关系时，取

$$y_k' = \frac{y_n x_n + y_m x_m}{2x_k} \tag{7-5}$$

当 x 与 y 之间为非线性关系时，取

$$y_k'' = \frac{\sqrt{y_n x_n y_m x_m}}{x_k} \tag{7-6}$$

式中，y_k', y_k'' 分别为有偶然因素影响时因变量的估计值；x_k 为与异常数据 y_k 同一时期对应的自变量；x_n, x_m 分别为与 x_k 在数值上相差最小的两个自变量，并且有 $x_n \leqslant x_k \leqslant x_m$；$y_n, y_m$ 分别为与 x_n, x_m 相对应的因变量。

【例 7-3】某日用化工厂生产洗衣粉的主要销售市场是本厂所在市，该厂的洗衣粉在所在市的销售量 y 主要受所在市常住人口数量 x 的影响。表 7-3 是所在市历年人口数量 x 与洗衣粉销售量 y 的统计数据。

表 7-3　某厂洗衣粉在所在市的历年销售量与所在市的历年人口数量

项目	2010 年	2011 年	2012 年	2013 年	2014 年	2015 年	2016 年	2017 年	2018 年	2019 年	2020 年
人口数量/万人	71.5	76.8	80.3	82.6	83.1	83.7	84.5	87.2	88.4	90.5	92.0
销售量/万千克	42.7	44.9	45.85	45.95	45.15	48.75	32.6	51.65	54.75	55.2	57.3

从表中可以看出，洗衣粉的销售量基本上是随着人口数量的增加而增加的，但在2016年出现了异常情况，这是由2016年该厂主要设备出了事故而停产大修及其他一些原因影响了产量，投放到市场上的洗衣粉数量随之减少造成的。分别利用式（7-5）和式（7-6）对2016年的销售量进行还原处理，有

$$y'_{2016}=\frac{(y_{2015}x_{2015}+y_{2017}x_{2017})}{2x_{2016}}=50.8\text{（万千克）}$$

$$y''_{2016}=\frac{\sqrt{y_{2015}x_{2015}y_{2017}x_{2017}}}{x_{2016}}=50.73\text{（万千克）}$$

可以看出，按照线性关系还原的数据与2016年的销售量相差较小，表明 x 与 y 之间为线性关系的可能性更大。

在未对2016年的销售量进行还原处理时，x 与 y 的相关系数是 $r=0.6097$；利用处理后的 y'_{2016} 代替 y_{2016}，得到的相关系数 $r=0.9205$。显然，经过还原处理后再建立模型，效果会更好。

3）拉平法

由于环境条件的变化，一些历史数据常常不能反映现时的情况。如果数据较多，则去掉它们即可；如果数据较少，去掉它们则会使建立模型增加困难。这时可应用合适的方法来处理这些历史数据，使之成为对预测有用的数据。拉平法是一个较好的方法，其原理是：通过分析数据过时的原因，对数据加以适当的处理，使其符合现时的发展情况。

【例 7-4】某厂历年的电视机产量如表 7-4 所示。其中 2015～2020 年的产量呈台阶形增长。这是因为该厂有一条年生产能力为 8 万台的流水线正式投产，2015 年这条新生产线生产了约 6 万台电视机。

表 7-4 某厂电视机的产量 （单位：万台）

项目	2011 年	2012 年	2013 年	2014 年	2015 年	2016 年	2017 年	2018 年	2019 年	2020 年
产量	5.1	5.6	5.7	5.5	11.8	12.3	12.8	13.2	13.8	14.3
处理后产量	11.1	11.6	11.7	11.5	11.8	12.3	12.8	13.2	13.8	14.3

如果去掉 2014 年以前的数据，剩下数据太少，不符合建立预测模型的要求。将2014年以前的数据都分别加上2015年的新增产量（约6万台），就将2014年前后的生产能力拉平了。这些数据就可以共同表现出工人技术水平提高和熟练程度增加等因素造成的生产能力变化趋势。利用处理后的数据建立预测模型，用以研究该厂生产能力的变化趋势，效果无疑会比未经处理的数据好。

4）比例法

销售条件与环境条件的变化会引起企业产品市场占有率（企业在该地区的产品销售量/该地区的产品总销售量）的变化。变化很大说明环境条件与销售条件的变化已超过其他因素对销售量的影响，也说明以前销售量统计数据所表现的发展规律不再适用于现在和将来。因此，如果不能去掉以前的数据，就需要进行修改。比例法是一种比较有效的修改方法。

【例 7-5】某厂牙膏在本地区市场的销售量和市场占有率见表 7-5。

表 7-5 某厂牙膏在本地区的销售情况

项目	2013 年	2014 年	2015 年	2016 年	2017 年	2018 年	2019 年	2020 年
销售量/万支	653.6	643.8	802.2	629.6	703.2	863.4	895.4	700.8
市场占有率/%	65	58	63	57	63	57	59	43
处理后销售量/万支	460.7	477.3	547.5	475.0	480.1	651.3	652.6	700.8

从市场占有率来看，2019 年以前保持在 60%左右，2020 年下降为 43%。原因是 2019 年以前商业部门控制外地牙膏的输入量，从 2020 年开始，国家鼓励竞争，外地牙膏输入不受控制，由于外地牙膏的进入，该厂牙膏销售量下降。为了预测 2021 年以后的牙膏销售量，就需要修改 2019 年以前的数据，修改方法如下：

$$\text{某年处理后的数据} = \frac{\text{该年实际数据} \times 2020\text{年市场占有率}}{\text{该年市场占有率}} \tag{7-7}$$

7.4 预测方法的分类

7.4.1 预测方法的分类体系

预测方法可按不同标准进行分类，从而形成了预测方法的分类体系。

1. 按预测技术的差异性分类

预测方法可分为定性预测方法、定量预测方法、定时预测方法、定比预测方法和评价预测方法等。

2. 按预测方法的客观性分类

预测方法可分为主观预测方法和客观预测方法。前者主要依靠经验判断，后者主要借助数学模型。

3. 按预测分析的途径分类

预测方法可分为直观型预测方法、时间序列预测方法、计量经济模型预测方法、因果分析预测方法等。

4. 按采用模型的特点分类

预测方法可分为经验预测方法和正规预测方法。后者包括时间关系模型、因果关系模型、结构关系模型等。

7.4.2 常用的预测方法分类

常用的预测方法分为定性预测方法与定量预测方法两大类。

1. 定性预测方法

定性预测方法亦称经验判断预测方法。它是预测者根据历史与现实的观察资料，依赖个人或集体的经验与智慧，对未来的发展状态和变化趋势作出判断的预测方法。常用的有专家意见法、个人判断法、专家会议法、头脑风暴法、德尔菲（Delphi）法、相关类推法、对比类推法、比例类推法等。

2. 定量预测方法

定量预测方法是依据调查研究所得的数据资料，运用统计方法和数学模型，近似地揭示预测对象及其影响因素的数量变动关系，建立对应的预测模型，据此对预测目标作出定量测算的预测方法。通常有时间序列预测方法和因果分析预测方法。

（1）时间序列预测方法。这是以连续性预测原理作指导，利用历史观察值形成的时间数列，对预测目标未来状态和发展趋势作出定量判断的预测方法。主要有移动平均法、指数平滑法、趋势外推法、季节指数预测法、自回归滑动平均（auto-regressive moving average，ARMA）模型预测法、马尔可夫（Markov）预测法等。

（2）因果分析预测方法。这是以因果性预测原理作指导，以分析预测目标同其他相关事件及现象之间的因果联系，对市场未来状态与发展趋势作出预测的定量分析方法。主要有回归分析预测法、经济计量模型预测法、投入产出分析预测法、灰色系统模型预测法等。

【总结与习题】

1. 总结

本章首先介绍了预测的基本概念，其次讲解了预测的基本原理与步骤，再次分析了预测数据的收集与整理、分析与预处理，最后介绍了预测的分类体系和常用的预测方法。

2. 习题

（1）预测是指什么？举例说明预测的作用。

（2）预测有哪些基本原理？

（3）叙述预测的基本步骤。

（4）为什么要对收集的资料进行分析和预处理？如何鉴别异常数据？对异常数据应如何处理？

（5）预测有几种常用分类方法？这些分类方法有何不同之处？

第 8 章

BP 神经网络预测建模与仿真

【学习目标】

1. 理解人工神经网络的基本理论。
2. 理解 BP 神经网络算法。
3. 能够运用 Python 进行神经网络建模仿真，解决预测问题。

【开篇案例】

神经网络在管理问题中的应用

在处理许多问题时，信息来源既不完整，又包含假象，决策规则有时相互矛盾，有时无章可循，这给传统的信息处理带来了很大的困难。神经网络能很好地处理这些问题，并给出合理的识别与判断。人工神经网络（artificial neutral network，ANN）被广泛应用于各类管理问题之中，以下是其应用的典型例子。

（1）市场价格预测。对商品价格变动的分析可归结为对影响市场供求关系的诸多因素的综合分析。传统的统计经济学方法因其固有的局限性，难以对价格变动做出科学的预测，而人工神经网络容易处理不完整的、模糊不确定或规律性不明显的数据，所以用人工神经网络进行价格预测有着传统的统计经济学方法无法相比的优势。从市场价格的确定机制出发，依据影响商品价格的家庭户数、人均可支配收入、贷款利率、城市化水平等复杂、多变的因素，建立较为准确可靠的模型。该模型可以对商品价格的变动趋势进行科学预测，并得到准确客观的评价结果。

（2）风险评估。风险是指在从事某项特定活动的过程中，因其存在的不确定性而产生的经济或财务的损失、自然破坏或损伤的可能性。防范风险的最佳办法就是事先对风险做出科学的预测和评估。应用人工神经网络的预测思想是根据具体现实的风险来源，构造出适合实际情况的信用风险模型的结构和算法，得到风险评价系数，然后确定实际问题的解决方案。利用该模型进行实证分析能够弥补主观评估的不足，可以取得满意效果。

从神经网络模型的形成开始，它就与心理学有着密不可分的联系。神经网络抽象于神经元的信息处理功能，神经网络的训练则反映了感觉、记忆、学习等认知过程。人们通过不断的研究，变化着人工神经网络的结构模型和学习规则，从不同角度探讨着神经网络的认知功能，为其在心理学中的研究奠定了坚实的基础。近年来，人工神经网络模型已经成为探讨社会认知、记忆、学习等高级心理过程机制的不可或缺的工具。人工神经网络模型还可以对脑损伤患者的认知缺陷进行研究，对传统的认知定位机制提出了挑战。

虽然人工神经网络已经取得了一定的进步，但是还存在许多缺陷，例如，应用的面不够宽阔、结果不够精确；现有模型算法的训练速度不够快；算法的集成度不够高；同时我们希望在理论上寻找新的突破点，建立新的通用模型和算法。需进一步对生物神经元系统进行研究，不断丰富人们对人脑神经的认识。

资料来源：https://zhidao.baidu.com/question/684160699977982652.html

8.1 人工神经网络基本理论

8.1.1 生物神经元

人脑由 1000 多亿个神经元组成，神经元相互连接成神经网络。神经元是大脑处理信息的基本单元，以细胞体为主体，是由许多向周围延伸的不规则树枝状纤维构成的神经细胞，其形状很像一棵枯树的枝干。它主要由细胞体、树突、轴突和突触（synapse，又称神经键）组成，如图 8-1 所示。

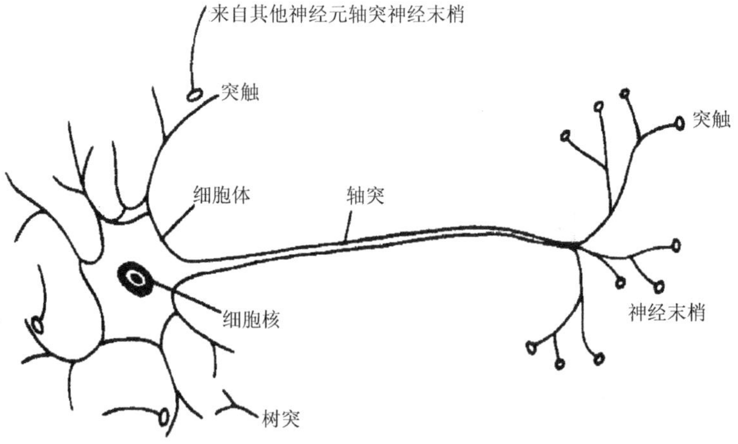

图 8-1 生物神经元示意图

从神经元各组成部分的功能来看，生物神经元中的信息处理与传递主要发生在突触附近。当神经元细胞体通过轴突传到突触前膜的脉冲幅度达到一定强度，即超过其阈值电位后，突触前膜将向突触间隙释放神经传递的化学物质。

8.1.2　人工神经网络基本概念

人工神经网络是由大量简单的基本单元——神经元相互连接，通过模拟人的大脑神经处理信息的方式，进行信息并行处理和非线性转换的复杂网络系统。人工神经元模型如图 8-2 所示。

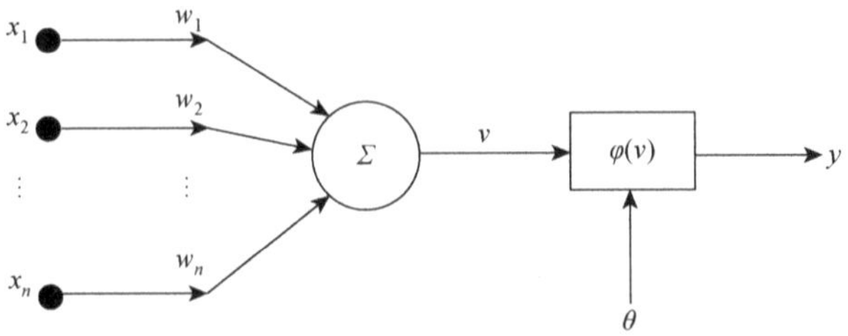

图 8-2　人工神经元模型

1. 人工神经元模型的三个基本要素

（1）连接权重 w_i。

（2）求和单元 Σ，$u=\sum_{i=1}^{n} w_i x_i$，$v=\sum_{i=1}^{n} w_i x_i-\theta$。

（3）激励函数 $\varphi(v)$。

2. 人工神经元模型的数学表达式

模型中 $x_1, x_2, \cdots, x_n$ 为输入信号，$w_1, w_2, \cdots, w_n$ 为连接权重，y 为输出信号，θ 为神经元的阈值，则人工神经元模型的数学表达式为

$$u=\sum_{i=1}^{n} w_i x_i \tag{8-1}$$

$$v=\sum_{i=1}^{n} w_i x_i-\theta \tag{8-2}$$

$$y=\varphi(v) \tag{8-3}$$

如果将神经元的阈值视为一种特殊连接权重，则人工神经元模型的数学表达式还可表述为

$$\begin{cases} x_0=\pm 1 \\ w_0=\mp\theta \\ v=\sum_{i=0}^{n} w_i x_i \\ y=\varphi(v) \end{cases} \tag{8-4}$$

3. 常用的激励函数

激励函数又称为激活函数或传递函数。常用的激励函数有三种形态。

（1）阈值型（一般只用于简单分类的麦卡洛克-匹兹（McCulloch-Pitts，MP）模型中）。

$$\varphi(x)=\begin{cases}0, & x<0\\ 1, & x\geqslant 0\end{cases} \tag{8-5}$$

（2）线性型（一般只用于输入神经元和输出神经元）。

$$\varphi(x)=x \tag{8-6}$$

（3）S 形（常用于隐含层神经元）。

$$\varphi(x)=\frac{1}{1+\mathrm{e}^{-x}} \text{ 或者 } \varphi(x)=\frac{1-\mathrm{e}^{-x}}{1+\mathrm{e}^{-x}} \tag{8-7}$$

通常还会在激励函数的变量中耦合一个常数以便调整激励网络的输出幅度。例如，S 形激励函数可以改写为

$$\varphi(x)=\frac{1}{1+\mathrm{e}^{-x}} \Rightarrow \varphi(x)=\frac{1}{1+\mathrm{e}^{-cx}} \tag{8-8}$$

式中，c 为常数。

8.1.3 人工神经网络结构

单个神经元对信息的处理非常有限，只有将多个神经元连接起来，构成一个神经网络体系，才能对复杂的信息进行识别处理。人工神经网络模型拓扑结构可分为前馈网络（feedforward networks）和反馈网络（recurrent networks）。

1. 前馈网络

前馈网络的信息流由输入层逐渐向下传递，没有反馈，信息流经网络处理后由输出层输出。单层前馈网络是最简单的前馈网络，只包含输入层和输出层；多层前馈网络的输入层和输出层之间加一个中间层，称为隐含层。多层前馈网络的结构如图 8-3 所示。

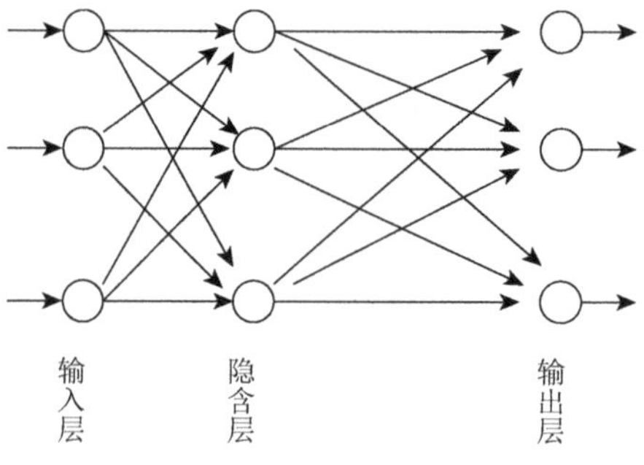

图 8-3　多层前馈网络

2. 反馈网络

反馈网络是指某一层通过连接重新作为输入反馈到同一层或者前一层。多层反馈网络的结构如图 8-4 所示。

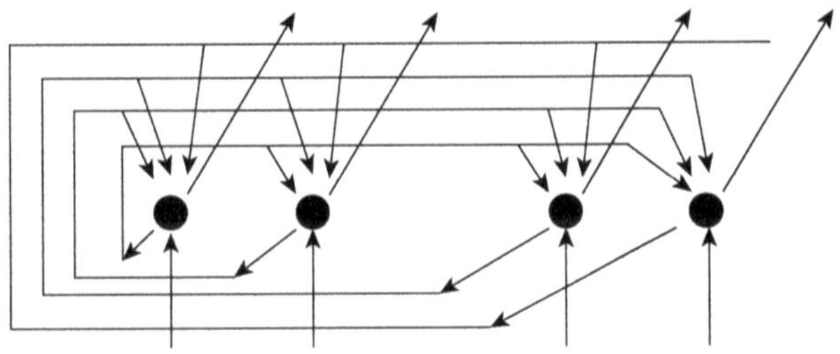

图 8-4　多层反馈网络

8.1.4　人工神经网络的学习

神经网络的学习也称为训练，目的是对网络的权重进行调整，使得在应用一个输入时，网络能产生一个期望的输出矢量。

1. 学习方式

学习方式可分为有导师学习（learning with a teacher）和无导师学习（learning without a teacher）。

（1）有导师学习又称有监督学习（supervised learning），在学习时需要给出导师信号（或称为期望输出）。神经网络对外部环境是未知的，但可以将导师看作对外部环境的了解，由输入输出样本集合来表示，如图 8-5 所示。导师信号代表神经网络执行情况的最佳结果，即针对网络输入调整网络参数，使得网络输出逼近导师信号。

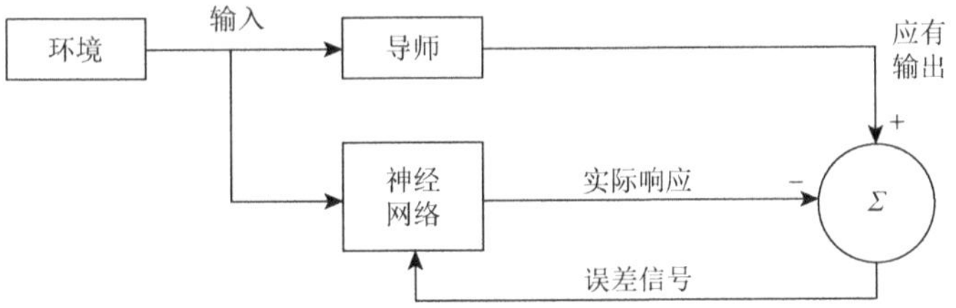

图 8-5　有导师学习

（2）无导师学习的样本模式中不包含期望输出，网络完全按照样本所提供的某些规律来调整网络自身，以获得输入信息的某些特征。无导师学习包括无监督学习（unsupervised learning，或称为自组织学习（self-organized learning））与强化学习（reinforcement learning）。无监督学习中神经网络按照环境提供数据的某些统计规律来调节自身参数，如图 8-6 所示；强化学习中环境对神经网络输出结果只给出评价信息（奖或惩），神经网络通过强化受奖或惩动作来改善自身性能，如图 8-7 所示。

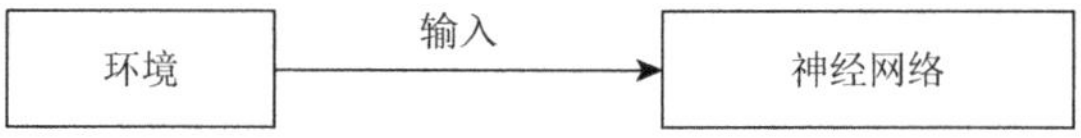

图 8-6　无监督学习

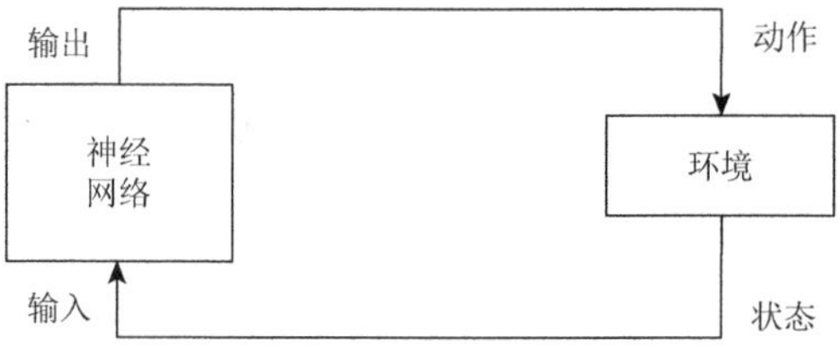

图 8-7　强化学习

2. 学习规则

一个神经网络要具有智能特征，必须有一套完整的学习规则与之配合。学习规则就是修正神经元之间连接强度或加权系数的算法，使获得的知识结构适应周围环境的变化。

1）Hebb 学习规则

1949 年，加拿大心理学家 Donald O. Hebb 提出了最早的关于神经网络学习机理的突触修正假设。该假设提出，当神经元的突触前膜电位与突触后膜电位同时为正时，突触传导增强；当神经元的突触前膜电位与突触后膜电位正负相反时，突触传导减弱。也就是说，当神经元 i 与神经元 j 同时处于兴奋状态时，两者的连接强度应增强。根据该假设定义的权重调整方法称为 Hebb 学习规则。

在 Hebb 学习规则中，学习信号简单地等于神经元的输出：

$$y_j = f\left(\sum_{i=1}^{n} w_{ij} x_i\right) \tag{8-9}$$

权重调整为

$$w_{ij}(t+1) = w_{ij}(t) + \eta y_j x_i \tag{8-10}$$

式中，η 为学习速度；x_i 为节点 i 的输入；y_j 为节点 j 对应的输出。

式（8-10）表明，权重调整量与输入输出的乘积成正比。显然，经常出现的输入模式将对权重有较大的影响。在这种情况下，Hebb 学习规则需预先设置饱和权重，以防止输入和输出正负始终一致时权重无约束地增长。此外，要求权重初始化，即在学习开始（$t=0$）时先对权重赋予零附近的小随机数。

Hebb 学习规则是一种纯前馈、无导师的学习，至今在各种神经网络模型中起着重要的作用，是许多学习规则的假设基础。

2）离散感知器学习规则

1958 年，美国计算机科学家 Frank Rosenblatt 首次定义了一个具有单纯计算单元的神经网络结构，称为感知器（perceptron）。感知器学习规则的权重调整为

$$w_{ij}(t+1) = w_{ij}(t) + \eta(d_j - y_j)x_i \tag{8-11}$$

或者

$$\Delta W_{ij} = w_{ij}(t+1) - w_{ij}(t) = \eta(d_j - y_j)x_i \tag{8-12}$$

对于离散感知器，有

$$y_i = f(W_j^{\mathrm{T}} X - \theta) = \mathrm{sgn}(W_j^{\mathrm{T}} X - \theta) = \begin{cases} 1, & W_j^{\mathrm{T}} X - \theta \geqslant 0 \\ -1, & W_j^{\mathrm{T}} X - \theta < 0 \end{cases} \tag{8-13}$$

式中，η 为学习速度，$\eta > 0$。离散感知器学习规则只适用于二进制神经元，初始权重可取任意值。

3）连续感知器学习规则

与离散感知器学习规则相对应的是连续感知器学习规则，也称为 δ 规则，其权重调整为

$$w_{ij}(t+1) = w_{ij}(t) + \eta(d_j - y_j) f'(W_j^{\mathrm{T}} X) x_i \tag{8-14}$$

或者

$$\Delta W_{ij} = w_{ij}(t+1) - w_{ij}(t) = \eta(d_j - y_j) f'(W_j^{\mathrm{T}} X) x_i \tag{8-15}$$

式中，$y_j = f(W_j^{\mathrm{T}} X)$，$f'(W_j^{\mathrm{T}} X)$ 是功能函数 $f(W_j^{\mathrm{T}} X)$ 的导数，要求功能函数可导，它只适用于有导师学习算法。

4）最小均方差学习规则

1962 年，Bernard Widrow 和他的学生 Marcian Hoff 提出了 Widrow-Hoff 学习规则，也称为最小均方差学习规则，其权重调整为

$$w_{ij}(t+1) = w_{ij}(t) + \eta(d_j - W_j^{\mathrm{T}} X) x_i \tag{8-16}$$

或者

$$\Delta W_{ij} = w_{ij}(t+1) - w_{ij}(t) = \eta(d_j - W_j^{\mathrm{T}} X) x_i \tag{8-17}$$

式中，η 为学习速度，与算法的稳定性有关，从数学上可以证明二次函数的稳定学习速度 $\eta < \dfrac{1}{\lambda_{\max}}$，其中，$\lambda_{\max}$ 是有关输入向量的矩阵特征值。

5）相关学习规则

相关学习规则规定学习信号为 $r = d_j$，易得出

$$\Delta W_j = \eta d_j X \tag{8-18}$$

$$\Delta w_{ij} = \eta d_j x_i, \qquad i = 0,1,\cdots,n \tag{8-19}$$

相关学习规则表明，当 d_j 是 x_i 的期望输出时，相应的权重增量 Δw_{ij} 与两者的乘积 $d_j x_i$ 成正比。

当 Hebb 学习规则中的变换函数为二进制函数，有 $y_j = d_j$ 时，相关学习规则可以看

成 Hebb 学习规则的一种特殊情况。Hebb 学习规则是无导师学习，而相关学习规则是有导师学习，这种学习规则要求权重初始化为零。

6）胜者为王学习规则

对于无导师学习的情况，事先不给定标准样本，直接将网络置于应用环境中，学习（训练）阶段与应用阶段成为一体。此时，学习规则服从权重 w 的演变方程：

$$\frac{\mathrm{d}w}{\mathrm{d}t}=f[w,x] \tag{8-20}$$

初始值 w_0 选定之后，由于环境不断改变，x 和 w 随之逐渐改变。对于平稳环境，w 可达到稳定状态。如果环境发生变化，w 也随之改变。这种边学习边工作的特征与人脑学习过程更近似。胜者为王学习规则一般将网络的某一层定义为竞争层，对于一个待定的输入 X，竞争层的所有 P 个神经元均有输出响应，其中响应值最大的神经元为竞争中获胜的神经元，即

$$W_m^{\mathrm{T}}X=\max_{i=1,2,\cdots,p}(W_i^{\mathrm{T}}X) \tag{8-21}$$

只有获胜神经元才有权调整其权重 W_m，调整量为

$$\Delta W_m=\alpha(X-W_m) \tag{8-22}$$

式中，$\alpha\in(0,1]$ 为学习常数，一般其值随着学习的进展而减小。由于两个向量的点积越大表明两个向量越相似，调整获胜神经元权重的结果是使 W_m 进一步接近当前输入 X。显然，当下次出现与 X 相似的输入模式时，上次获胜的神经元更易获胜。在反复竞争学习过程中，竞争层中的神经元所对应的权重被逐渐调整为输入样本空间的聚类中心。

8.2 BP 神经网络算法

反向传播（back propagation，BP）神经网络是 1986 年由以 Rumelhart 和 McClelland 为首的科学家小组提出的，是一种按误差反向传播算法训练的多层前馈网络，是目前应用最广泛的神经网络模型之一。BP 神经网络能学习和存储大量的输入输出模式映射关系，而无须事前揭示描述这种映射关系的数学方程。它的学习规则是使用最速下降法，通过反向传播来不断调整网络的权重和阈值，使网络的误差平方和最小。

BP 神经网络模型拓扑结构包括输入层、隐含层（中间层）和输出层。

BP 神经网络算法由数据流的前向计算（正向传播）和误差信号的反向传播两个过程构成。正向传播时，传播方向为输入层→隐含层→输出层，每层神经元的状态只影响下一层神经元。若在输出层得不到期望输出，则转向误差信号的反向传播流程。通过这两个过程的交替进行，在权重空间执行误差函数梯度下降策略，动态迭代搜索一组权重，使网络误差函数达到最小值，从而完成信息提取和记忆过程。

1. 正向传播

设 BP 神经网络的输入层有 n 个节点，隐含层有 q 个节点，输出层有 m 个节点；输入的一个样本 $X=[x_1,x_2,\cdots,x_n]^{\mathrm{T}}$，期望输出 $Y=[y_1,y_2,\cdots,y_m]^{\mathrm{T}}$；输入层与隐含层之间

的权重为 v_{ik}（$i=1,2,\cdots,n$；$k=1,2,\cdots,q$），隐含层与输出层之间的权重为 w_{kj}（$k=1,2,\cdots,q$；$j=1,2,\cdots,m$）；隐含层节点的阈值为 $\theta_k^{(1)}$（$k=1,2,\cdots,q$），输出层节点的阈值为 $\theta_j^{(2)}$（$j=1,2,\cdots,m$）；隐含层的传递函数为 $f_1(\cdot)$，输出层的传递函数为 $f_2(\cdot)$。

隐含层节点的输出为

$$O_k = f_1\left(\sum_{i=1}^{n} v_{ik}x_i - \theta_k^{(1)}\right) = f_1(\mathrm{net}_k^{(1)}),\quad k=1,2,\cdots,q \tag{8-23}$$

式中，$\mathrm{net}_k^{(1)} = \sum_{i=1}^{n} v_{ik}x_i - \theta_k^{(1)}$，$k=1,2,\cdots,q$。

输出层节点的输出为

$$z_j = f_2\left(\sum_{k=1}^{q} w_{kj}O_k - \theta_j^{(2)}\right) = f_2(\mathrm{net}_j^{(2)}),\quad j=1,2,\cdots,m \tag{8-24}$$

式中，$\mathrm{net}_j^{(2)} = \sum_{k=1}^{q} w_{kj}O_k - \theta_j^{(2)}$，$j=1,2,\cdots,m$。

2. 反向传播

网络输出与期望输出的误差为

$$\begin{aligned} E &= \frac{1}{2}\sum_{j=1}^{n}(y_j - z_j)^2 = \frac{1}{2}\sum_{j=1}^{n}\left[y_j - f_2\left(\sum_{k=1}^{q} w_{kj}O_k - \theta_j^{(2)}\right)\right]^2 \\ &= \frac{1}{2}\sum_{j=1}^{n}\left\{y_j - f_2\left[\sum_{k=1}^{q} w_{kj} f_1\left(\sum_{i=1}^{n} v_{ik}x_i - \theta_k^{(1)}\right) - \theta_j^{(2)}\right]\right\}^2 \end{aligned} \tag{8-25}$$

误差 E 对隐含层与输出层间的权重 w_{kj} 的偏导数为

$$\frac{\partial E}{\partial w_{kj}} = \frac{\partial E}{\partial z_j}\cdot\frac{\partial z_j}{\partial w_{kj}} = -(y_j - z_j)f_2'(\mathrm{net}_j^{(2)})O_k = -\delta_j^{(2)}O_k \tag{8-26}$$

式中，$\delta_j^{(2)} = (y_j - z_j)f_2'(\mathrm{net}_j^{(2)})$。

误差 E 对输入层与隐含层间的权重 v_{ik} 的偏导数为

$$\begin{aligned} \frac{\partial E}{\partial v_{ik}} &= \sum_{j=1}^{m}\sum_{k=1}^{q}\frac{\partial E}{\partial z_j}\cdot\frac{\partial z_j}{\partial O_k}\cdot\frac{\partial O_k}{\partial v_{ik}} \\ &= -\sum_{j=1}^{m}(y_j - z_j)f_2'(\mathrm{net}_j^{(2)})w_{kj}f_1'(\mathrm{net}_k^{(1)})x_i = -\delta_k^{(1)}x_i \end{aligned} \tag{8-27}$$

式中，$\delta_k^{(1)} = \sum_{j=1}^{m}(y_j - z_j)f_2'(\mathrm{net}_j^{(2)})w_{kj}f_1'(\mathrm{net}_k^{(1)}) = \sum_{j=1}^{m}\delta_j^{(2)}w_{kj}f_1'(\mathrm{net}_k^{(1)})$。

由此可得，权重调整为

$$\begin{cases} v_{ik}(t+1) = v_{ik}(t) + \Delta v_{ik} = v_{ik}(t) - \eta^{(1)}\dfrac{\partial E}{\partial v_{ik}} = v_{ik}(t) + \eta^{(1)}\delta_k^{(1)}x_i \\ w_{kj}(t+1) = w_{kj}(t) + \Delta w_{kj} = w_{kj} - \eta^{(2)}\dfrac{\partial E}{\partial w_{kj}} = w_{kj} + \eta^{(2)}\delta_j^{(2)}O_k \end{cases} \tag{8-28}$$

式中，$\eta^{(1)}$、$\eta^{(2)}$ 分别为隐含层、输出层的学习速度。

同理，误差 E 对输出层节点的阈值 $\theta_j^{(2)}$ 的偏导数为

$$\frac{\partial E}{\partial \theta_j^{(2)}} = \frac{\partial E}{\partial z_j} \cdot \frac{\partial z_j}{\partial \theta_j^{(2)}} = -(y_j - z_j) f_2'(\text{net}_j^{(2)})(-1) = (y_j - z_j) f_2'(\text{net}_j^{(2)}) = \delta_j^{(2)} \quad (8\text{-}29)$$

误差 E 对隐含层节点的阈值 $\theta_k^{(1)}$ 的偏导数为

$$\begin{aligned}\frac{\partial E}{\partial \theta_k^{(1)}} &= \sum_{j=1}^{m} \frac{\partial E}{\partial z_j} \cdot \frac{\partial z_j}{\partial O_k} \cdot \frac{\partial O_k}{\partial \theta_k^{(1)}} = -\sum_{j=1}^{m} (y_j - z_j) f_2'(\text{net}_j^{(2)}) w_{kj} f_1'(\text{net}_k^{(1)})(-1) \\ &= \sum_{j=1}^{m} (y_j - z_j) f_2'(\text{net}_j^{(2)}) w_{kj} f_1'(\text{net}_k^{(1)}) = \delta_k^{(1)}\end{aligned} \quad (8\text{-}30)$$

由此可得，阈值调整为

$$\begin{cases} \theta_k^{(1)}(t+1) = \theta_k^{(1)}(t) + \Delta\theta_k^{(1)} = \theta_k^{(1)}(t) + \eta^{(1)} \dfrac{\partial E}{\partial \theta_k^{(1)}} = \theta_k^{(1)}(t) + \eta^{(1)} \delta_k^{(1)} \\ \theta_j^{(2)}(t+1) = \theta_j^{(2)}(t) + \Delta\theta_j^{(2)} = \theta_j^{(2)}(t) + \eta^{(2)} \dfrac{\partial E}{\partial \theta_j^{(2)}} = \theta_j^{(2)}(t) + \eta^{(2)} \delta_j^{(2)} \end{cases} \quad (8\text{-}31)$$

8.3 组建 BP 神经网络的注意事项

8.3.1 神经元节点数

网络的输入与输出节点数是由实际问题的维数决定的，与网络性能无关。隐含层节点数 l 目前还没有统一的规范来解决，一般可利用下面两个经验公式之一来确定。

$$l = \sqrt{m+n} + a \quad (8\text{-}32)$$

$$l = \sqrt{0.43mn + 0.12n^2 + 2.54m + 0.77n + 0.35 + 0.51} \quad (8\text{-}33)$$

式中，m、n 分别为输入、输出节点数；a 为[1, 10]的常数。

隐含层节点数可以根据式（8-32）或式（8-33）得出一个初始值，然后利用逐步增长法或逐步修剪法确定最终值。逐步增长从一个较简单的网络开始，若训练结果不符合要求，则逐步增加隐含层神经元个数直到合适为止。逐步修剪则从一个较复杂的网络开始，逐步删除隐含层神经元。

经验公式只是确定隐含层节点数的参考方法，并不是在任何情况下都是有效的。对于一个没有任何规律、杂乱无序、拐点特别多的训练样本，经验公式有时完全失效。原因如下。

（1）神经网络的激励函数都是连续光滑的函数，无法拟合震荡特别强烈的样本。

（2）激励函数除了小波函数，常规的 S 形函数都是比较平滑的，无法精确快速响应从波峰迅速衰减到波谷的学习样本。

当出现随机程度比较大的样本时，通常会增加隐含层神经元以便减小学习误差，但是这样做的代价是计算机硬件开销大，网络泛化能力也随之降低，并且单纯增加隐含层神经元并不能完全消除学习误差。网络的性能与数据的品质有直接关系。因此，为了尽量减少使用不必要的隐含层神经元，可以通过以下步骤筛选学习数据。

（1）清理样本中过大或过小的“野点”数据。

（2）采样间隔需疏密有度。

（3）训练样本容量适宜，在尽量全面覆盖知识的前提下选择少一点的数据。

（4）输入、输出的样本选择要配合机理分析。只有输入和输出之间存在必然的因果关系时，使用神经网络才有意义。

如果样本训练的先后顺序没有差异，那么可以按照以下步骤进一步筛选数据：通过对所有输入因子与输出因子之间的关联分析，找出各输入因子相对输出因子的重要程度，依照重要程度的顺序，优先对最重要输入因子进行有规律的排序（输出因子也随之排序）。如果最重要的输入因子找不到比较好的排序方案，不妨就用单调增或单调减顺序排列。最重要输入因子排列完毕以后，在最重要输入因子的基础上，依次类推，排列次重要输入因子。

8.3.2　数据预处理和后期处理

（1）归一化处理。将每组数据都变为[−1, 1]的数，可以利用公式 $x_k = \dfrac{x_k - x_{\min}}{x_{\max} - x_{\min}}$ 实现归一化。

（2）标准化处理。将每组数据都化为均值为 0、方差为 1 的一组数据。

（3）主成分分析。运用正交处理，可减小数据的维数。

（4）回归分析与相关性分析。

8.3.3　学习速度的选定

学习速度不能选择得太大，否则会出现算法不收敛的情况；也不能太小，否则会使训练过程时间太长。一般选择[0.01, 0.1]的值，再根据训练过程中梯度变化和均方误差变化来确定。

8.4　BP 神经网络预测的 Python 建模仿真

8.4.1　公路客运量预测问题描述

公路客运具有经济性和便捷性的特点，根据研究，某省的公路客运量主要受到人口数量、旅客周转量、地区生产总值、民用载客汽车拥有量、公路里程数等因素影响。表 8-1 给出了某省 1991～2019 年的公路客运量的相关数据。

根据统计，该省 2020 年的人口数量为 11521 万人，公路里程数为 22.51 万千米，地区生产总值为 107671.07 亿元，旅客周转量为 2125.72 万人，民用载客汽车拥有量为 2068.17 万辆。请运用 BP 神经网络方法预测该省 2020 年的公路客运量。

表 8-1 某省 1991～2019 年公路客运量相关数据

年份	人口数量/万人	公路里程数/万千米	地区生产总值/亿元	旅客周转量/万人	民用载客汽车拥有量/万辆	公路客运量/万人
1991	6283	5.47	1559.03	404.4	14.8	73570
1992	6349	5.53	1893.3	465.7	16.71	83279
1993	6525	5.59	2447.54	530	20.87	86148
1994	6607	6.16	3469.28	568	27.34	129083
1995	6689	7.57	4619.02	742.7	35.37	119354
1996	6868	8.46	5933.05	812.3	44.73	119938
1997	6961	8.96	6834.97	699.2	49.58	119672
1998	7051	9.19	7774.53	846.7	56.06	120810
1999	7143	9.27	8530.88	877.3	62.65	85611
2000	7270	9.56	9250.68	802.9	69.95	99417
2001	8650	10.26	10741.25	937.03	85.34	106093
2002	8733	10.48	12039.25	1130.32	99.05	108509
2003	8842	10.85	13502.42	1279.7	130.29	122265
2004	8963	11.03	15844.64	1262.8	159.74	131435
2005	9111	11.15	18864.62	1383	198.73	139158
2006	9194	11.53	22557.37	1448.36	247.44	175567
2007	9442	17.84	26587.76	1573.15	302.49	186835
2008	9660	18.2	31777.01	1810.46	373.68	462997
2009	9893	18.32	36796.71	1705.55	440.6	406704
2010	10130	18.5	39482.56	1886.79	520.38	442224
2011	10441	19.01	46013.06	2203.44	629.3	493618
2012	10505	19.07	53210.28	2600.23	745.35	556510
2013	10594	19.49	57067.92	2998.23	861.6	133305
2014	10644	20.29	62474.79	1780.93	992.39	157234
2015	10724	21.21	67809.85	2315.37	1144.18	98050
2016	10849	21.6	72812.55	1796.52	1290.57	102094
2017	10999	21.81	80854.91	1887.45	1485.65	105919
2018	11169	21.96	89705.23	2012.47	1691.96	105249
2019	11346	21.77	99945.22	2085.59	1891.3	101012

资料来源：国家统计局。

8.4.2 BP 神经网络的预测过程

将该省 1991～2019 年的公路客运量相关数据保存为 traffic_data.csv，如图 8-8 所示。运用 BP 神经网络预测公路客运量，可把问题分成以下 6 个模块进行处理：①原始数据输入；②数据归一化；③网络训练；④对原始数据进行仿真；⑤将原始数据仿真的结果与已知样本进行对比；⑥对预测数据进行仿真。

1. 原始数据输入

```
import numpy as np
import matplotlib as mpl
import matplotlib.pyplot as plt
import pandas as pd
from sklearn.preprocessing import MinMaxScaler

data=pd.read_csv('traffic_data.csv',header=0,encoding='gbk')
data_year=data['year']
x=data[['input_rks','input_gllc','input_gdp','input_lkzz','
input_qcsl']]
y=data[['output_glky']]
data_predict_input=np.array([[11521,22.51,107671.07,2125.72,
2068.17]])
```

	A	B	C	D	E	F	G
1	year	input_rks	input_gllc	input_gdp	input_lkzz	input_qcsl	output_glky
2	1991	6283	5.47	1559.03	404.4	14.8	73570
3	1992	6349	5.53	1893.3	465.7	16.71	83279
4	1993	6525	5.59	2447.54	530	20.87	86148
5	1994	6607	6.16	3469.28	568	27.34	129083
6	1995	6689	7.57	4619.02	742.7	35.37	119354
7	1996	6868	8.46	5933.05	812.3	44.73	119938
8	1997	6961	8.96	6834.97	699.2	49.58	119672
9	1998	7051	9.19	7774.53	846.7	56.06	120810
10	1999	7143	9.27	8530.88	877.3	62.65	85611
11	2000	7270	9.56	9250.68	802.9	69.95	99417
12	2001	8650	10.26	10741.25	937.03	85.34	106093
13	2002	8733	10.48	12039.25	1130.32	99.05	108509
14	2003	8842	10.85	13502.42	1279.7	130.29	122265
15	2004	8963	11.03	15844.64	1262.8	159.74	131435
16	2005	9111	11.15	18864.62	1383	198.73	139158
17	2006	9194	11.53	22557.37	1448.36	247.44	175567
18	2007	9442	17.84	26587.76	1573.15	302.49	186835
19	2008	9660	18.2	31777.01	1810.46	373.68	462997
20	2009	9893	18.32	36796.71	1705.55	440.6	406704
21	2010	10130	18.5	39482.56	1886.79	520.38	442224
22	2011	10441	19.01	46013.06	2203.44	629.3	493618

traffic_data

图 8-8　traffic_data.csv 文件内容

2. 数据归一化

```
x_scaler=MinMaxScaler(feature_range=(-1,1))
```

```
y_scaler=MinMaxScaler(feature_range=(-1,1))
x=x_scaler.fit_transform(x)
y=y_scaler.fit_transform(y)
data_predict_input1=x_scaler.transform(data_predict_input)
```

3. 网络训练

```
sample_in=x.T
sample_out=y.T
max_epochs=60000                #最大训练次数
learn_rate=0.03                 #学习速度
mse_final=6.5e-4                #均方误差
sample_number=x.shape[0]
input_number=5                  #输入层神经元个数
output_number=1                 #输出层神经元个数
hidden_unit_number=11           #隐含层神经元个数
#创建网格参数
w1=np.random.rand(hidden_unit_number,input_number)
b1=np.random.rand(hidden_unit_number,1)
w2=np.random.rand(output_number,hidden_unit_number)
b2=np.random.rand(output_number,1)
#sigmoid 函数
def sigmoid(z):
    return 1.0/(1.0+np.exp(-z))
#双曲正切函数
def sigmoid2(z):
    return(np.exp(z)-np.exp(-z))/(np.exp(z)+np.exp(-z))
mse_history=[]
for i in range(max_epochs):
    #正向传播过程
    hidden_out=sigmoid(np.dot(w1,sample_in).transpose()+b1.
transpose()).transpose()
    network_out=sigmoid2(np.dot(w2,hidden_out).transpose()+
b2.transpose()).transpose()
    #误差判断
    err=sample_out-network_out
    mse=np.average(np.square(err))
    mse_history.append(mse)
    if mse<mse_final:
```

```
            break
        #BP 过程
        delta2 =-err
        delta1=np.dot(w2.transpose(),delta2)* hidden_out
*(1-hidden_out)
        dw2=np.dot(delta2,hidden_out.transpose())
        db2=np.dot(delta2,np.ones((sample_number,1)))
        dw1=np.dot(delta1,sample_in.transpose())
        db1=np.dot(delta1,np.ones((sample_number,1)))
        w2-= learn_rate * dw2
        b2-= learn_rate * db2
        w1-= learn_rate * dw1
        b1-= learn_rate * db1
    ##设置字符集,防止中文乱码
    mpl.rcParams['font.sans-serif']=[u'simHei']
    mpl.rcParams['axes.unicode_minus']=False
    #误差曲线图
    mse_history10=np.log10(mse_history)
    min_mse=min(mse_history10)
    plt.figure(figsize=(10,8))
    plt.figure(dpi=1200)plt.plot(mse_history10,"-")
    plt.plot([0,len(mse_history10)],[min_mse,min_mse],"--")
    ax=plt.gca()
    ax.set_yticks([-2,-1,0,0.5,min_mse])
    ax.set_xlabel('训练次数')
    ax.set_ylabel('误差')
    ax.set_title('误差的 lg 曲线图')
    plt.legend(['训练误差','最小误差'],loc='upper right')
    plt.show()
```

4. 对原始数据进行仿真

```
hidden_out=sigmoid((np.dot(w1,sample_in).transpose()+b1.
transpose())).transpose()
network_out=sigmoid2(np.dot(w2,hidden_out).transpose()+b2.
transpose()).transpose()
network_out=y_scaler.inverse_transform(network_out.T)
sample_out=y_scaler.inverse_transform(y)
```

5. 将原始数据仿真的结果与已知样本进行对比

```
data_year=data_year.astype(dtype=np.str)
plt.figure(dpi=1200)
plt.plot(data_year,network_out[:,0],'k',marker='o')
plt.plot(data_year,sample_out[:,0],'r',marker='*')
plt.xlabel('年份')
plt.ylabel('公路客运量/万人')
plt.title('预测值和实际值对比图')
plt.legend(['预测值','实际值'],loc='upper left')
plt.xticks(rotation=-45)
plt.show()
```

6. 对预测数据进行仿真

```
data_predict_input2=data_predict_input1.T
predict_hidden_out=sigmoid(np.dot(w1,data_predict_input2).
transpose()+b1.transpose()).transpose()
predict_network_out=sigmoid2(np.dot(w2,predict_hidden_out).
transpose()+b2.transpose()).transpose()
predict_network_out=y_scaler.inverse_transform(predict_
network_out.T)
predict_network_out=np.around(predict_network_out)
print('训练最小误差:%.4e'%min(mse_history))
print('预测结果:\n',predict_network_out)
```

误差曲线如图 8-9 所示，具体的误差数据如表 8-2 所示。

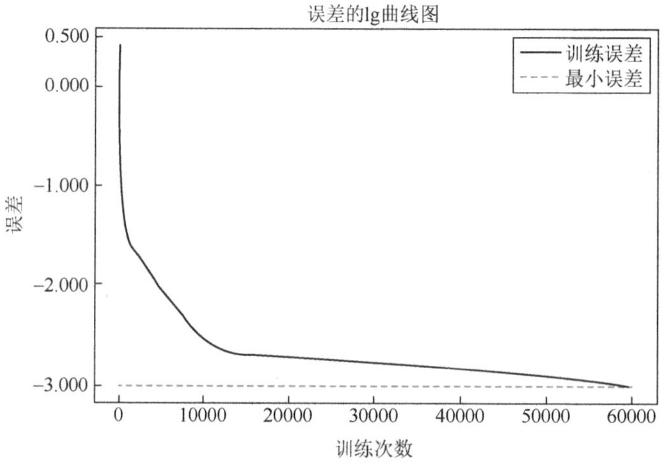

图 8-9　误差曲线图

表 8-2　预测值与实际值的误差表

年份	实际值	预测值	相对误差	年份	实际值	预测值	相对误差
1991	73570	73940	0.50%	2006	175567	173040	1.44%
1992	83279	84350	1.29%	2007	186835	186990	0.08%
1993	86148	92840	7.77%	2008	462997	462450	0.12%
1994	129083	115250	10.72%	2009	406704	407170	0.11%
1995	119354	129230	8.27%	2010	442224	442360	0.03%
1996	119938	116890	2.54%	2011	493618	493500	0.02%
1997	119672	120610	0.78%	2012	556510	556440	0.01%
1998	120810	100390	16.90%	2013	133305	133350	0.03%
1999	85611	98020	14.49%	2014	157234	157280	0.03%
2000	99417	105470	6.09%	2015	98050	98620	0.58%
2001	106093	106700	0.57%	2016	102094	100630	1.43%
2002	108509	109220	0.66%	2017	105919	105920	0.00%
2003	122265	125340	2.52%	2018	105249	106580	1.26%
2004	131435	122560	6.75%	2019	101012	100510	0.50%
2005	139158	145910	4.85%				

图 8-10 是实际值与预测值的对比图，两者非常接近，训练最小误差为 9.4412×10^{-4}。因此 BP 神经网络模型能够用于预测。2020 年公路客运量预测值为 89462 万人。

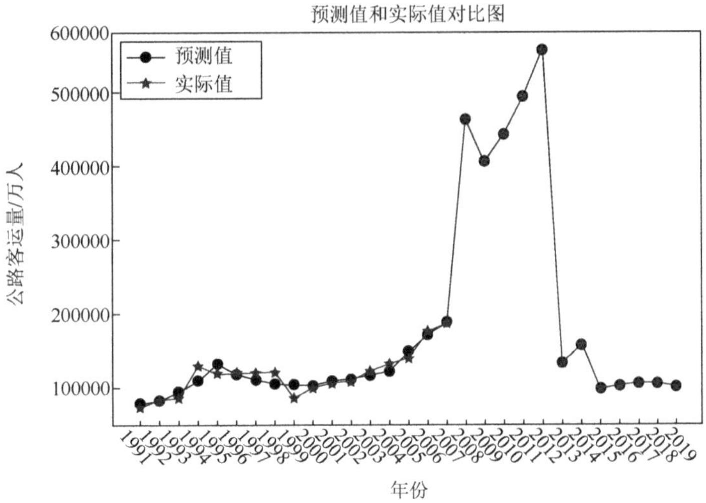

图 8-10　BP 神经网络预测值与实际值对比图

【总结与习题】

1. 总结

本章在介绍人工神经网络基本理论的基础上，详细分析了 BP 神经网络算法，介绍了组建 BP 神经网络的注意事项，最后结合某省公路客运量预测的实例解析了基于 Python 语言的 BP 神经网络建模仿真应用。

2. 习题

（1）人工神经网络常用的激励函数有哪些？

（2）人工神经网络常用的学习规则有哪些？

（3）简述 BP 神经网络算法。

（4）结合实例分析 BP 神经网络解决预测问题的优缺点。

（5）应用 BP 神经网络时，其数据可以划分为哪些类型？

（6）某地区 2005～2019 年万元工业地区生产总值废气排放量、废水排放量、固体废物排放量及用于污染治理的投入经费比例（简称治理投资占比）如表 8-3 所示，应用 BP 神经网络建立预测模型，预测 2020 年该地区的各项指标值。

表 8-3 废气、废水、固体废物排放量及治理投资占比

年份	废气排放量/米 ^{3}	废水排放量/千克	固体废物排放量/千克	治理投资占比/%
2005	104254.40	519.48	441.65	0.18
2006	94415.00	476.97	398.19	0.26
2007	89317.41	119.45	332.14	0.23
2008	63012.42	67.93	203.91	0.20
2009	45435.04	7.86	128.20	0.17
2010	46383.42	12.45	113.39	0.22
2011	39874.19	13.42	87.12	0.15
2012	38412.85	37.97	76.98	0.21
2013	35270.79	45.36	59.68	0.11
2014	35200.76	34.93	60.82	0.15
2015	35848.97	1.82	57.35	0.19
2016	40348.43	1.17	53.06	0.11
2017	40392.96	0.16	50.96	0.12
2018	37273.13	0.05	43.94	0.15
2019	34176.27	0.06	36.90	0.13

（7）已知 9 个湖泊的水质观测值和湖泊水质评价标准分别如表 8-4 和表 8-5 所示，请运用 BP 神经网络对上述湖泊水质进行判别。

表 8-4 9 个湖泊的水质观测值

指标	总磷/(毫克/升)	总氮/(毫克/升)	耗氧量/(毫克/升)	生物量/(毫克/升)	透明度/米
青海湖	20	220	1.40	14.6	4.50
太湖	20	900	2.83	100.0	0.50

续表

指标	总磷/(毫克/升)	总氮/(毫克/升)	耗氧量/(毫克/升)	生物量/(毫克/升)	透明度/米
呼伦湖	80	130	8.29	11.6	0.50
洪泽湖	100	460	5.50	11.5	0.30
巢湖	30	1670	6.26	25.3	0.25
滇池	20	230	10.13	189.2	0.50
武汉东湖	105	2000	10.70	1913.7	0.40
杭州西湖	130	760	10.30	6920.0	0.35
洱海	34	490	2.11	22.3	3.3

表 8-5　湖泊水质评价标准

评价参数	总磷/(毫克/升)	总氮/(毫克/升)	耗氧量/(毫克/升)	生物量/(毫克/升)	透明度/米
极贫营养	<1	<20	<0.09	<4	>37
贫营养	[1, 4)	[20, 60)	[0.09, 0.36)	[4, 15)	(12, 37]
中营养	[4, 23)	[60, 310)	[0.36, 1.80)	[15, 50)	(2.4, 12]
富营养	[23, 660]	[310, 4600]	[1.80, 27.10]	[50, 1000]	[0.17, 2.4]
极富营养	>660	>4600	>27.10	>1000	<0.17

第9章

灰色预测建模与仿真

【学习目标】

1. 理解灰色系统理论。
2. 熟悉灰色预测模型、建模步骤。
3. 能够运用 Python 进行灰色预测的建模仿真。

【开篇案例】

走近灰色系统论

在系统研究过程中，由于系统内外扰动的存在和人类认识能力的局限，人们所获得的信息往往带有某种不确定性。随着科学技术的发展和人类社会的进步，人们对各类系统不确定性的认识逐步深化，对不确定性系统的研究也日益深入。20 世纪 60 年代以来，多种不确定性系统理论和方法被相继提出。

中国学者邓聚龙于 1982 年创立的灰色系统理论是一种研究少数据、贫信息不确定性问题的新方法。该理论以部分信息已知、部分信息未知的少数据、贫信息不确定性系统为研究对象，主要通过对部分已知信息的挖掘，提取有价值的信息，实现对系统运行行为、演化规律的正确描述和有效监控。现实世界中普遍存在的少数据、贫信息不确定性系统为灰色系统理论提供了丰富的研究资源和广阔的发展空间。

社会、经济、农业、工业、生态、生物等许多系统是根据研究对象所属的领域和范围命名的，而灰色系统是按颜色命名的。在控制论中，人们常用颜色的深浅形容信息的明确程度，如阿什比（Ashby）将内部信息未知的对象称为黑箱。这种称谓已为人们普遍接受。在政治生活中，人民群众希望了解决策及其形成过程的有关信息，就提出要增加“透明度”。我们用“黑”表示信息未知，用“白”表示信息完全明确，用“灰”表示部分信息明确、部分信息不明确。相应地，信息完全明确的系统称为白色系统，信息未知的系统称为黑色系统，部分信息明确、部分信息不明确的系统称为灰色系统。

请注意系统与箱这两个概念的区别。通常地，箱侧重对象的外部特征而不重视其内部信息的开发利用，往往通过输入输出关系或因果关系研究对象的功能和特性。系统则通过对象、要素、环境三者之间的有机联系和变化规律研究其结构、功能、特性。

灰色系统理论的研究对象是部分信息已知、部分信息未知的少数据、贫信息不确定性系统，运用灰色系统方法和模型技术，通过对部分已知信息的生成，人们能够开发、挖掘蕴含在系统观测数据中的重要信息，实现对现实世界的正确描述和认识。

信息不完全是“灰”的基本含义。从不同场合、不同角度看，还可以将“灰”的含义加以引申。

资料来源：http://blog.sciencenet.cn/blog-528739-837415.html

9.1 灰色系统概论

9.1.1 灰色系统理论的产生

灰色系统理论是在一般系统理论的基础上产生的。它是系统科学思想发展的必然产物，是社会经济深入发展对科学刺激和需要的产物。当我们认识与研究自然和社会时，要从系统的角度出发，从宏观上对其进行深入的剖析和整体把握。在实际中，我们首先要对事物进行系统性认识，进而对已有的系统进行有效控制以及设计一些最优系统。对系统的控制就要通过系统内部和外部的信息与信息流来加以实施，通过对信息的控制进而达到对系统本身的控制。

现代控制理论和经典控制理论都依赖正确而精确的数学模型，否则，一切都很难取得满意的结果。然而，在现实生活中，有许多情况不大可能求得精确的数学模型，如工业系统、生物系统、经济系统、社会系统等。若得不出精确的数学模型，现代控制理论的方法和手段就无法施行，因而现代控制理论对一些研究对象也鞭长莫及。

人们对这些问题进行潜心研究，查德于 1965 年首创模糊理论，第一次用精确的数学方式来分析和研究模糊量，取得了新的突破，随后，模糊集合论迅速应用于控制领域，收到了良好的效果。模糊控制能够对一些无法构造数学模型的系统进行控制，但模糊控制也表现出固有的弱点，即信息利用率低，控制粗糙、精度低等。模糊控制难以胜任要求高精度的任务，并且它未能对被控对象的运动规律进行深刻的阐明。因此，模糊控制有它的局限性，只适应于一些特有的模糊系统。

经典控制理论、现代控制理论和模糊控制理论有一个共同点，那就是它们所研究的对象系统必须是白色系统（信息完全确知的系统），而事实上，无论是自然系统还是社会系统，宏观系统还是微观系统，无生命系统还是有生命系统，对我们认识的主体来说，总是信息不完全的，很难完全地说明一个系统的内部参数。毫无疑问，内部参数不完全的系统具有极为普遍的意义。就像模糊理论的诞生一样，灰色系统理论也应运而生了。

灰色系统理论是我国学者邓聚龙于 20 世纪 80 年代初创立并发展的理论。它是把一般系统论、信息论和控制论的观点和方法延伸到社会、经济、生态等抽象系统，结合运用数学方法发展的一套解决灰色系统问题的理论和方法。灰色系统理论引起了国内外学者的广泛关注，已成功应用到工业、农业、社会、经济等众多领域，解决了生产、生活和科学研究中的大量实际问题。

9.1.2 灰色系统概念及其特点

灰色系统是指部分信息已知、部分信息未知的小样本、贫信息的不确定性系统，它通过对部分已知信息的生成、开发去了解、认识现实世界，实现对系统运行行为和演化规律的正确把握与描述。灰色系统具有以下特点。

1. 用灰色数学来处理不确定量并使之量化

在数学发展史上，最早研究的是确定型微分方程，即在拉普拉斯决定论框架内的数学。他认为一旦有了描写事物的微分方程及初值，就能确知事物任何时候的运动。随后发展了概率论与数理统计，用随机变量和随机过程来研究事物的状态与运动。模糊数学则研究没有清晰界限的事物，如儿童和少年之间没有确定的年龄界限加以截然划分等，它通过隶属函数来使模糊概念量化，因此能用模糊数学来描述语言、不精确推理及若干人文科学领域的问题。灰色系统理论则认为不确定量是灰数，用灰色数学来处理不确定量，同样能使不确定量予以量化。

2. 充分利用已知信息寻求系统的运动规律

研究灰色系统的关键是如何使灰色系统白化、模型化、优化。灰色系统视不确定量为灰色量，灰色系统理论提出了灰色系统建模的具体数学方法，它能运用时间序列来确定微分方程的参数。灰色预测不是把观测到的数列视为一个随机过程，而是看作随时间变化的灰色量或灰色过程，通过累加生成和累减生成逐步使灰色量白化，从而建立相应于微分方程解的模型并进行预测。这样，对某些大系统和长期预测问题，灰色系统就可以发挥作用。

3. 灰色系统理论能处理贫信息系统

灰色预测模型只要求较短的观测资料即可，这和时间序列分析、多元分析等概率统计模型要求较长的观测资料很不一样。因此，对于某些只有少量观测数据的项目来说，灰色预测模型是一种有用的工具。

灰色系统理论经过 40 多年的发展，已基本建立起一门新兴的结构体系，其研究内容主要包括灰色系统建模理论、灰色系统控制理论、灰色关联分析方法、灰色预测方法、灰色规划方法、灰色决策方法等。

9.1.3 灰色预测概念

灰色系统分析方法通过鉴别系统因素之间发展趋势的相似或相异程度，即进行关联度分析，并通过对原始数据的生成处理来寻求系统变动的规律。生成数列有较强的规律性，可以用它来建立相应的微分方程模型，从而预测事物未来的发展趋势和状态。

灰色预测是指利用动态灰色模型，对系统的时间序列进行数量的预测，即对系统的主行为特征量或某项指标发展变化到未来特定时刻出现的数值进行预测。

灰色预测通常分为以下四类。

（1）灰色时间序列预测，用等时距观测到的反映预测对象特征的一系列数量（如产量、销量、人口数量、存款数量、利率）构造灰色预测模型，预测未来某一时刻的特征量或者达到某特征量的时间。

（2）畸变预测（灾变预测），由序列中的异常点构成子列，从子列获取其时间分布序列，然后对异常点的时间分布序列建立灰色预测模型，预测异常点未来的时间分布，以了解在未来哪一个时刻将出现异常点。

（3）波形预测，或称为拓扑预测，通过灰色预测模型预测事物未来变动的轨迹。

（4）系统预测，对系统行为特征指标建立一族相互关联的灰色预测模型，在预测系统整体变化的同时，预测系统各环节的变化。

9.2　灰色预测模型

9.2.1　灰色生成

将原始数列中的数据按某种要求进行数据处理称为生成。尽管客观世界复杂，表述其行为的数据可能是杂乱无章的，但是它必然是有序的，都存在着某种内在规律，不过这些规律被纷繁复杂的现象所掩盖，人们很难直接从原始数据中找到某种内在规律。对原始数据的生成就是企图从杂乱无章的现象中去发现内在规律。

常用的灰色系统生成方式有累加生成、累减生成、均值生成、级比生成等。

1. 累加生成

累加生成，即通过数列间各时刻数据的依次累加以得到新的数据与数列。累加前的数列称为原始数列，累加后的数列称为生成数列。

累加生成是使灰色过程由灰变白的一种方法，它在灰色系统理论中占有极其重要的地位。通过累加生成可以看出灰量积累过程的发展态势，使离散的原始数据中蕴含的积分特性或规律加以显化。累加生成是对原始数列中各时刻的数据依次累加，从而生成新的数列的一种手段。

令 $X^{(0)}$ 为原始数列，$X^{(0)}=[x^{(0)}(1),x^{(0)}(2),\cdots,x^{(0)}(n)]$，记生成数列为 $X^{(1)}$，$X^{(1)}=[x^{(1)}(1), x^{(1)}(2),\cdots,x^{(1)}(n)]$，如果 $X^{(0)}$ 与 $X^{(1)}$ 之间满足如下关系：

$$x^{(1)}(k)=\sum_{i=1}^{k}x^{(0)}(i),\ k=1,2,\cdots,n \tag{9-1}$$

则称为一次累加生成，记为 1-AGO。r 次累加生成满足如下关系：

$$x^{(r)}(k)=\sum_{i=1}^{k}x^{(r-1)}(i),k=1,2,\cdots,n \tag{9-2}$$

从 r–1 次到 r 次的累加生成为

$$x^{(r)}(k)=\sum_{i=1}^{k-1}x^{(r-1)}(i)+x^{(r-1)}(k)=x^{(r-1)}(k-1)+x^{(r-1)}(k),k=1,2,\cdots,n$$

$$x^{(r)}(k)=\sum_{i=1}^{k}x^{(r-1)}(i)=\sum_{i=1}^{k}(\sum_{j=1}^{i}x^{(r-2)}(j)),k=1,2,\cdots,n$$

累加生成在灰色系统理论中有着非常重要的地位，它能使任意非负数列摆动或非摆动地转化为非减的或递增的数列。

2. 累减生成

累减生成，即对数列求相邻两数据的差。累减生成是累加生成的逆运算。累减生成可将累加生成还原为非生成数列，在建模过程中用来获得增量信息，其运算符号为Δ。

令 $X^{(r)}$ 为 r 次生成数列，对 $X^{(r)}$ 作 r 次累减生成记为 $\Delta^{(i)}$，其基本关系式为

$$\begin{aligned}
&\Delta^{(0)}[x^{(r)}(k)]=x^{(r)}(k)\\
&\Delta^{(1)}[x^{(r)}(k)]=\Delta^{(0)}[x^{(r)}(k)]-\Delta^{(0)}[x^{(r)}(k-1)]\\
&\Delta^{(2)}[x^{(r)}(k)]=\Delta^{(1)}[x^{(r)}(k)]-\Delta^{(1)}[x^{(r)}(k-1)]\\
&\cdots\cdots\\
&\Delta^{(i)}[x^{(r)}(k)]=\Delta^{(i-1)}[x^{(r)}(k)]-\Delta^{(i-1)}[x^{(r)}(k-1)]
\end{aligned} \tag{9-3}$$

式中，$\Delta^{(0)}(0)$ 为 0 次累减生成，即无累减；$\Delta^{(1)}(0)$ 为 1 次累减生成，即 k–1 与 k 时刻两个 0 次累减量求差，$\Delta^{(i)}(0)$ 为 i 次累减生成，即 k–1 与 k 时刻两个 i–1 次累减量求差。

由此可得

$$\begin{aligned}
\Delta^{(1)}[x^{(r)}(k)]&=\Delta^{(0)}[x^{(r)}(k)]-\Delta^{(0)}[x^{(r)}(k-1)]=x^{(r)}(k)-x^{(r)}(k-1)\\
&=\sum_{i=1}^{k}x^{(r-1)}(i)-\sum_{i=1}^{k-1}x^{(r-1)}(i)=x^{(r-1)}(k)
\end{aligned} \tag{9-4}$$

$$\begin{aligned}
\Delta^{(2)}[x^{(r)}(k)]&=\Delta^{(1)}[x^{(r)}(k)]-\Delta^{(1)}[x^{(r)}(k-1)]=x^{(r-1)}(k)-x^{(r-1)}(k-1)\\
&=\sum_{i=1}^{k}x^{(r-2)}(i)-\sum_{i=1}^{k-1}x^{(r-2)}(i)=x^{(r-2)}(k)
\end{aligned} \tag{9-5}$$

同理可得

$$\Delta^{(i)}[x^{(r)}(k)]=x^{(r-i)}(k) \tag{9-6}$$

$$\Delta^{(r)}[x^{(r)}(k)]=x^{(0)}(k) \tag{9-7}$$

对 r 次生成数列作 r 次累减生成，即还原为原始数列。事实上，累加生成中包含着累减生成，累减生成中也包含着累加生成。例如，当 $r=1$ 时，有

$$x^{(1)}(k)=\sum_{i=1}^{k}x^{(0)}(i)=\sum_{i=1}^{k-1}x^{(0)}(i)+x^{(0)}(k)=x^{(1)}(k-1)+x^{(0)}(k) \tag{9-8}$$

进而 $x^{(0)}(k)=x^{(1)}(k)-x^{(1)}(k-1)$，进一步有

$$x^{(r-1)}(k)=x^{(r)}(k)-x^{(r)}(k-1) \tag{9-9}$$

式（9-9）经常被用于从生成数列中求原始数列。

3. 均值生成

均值生成分为邻均值生成与非邻均值生成两种。

邻均值生成是指对于等时距的数列，用相邻数据的平均值构造新的数据，即若有原始数列 $X=[x(1),x(2),\cdots,x(n)]$，记 k 点的生成数为 $z(k)$，且 $z(k)=\frac{1}{2}[x(k)+x(k-1)]$，则称 $z(k)$ 为邻均值生成数，显然，这种生成是相邻数据的等权生成。

非邻均值生成是指对于非等时距的数列，或虽为等时距数列，但剔除异常值之后出现空穴的数列，用空穴两边的数据求平均值构造新的数据以填补空穴，即若有原始数列 $X=[x(1),x(2),\cdots,\varphi(k),x(k+1),\cdots x(n)]$，其中，$\varphi(k)$ 为空穴，记 k 点的生成数为 $z(k)$，且 $z(k)=\frac{1}{2}[x(k-1)+x(k+1)]$，则称 $z(k)$ 为非邻均值生成数，显然，这种生成也是相邻数据的等权生成。

4. 级比生成

级比生成在建模中可以获得较好的灰指数率，级比生成是级比 $\sigma(k)$ 与光滑比 $\rho(k)$ 生成的总称。

设 $X^{(0)}=[x^{(0)}(1),x^{(0)}(2),\cdots,x^{(0)}(n)]$ 为原始数列，则其级比 $\sigma(k)$ 与光滑比 $\rho(k)$ 的表达式为

$$\sigma(k)=x^{(0)}(k)/x^{(0)}(k-1) \tag{9-10}$$

$$\rho(k)=x^{(0)}(k)/x^{(1)}(k-1) \tag{9-11}$$

设 $X^{(0)}=[\varphi(1),x^{(0)}(2),\cdots,x^{(0)}(n-1),\varphi(n)]$ 为端点是空穴的数列，若用 $\varphi(1)$ 右邻的级比生成 $x^{(0)}(1)$，用 $\varphi(n)$ 左邻的级比生成 $x^{(0)}(n)$，则称 $x^{(0)}(1)$ 和 $x^{(0)}(n)$ 为级比生成。

9.2.2 灰色预测

灰色系统理论基于关联空间、光滑离散函数等概念定义灰导数与灰微分方程，进而用离散数列建立微分方程形式的动态模型。由于这是表征灰色系统的基本模型，而且模型是近似的、非唯一的，称这种模型为灰色模型，记为 GM( )，即灰色模型是利用离散随机数经过生成变为随机性被显著削弱且较有规律的生成数而建立起的微分方程形式的模型，这样便于对其变化过程进行研究和描述。

灰色预测通过鉴别系统因素之间发展趋势的相异程度，并对原始数列进行生成处理来寻找系统变动的规律，生成有较强规律性的数列，然后建立相应的微分方程模型，从而预测事物的未来发展趋势。灰色预测的数据是通过生成数据的模型所得到的预测值的逆处理结果。灰色预测以灰色模型为基础。在诸多灰色模型中，以灰色系统中单序列一阶线性微分方程模型 GM(1, 1)模型最为常用。下面简要地介绍 GM(1, 1)模型。

设有非负原始数列 $X^{(0)}=[x^{(0)}(1),x^{(0)}(2),\cdots,x^{(0)}(n)]$，其中，$n$ 为数据个数。根据 $X^{(0)}$ 建立 GM(1, 1)模型来实现预测功能的基本步骤如下。

（1）原始数列累加以便弱化随机序列的波动性和随机性，得到新数列：

$$X^{(1)}=[x^{(1)}(1),x^{(1)}(2),\cdots,x^{(1)}(n)]$$

式中，$x^{(1)}$ 中各数据表示对应前几项数据的累加。

$$x^{(1)}(t)=\sum_{k=1}^{t}x^{(0)}(k),\ t=1,2,\cdots,n \tag{9-12}$$

或

$$x^{(1)}(t+1)=\sum_{k=1}^{t+1}x^{(0)}(k),\ t=1,2,\cdots,n \tag{9-13}$$

（2）对数据 $x^{(1)}$ 建立一阶线性微分方程：

$$\frac{\mathrm{d}x^{(1)}(t)}{\mathrm{d}t}+ax^{(1)}(t)=u \tag{9-14}$$

式中，a、u 为待定系数，分别称为发展系数和灰色作用量，a 的有效区间是(−2, 2)，并记 a 和 u 构成的矩阵为 $\hat{a}=\begin{pmatrix}a\\u\end{pmatrix}$。只要求出 a、u，就能求出 $x^{(1)}(t)$，进而求出 $X^{(0)}$ 的未来预测值。

（3）求解累加生成数据的均值生成向量 B 和常数项向量 Y_n：

$$\begin{cases}B=\begin{bmatrix}\frac{1}{2}(x^{(1)}(1)+x^{(1)}(2))\\ \frac{1}{2}(x^{(1)}(2)+x^{(1)}(3))\\ \vdots\\ \frac{1}{2}(x^{(1)}(n-1)+x^{(1)}(n))\end{bmatrix}\\ Y_n=[x^{(0)}(2),x^{(0)}(3),\cdots,x^{(0)}(n)]^{\mathrm{T}}\end{cases} \tag{9-15}$$

（4）用最小二乘法求解灰参数 $\hat{a}$：

$$\hat{a}=\begin{pmatrix}a\\u\end{pmatrix}(B^{\mathrm{T}}B)^{-1}B^{\mathrm{T}}Y_n \tag{9-16}$$

（5）将灰参数 $\hat{a}$ 代入 $\frac{\mathrm{d}x^{(1)}(t)}{\mathrm{d}t}+ax^{(1)}(t)=u$，并对 $\frac{\mathrm{d}x^{(1)}(t)}{\mathrm{d}t}+ax^{(1)}(t)=u$ 进行求解，得

$$\hat{x}^{(1)}(t+1)=\left(x^{(0)}(1)-\frac{u}{a}\right)\mathrm{e}^{-at}+\frac{u}{a} \tag{9-17}$$

由于 $\hat{a}$ 是通过最小二乘法求出的近似值，$\hat{x}^{(1)}(t+1)$ 是一个近似表达式，为了与原始数列 $x^{(1)}(t+1)$ 区分开，记为 $\hat{x}^{(1)}(t+1)$。

（6）对函数表达式 $\hat{x}^{(1)}(t+1)$ 及 $\hat{x}^{(1)}(t)$ 进行离散，并将二者做差以便还原 $X^{(0)}$，得到近似数列 $\hat{x}^{(0)}(t+1)$：

$$\hat{x}^{(0)}(t+1)=\hat{x}^{(1)}(t+1)-\hat{x}^{(1)}(t) \tag{9-18}$$

（7）对建立的灰色模型进行检验，检验步骤如下。

①计算 $x^{(0)}(t)$ 与 $\hat{x}^{(0)}(t)$ 之间的残差 $e^{(0)}(t)$ 和相对误差 $q(x)$：

$$e^{(0)}(t)=x^{(0)}(t)-\hat{x}^{(0)}(t) \tag{9-19}$$

$$q(x)=\frac{e^{(0)}(t)}{x^{(0)}(t)} \tag{9-20}$$

②求原始数据 $x^{(0)}(t)$ 的均值 $\overline{x^{(0)}}$ 和方差 s_1。

③求 $e^{(0)}(t)$ 的均值 $\overline{q}$ 和残差的方差 s_2。

④计算方差比 $C=\dfrac{s_2}{s_1}$。

⑤求小误差概率 $P=p\left\{\left|e(t)\right|<0.6745s_1\right\}$。

灰色模型精度检验如表 9-1 所示。

表 9-1　灰色模型精度检验对照表

等级	相对误差 q	方差比 C	小误差概率 P
Ⅰ级	<0.01	<0.35	>0.95
Ⅱ级	[0.01, 0.05)	[0.35, 0.50)	(0.80, 0.95]
Ⅲ级	[0.05, 0.10]	[0.50, 0.65]	[0.70, 0.80]
Ⅳ级	>0.10	>0.65	<0.70

在实际应用过程中，检验模型精度的方法并不唯一，可利用上述方法进行模型的检验，也可以根据 $q(x)$ 的误差百分比并结合预测数据与实际数据之间的测试结果酌情认定模型是否合理。

（8）利用模型进行预测：

$$\hat{x}^{(0)}=\left[\underbrace{\hat{x}^{(0)}(1),\hat{x}^{(0)}(2),\cdots,\hat{x}^{(0)}(n)}_{\text{原始数列的模拟}},\underbrace{\hat{x}^{(0)}(n+1),\hat{x}^{(0)}(n+2),\cdots,\hat{x}^{(0)}(n+m)}_{\text{未来数列的预测}}\right] \tag{9-21}$$

9.3　灰色预测的 Python 建模仿真

基于 Python 语言的灰色预测程序可按照如下步骤展开。

（1）对原始数列进行累加。

（2）构造累加矩阵与常数项向量。

（3）求解灰参数。

（4）将参数代入模型进行数据预测。

9.3.1 新冠病毒感染对中国交通运输客运量的影响分析

1. 问题描述

新冠病毒感染是百年来全球发生的最严重的传染病大流行，是新中国成立以来我国遭遇的传播速度最快、感染范围最广、防控难度最大的重大突发公共卫生事件，造成了巨大的经济损失，并对社会经济产生了明显的影响。2020 年 3 月，中华人民共和国交通运输部出台了《关于统筹推进疫情防控和经济社会发展交通运输工作的实施意见》，从 21 个方面支持交通运输行业复苏。因此，研究新冠病毒感染对中国交通运输客运量的影响，有助于明晰新冠病毒感染对国民经济的影响。

表 9-2～表 9-5 给出了 2013～2020 年的铁路、公路、水运、航空客运量相关数据。试根据这些历史数据建立预测模型，评估新冠病毒感染对我国交通运输业的影响。

表 9-2　2013～2020 年铁路客运量数据　（单位：万人）

年份	1 月	2 月	3 月	4 月	5 月	6 月	7 月	8 月	9 月	10 月	11 月	12 月
2013	18757	14044	16854	17502	16232	18043	19931	20287	19197	16407	15557	17375
2014	19050	15975	18054	19843	19037	19456	22386	23515	20986	17919	17056	22427
2015	17850	19290	21554	21091	21219	20614	24776	25539	21802	22686	18816	18200
2016	21161	24112	21242	23900	22886	23200	26818	28007	23918	25001	20409	20768
2017	24756	25525	22624	26504	26397	24077	29378	30692	24884	27621	22703	23219
2018	24564	26081	27612	28900	26827	27834	32276	34340	28253	30467	25177	25164
2019	28342	29112	27860	30536	30801	30735	35570	37884	29873	31903	27080	26306
2020	27126	3723	7495	11160	15675	16589	20737	24864	23537	27169	21505	20768

资料来源：中华人民共和国交通运输部。

表 9-3　2013～2020 年公路客运量数据　（单位：万人）

年份	1 月	2 月	3 月	4 月	5 月	6 月	7 月	8 月	9 月	10 月	11 月	12 月
2013	309398	321130	302412	301245	305909	301530	304765	311055	315035	330585	314156	329636
2014	160515	177477	153345	152801	156821	153972	163463	164096	160898	166485	145429	150048
2015	150028	176259	164761	152213	154928	151864	162547	162565	158050	166255	143712	147218
2016	125642	145489	132233	123400	124292	121200	131949	132330	131967	136928	118784	138239
2017	127398	137718	121678	118528	121334	116395	122617	121789	119399	126184	113752	112307
2018	109657	125604	118811	111583	111376	109273	114868	116609	114700	121296	106341	105044
2019	106502	122062	107737	105820	106669	103883	109953	110843	109178	115364	101962	101200
2020	93839	13792	29007	43603	54243	59140	63246	66934	67449	73173	64378	60632

资料来源：中华人民共和国交通运输部。

表 9-4　2013～2020 年水运客运量数据　（单位：万人）

年份	1 月	2 月	3 月	4 月	5 月	6 月	7 月	8 月	9 月	10 月	11 月	12 月
2013	1599	2058	1787	1964	2187	2275	2463	2695	2362	2563	2135	2118
2014	1507	1940	1914	2102	2391	2363	2566	2877	2387	2577	2002	1810
2015	1483	2118	2097	2283	2524	2347	2485	2910	2472	2581	1986	1815
2016	1526	2224	2002	2200	2437	2300	2487	2903	2477	2675	2018	1754
2017	1751	2321	2057	2367	2580	2482	2627	3041	2390	2662	2121	1961
2018	1589	2205	2197	2431	2521	2427	2533	3057	2453	2715	2092	1931
2019	1513	2287	2085	2308	2561	2329	2514	2970	2348	2651	2016	1684
2020	1390	297	557	886	1255	1248	1399	1799	1566	1980	1462	1149

资料来源：中华人民共和国交通运输部。

表 9-5　2013～2020 年航空客运量数据　（单位：万人）

年份	1 月	2 月	3 月	4 月	5 月	6 月	7 月	8 月	9 月	10 月	11 月	12 月
2013	2567	2787	2878	2849	2855	2865	3266	3476	3049	3165	2851	2793
2014	3058	3109	3025	3142	3134	3061	3580	3730	3315	3488	3240	3193
2015	3246	3493	3670	3579	3541	3404	3915	4165	3672	3855	3498	3500
2016	3736	3898	3894	4000	3897	3800	4353	4642	4169	4374	3971	4041
2017	4393	4279	4431	4402	4498	4374	4860	5046	4655	4883	4646	4666
2018	4647	4843	5140	5074	5013	4938	5378	5657	5029	5408	5006	5018
2019	5341	5383	5350	5312	5451	5341	5930	6124	5475	5698	5306	5276
2020	5061	834	1515	1672	2583	3074	3910	4617	4794	5032	4441	4232

资料来源：中华人民共和国交通运输部。

2. 模型的分析与假设

根据所掌握的历史数据可以看出，在正常情况下，年度的月份数据能够较好地反映相关指标的变化规律，这样可以利用灰色系统理论建立 GM(1, 1)模型，通过 2013～2019 年各月的数据预测未发生疫情的正常情况下 2020 年各月的指标值，再与实际值比较可以估算新冠病毒感染对中国交通运输业的影响。

假设在新冠病毒感染期间，中国交通运输业数据的变化只与新冠病毒感染的影响有关，不考虑其他随机因素的影响。

3. 灰色预测的建模仿真

按照 GM(1, 1)模型对 2020 年 1～12 月的指标进行预测，鉴于程序分析的相似性，本章仅以铁路客运量数据进行灰色预测程序建模仿真分析，公路、水运、航空客运量数据的灰色预测程序不再列举。

将 2013～2020 年的交通运输客运量的数据保存为 COVID19.xls 文件，铁路、公路、水运、航空客运量数据分别保存并命名为“铁路客运量数据”“公路客运量数据”“水运客运量数据”“航空客运量数据”，其中铁路客运量数据如图 9-1 所示。

年份	1月	2月	3月	4月	5月	6月	7月	8月	9月	10月	11月	12月
2013	18757	14044	16854	17502	16232	18043	19931	20287	19197	16407	15557	17375
2014	19050	15975	18054	19843	19037	19456	22386	23515	20986	17919	17056	22427
2015	17850	19290	21554	21091	21219	20614	24776	25539	21802	22686	18816	18200
2016	21161	24112	21242	23900	22886	23200	26818	28007	23918	25001	20409	20768
2017	24756	25525	22624	26504	26397	24077	29378	30692	24884	27621	22703	23219
2018	24564	26081	27612	28900	26827	27834	32276	34340	28253	30467	25177	25164
2019	28342	29112	27860	30536	30801	30735	35570	37884	29873	31903	27080	26306
2020	27126	3723	7495	11160	15675	16589	20737	24864	23537	27169	21505	20768

铁路客运量数据 | 公路客运量数据 | 水运客运量数据 | 航空客运量数据 ...

图 9-1 COVID19.xls 文件内容

应用灰色预测的 Python 程序如下：

```
import numpy as np
import matplotlib.pyplot as plt
import pandas as pd

def GM11(x,n):
    x1=x.cumsum()
    B =(x1[:(len(x1)-1)]+x1[1:])/2.0
    B=B.reshape((len(B),1))
    B=np.append(-B,np.ones_like(B),axis=1)
    Y=x[1:].reshape((len(x)-1,1))

[[a],[b]]=np.dot(np.dot(np.linalg.inv(np.dot(B.T,B)),B.T),Y)
    result =(x[0]-b/a)*np.exp(-a*(n-1))-(x[0]-b/a)*np.exp(-a*
(n-2))
   #检验
    S1_2=x.var()
    e=list()
    for i in range(1,x.shape[0]+1):
        predict =(x[0]-b/a)*np.exp(-a*(i-1))-(x[0]-b/a)*np.exp
(-a*(i-2))
        e.append(x[i-1]-predict)
    S2_2=np.array(e).var()
    C=S2_2/S1_2
    if C<=0.35:
        assess='后验方差比<=0.35,模型精度等级为好'
    elif C<=0.5:
```

```
            assess='后验方差比<=0.5,模型精度等级为合格'
        elif C<=0.65:
            assess='后验方差比<=0.65,模型精度等级为勉强'
        else:
            assess='后验方差比>0.65,模型精度等级为不合格'
        #预测数据
        predict=list()
        for i in range(x.shape[0]+1,x.shape[0]+n+1):
          predict.append((x[0]-b/a)*np.exp(-a*(i-1))-(x[0]-b/a)
*np.exp(-a*(i-2)))
        predict=np.array(predict)
        return {
                'a':{'value':a,'desc':'发展系数'},
                'b':{'value':b,'desc':'灰色作用量'},
                'result':{'value':result,'desc':'第%d个预测值'%n},
                'C':{'value':C,'desc':assess},
                'predict':{'value':predict,'desc':'往后预测%d个的序
列'%(n)},
                }
    if __name__ == "__main__":
        #读取数据
        data=pd.read_excel('COVID19.xls','铁路客运量数据',header=0)
        row=data.shape[0]
        col=data.shape[1]
        data1=data.iloc[0:row-1,1:col]
        x=np.array(data1.mean(axis=1))
        n=1
        result=GM11(x,n)
        z=col*result['predict']['value']
        u1=data1.sum(axis=0)
        u=u1/u1.sum()
        v=z*u
        predict=np.round(v,0)
        print('预测值:\n',predict)
        print(result['C']['desc'])
        #用来正常显示中文标签
        plt.rcParams['font.sans-serif']=['SimHei']
        #用来正常显示负号
```

```
plt.rcParams['axes.unicode_minus']=False
nmonth=range(1,13)
d1=data.iloc[row-1,1:col]
plt.figure(dpi=1200)
plt.plot(nmonth,d1,'r',marker='o')
plt.plot(nmonth,predict,'b',marker='^')
plt.xlabel('月份')
plt.ylabel('铁路客运量/万人')
plt.title('预测值和实际值对比图')
plt.legend(['实际值','预测值'],loc='upper right')
plt.show()
```

运行程序，铁路客运量预测值与实际值的对比数据如表 9-6 所示。

表 9-6 铁路客运量预测值与实际值 （单位：万人）

数据	1 月	2 月	3 月	4 月	5 月	6 月	7 月	8 月	9 月	10 月	11 月	12 月
预测值	33735	33661	34023	36748	35683	35805	41740	43733	36887	37562	32058	33512
实际值	27126	3723	7495	11160	15675	16589	20737	24864	23537	27169	21505	20768

误差检验结果输入：

后验方差比≤ 0.35，模型精度等级为好。

铁路客运量预测值与实际值的对比图如图 9-2 所示。

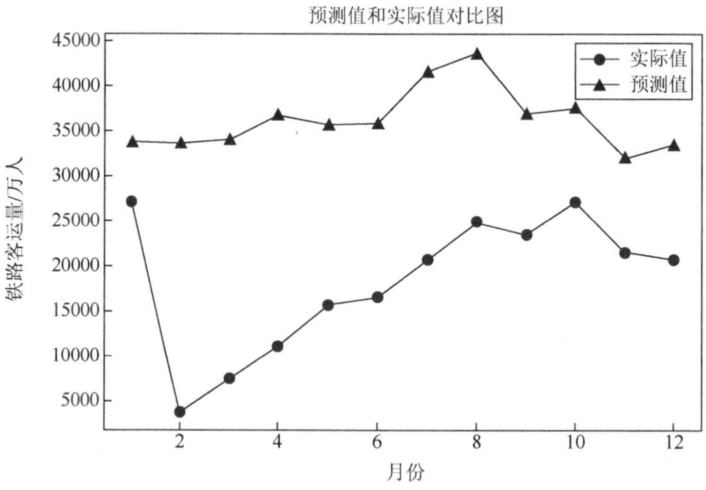

图 9-2 铁路客运量预测值和实际值对比图

公路、水运、航空客运量数据的预测值与实际值的对比情况如图 9-3～图 9-5 所示。

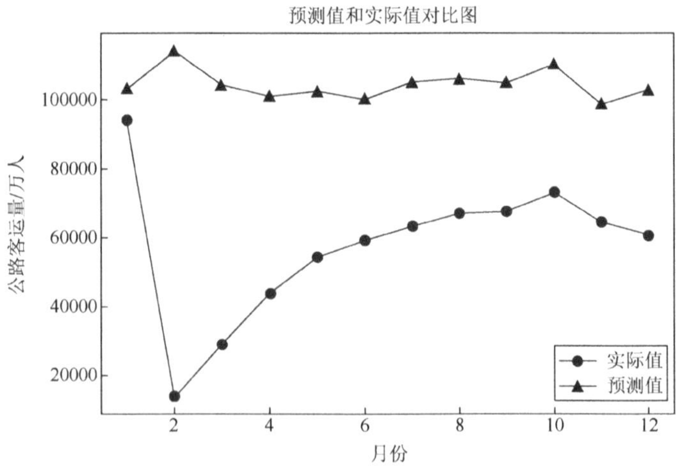

图 9-3　公路客运量预测值和实际值对比图

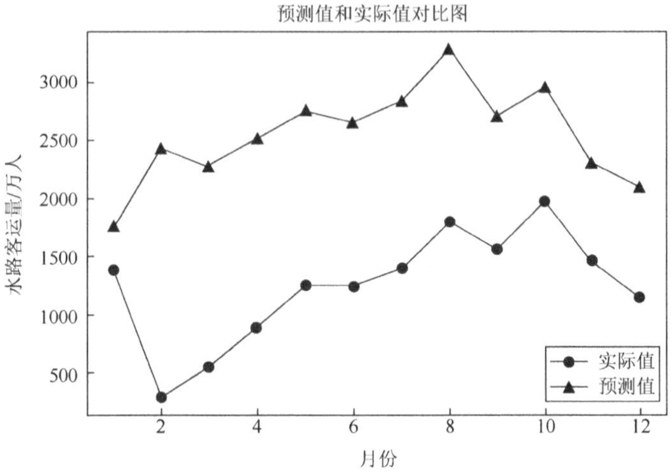

图 9-4　水运客运量预测值和实际值对比图

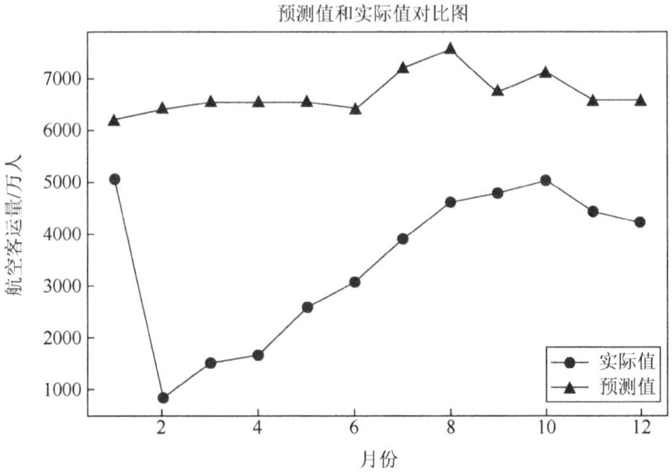

图 9-5　航空客运量预测值和实际值对比图

4. 预测结果的分析

2020 年 1 月下旬以来，新冠病毒感染爆发。在新冠病毒感染对经济发展产生重大影响的大背景下，交通运输业也受到较大冲击。通过上述中国交通运输客运量预测值和实际值对比，可以看出，中国交通运输客运量受新冠病毒感染影响，在铁路、公路、水运和航空方面呈现出与疫情关键节点较高程度的同步变化规律：2020 年 1 月 23 日，中国交通运输客运量均在 1 月略有下降，在 2 月呈现断崖式下跌，出现谷值，这与累计感染人数峰值出现时点同步；随着新冠病毒感染得到逐步控制，各指标 3、4 月客运量较 2 月有所回升，但与预测的正常水平相比仍差距过大。

横向对比下，公路客运量回升速度较快，铁路与水运客运量回升趋势相当，航空客运量在受到国际航班限飞的额外条件下，回升速度相对缓慢，受新冠病毒感染影响，交通运输业客运量呈现整体下滑和局部现象各有不同的情况。

9.3.2 与会代表数量预测

全国大学生数学建模大赛 2009 年赛题：要求为会议筹备组制订一个预订宾馆客房、租借会议室、租用客车的合理方案。为了解决这个问题，需要先预测与会代表数量。预测的依据是代表回执数量及往届的与会代表数据。已知第五届会议的回执情况（表 9-7）及以往几届会议代表回执和与会情况（表 9-8）。要解决的问题是：根据这些数据预测本届会议与会代表数量。

表 9-7 第五届会议的代表回执中有关住房要求的信息 （单位：人）

性别	合住 1	合住 2	合住 3	独住 1	独住 2	独住 3
男	154	104	32	107	68	41
女	78	48	17	59	28	19

注：表头第一行中的数字 1、2、3 分别指 120～160 元/（天•间）、161～200 元/（天•间）、201～300 元/（天•间）三种价格的房间。合住是指要求两人合住一间。独住是指可安排单人间，或一人单独住一个双人间。

表 9-8 往届会议代表回执和与会情况 （单位：人）

项目	第一届	第二届	第三届	第四届
发来回执的代表数量	315	356	408	711
发来回执但未与会的代表数量	89	115	121	213
未发回执而与会的代表数量	57	69	75	104

根据表 9-7 的数据，可知本届会议发来回执的代表数量为 755。根据表 9-8 的数据，可知发来回执但未与会的代表数量和未发回执但与会的代表数量与发来回执的代表数量间的关系。

定义 1：缺席率 = 发来回执但未与会的代表数量/发来回执的代表数量

定义 2：未知与会率 = 未发回执但与会的代表数量/发来回执的代表数量

根据以上定义，可以得到往届会议的缺席率和未知与会率，如表 9-9 所示。

表 9-9　往届会议的缺席率和未知与会率

参数	第一届	第二届	第三届	第四届
缺席率	0.282540	0.323034	0.296569	0.299578
未知与会率	0.180952	0.193820	0.183824	0.146273

从表 9-9 中可以看出，往届会议的缺席率一直保持在 0.3 左右，而未知与会率变化较大。为此，认为第五届会议的缺席率仍为 0.3。这样，缺席的代表数量为 755×0.3 = 226.5 人，为了保守起见，对 226.5 人进行向下取整，即缺席的代表数量为 226 人。

未知与会率变化相对剧烈，不适合应用比例方法确定，同时由于数据有限，应用灰色预测方法比较合适。从实际问题的角度，以未知与会率为研究对象较为合适。将往届会议的未知与会率数据代入下面程序，对第五届会议的未知与会率进行预测。

应用灰色预测的 Python 程序如下：

```
import numpy as np
import matplotlib.pyplot as plt

def GM11(x,n):
    x1=x.cumsum().cumsum()    #二次累加
    B =(x1[:(len(x1)-1)]+x1[1:])/2.0
    B=B.reshape((len(B),1))
    B=np.append(-B,np.ones_like(B),axis=1)
    Y=x[1:].reshape((len(x)-1,1))

[[a],[b]]=np.dot(np.dot(np.linalg.inv(np.dot(B.T,B)),B.T),Y)
    result =(x[0]-b/a)*np.exp(-a*(n-1))-(x[0]-b/a)*np.exp(-a*
(n-2))
    #检验
    S1_2=x.var()
    e=list()
    for i in range(1,x.shape[0]+1):
        predict =(x[0]-b/a)*np.exp(-a*(i-1))-(x[0]-b/a)*np.exp
(-a*(i-2))
        e.append(x[i-1]-predict)
    S2_2=np.array(e).var()
    C=S2_2/S1_2
```

```
        if C<=0.35:
            assess='后验方差比<=0.35,模型精度等级为好'
        elif C<=0.5:
            assess='后验方差比<=0.5,模型精度等级为合格'
        elif C<=0.65:
            assess='后验方差比<=0.65,模型精度等级为勉强'
        else:
            assess='后验方差比>0.65,模型精度等级为不合格'
        #预测数据
        predict=list()
        for i in range(x.shape[0]+1,x.shape[0]+n+1):
            predict.append((x[0]-b/a)*np.exp(-a*(i-1))-(x[0]-b/
a)*np.exp(-a*(i-2)))
        predict=np.array(predict)
        return {
                'a':{'value':a,'desc':'发展系数'},
                'b':{'value':b,'desc':'灰色作用量'},
                'result':{'value':result,'desc':'第%d个预测值'%n},
                'C':{'value':C,'desc':assess},
                'predict':{'value':predict,'desc':'往后预测%d个的序
列'%(n)},
                }
    if __name__ == "__main__":
        data=np.array([0.180952,0.193820,0.183824,0.146273])
        x=data
        n=1
        result=GM11(x,n)
        predict=result['predict']['value']
        predict=np.round(predict,4)
        print('预测值:',predict)
        #print(result)
        print(result['C']['desc'])

        #用来正常显示中文标签
        plt.rcParams['font.sans-serif']=['SimHei']
        #用来正常显示负号
        plt.rcParams['axes.unicode_minus']=False
        nyear1=np.arange(1,1+len(x)).astype(dtype=np.str)
```

```
nyear2=np.arange(1,1+len(x)+n).astype(dtype=np.str)
d1=np.append(x,predict)
plt.figure(dpi=1200)
plt.plot(nyear1,x,'r',marker='o')
plt.plot(nyear2,d1,'b',marker='^')
plt.xlabel('会议届数/届')
plt.ylabel('未知与会率')
plt.title('预测值和实际值对比图')
plt.legend(['实际值','预测值'],loc='upper right')
plt.show()
```

运行该程序，得到第五届会议的未知与会率为 0.1765，预测值和实际值的对比图如图 9-6 所示。

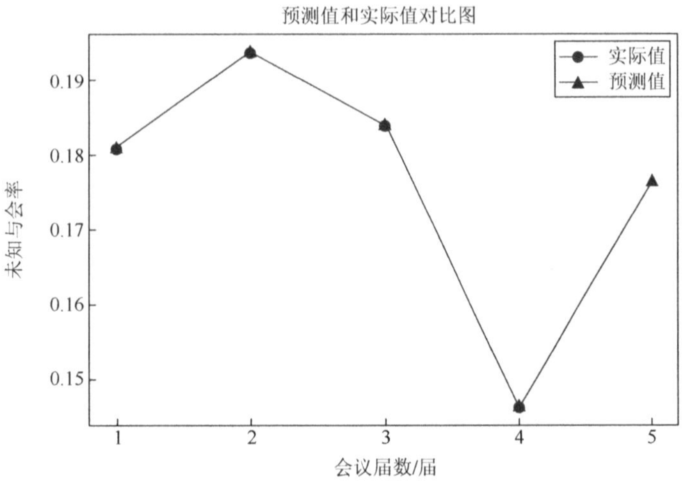

图 9-6 未知与会率预测值和实际值对比图

误差检验结果输入：

后验方差比≤ 0.65，模型精度等级为勉强。

因此，第五届会议的未发回执但与会的代表数量为 755×0.1765 = 133.25 人。同样保守考虑，向上取整为 134 人。这样就可以预测本届与会代表数量为 755 + 134–226 = 663 人。

【总结与习题】

1. 总结

本章首先介绍了灰色系统理论，然后分析了灰色生成和灰色预测模型，最后结合新冠病毒感染对我国交通运输客运量的影响、与会代表数量预测两个实例解析了基于 Python 语言的灰色预测的建模仿真应用。

2. 习题

（1）灰色系统有怎样的特点？

（2）什么是灰色预测？

（3）叙述灰色预测模型的过程。

（4）某地区人均地区生产总值和城镇居民家庭人均可支配收入如表 9-10 所示，试应用灰色预测方法预测 2021 年该地区这两项指标的发展情况。

表 9-10　某地区人均地区生产总值和城镇居民家庭人均可支配收入　（单位：元）

年份	人均地区生产总值	城镇居民家庭人均可支配收入	年份	人均地区生产总值	城镇居民家庭人均可支配收入
2005	7902	6280	2013	23912	15781
2006	8670	6859	2014	25963	17175
2007	9450	7702	2015	30567	19109
2008	10600	8472	2016	36018	21809
2009	12400	9422	2017	39544	24565
2010	14259	10493	2018	43320	26955
2011	16602	11759	2019	46629	28844
2012	20337	13786			

（5）五大国有银行 2010～2019 年的非利息收入占比如表 9-11 所示，试运用灰色预测方法对五大国有银行 2020 年的非利息收入占进行预测。

表 9-11　2010～2019 年五大国有银行非利息收入占比　（单位：%）

银行	2010 年	2011 年	2012 年	2013 年	2014 年	2015 年	2016 年	2017 年	2018 年	2019 年
中国银行	15.46	28.92	29.39	29.87	30.36	30.85	31.35	31.86	32.38	32.91
建设银行	12.09	17.85	18.92	20.06	21.27	22.54	23.90	25.34	26.86	28.48
工商银行	11.18	15.08	17.53	20.24	23.66	22.18	24.81	25.10	27.20	30.19
农业银行	12.03	16.93	17.27	17.62	17.97	18.34	18.71	19.09	19.47	19.86
交通银行	13.61	14.61	15.88	17.25	18.75	20.38	22.14	24.07	26.15	28.42

资料来源：各国有银行年报。

（6）2003 年的严重急性呼吸综合征（severe acute respiratory syndrome，SARS）疫情对中国部分行业的经济发展产生了一定影响，对部分疫情严重的省区市的相关行业所造成的影响更是显著。经济影响主要分为直接经济影响和间接经济影响。直接经济影响涉及商品零售业、旅游业等行业。很多方面难以进行定量评估，现仅就 SARS 疫情较重的某市的商品零售业、旅游业的影响进行定量的评估分析。已知某市 1997 年 1 月～2003 年 12 月的商品零售额、接待旅游人数的统计数据如表 9-12 和表 9-13 所示。试根据这些历史数据建立预测模型，评估 2003 年 SARS 疫情给该市的商品零售业、旅游业所造成的影响。

表 9-12　商品零售额　（单位：亿元）

年份	1 月	2 月	3 月	4 月	5 月	6 月	7 月	8 月	9 月	10 月	11 月	12 月
1997	83.0	79.8	78.1	85.1	86.6	88.2	90.3	86.7	93.3	92.5	90.9	96.9
1998	101.7	85.1	87.8	91.6	93.4	94.5	97.4	99.5	104.2	102.3	101.0	123.5
1999	92.2	114.0	93.3	101.0	103.5	105.2	109.5	109.2	109.6	111.2	121.7	131.3
2000	105.0	125.7	106.6	116.0	117.6	118.0	121.7	118.7	120.2	127.8	121.8	121.9
2001	139.3	129.5	122.5	124.5	135.7	130.8	138.7	133.7	136.8	138.9	129.6	133.7
2002	137.5	135.3	133.0	133.4	142.8	141.6	142.9	147.3	159.6	162.1	153.5	155.9
2003	163.2	159.7	158.4	145.2	124.0	144.1	157.0	162.6	171.8	180.7	173.5	176.5

表 9-13　接待旅游人数　（单位：万人）

年份	1 月	2 月	3 月	4 月	5 月	6 月	7 月	8 月	9 月	10 月	11 月	12 月
1997	9.4	11.3	16.8	19.8	20.3	18.8	20.9	24.9	24.7	24.3	19.4	18.6
1998	9.6	11.7	15.8	19.9	19.5	17.8	17.8	23.3	21.4	24.5	20.1	15.9
1999	10.1	12.9	17.7	21.0	21.0	20.4	21.9	25.8	29.3	29.8	23.6	16.5
2000	11.4	26.0	19.6	25.9	27.6	24.3	23.0	27.8	27.3	28.5	32.8	18.5
2001	11.5	26.4	20.4	26.1	28.9	28.0	25.2	30.8	28.7	28.1	22.2	20.7
2002	13.7	29.7	23.1	28.9	29.0	27.4	26.0	32.2	31.4	32.6	29.2	22.9
2003	15.4	17.1	23.5	11.6	1.78	2.61	8.8	16.2	20.1	24.9	26.5	21.8

第四篇　评价问题的建模与仿真

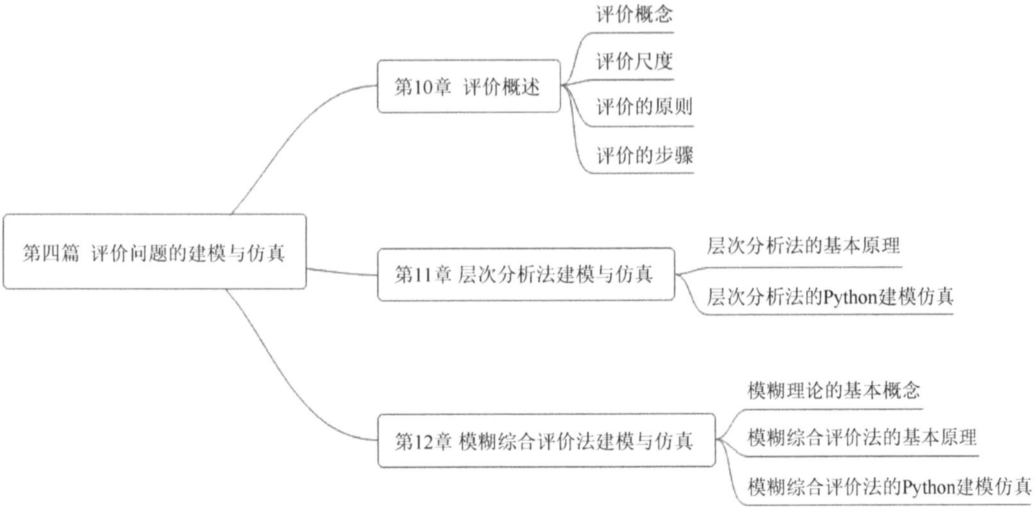

第10章

评 价 概 述

【学习目标】

1. 熟悉评价的概念、原则。
2. 掌握评价的步骤。

【开篇案例】

饱受争议的CPI

居民消费价格指数（consumer price index，CPI）是反映一定时期内城乡居民所购买的生活消费品和服务项目价格变动趋势和程度的相对数，是对城市CPI和农村CPI进行汇总计算的结果。通过该指数可以观察和分析消费品的零售价格和服务项目价格变动对城乡居民实际生活费用支出的影响程度。

当中国经济呈现高增长、低通胀态势时，没有人怀疑中国经济质量的快速提升。但在面临着诸多商品价格节节攀升的情况下，人们对于CPI的持续平稳产生了疑惑。国家统计局对CPI的分类权重不断进行调整，而人们质疑的重点正是CPI统计中各种商品价格的权重设置。一位供职于外资企业的白领向记者抱怨："油价在涨，房价在涨，出租车的单价也在重重阻力之下成功提价，我就不明白这CPI为什么能够持续平稳。虽然我不懂CPI的统计方法，但我认为统计方法存在问题。"

针对近来有人对CPI的编制方法和数据质量提出的一些疑义，国家统计局城市社会经济调查司负责人对记者表示，我国CPI编制方法是科学的。目前，我国CPI的调查内容分为食品、烟酒及用品、衣着、家庭设备用品及维修服务、医疗保健及个人用品、交通和通信、娱乐教育文化用品及服务、居住等8个大类，共263个基本分类（国际分类标准），约700种商品和服务项目。主要是根据我国城乡居民消费模式、消费习惯，参照抽样调查原理，选中近12万户城乡居民家庭（城市近5万户，农村近7万户）的消费支出数据，并结合其他相关资料确定的。"随着人民生活水平的提高，消费结构在不断变化。我国的CPI权重每年都做一些小调整，每5年做一次大调整。"

这位负责人还指出，CPI 只能反映与居民当期消费密切相关的消费品及服务项目的价格变动，不能反映房地产和股票等资产类价格的变动。之所以不能将商品住宅价格直接纳入 CPI 统计中，主要有两个原因：一是出于国民经济核算的需要，CPI 的统计口径必须与国民经济核算体系中的消费分类一致，根据这个分类，商品住宅购买属于投资范畴，不属于消费行为；二是商品住宅购买与当期消费不同步，购买支出与当期实际住房消费不对等。

事实上，如果真的将商品住宅价格直接纳入 CPI 的统计范围，由于商品住宅具有投资性质，特别是金融投资性质，其决定因素太多（包括市场投机因素），极易引起波动，这必将导致 CPI 的大幅波动，这对于我们观察宏观经济形势，对于我们根据 CPI 决定工资和养老金等补贴的变动等都是极其不利的。“当然，这并不是说居民居住消费价格的变动不需要在 CPI 中得到反映。恰恰相反，目前我国和世界各国的 CPI 都包括了居民居住消费的相关商品和服务的价格。”居民住房的房租、水、电、燃料、购买商品住宅贷款利率、住房维护修理费用、建房及装修材料等商品和服务价格的变动，特别是房租的变动，可以反映居民居住消费价格变动的情况。

在管理工作中，无论是宏观的，还是微观的，总会面临各种各样的评价问题。科学地选取和设计评价方法、合理地设置评价指标和权重对于管理者制定正确的决策是非常重要的。

资料来源：http://www.fang.com/ask/ask_10441455.html

10.1 评价概念

评价指评定价值的高低，即评价主体根据一定的评价标准对评价客体做出有无价值及价值大小判断的活动。评价有时是指某人对某事的认同程度，如有时我们说“你对这件事怎么评价”；也可指某人或某事的社会影响和反响，如我们也常说“大家对某某评价不错”“大家对这件事评价很好”。一般而言，评价就是按照确定的目标，在对评价对象进行系统分析的基础上，测定评价对象的有关属性并将其转变为主观效用的过程，即明确价值的过程。因此，评价包括两个基本点：①在评价目标的指导下，对评价对象进行系统分析，确定评价指标体系及相应的权重体系；②对评价对象的有关属性进行测定，并将其转化为评价主体的主观效用。因此，评价是主观、客观相结合的过程，是决策的基础。

评价是决策过程中的一项重要活动，通过修正偏离价值标准的行为，使其按预定的目标和方向进行。在一定意义上讲，管理即是在评价中不断修正与完善的过程。评价的功能主要体现在以下方面。

1. 判断功能

判断包含鉴别与判定，主要是对评价对象的归属进行区分，用以判定评价对象的某种属性对特定评价目标的从属程度。表现方式可以是评定、认定、评语等。

2. 选择功能

通过事物之间的对比，形成对优劣程度的认识，进而选择价值最大的评价对象作为最优评价对象。

3. 导向功能

通过评价找出评价对象的不足之处，引导事物向有利于目标实现的方向发展，促使评价对象在今后不断完善。

4. 调控功能

持续的评价可以形成对事物发展过程的跟踪认识，对事物发展过程偏离目标的程度进行分析，进而对事物进行调控。

5. 激励功能

评价形成的定性与定量评价结论是对评价对象实现目标程度的判定，通过对比，可以鞭策后进、鼓励先进，起到对不同层次群体激励的作用。

6. 探索功能

人们对事物的认识总是由浅到深、由外及里的。评价过程中对资料的收集与分析是对事物深层次再认识的过程。通过评价，可以逐步发现事物发展的规律，进而形成科学的认识。

10.2 评价尺度

在进行评价时，首先需要引进和确定评价尺度（标准），然后通过评价尺度，对评价对象进行测定，并确定其价值。评价尺度类型主要有以下四种。

（1）绝对尺度：规定其原点尺度不变。

（2）间隔尺度：只测得数值差才有意义。

（3）顺序尺度：用数字或反映顺序的字符来表示。

（4）名义尺度：仅仅是为了识别或分类需要而用数字和评价对象相对应。

10.3 评价的原则

评价的原则体现了评价主体在实施评价活动过程中的基本思想、精神和理念，或者说侧重点和中心。在不同的指导原则下进行评价，会得到不同的评价结果。评价的原则一般包括以下五个方面。

1. 客观性原则

在评价过程中，要以评价标准为依据和准绳，基于评价对象的基本特征，实事求是，客观、公正地进行评价，而不掺杂个人的主观臆断。评价活动必须以客观存在的大量事实为依据，一切结论都产生于分析的结尾，而不是其开头。反对先有结论，再去搜集罗列个别事实来“论证”，评价一定要恰如其分，不夸大、不缩小。

2. 系统性原则

系统性原则是指在评价中应从系统的整体性、有机联系性、动态性和有序性等特点出发，遵循全面的观点（以防止片面）、相互联系的观点（以防止孤立）、发展的观点（以防止静止僵化）来进行评价，使评价更准确、更概括、更深化。

3. 分类与可比性原则

评价活动是一个复杂的过程，包含多种因素、多重关系，因此，评价过程中应该根据评价对象的不同属性和特点确定相应的评价程序、评价标准和方法，进行分类评价，而不是将不同特点和不同属性的所有评价对象放在同一标准下，采用相同的程序和方法评价。由于评价对象具有不同质性，因而不具有可比性。因此，在评价过程中，必须对评价对象进行科学、准确的类别划分，这样才能最大限度地使评价对象具有可比性，从而保证评价结果的科学性。

4. 科学性原则

科学性原则是指评价的方法、标准、程序和结果的科学性和可靠性，以及评价过程和结果的可重复性。可重复性是指按照相同的评价过程、相同的评价方法得出相同评价结果的概率。如果得到同一结果的概率大，那么评价结果的科学性、可靠性就高。由于受各种因素的影响，评价结果往往是一种概率事件。但是，评价过程越公正、方法越科学，结果的趋同性必然越强，这样的评价结果也就越科学、可靠。

5. 实用和可操作性原则

评价的目的在于指导决策实践，因此，在一定条件下进行的评价既要兼顾全面，又要适当舍弃影响不太大的次级效应，简化评价过程，尽量选择有效指标，迅速得出评价结果。因为实践活动涉及的因素众多、关系复杂，加之评价方法和评价指标十分庞杂，不可能面面俱到，所以必须以实用和可操作性原则为基础挑选合适的评价方法和适量的评价指标，简化评价指标和评价过程，使评价过程具有易操作性和可操作性。

10.4 评价的步骤

评价是一项复杂的工作，为了保证整个过程的高效性和有效性，必须遵照一定的程序或步骤来进行。评价的步骤如图 10-1 所示。一个较完整的系统评价的步骤一般包含评价系统分析（前提条件探讨）、评价资料的搜集、评价指标的选择、评价函数的确定、评价指标价值的计算和综合评价等阶段。

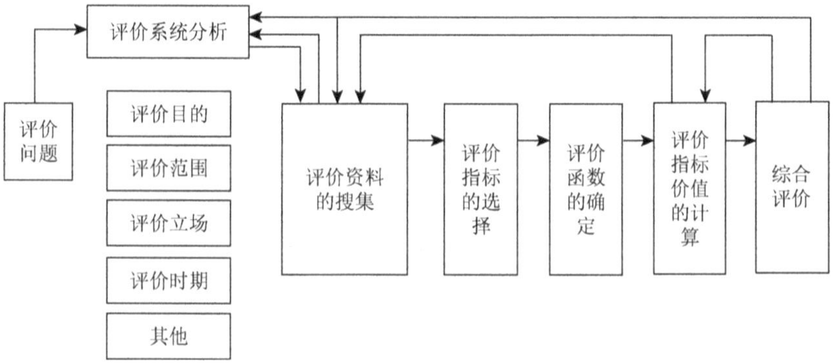

图 10-1 评价的步骤

10.4.1 评价系统分析

在正式进行评价前，有必要对评价系统进行分析，探讨和明确一系列前提条件，这是做好评价的首要工作。评价系统分析主要包括以下五个方面。

1. 明确评价的目的

评价的目的是更好地决策，即选择最优的决策方案。评价的目的大致可分为以下四个方面。

（1）使评价系统达到最优。为了使系统技术参数达到最优，有必要量化评价系统各种替代方案的价值。

（2）对决策的支持。当评价者或决策者在选择最优方案的过程中对替代方案的各自价值感到迷惑不解时，评价提供的信息可供决策参考。

（3）决定行为的说明。对于复杂的问题即使做出合理的决定，如果没有评价或评价过程模糊不清，也会遭到人们的怀疑、误解甚至抵制，因此，为了形成统一意志，需要有某种程度的客观评价。

（4）问题的分析。评价的过程往往是问题分析的过程。利用相关的评价方法把复杂的问题分解成简单的小问题，再通过对这些小问题的分析和评价，才能获得系统的综合评价。

2. 评价系统范围的界定

评价系统范围的界定主要是确定系统的边界，即评价对象涉及的范围。评价系统的范围不应过小，以免忽略重要影响部门而有失系统性；同时不应过大，以免使评价问题过度复杂化。

3. 评价的立场

在进行评价时必须明确评价主体的立场，这对于以后评价方案的确定、评价指标的选择等都有直接的影响和关系。

4. 评价的时期

评价处于实际问题的哪个时期，一般可分为事前评价、事中评价和事后评价。

5. 评价系统环境的分析

系统环境的分析是指对存在于系统外的物质的、经济的、信息的影响因素进行分析，以了解这些因素对评价系统的影响。系统环境的影响可分为三大类：技术的影响、经济的影响、社会的影响。

10.4.2 评价资料的搜集

评价资料的搜集就是对评价系统的功能、效益、耗费、时间及使用寿命进行预测和估计，为设定评价指标、确定评价方法等搜集所需资料。搜集和占有资料是进行系统评价的起点和基础，只有以准确和完整的资料为基础，才能保证整个评价工作的顺利进行。因此，在搜集资料时，要有明确的目的和计划，确保资料的可靠性、代表性、完整性和连续性。

10.4.3 评价指标的选择

评价指标的选择是由评价目的与实际情况共同决定的，具体选择时应注意以下四点。

（1）评价指标必须与评价目的密切相关。

（2）评价指标应当构成一个完整的体系，即全面地反映评价对象的各方面。

（3）评价指标总数应当尽可能地少，以减轻评价负担。

（4）科学地、客观地、尽可能全面地考虑各种因素。

10.4.4 评价函数的确定

评价函数是使评价定量化的一种数学模型。不同问题使用的评价函数可能不同，同一个评价问题也可以使用不同的评价函数，因此，对选用的评价函数本身必须做出评价。一般应选用能更好地达到评价目的的评价函数或其他适宜的评价函数。评价函数本身是多属性、多目标的。尤其当评价目的在于形成统一意见或进行群体决策时，在确定评价函数时会产生不同的看法。因此，在对系统进行评价之前，有关人员应该进行充分的、无拘束的讨论，否则难以获得有效的评价。

10.4.5 评价指标价值的计算

从经济学角度讲，价值被理解为根据评价主体的效用观点对于评价对象能满足某种需求的认识或估计。进行评价指标价值的计算，首先根据前面选定的评价函数对单项指标进行价值评价，查明方案在各项评价指标上的实现程度，然后进行单项评价指标的综合，得出某一大类指标的价值。在指标价值计算之前，一般还需要确定各项评价指标的权重。总之，评价尺度和评价指标的权重应保证评价的客观、正确、有效。

10.4.6 综合评价

综合评价就是对系统进行技术、经济、社会等各方面的全面评价。但综合评价的各方面和评价指标不能一概而论，应根据具体评价对象而定。以企业开发新产品为例，一个完整的综合评价体系大致包括经营管理、技术、市场、时间、经济、体制和社会方面等。

【总结与习题】

1. 总结

本章首先介绍了评价的概念，然后分析了评价尺度、评价的原则，最后详细介绍了评价的步骤。

2. 习题

（1）评价应遵循哪些原则？
（2）请结合实例简述评价的步骤。

第 11 章

层次分析法建模与仿真

【学习目标】

1. 理解层次分析法的基本原理。
2. 了解层次分析法的优点和局限性。
3. 能够运用 Python 进行层次分析法的建模仿真。

【开篇案例】

通盘无妙手

“通盘无妙手”是一个下棋的术语，原话叫作“善弈者通盘无妙手”，也就是说对于很会下棋的人，往往一整局棋你是看不到那种神奇的一招或者力挽狂澜的一手的。这有点违反我们的直觉，为什么是这样呢？

韩国有一位围棋选手叫李昌镐，是围棋界的世界级顶尖高手，下围棋的人都知道他。李昌镐 16 岁就夺得了世界冠军，被认为是当代仅次于吴清源的棋手，巅峰时期横扫中日韩三国棋手，号称“石佛”，是围棋界一等一高手。

李昌镐下棋最大的特点，也是最让对手头疼的手法，就是从不追求妙手，而是每手棋只求 51%的胜率，俗称“半目胜”。

通常，一局棋总共也就 200～300 手，即使每手棋只有一半多一点的胜率，最多只要一百多手，就能稳操胜券。也就是说，只要每一步比对手好一点点，就足够赢了。李昌镐曾对记者说：“我从不追求妙手，也没想过要一举击溃对手。”世界排名第一的棋手居然只追求 51%的胜率，让很多记者和业内人士都觉得不可思议。

这恰恰是高手的战略，所谓的“妙手”，虽然听起来很酷，赢得很漂亮，但存在一个问题——给对方致命一击的同时，往往也会暴露自己的缺陷，正所谓“大胜之后，必有大败；大明之后，必有大暗”。此外，妙手存在不稳定和不可持续性，无法通过刻意练习来形成技能上的积累，一旦灵感枯竭，难免手足无措。正如守卫一座城池，只靠奇兵是不行的，终归要有深沟、高垒的防护。与之相比，“通盘无妙手”看似平淡无奇，但是积胜势于点滴、化危机于无形，最终稳稳当当地取得胜利，体现的是不同于妙手的另一种智慧。

真正的高手不太会去做一些看起来风光无限的事情，因为他们懂得“善弈者通盘无妙手”。那些看起来很风光的事情，其实风险很大，失误率高，一次失误后果就很严重。巴菲特的合作伙伴芒格说：“如果我知道自己会死在哪儿，那我一辈子不去那里就好了。”这类人站在全局的高度来看问题，提前防范危险，消除隐患，把威胁化解于无形。

资料来源：https://baijiahao.baidu.com/s?id=1621463847207699394&wfr=spider&for= pc

【思政思考题】

思考题 1：对于科学研究中的“妙手”，你持怎样的观点？

思考题 2：你觉得应该秉持怎样的态度以最大限度地降低风险及其产生的负面影响？

11.1　层次分析法的基本原理

层次分析法（analytic hierarchy process，AHP）是对一些较为复杂、较为模糊的问题作出决策的简易方法，它特别适用于那些难以完全定量分析的问题。它是美国运筹学家 T. L. Saaty 于 20 世纪 70 年代初期提出的一种简便、灵活而又实用的多准则决策方法。

运用层次分析法建模，大体上可按以下四个步骤进行。

（1）建立递阶层次结构模型。

（2）构造各层次中的所有判断矩阵。

（3）层次单排序及一致性检验。

（4）层次总排序及一致性检验。

11.1.1　建立递阶层次结构模型

应用层次分析法分析决策问题时，首先要把问题条理化、层次化，构造出一个有层次的结构模型。在这个模型下，复杂问题被分解为因素的组成部分。这些因素又按其属性及关系形成若干层次。上一层次的因素作为准则对下一层次有关因素起支配作用。

这些层次可以分为三类。

（1）目标层。这一层次中只有一个因素，一般它是分析问题的预定目标或理想结果。

（2）准则层。这一层次中包含为实现目标所涉及的中间环节，它可以由若干层次组成，包括所需考虑的准则、子准则。

（3）方案层。这一层次包括为实现目标可供选择的各种措施、决策方案等。

递阶层次结构中的层次数与问题的复杂程度及需要分析的详尽程度有关，一般地，层次数不受限制。每一层次中各因素所支配的因素一般不超过 9 个。这是因为支配的因素过多会给两两比较判断带来困难。

下面结合实例来说明递阶层次结构的建立。

【例 11-1】假期旅游有 P_1、P_2、P_3 三个旅游胜地供你选择，试确定一个最佳地点。

在此问题中，我们可以根据景色、费用、居住、饮食和旅途等准则去反复比较三个候选地点。基于以上考虑可以建立如图 11-1 所示的层次结构模型。

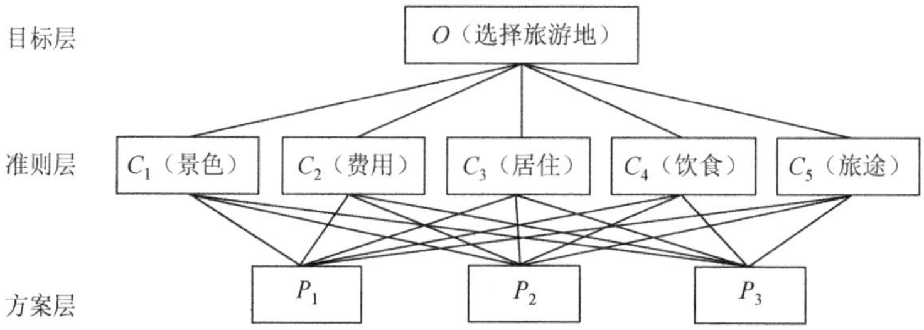

图 11-1　旅游胜地评价的层次结构模型

11.1.2　构造判断矩阵

层次结构反映了因素之间的关系，但准则层中的各准则在目标衡量中所占的比例并不一定相同，在决策者的心目中，它们各占有一定的比例。

在确定影响某因素的诸因素在该因素中所占的比例时，遇到的主要困难是这些比例常常不易定量化。此外，当影响某因素的因素较多时，若直接考虑各因素对该因素的重要程度，常常会因考虑不周全、顾此失彼而使决策者提出与他实际认为的重要程度不一致的数据，甚至有可能提出一组隐含矛盾的数据。

假设要比较 n 个因素 $X=\{x_1,x_2,\cdots,x_n\}$ 对某因素 Z 的重要程度，怎样比较才能提供可信的数据呢？Saaty 等建议采取对因素进行两两比较建立成对比较判断矩阵（简称判断矩阵）的办法。每次取两个因素 x_i 和 x_j $(i,j=1,2,\cdots,n)$，以 a_{ij} 表示 x_i 和 x_j 对 Z 的重要程度之比，全部比较结果用矩阵 $A=(a_{ij})_{n\times n}$ 表示，称 A 为 Z–X 的判断矩阵。容易看出，若 x_i 与 x_j 对 Z 的重要程度之比为 a_{ij}，则 x_j 与 x_i 对 Z 的重要程度之比应为 $a_{ji}=\dfrac{1}{a_{ij}}$。

【定义 11-1】 若矩阵 $A=(a_{ij})_{n\times n}$ 满足 $a_{ij}>0$ 和 $a_{ji}=\dfrac{1}{a_{ij}}(i,j=1,2,\cdots,n)$，则称为正互反矩阵（易见 $a_{ii}=1$，$i=1,2,\cdots,n$）。

关于如何确定 a_{ij} 的值，Saaty 等建议引用数字 1～9 及其倒数作为标度。表 11-1 列出了 1～9 标度的含义。

表 11-1　标度的含义

标度	含义
1	两个因素相比，同等重要
3	两个因素相比，前者稍微重要
5	两个因素相比，前者明显重要

续表

标度	含义
7	两个因素相比，前者强烈重要
9	两个因素相比，前者极端重要
2，4，6，8	上述相邻判断的中间值
倒数	若因素 i 与因素 j 的重要程度之比是 a_{ij}，则因素 j 与因素 i 的重要程度之比是 $a_{ji}=1/a_{ij}$

从心理学观点来看，分级太多会超越人们的判断能力，既增加了进行判断的难度，又容易因此而提供虚假数据。Saaty 等还用实验方法比较了在各种标度下人们判断结果的正确性，实验结果也表明，采用 1～9 标度最为合适。

一般地，进行 $n(n-1)/2$ 次两两判断是必要的。有人认为把所有因素都和某个因素比较，即只进行 $n-1$ 次比较就可以了。这种做法的弊病在于任何一个判断的失误均可导致不合理的排序，而个别判断的失误对于难以定量的系统往往是难以避免的。进行 $n(n-1)/2$ 次比较可以提供更多的信息，通过各种角度的反复比较，从而导出一个合理的排序。

11.1.3　层次单排序及一致性检验

判断矩阵 A 对应于最大特征值 $\lambda_{\max}$ 的特征向量 W，经归一化后即同一层次相应因素对于上一层次某因素重要程度的排序权重，这一过程称为层次单排序。

上述构造判断矩阵的办法虽能减少其他因素的干扰，较客观地反映出一对因素重要程度的差别。但综合全部比较结果时，其中难免包含一定程度的非一致性。如果比较结果是前后完全一致的，则矩阵 A 的因素还应当满足：

$$a_{ij}a_{jk}=a_{ik}，\quad \forall i,j,k=1,2,\cdots,n \tag{11-1}$$

【定义 11-2】满足式（11-1）的正互反矩阵称为一致矩阵。

需要检验构造出来的正互反判断矩阵 A 是否严重地非一致，以便确定是否接受 A。

【定理 11-1】正互反判断矩阵 A 的最大特征值 $\lambda_{\max}$ 必为正实数，其对应特征向量的所有分量均为正实数。A 的其余特征值的模均严格小于 $\lambda_{\max}$。

【定理 11-2】若 A 为一致矩阵，则

（1）A 必为正互反矩阵。

（2）A 的转置矩阵 A^{T} 也是一致矩阵。

（3）A 的任意两行成比例，比例因子大于零，从而 rank(A)=1（同样地，A 的任意两列也成比例）。

（4）A 的最大特征值 $\lambda_{\max}=n$，其中 n 为矩阵 A 的阶。A 的其余特征值均为零。

（5）若 A 的最大特征值 $\lambda_{\max}$ 对应的特征向量为 $W=(w_1,w_2,\cdots,w_n)^{\mathrm{T}}$，则

$$a_{ij}=\frac{w_i}{w_j}，\quad \forall i,j=1,2,\cdots,n$$

即

$$A=\begin{pmatrix} w_1/w_1 & w_1/w_2 & \cdots & w_1/w_n \\ w_2/w_1 & w_2/w_2 & \cdots & w_2/w_n \\ \vdots & \vdots & & \vdots \\ w_n/w_1 & w_n/w_2 & \cdots & w_n/w_n \end{pmatrix}$$

【定理 11-3】 n 阶正互反判断矩阵 A 为一致矩阵，当且仅当其最大特征值 $\lambda_{\max}=n$，且正互反判断矩阵 A 非一致时，必有 $\lambda_{\max}>n$。

根据定理 11-3，我们可以由 $\lambda_{\max}$ 是否等于 n 来检验判断矩阵 A 是否为一致矩阵。由于特征值连续地依赖于 a_{ij}，故 $\lambda_{\max}$ 比 n 大得越多，A 的非一致性也就越严重，$\lambda_{\max}$ 对应的标准化特征向量也就越不能真实地反映出 $X=\{x_1,x_2,\cdots,x_n\}$ 对因素 Z 的重要程度。因此，对决策者提供的判断矩阵有必要进行一次一致性检验，以决定是否能接受它。

对判断矩阵的一致性检验的步骤如下。

（1）计算一致性指标 CI：

$$\mathrm{CI}=\frac{\lambda_{\max}-n}{n-1} \tag{11-2}$$

（2）查找相应的平均随机一致性指标 RI。对 n=1,2,⋯,11，Saaty 给出了 RI 的值，如表 11-2 所示。

表 11-2　RI 的值

n	RI	n	RI
1	0	7	1.32
2	0	8	1.41
3	0.58	9	1.45
4	0.90	10	1.49
5	1.12	11	1.51
6	1.24		

用随机方法构造 500 个样本矩阵，随机地从 1～9 及其倒数中抽取数字构造正互反判断矩阵，求得最大特征值的平均值 $\lambda'_{\max}$，并定义

$$\mathrm{RI}=\frac{\lambda'_{\max}-n}{n-1} \tag{11-3}$$

（3）计算一致性比例 CR：

$$\mathrm{CR}=\frac{\mathrm{CI}}{\mathrm{RI}} \tag{11-4}$$

当 CR＜0.10 时，判断矩阵的一致性是可以接受的，否则应对判断矩阵进行适当修正。

11.1.4　层次总排序及一致性检验

由 11.1.3 节得到的是一组因素对其上一层中某因素的权重向量。我们最终要得到各

因素（特别是底层中各方案）对于目标的排序权重，从而进行方案选择。总排序权重要自上而下地将单准则下的权重进行合成，如表 11-3 所示。

表 11-3 层次总排序合成表

层次 B	层次 A				B 层次总排序权重
	A_1	A_2	…	A_m	
	a_1	a_2	…	a_m	
B_1	b_{11}	b_{12}	…	b_{1m}	$\sum_{j=1}^{m} a_j b_{1j}$
B_2	b_{21}	b_{22}	…	b_{2m}	$\sum_{j=1}^{m} a_j b_{2j}$
…	…	…	…	…	…
B_n	b_{n1}	b_{n2}	…	b_{nm}	$\sum_{j=1}^{m} a_j b_{nj}$
CI	$(\mathrm{CI})_1$	$(\mathrm{CI})_2$	…	$(\mathrm{CI})_m$	

设上一层次（A 层）包含 $A_1,A_2,\cdots,A_m$ 共 m 个因素，它们的层次总排序权重分别为 $a_1,a_2,\cdots,a_m$；又设其后的下一层次（B 层）包含 $B_1,B_2,\cdots,B_n$ 共 n 个因素，它们关于 A_j 的层次单排序权重分别为 $b_{1j},b_{2j},\cdots,b_{nj}$（当 B_i 与 A_j 无关联时，$b_{ij}=0$）。现求 B 层中各因素关于总目标的权重，即求 B 层各因素的层次总排序权重 $b_1,b_2,\cdots,b_n$，计算按表 11-3 所示的方式进行，即 $b_i=\sum_{j=1}^{m} b_{ij}a_j$，$i=1,2,\cdots,n$。

对层次总排序也需进行一致性检验，检验仍像层次总排序那样由高层到低层逐层进行。这是因为虽然各层次均已经过层次单排序的一致性检验，各判断矩阵都已具有较为满意的一致性。但当综合考查时，各层次的非一致性仍有可能积累起来，引起最终分析结果较严重的非一致性。

设 B 层中与 A_j 相关的因素的判断矩阵在单排序中经一致性检验，求得单排序一致性指标为$(\mathrm{CI})_j$（$j=1,2,\cdots,m$），相应的平均随机一致性指标$(\mathrm{RI})_j$ 已在层次单排序时求得，则 B 层总排序一致性比例为

$$\mathrm{CR}=\frac{\sum_{j=1}^{m}(\mathrm{CI})_j a_j}{\sum_{j=1}^{m}(\mathrm{RI})_j a_j} \tag{11-5}$$

当 CR＜0.10 时，层次总排序结果具有较满意的一致性并接受该分析结果。

11.1.5 层次分析法的优点和局限性

1. 层次分析法的优点

（1）系统性。层次分析法把研究对象作为一个系统，按照分解、比较判断、综合

的思维方式进行决策，成为继机理分析、统计分析之后发展起来的系统分析的重要工具。

（2）实用性。层次分析法把定性和定量方法结合起来，能处理许多用传统的最优化技术无法解决的实际问题，应用范围很广，同时，层次分析法使得决策者与决策分析者能够相互沟通，决策者甚至可以直接应用它，这就增加了决策的有效性。

（3）简洁性。具有中等文化程度的人即可以了解层次分析法的基本原理并掌握该法的基本步骤，其计算也非常简便，并且所得结果简单明确，容易被决策者了解和掌握。

2. 层次分析法的局限性

（1）只能从原有的方案中优选一个方案，没有办法得出更好的新方案。

（2）在很大程度上依赖于人们的经验，主观因素的影响较大，它至多只能排除思维过程中的严重非一致性，无法排除决策者个人可能存在的严重片面性。

（3）比较、判断及结果的计算过程都是粗糙的，不适用于精度较高的问题。

11.2 层次分析法的 Python 建模仿真

11.2.1 就业工作单位选择评价问题描述

进入 9 月，各大高校的毕业季学生纷纷进入找工作的忙碌时期，哈尔滨工程大学经济管理学院管理科学与工程专业的硕士研究生卢某也像其他毕业生一样积极投递简历以便找到适合自己的工作。经过一段时间的面试、笔试以及与用人单位之间的恳谈，已有三个单位表示愿意与她签约。面对这三个单位，卢某犯了难，她应该选择哪个单位呢？为了更为科学地选择适合自己的单位，卢某运用所学的知识和已有信息建立了如图 11-2 所示的层次结构模型。针对该层次结构模型，卢某给出了如表 11-4 和表 11-5 所示的判断矩阵。请运用层次分析法对三个单位进行评价，帮助卢某选择最适合自己的工作。

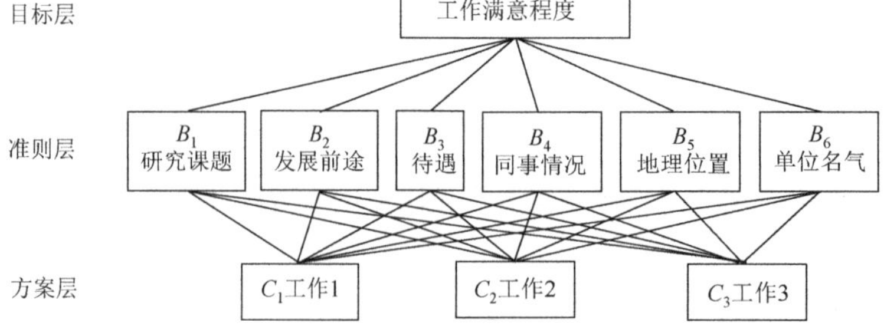

图 11-2 工作单位选择评价的层次结构模型

准则层的判断矩阵如表 11-4 所示。

表 11-4　准则层的判断矩阵（一）

A	B_1	B_2	B_3	B_4	B_5	B_6
B_1	1	1	1	4	1	1/2
B_2	1	1	2	4	1	1/2
B_3	1	1/2	1	5	3	1/2
B_4	1/4	1/4	1/5	1	1/3	1/3
B_5	1	1	1/3	3	1	1
B_6	2	2	2	3	3	1

方案层的判断矩阵如表 11-5 所示。

表 11-5　方案层的判断矩阵（一）

B_1	C_1	C_2	C_3	B_2	C_1	C_2	C_3	B_3	C_1	C_2	C_3
C_1	1	1/4	1/2	C_1	1	1/4	1/5	C_1	1	3	1/3
C_2	4	1	3	C_2	4	1	1/2	C_2	1/3	1	1/7
C_3	2	1/3	1	C_3	5	2	1	C_3	3	7	1
B_4	C_1	C_2	C_3	B_5	C_1	C_2	C_3	B_6	C_1	C_2	C_3
C_1	1	1/3	5	C_1	1	1	7	C_1	1	7	9
C_2	3	1	7	C_2	1	1	7	C_2	1/7	1	1
C_3	1/5	1/7	1	C_3	1/7	1/7	1	C_3	1/9	1	1

11.2.2　层次分析法的评价过程

运用 Python 对上述案例进行层次分析法评价的仿真程序如下。

```
import numpy as np
RI_dict={1:0,2:0,3:0.58,4:0.90,5:1.12,6:1.24,7:1.32,8:1.41,
9:1.45}
def get_w(array):
    row=array.shape[0]
    a_axis_0_sum=array.sum(axis=0)
    b=array/a_axis_0_sum                # 新的矩阵 b
    b_axis_0_sum=b.sum(axis=0)
    b_axis_1_sum=b.sum(axis=1)          # 每一行的特征向量
    w=b_axis_1_sum/row                  # 归一化处理(特征向量)
    nw=w * row
    AW=(w * array).sum(axis=1)
    max_max=sum(AW/(row * w))
    CI=(max_max-row)/(row-1)
```

```
    CR=CI/RI_dict[row]
    if CR<0.1:
        return w
    else:
        print(round(CR,3))
        print('不满足一致性,请进行修改')

def main(array):
    if type(array)is np.ndarray:
        return get_w(array)
    else:
        print('请输入 numpy 对象')

if __name__=='__main__':
    #准则层的判断矩阵
    e=np.array([[1,1,1,4,1,1/2],
                [1,1,2,4,1,1/2],
                [1,1/2,1,5,3,1/2],
                [1/4,1/4,1/5,1,1/3,1/3],
                [1,1,1/3,3,1,1],
                [2,2,2,3,3,1]])
    #方案层的判断矩阵
    b1=np.array([[1,1/4,1/2],[4,1,3],[2,1/3,1]])
    b2=np.array([[1,1/4,1/5],[4,1,1/2],[5,2,1]])
    b3=np.array([[1,3,1/3],[1/3,1,1/7],[3,7,1]])
    b4=np.array([[1,1/3,5],[3,1,7],[1/5,1/7,1]])
    b5=np.array([[1,1,7],[1,1,7],[1/7,1/7,1]])
    b6=np.array([[1,7,9],[1/7,1,1],[1/9,1,1]])
    e=main(e)
    b1=main(b1)
    b2=main(b2)
    b3=main(b3)
    b4=main(b4)
    b5=main(b5)
    b6=main(b6)
    try:
        res=np.array([b1,b2,b3,b4,b5,b6])
        ret=(np.transpose(res)* e).sum(axis=1)
```

```
        print(ret)
    except TypeError:
        print('数据有误,可能不满足一致性,请进行修改')
```

运行得到方案总排序权重：[0.3941　0.3031　0.3028]

根据总排序权重，卢某最应该选择的是工作 1。

【总结与习题】

1. 总结

本章首先介绍了层次分析法的基本原理，分析了层次分析法的优点和局限性，在此基础上以就业工作单位选择评价为案例，解析了基于 Python 语言的层次分析法的建模仿真应用。

2. 习题

（1）评价应遵循哪些原则？

（2）请结合实例简述评价的步骤。

（3）若发现判断矩阵 A 的非一致性较为严重，应如何寻找引起非一致性的因素？例如，设已构造判断矩阵

$$A=\begin{bmatrix}1 & 1/5 & 3\\ 5 & 1 & 6\\ 1/3 & 1/6 & 1\end{bmatrix}$$

①对 A 进行一致性检验。

②如果 A 的非一致性较严重，应如何修正？

（4）假设你已经去过几家主要的摩托车商店，基本确定将从三种车型中选购一种，你选择的标准主要有价格、耗油量、舒适程度和外表。经反复思考比较，构造了它们之间的判断矩阵。

$$A=\begin{bmatrix}1 & 3 & 7 & 8\\ 1/3 & 1 & 5 & 5\\ 1/7 & 1/5 & 1 & 3\\ 1/8 & 1/5 & 1/3 & 1\end{bmatrix}$$

三种车型（记为 a、b、c）关于价格、耗油量、舒适程度和外表的判断矩阵为

(价格)

$$\begin{array}{c} \\ a\\ b\\ c\end{array}\begin{array}{c}\begin{matrix}a & b & c\end{matrix}\\ \begin{bmatrix}1 & 2 & 3\\ 1/2 & 1 & 2\\ 1/3 & 1/2 & 1\end{bmatrix}\end{array}$$

(耗油量)

$$\begin{array}{c} \\ a\\ b\\ c\end{array}\begin{array}{c}\begin{matrix}a & b & c\end{matrix}\\ \begin{bmatrix}1 & 1/5 & 1/2\\ 5 & 1 & 7\\ 2 & 1/7 & 1\end{bmatrix}\end{array}$$

(舒适程度)
$$\begin{array}{c} \\ a \\ b \\ c \end{array}\begin{array}{c} \begin{array}{ccc} a & b & c \end{array} \\ \begin{bmatrix} 1 & 3 & 5 \\ 1/3 & 1 & 4 \\ 1/5 & 1/4 & 1 \end{bmatrix} \end{array}$$

(外表)
$$\begin{array}{c} \\ a \\ b \\ c \end{array}\begin{array}{c} \begin{array}{ccc} a & b & c \end{array} \\ \begin{bmatrix} 1 & 1/5 & 3 \\ 5 & 1 & 7 \\ 1/3 & 1/7 & 1 \end{bmatrix} \end{array}$$

①根据上述矩阵可以看出四项标准在你心目中的重要程度是不同的，请按由重到轻的顺序将它们排出。

②哪辆车最便宜、哪辆车最省油、哪辆车最舒适、哪辆车最漂亮？

③用层次分析法确定你对这三种车型的喜欢程度（用百分比表示）。

（5）一位顾客要从 3 部手机中选择购买 1 部手机，选择的标准有价格、拍照功能、品牌、外观、内存 5 个指标。试运用层次分析法对这 3 部手机进行综合评估并量化排序。手机评价的层次结构模型如图 11-3 所示，判断矩阵如表 11-6 和表 11-7 所示。

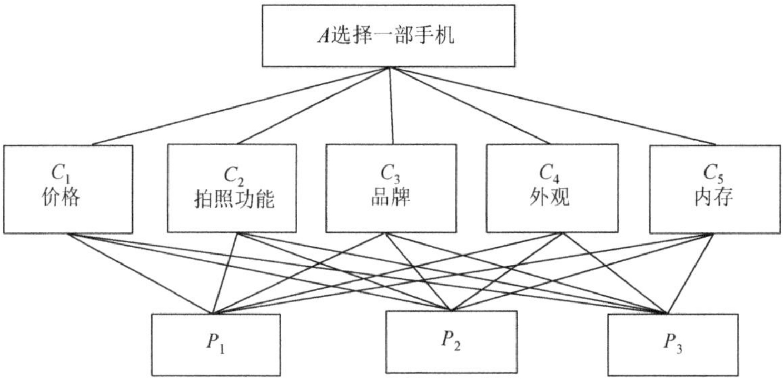

图 11-3　手机评价的层次结构模型

表 11-6　准则层的判断矩阵（二）

A	C_1	C_2	C_3	C_4	C_5
C_1	1	3	5	3	1/2
C_2	1/3	1	5	4	1/5
C_3	1/5	1/5	1	1/2	1/4
C_4	1/3	1/4	2	1	1/5
C_5	2	5	4	5	1

表 11-7　方案层的判断矩阵（二）

C_1	P_1	P_2	P_3	C_2	P_1	P_2	P_3	C_3	P_1	P_2	P_3
P_1	1	4	2	P_1	1	1/6	1/5	P_1	1	1/5	1/2
P_2	1/4	1	1/4	P_2	6	1	3	P_2	5	1	3
P_3	1/2	4	1	P_3	5	1/3	1	P_3	2	1/3	1
C_4	P_1	P_2	P_3	C_5	P_1	P_2	P_3				
P_1	1	1/4	3	P_1	1	5	2				
P_2	4	1	7	P_2	1/5	1	1/4				
P_3	1/3	1/7	1	P_3	1/2	4	1				

第 12 章

模糊综合评价法建模与仿真

【学习目标】

1. 理解模糊综合评价法的基本原理。
2. 能够运用 Python 进行模糊综合评价法的建模仿真。

【开篇案例】

模糊思维及其应用

随着哲学社会科学的领域扩展与所研究问题的多样化，逐渐出现了许多无法用经典定量分析方法计算的模糊量。例如，对某个领域的家庭经济能力的评价往往可以分为富裕型、小康型、温饱型等；对人的身体素质中身高的评价往往分为高、中、矮，等等。这些便是量的模糊性，即模糊概念。为解决模糊概念与经典定量处理方法之间的矛盾，便出现了使精确概念模糊化的模糊思维方法。

从客观世界来考察，德国科学家康托尔于 1871 年创立的经典集合描述的仅是非此即彼的概念，或者说刻画的仅是事物的两个极端，即{0, 1}二值逻辑。事物从一个极端走向另一个极端时，通常有一个中介过渡的过程。在这个过程中，亦此亦彼的状态是客观存在的，是[0, 1]上任意取值的多值逻辑。但经典集合对事物的描述绝对化，没有反映事物的全貌，对亦此亦彼状态的多值逻辑束手无策。经典定量方法在讨论问题时，往往针对元素与集合间的“属于”与“不属于”或命题“真”与“假”等明确的关系。由于无法对上述问题进行处理，经典定量方法出现了瓶颈。

美国控制论专家扎德（Zadeh）于 1965 年创立的模糊集合对事物的本来面貌进行了客观描述，使模糊思维方法可以在广阔的科学天地间一展风采。从经典到模糊，历经百年沧桑，是人类思维方法的重大发展。

“模糊”一词译自英文单词 fuzzy，在字典中除有“模糊”的含义外，还有“不分明的”和“边界不清的”的意思。模糊性是客观事物所呈现的普遍现象，主要指客观事物差异中的中介过渡的不分明性，或者说研究对象的类属边界或性态的不确定性。虽然模糊事物没有绝对界限，但还是有相对的标准与合理性的。同时，模糊性中允许存在主观性，这是因为对模糊事物各人心目中的界限不会是完全一样的，承认一定的主观性是模糊性的一个特点。此外，人们心目中的界限形成一定的分布，有一定的规律，因而其又是客观的。模糊性正是对这种主观与客观相统一的反映。

目前，模糊思维方法已在哲学社会科学领域得到应用，并取得了具体的研究成果。例如，模糊思维方法在土壤评价中的应用，模糊思维方法在经济效益综合评价中的应用。此外，在工农业、经济、生态文明、国家治理、政策评价等各方面无不渗透着模糊思维方法。

模糊综合评价法是模糊思维方法应用的一个重要方面。具体而言，模糊综合评价法是将一些边界不清、不易定量的因素定量化，根据多个因素对评价对象隶属等级状况进行综合性评价的一种方法。

在模糊思维方法中受到普遍重视的另一个方面是模糊神经网络。它汇集了神经网络与模糊理论的优点，集学习、联想、识别、自适应及模糊信息处理于一体。近年来，模糊神经网络理论及应用得到了飞速发展，各种新的模糊神经网络模型的提出及与其相适应的学习算法的研究不仅加速了模糊神经网络理论的完善，而且使其在模糊识别、系统预测、模糊控制、图像编码及模式识别等文理交叉领域都有成功应用。

随着人工智能、5G、互联网等信息技术的发展，模糊控制技术的发展也十分迅速。模糊控制技术也是以模糊集合论、模糊语言变量和模糊逻辑推理为基础的。将模糊思维方法应用于控制领域，可以更真切地模拟人脑思维和判断，对产品生产过程进行选择和控制，从而推动智能化新技术发展。

资料来源：http://sky.cssn.cn/kxk/llyff/202009/t20200909_5180770.shtml

12.1 模糊理论的基本概念

12.1.1 模糊集合与隶属函数

人们对有些事物（或现象）的语言（或思维）判断的分界点在哪里？例如，就身高而言，高个子、中等个子与小个子究竟怎么区分？就年龄而论，老年、中年、青年、少年的分界点在哪里？这类具有明显中介过渡差异的概念没有明确的外延，用普通集合难以刻画。扎德为此引入隶属度和模糊集合，成功地处理了这类问题。模糊集合 A 就是 A 中每个元素 x 用隶属度 $D_A(x)$ 的概念来刻画。当 $D_A(x)$ 仅取 $\{0, 1\}$ 两值时，A 是普通集合，满足 $D_A(x)=1$ 的所有元素都属于 A，并构成 A；$D_A(x)=0$ 意味着所有元素都不属于 A；当 $D_A(x)$ 取 $(0, 1)$ 的小数时，A 便称为模糊集合，即 x 以 $D_A(x)$ 的程度隶属于 A 或隶属于集合 A 的程度为 $D_A(x)$。其数学定义如下。

【定义 12-1】给定论域 X，由映射

$$D_A\text{：}\ X \to [0, 1] \tag{12-1}$$

$$X \to D_A(x) \tag{12-2}$$

所刻画的集合称为 X 上的一个模糊子集 A，其中，$D_A(x)$ 称为定义在 X 上的隶属函数，对于给定的 $x \in X$ ，$D_A(x)$ 的取值称为 x 对模糊集合 A 的隶属度。

模糊集合有以下记法。若论域 X 有限，$X=\{x_1,x_2,\cdots,x_n\}$ ，则有

（1）扎德记法：

$$A=\frac{U_A(X_1)}{x_1}+\frac{U_A(X_2)}{x_2}+\cdots+\frac{U_A(X_n)}{x_n} \tag{12-3}$$

（2）向量记法：

$$A=(U_A(x_1),U_A(x_2),\cdots,U_A(x_n)) \tag{12-4}$$

12.1.2　截集

模糊子集是通过隶属函数来定义的，在实际解决问题时，必须把模糊集合转化为普通集合，于是必须对隶属度取一定的阈值（或置信水平），从而引入截集概念。模糊集合 A 的 λ 截集是指在论域 X 中对 A 的隶属度不小于 λ 的一切元素组成的普通集合。数学定义如下。

【定义 12-2】论域 X 上的模糊集合 A 的 λ 截集为 $A_\lambda=\{x \mid x\in X,U_A(x)\geqslant\lambda\}$ ，其中，λ 称为阈值或置信水平，$0\leqslant\lambda\leqslant1$ 。

实际上，A_λ 就是所有 X 中隶属度大于或等于 λ 的那些 x 所组成的集合，所有 A_0 是普通子集，显然有

（1）$A_0=X$ 。

（2）$\lambda_1\leqslant\lambda_2\Rightarrow A_{\lambda_1}\supseteq A_{\lambda_2}$ 。

由于模糊集合 A 是一个没有确定边界的集合，利用 λ 截集可以得到以下结果：如果 $x\in A_\lambda$，则在 λ 水平下，x 属于 A；如果 $x\notin A_\lambda$，则在 λ 水平下，x 不属于 A。

12.1.3　模糊关系及其运算

1. 模糊关系

两个论域X和Y的元素的任意搭配构成了一个新的集合，记为 $X\times Y=\{(x,y)\mid x\in X,y\in Y\}$ ，若对 X 和 Y 的元素之间的搭配施加某种限制 R，这种限制就是 X 和 Y 之间的某种关系 R，于是，在 X 和 Y 的基础上利用 R 可以确定一个子集；反之，$X\times Y$ 的一个子集也可以确定 X 到 Y 的一个关系。例如，设 X 是男人集合，Y 是女人集合，给出关系 R 为“夫妻”，显然所有的夫妻双方的集合（记为 A）是 $X\times Y$ 的子集。论域 X 和 Y 之间的有些关系是明确的、非此即彼的（如上述关系“夫妻”），有些关系是模糊的（如上述男人和女人集合之间的关系“性格相像”）。此外，也可以用隶属函数 $U_R(x,y)$ 表示 x 和 y“性格相像”的程度，同样地，X 到 Y 的一个模糊关系 R 与 $X\times Y$ 的一个模糊子集一一对应。下面给出模糊关系的数学定义。

【定义 12-3】设 X 和 Y 是两个非空集合，$X\times Y$ 的一个模糊子集称为 X 到 Y 的一个模糊

关系，用 $F(X\times Y)$ 表示 X 到 Y 的模糊关系全体。特别地，$X=Y$ 称为 X 中的模糊关系。

设 $R\in F(X\times Y)$，R 可以用隶属函数 U_R：$X\times Y\to[0,1]$ 来刻画，对于任意的 $(x,y)\in X\times Y$，$U_R(x,y)$ 表示 (x,y) 具有关系 R 的程度。

【例 12-1】 设评价营业员的劳动服务情况的因素论域为 U，$U=\{x_1,x_2,x_3,x_4,x_5,x_6\}$，其中，$x_1$，$x_2$，$x_3$，$x_4$，$x_5$，$x_6$ 分别表示销售单数、销售额、文明礼貌、精心“参谋”、素质、环境；V 表示定性评价的评论论域，$V=\{y_1,y_2,y_3,y_4\}$，其中，y_1，y_2，y_3，y_4 分别表示很好、较好、一般、不好。通过管理者对顾客的调查和各组评比，给 $U\times V$ 上的每个有序对 (x_i,y_j) 指定隶属度。

从 U 到 V 的模糊关系 R 的隶属函数是一个 6×4 矩阵，记作

$$R=\begin{bmatrix}0.4 & 0.4 & 0.2 & 0\\ 0.3 & 0.3 & 0.3 & 0.1\\ 0.4 & 0.5 & 0.1 & 0\\ 0.6 & 0.3 & 0.1 & 0\\ 0.3 & 0.4 & 0.2 & 0.1\\ 0.5 & 0.4 & 0.1 & 0\end{bmatrix} \tag{12-5}$$

R 称为模糊关系矩阵，简称模糊矩阵，当且仅当矩阵的所有元素 r_{ij} 满足 $0\leqslant r_{ij}\leqslant 1$。特别地，当 r_{ij} 只取 0 和 1 两个数值之一时，R 称为布尔矩阵，是模糊矩阵的特殊情形，代表普通关系。

2. 模糊矩阵的运算

对于两个 $n\times m$ 模糊矩阵 $A=\{a_{ij}\}_{n\times m}$ 和 $B=\{b_{ij}\}_{n\times m}$。

（1）相等：模糊矩阵 A 与 B 相等，当且仅当它们的对应元素两两相等，即 $A=B\Leftrightarrow a_{ij}=b_{ij}$。

（2）包含：模糊矩阵 A 包含于 B 中，当且仅当 A 的每个元素小于或等于 B 的对应元素，即 $A\subseteq B\Leftrightarrow a_{ij}\leq b_{ij}$。

（3）并：模糊矩阵 A 和 B 的并仍是模糊矩阵，记作 $A\cup B$。令 $A\cup B=C=(c_{ij})_{n\times m}$，则 $c_{ij}=a_{ij}\vee b_{ij}$，即 c_{ij} 取 a_{ij} 和 b_{ij} 中最大者。

（4）交：模糊矩阵 A 和 B 的交仍是模糊矩阵，记作 $A\cap B$。令 $A\cap B=D=(d_{ij})_{n\times m}$，则 $d_{ij}=a_{ij}\wedge b_{ij}$，即 d_{ij} 取 a_{ij} 和 b_{ij} 中最小者。

（5）补：模糊矩阵 A 的补仍是模糊矩阵，记作 A^{C}。$A^{\mathrm{C}}=(\overline{a_{ij}})_{n\times m}$，其中，$\overline{a_{ij}}=1-a_{ij}$。

（6）转置：模糊矩阵 A 的转置仍是模糊矩阵，记作 A^{T}。$A^{\mathrm{T}}=(a'_{ij})_{n\times m}$，其中，$a'_{ij}=a_{ji}$。

（7）对称模糊矩阵：若模糊矩阵 A 与其转置矩阵 A^{T} 相等，则称模糊矩阵 A 为对称模糊矩阵。

3. 关系和模糊关系的合成

1）关系的合成

由两个或两个以上的关系形成一个新的关系，称为关系合成。设 X 是某人群集合、Q 是 X 上的兄弟关系、R 是 X 上的父子关系、S 是 X 上的叔侄关系，且 Q、R、S 是 X 上的

普通关系。假设三个人 x，y，z，若 $(x,y)\in Q$，$(y,z)\in R$，即 x 是 y 的弟弟（或哥哥），而 y 是 z 的父亲，则 x 是 z 的叔叔，所以 $(x,z)\in S$。因此，叔侄关系是兄弟关系和父子关系的合成，记作 $S=Q\circ R$。

如果已知 $(x,z)\in S$，即 x 是 z 的叔叔，则一定能找到一个 y，y 是 x 的哥哥，同时 y 是 z 的父亲，即存在 y，使 $(x,z)\in S$，且 $(y,z)\in R$。

两个关系合成的数学定义如下。

设 X，Y，Z 是论域，$Q\in F(X\times Y)$，$R\in F(Y\times Z)$，$S\in F(X\times Z)$，若 $(x,z)\in S$，则存在 $y\in Y$，使 $(x,y)\in Q$，$(y,z)\in R$，称关系 x 是关系 Q 和 R 的合成，记作 $S=Q\circ R$，即 $Q\circ R=\{(x,z)|\exists y\in Y,(x,y)\in Q,(y,z)\in R\}$。

2）模糊关系的合成

【定义 12-4】 设 X，Y，Z 是论域，$Q\in F(X\times Y)$，$R\in F(Y\times Z)$，模糊关系 Q 和 R 的合成 $Q\circ R$ 定义为 X 到 Z 的模糊关系，它的隶属函数为

$$Q\circ R(x,z)=\vee_{y\in Y}(Q(x,y)\wedge R(y,z))$$

式中，"$\vee$"和"$\wedge$"是取大和取小运算。

4. 模糊等价关系和模糊相似关系

【定义 12-5】 设 R 是 X 上的模糊关系，若满足以下条件，则称 R 是 X 上的一个模糊等价关系。

（1）自反性。$\forall x\in X$，$R(x,y)=1$。

（2）对称性。$\forall x,y\in X$，$R(x,y)=R(y,x)$。

（3）传递性。$R\circ R\subseteq R$。

若 R 只满足条件（1）和（2），则称 R 是 X 上的模糊相似关系。

显然，若论域 X 是有限论域，模糊关系 R 是一个 $n\times n$ 矩阵，$R=(r_{ij})_{n\times n}$，则自反性就是 $r_{ij}=1$，即对角线上元素全为 1；对称性就是 $r_{ij}=r_{ji}$，即 R 是对称矩阵。模糊等价关系和模糊相似关系对应的矩阵分别称为模糊等价矩阵和模糊相似矩阵。

12.2　模糊综合评价法的基本原理

12.2.1　模糊综合评价法简介

1965 年，美国加利福尼亚大学控制论专家扎德发表著名论文"Fuzzy Sets"（模糊集合），首次提出了处理模糊现象的数学新概念——模糊子集，并引入了隶属函数的定量描述方法，标志着模糊数学这一崭新数学分支的诞生。模糊集合是模糊理论的基础。一般而言，在不同程度上具有某种特定性质的所有元素的总和称为模糊集合。模糊集合是应事物描述的模糊性而产生的，即对于模糊概念所表现出的差异的中介过渡状态，需要引入模糊集合才能用精确的数学语言对其进行定量的描述。

12.2.2 模糊综合评价法特点

模糊性数学描述具有以下两个特点。

（1）能定量地处理各种模糊因素，这些因素不是人为加进去的，而是研究对象客观存在的。因此其分析的结果或设计的方案更符合客观实际，更为合理优化。

（2）能充分考虑事物的中介过渡性质，从这种中介过渡过程中浮动地选取某一确定状态，就能给出一系列安全水平下的分析结果和设计方案，为工程技术人员的决策提供有利条件。

在复杂的系统中需要考虑的因素比较多，而且各因素之间有层次之分，用多层次模糊综合评价法能够比较好地解决风险大小的问题。

12.2.3 模糊综合评价法步骤

1. 建立因素集

因素集是指评价对象的各种属性构成的集合，因素集可以对评价对象的特征进行全面表达。设评价对象有 m 个因素，u_i 表示因素集中的第 i 个因素，因素集 U 表示为 $U=\{u_1,u_2,\cdots,u_m\}$。

2. 建立评语集

评语集是评价对象中各种可能出现的情况的集合。设评价对象有 n 个可能的评价结果，v_j 表示评语集中的第 j 个评价结果，评语集 V 表示为 $V=\{v_1,v_2,\cdots,v_n\}$。

3. 建立权重集

每个指标因素在响应目标系统重要程度方面都是不同的。因此，对各项指标因素 u_i 赋予一个权重 w_i，然后将这些权重组构成一个集合 W，称为权重集，即

$$W=(w_1,w_2,\cdots,w_m)$$

其中，$\sum_{i=1}^{m} w_i=1$。

4. 建立单因素评价矩阵

在进行综合评价前，首先对单一因素进行评估，建立从因素集 U 到评语集 V 的模糊评价矩阵 R：

$$R=\begin{bmatrix} r_{11} & r_{12} & \cdots & r_{1n} \\ r_{21} & r_{22} & \cdots & r_{2n} \\ \vdots & \vdots & & \vdots \\ r_{m1} & r_{m2} & \cdots & r_{mn} \end{bmatrix} \tag{12-6}$$

5. 进行模糊综合评价

依据模糊数学模型进行合成运算，获得综合评价结果 B：

$$B=W\circ R=\{w_1,w_2,\cdots,w_m\}\begin{bmatrix} r_{11} & r_{12} & \cdots & r_{1n} \\ r_{21} & r_{22} & \cdots & r_{2n} \\ \vdots & \vdots & & \vdots \\ r_{m1} & r_{m2} & \cdots & r_{mn} \end{bmatrix}=\{b_1,b_2,\cdots,b_m\} \tag{12-7}$$

各因素间相互影响，在对复杂的问题进行综合评价时，需要考虑多层次的影响因素。因此，在对更为复杂的问题进行评价时，往往需要采用多级模糊综合评价。在进行多级模糊综合评价时，需要从底层因素开始进行一级模糊综合评价，然后逐级向上直至最高层因素，最终求得整体的模糊综合评价结果。

6. 求解综合评价结果

将 B 进行归一化处理，即可得到归一化模糊综合评价矩阵 $B=\{b_1',b_2',\cdots,b_m'\}$，然后求解综合评价值 C：

$$C=B\circ V^{\mathrm{T}} \tag{12-8}$$

根据 C 的结果，确定评价等级，或者从对象集中选出优胜方案。

12.2.4　模糊综合评价模型

1. 主因素决定型 $M(\wedge,\vee)$

$$b_j=\max_{1\leqslant i\leqslant m}\left\{\max\left(w_i,r_{ij}\right)\right\}\ ,\ j=1,2,\cdots,n \tag{12-9}$$

该模型中权重最大的评价因素将直接决定其评价结果，适合单因素评价决定综合评价的最优情况。同时，该模型只考虑最突出的因素，忽略了其他因素的作用，导致综合程度较差，较容易出现评价结果不易判别的情况，使模型失效。

2. 主因素突出型 $M(\bullet,\vee)$

$$b_j=\max_{1\leqslant i\leqslant m}\left(w_i,r_{ij}\right)\ ,\ j=1,2,\cdots,n \tag{12-10}$$

该模型比 $M(\wedge,\vee)$ 精准，因为它考虑了所有因素，运用普通实数乘法然后取并集，但是该模型综合能力仍较弱。

3. 不均衡型 $M(\wedge,\oplus)$

$$b_j=\max_{1\leqslant i\leqslant m}\left(w_i\times r_{ij}\right)\ ,\ j=1,2,\cdots,n \tag{12-11}$$

该模型使用的过程中权重 w_i 需要取合适的值，否则会导致单因素评价有关信息丢失。

4. 加权平均型 $M(\bullet,\oplus)$

$$b_j=\min\left\{1,\sum_{i=1}^{m}w_i\times r_{ij}\right\}\ ,\ j=1,2,\cdots,n \tag{12-12}$$

该模型在综合评价过程中非常稳定，不会丢失任何评价因素，并且可以依据不同评价因素的权重来考虑对评价总体的影响，适用于评价对象综合程度较高的情况。

面对实际问题时，可以同时采用这四个模型进行计算，然后分析比较。如果用 $M(\wedge,\vee)$ 或者 $M(\bullet,\vee)$ 计算的结果偏小，则选用 $M(\wedge,\oplus)$ 的结果；反之，如果用 $M(\wedge,\vee)$ 或者 $M(\bullet,\vee)$ 计算的结果偏大，则选用 $M(\bullet,\oplus)$ 的结果。

12.3 模糊综合评价法的 Python 建模仿真

12.3.1 海洋工程装备企业接单风险评价问题描述

某海洋工程装备企业正在与国外某船东洽谈一座自升式钻井平台的合同（简记为 A 订单），该订单合同为 2.4 亿美元。该自升式钻井平台长 70.36 米，宽 76 米，深 9.45 米，桩腿长 167 米，吃水 6.7 米，最大作业水深 122 米，可容纳 128～140 人居住，最大钻井深度 10668 米，最低作业温度–20℃。A 订单的船东是国外著名的石油公司，在业界的声誉较好，与该企业保持着良好的合作。A 订单涉及的原材料、设备等供应商达 1000 多家，其中大宗商品如钢板、硒管等由该企业的几家战略合作的供应商进行代理，双方常年保持着良好的合作，没有发生过重大的供货风险，同时取得了最大的价格优惠。其他原材料采用直接采购的方式，供应商分布较为分散。装备专用的一些材料和设备通过指定的供应商进行采购，部分材料和设备是国外特有的型号，价格较高，风险较大。

对该企业以及相关的部门进行调研，并且根据收集的历史同期数据对 A 订单进行风险评估。选取 10 位决策专家组成评审委员会对该企业接单风险进行预测评估，针对评估指标体系的 10 份专家评分结果，统计各级指标的权重和风险概率分布，如表 12-1 所示。

表 12-1 海洋工程装备企业 A 订单评估风险指标权重和风险概率分布

一级指标	权重	二级指标	权重	三级指标	权重	风险概率				
						20%	40%	60%	80%	100%
外部环境	0.5	船东风险	0.3126	船东建造过程中的合作度	0.4176	0.2	0.3	0.3	0.2	0
				船东信誉风险	0.4176	0.8	0.2	0	0	0
				船东融资风险	0.1648	0.3	0.4	0.2	0.1	0
		供应商风险	0.3053	供货服务风险	0.3252	0.2	0.3	0.3	0.1	0.1
				原材料价格风险	0.3374	0.2	0.5	0.1	0.1	0.1
				基础设备、材料供应风险	0.3374	0.3	0.4	0.1	0.1	0.1
		利率风险	0.1598			0.6	0.2	0.1	0.1	0
		汇率风险	0.2223			0.5	0.3	0.2	0	0

续表

一级指标	权重	二级指标	权重	三级指标	权重	风险概率				
						20%	40%	60%	80%	100%
内部环境	0.5	技术风险	0.4176	新规范和新标准的适应性	0.5	0.4	0.4	0.2	0	0
				企业研发设计能力	0.5	0.4	0.4	0.2	0	0
		企业融资风险	0.1648			0.4	0.3	0.1	0.1	0.1
		劳动力价格风险	0.4176			0.3	0.2	0.2	0.2	0.1

12.3.2 模糊综合评价法的评价过程

运用 Python 对上述案例进行模糊综合评价的仿真程序如下。

```
import numpy as np
#算子
def min_max_operator(A,R):
    B=np.zeros((1,R.shape[1]))
    for column in range(0,R.shape[1]):
        list=[]
        for row in range(0,R.shape[0]):
            list.append(min(A[row],R[row,column]))
        B[0,column]=max(list)
    return B
#一级评价
A11=np.array([0.4176,0.4176,0.1648])
R11=np.array([
    [0.2,0.3,0.3,0.2,0],
    [0.8,0.2,0,0,0],
    [0.3,0.4,0.2,0.1,0]])
R21=min_max_operator(A11,R11)
A12=np.array([0.3252,0.3374,0.3374])
R12=np.array([
    [0.2,0.3,0.3,0.1,0.1],
    [0.2,0.5,0.1,0.1,0.1],
    [0.3,0.4,0.1,0.1,0.1] ])
R22=min_max_operator(A12,R12)
A13=np.array([0.5,0.5])
R13=np.array([
    [0.4,0.4,0.2,0,0],
```

```
    [0.4,0.4,0.2,0,0]
     ])
R31=min_max_operator(A13,R13)
#二级评价
A2=np.array([0.3126,0.3053,0.1598,0.2223])
R23=np.array([
    [0.6,0.2,0.1,0.1,0],
    [0.5,0.3,0.2,0,0]])
R2=np.append(R21,R22,axis=0)
R2=np.append(R2,R23,axis=0)
#外部风险评价
R01=min_max_operator(A2,R2)
#内部风险评价
R32=np.array([
    [0.4,0.3,0.1,0.1,0.1],
    [0.3,0.2,0.2,0.2,0.1]])
A0=np.array([0.4176,0.1648,0.4176])
R02=np.append(R31,R32,axis=0)
R0=min_max_operator(A0,R02)
#综合评价
A=np.array([0.5,0.5])
R=np.append(R01,R0,axis=0)
R=min_max_operator(A,R)
V=np.array([20,40,60,80,100])
G=np.multiply(R,V)
print(G)
```

运行程序得到 68，表明该企业 A 订单评估的风险为较高。

【总结与习题】

1. 总结

本章首先介绍了模糊综合评价法的基本原理，分析了模糊综合评价法的特点和模型，在此基础上以海洋工程装备企业接单风险评价为案例，解析了基于 Python 语言的模糊综合评价法的建模仿真应用。

2. 习题

（1）模糊综合评价法的特点是什么？

（2）模糊综合评价法的步骤有哪些？

第五篇　最优化问题的建模与仿真

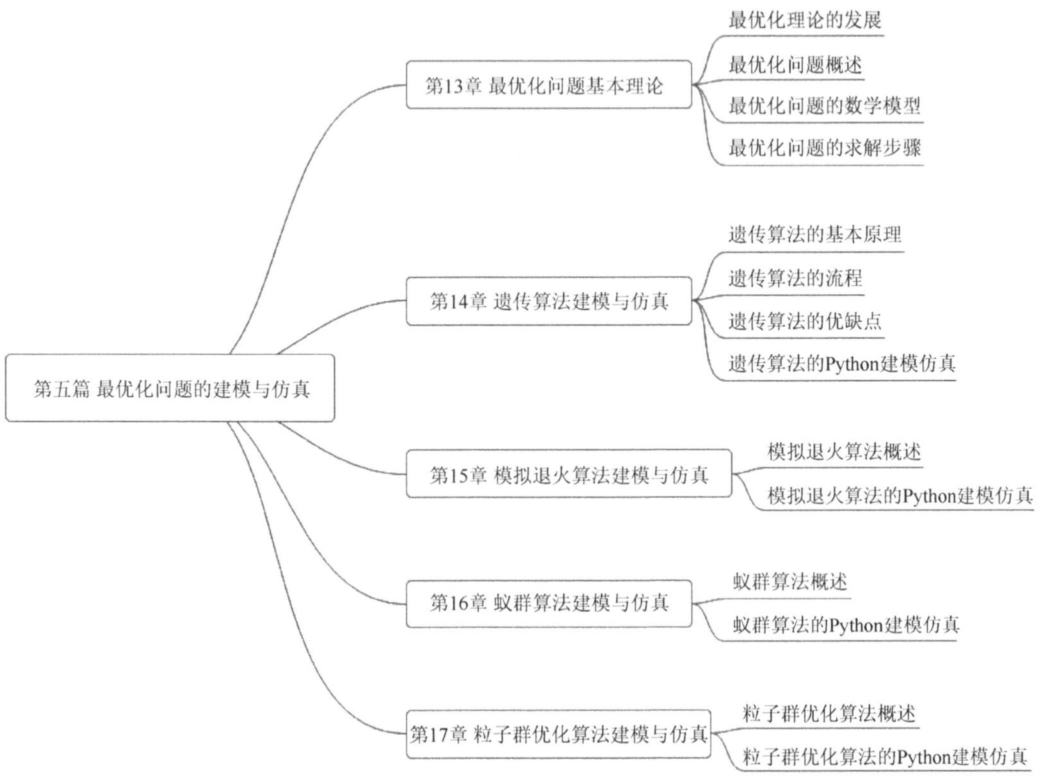

第 13 章

最优化问题基本理论

【学习目标】

1. 掌握最优化问题的基本概念、求解步骤。
2. 理解最优化问题的分类。
3. 了解最优化问题的数学模型。
4. 了解常见的现代优化算法。

【开篇案例】

小蜜蜂解决大问题

旅行商问题（traveling salesman problem，TSP）是典型的组合优化问题，很多优化问题都可以直接或间接地转化为旅行商问题，其应用领域包括：如何规划最合理高效的道路交通，以减少拥堵；如何更好地规划物流，以降低运营成本；在互联网环境中如何更好地设置节点，以更好地实现信息流动等。旅行商问题的规则虽然简单，但在地点数量增多后求解极为复杂，成为吸引全世界数学家研究多年的大问题。

2010 年 10 月 25 日，英国伦敦大学皇家霍洛威学院一项最新研究显示，在花丛中飞来飞去的小蜜蜂显示出了轻易破解旅行商问题的能力，如果能理解蜜蜂的解决方式，将有助于人们改善交通规划和物流等领域的工作。他们利用人工控制的假花进行了实验，结果显示，不管怎样改变花的位置，蜜蜂在稍加探索后，很快就可以找到在不同花朵间飞行的最短路径。

负责该研究的奈杰尔·雷恩指出，蜜蜂每天都要在蜂巢和花朵间飞来飞去，为了采蜜而在不同花朵间飞行是一件很耗精力的事情，因此实际上蜜蜂每天都在解决旅行商问题。尽管蜜蜂的大脑只有草籽那么大，也没有计算机的帮助，但它已经进化出了一套很好的解决方案，如果能理解蜜蜂怎样做到这一点，对人类的生产、生活将有很大帮助。

资料来源：https://baike.baidu.com/item/TSP 问题数学模型

13.1　最优化理论的发展

历史上最早记载的最优化问题可追溯到古希腊的欧几里得（Euclid，公元前 300 年左右），他指出在周长相同的一切矩形中正方形的面积最大。17～18 世纪微积分的建立给出了求函数极值的一些准则，给最优化研究提供了某些理论基础。在以后的两个世纪中，最优化技术的进展缓慢，主要考虑了有约束条件（constraint conditions）的最优化问题，发展了变分法。

20 世纪 40 年代初，军事上的需要催生了运筹学，并使最优化技术首先应用于解决战争中的实际问题，如轰炸机最佳俯冲轨迹的设计等。20 世纪 50 年代末，数学规划方法首次用于解决结构最优化问题，并成为优化设计中求优方法的理论基础。数学规划方法是在第二次世界大战期间发展起来的一个新的数学分支，线性规划与非线性规划是其主要内容。计算机的出现使最优化方法及理论蓬勃发展，最优化方法在许多科学技术领域得到应用。目前，最优化方法已经陆续用于建筑结构、化工、冶金、铁路、航空航天、造船、机床、汽车、自动控制系统、电力系统及电机、电气等工程设计领域，并取得了显著效果。

最优化理论的发展与应用大体经历了四个阶段。

（1）人类智能优化。与人类史同步，直接凭借人类的直觉或逻辑思维，如黄金分割法、穷举法和盲人爬山法等。

（2）数学规划方法优化。从牛顿发明微积分算起，计算机的出现使数学规划方法得到迅速发展。

（3）工程优化。计算机技术的发展给解决复杂工程优化问题提供了新的可能，非数学领域专家开发了一些工程优化方法，能解决不少传统数学规划方法不能胜任的工程优化问题。在处理多目标工程优化问题中，基于经验和直觉的方法得到了更多的应用。优化过程和方法学研究（尤其是建模策略研究）引起重视，开辟了提高工程优化效率的新途径。

（4）现代优化算法。现代优化算法包括遗传算法（genetic algorithm，GA）、模拟退火（simulated annealing，SA）算法、蚁群算法（ant colony algorithm，ACA）、粒子群优化（particle swarm optimization，PSO）算法等。这些算法采用专家系统技术实现寻优策略的自动选择和优化过程的自动控制，促进智能寻优策略迅速发展。

13.2　最优化问题概述

13.2.1　最优化问题的界定

“优化”一词来自英文单词 optimization，其本意是“寻优的过程”。优化是寻找约束空间下给定函数取最大值（以 max 表示）或最小值（以 min 表示）的过程。最优化问题是一个重要的数学分支，它所研究的问题是讨论在众多方案中什么样的方案最优及怎样找出最优方案。这类问题普遍存在，例如，工程设计中，怎样选择设计参数，使得设计方案既满足设计要求，又降低成本；资源分配中，怎样分配有限资源，使得分配方案既满足各方面的基本要求，又获得好的经济效益；生产计划安排中，怎样选择计划方案，才能提高产值和利润；原料配比中，怎样确定各种成分的比例，才能提高质量，降低成本；城建规划中，怎样安排工厂、机关、学校、商店、医院、住宅等的布局，才能方便群众，有利于城市各行各业的发展；农田规划中，怎样安排各种农作物的布局，才能保持高产稳产，发挥地区优势；军事指挥中，怎样确定最佳作战方案，才能有效地消灭敌人，保存自己，等等。

从数学的角度来看，最优化问题是在特定的约束条件下寻找某个目标函数（objective function）的最大值（或最小值），其解法称为最优化方法。最优化问题的目的有两个：①求出一定条件下函数的最大值（或最小值）；②求出取得最大值（或最小值）时变量的取值。

从经济意义上说，最优化问题是在一定的人力、物力和财力资源条件下，使经济效果（如产值、利润）达到最大，或者在完成规定的生产或经济任务下，使投入的人力、物力和财力等资源最少。

科学技术与生产技术的迅速发展，尤其是计算机应用的不断扩大，使得最优化问题的研究不仅成为一种迫切的需求，而且有了有力的求解工具。因此，最优化问题已经发展成了一门新的科学。

13.2.2 最优化问题的求解方法

一般而言，最优化问题的求解方法大致可以分为四类。

（1）解析法。对于目标函数及约束条件具有简单而明确的数学表达式的最优化问题，一般都可以采用解析法解决。

（2）数值法。对于目标函数较为复杂或无明确的数学表达式或无法用解析法求解的最优化问题，一般可采用数值法解决。其基本思想是用直接搜索方法经过一系列迭代以产生点的序列，从而逐步接近最优点。

（3）解析法与数值法相结合的求解方法。

（4）网络优化法。很多工程中的系统都可以看成网络流。网络优化法以网络图作为数学模型，用图论方法研究网络中最短路径、最小生成树、最大流和最小成本流等问题，进而解决实际系统中的最优化问题。

狭义的最优化理论与方法主要指非线性规划的相关内容；广义的最优化理论与方法则涵盖连续优化（包括线性规划、非线性规划、全局优化、锥优化等）、离散优化（包括网络优化、组合优化等）和现代优化等。

13.2.3 现代优化算法简介

现代优化算法又称智能优化算法或现代启发式算法，是一种具有全局优化性能、通用性强且适合于并行处理的算法。这种算法一般具有严密的理论依据，而不是单纯凭借专家经验，理论上可以在一定的时间内找到最优解或近似最优解。常用的现代优化算法包括禁忌搜索算法、模拟退火算法、遗传算法、蚁群算法、粒子群优化算法等。

相比传统优化方法，现代优化算法从任意解出发，按照某种机制，以一定的概率在整个求解空间中探索最优解。它可以把搜索空间扩展到整个问题空间，因而具有全局优化性能。现代优化算法具有如下特点。

（1）不依赖初始条件。

（2）与求解空间无紧密关系，对解域无可微或连续的要求。

（3）算法容易实现，求解稳健。

（4）能获得全局最优，适合求解空间未知的情况。

（5）可应用于大规模、多峰多态函数、含离散变量等全局优化问题，且求解速度和质量远超过传统优化方法。

13.2.4 最优化方法的应用

最优化方法的应用一般可以分为最优设计、最优计划、最优管理和最优控制等四个方面。

1. 最优设计

世界各国工程技术界（尤其是飞机、造船、机械、建筑等部门）都已经将最优化方法广泛应用于设计中，从各种设计参数的优化到最佳结构形状的选取等，结合有限元方法已使许多优化问题得到解决。其中，电子线路的最优设计是应用最优化方法的重要领域。最优设计新的发展动向是与计算机辅助设计相结合。例如，配方/配比的最优设计在化工、橡胶、塑料等工业部门都得到成功的应用，并向计算机辅助设计搜索最佳配方/配比方向发展。

2. 最优计划

现代国民经济或部门经济的计划，尤其是农业规划、种植计划、能源规划、环境和生态规划等，以及企业的发展规划和年度生产计划的制定，都已经开始应用最优化方法。最优计划重要的发展趋势是辅助领导部门进行各种优化决策。

3. 最优管理

在日常生产计划的制定、调度和运行中都可以应用最优化方法。随着管理信息系统和决策支持系统的建立与使用，最优管理迅速发展。

4. 最优控制

最优控制主要用于对各种控制系统的优化。例如，导弹系统的最优控制，能保证用最少的燃料完成飞行任务，用最短的时间到达目标；飞机、船舶、电力系统等的最优控制；化工、冶金等工厂的最佳工况的控制。计算机接口装置的不断完善和优化方法的进一步发展为计算机在线生产控制创造了有利条件。最优控制的对象也将从机械、电气、化工等硬系统转向生态、环境及社会经济系统。

13.3　最优化问题的数学模型

最优化问题的数学模型是描述实际优化问题的目标函数、变量关系、有关约束条件和意图的数学表达式，并能反映物理现象各主要因素的内在联系，是最优化问题的基础。

13.3.1　最优化问题的关键因素

最优化问题所涉及的内容种类繁多，有的十分复杂，但是它们都有共同的关键因素：决策变量（decision variables）、约束条件和目标函数。

1. 决策变量

决策变量是指最优化问题中要确定的未知量，表明规划中用数量表示的方案、措施等，可由决策值决定和控制，也称优化变量。

决策变量的全体实际上是一组变量，可用一个列向量表示。决策变量的数量称为最优化问题的维数。如果有 n 个决策变量，则称为 n 维最优化问题。

$$X=\begin{bmatrix} x_1 \\ x_2 \\ \vdots \\ x_n \end{bmatrix}=[x_1,x_2,\cdots,x_n]^{\mathrm{T}} \tag{13-1}$$

决策变量越多，则最优化问题可供选择的方案越多，但也意味着难度越大，求解亦越复杂。通常，含有 2～10 个决策变量的最优化问题为小型最优化问题，含有 10～50 个决策变量的最优化问题为中型最优化问题，含有 50 个以上决策变量的最优化问题为大型最优化问题。

构建最优化问题数学模型过程中，确定决策变量时应注意以下两点。

（1）抓主要，舍次要。

（2）根据要解决问题的特殊性来选择决策变量。

2. 约束条件

约束条件是指决策变量取值时受到的各种资源条件限制。根据约束条件的数学表达形式可将其分成等式约束条件和不等式约束条件两种类型。

（1）等式约束条件：

$$g_i(X)=0,\qquad i=1,2,\cdots,m \tag{13-2}$$

（2）不等式约束条件：

$$h_i(X) \geqslant 0, \qquad i=1,2,\cdots,r$$
$$\text{或} \quad h_i(X) \leqslant 0, \qquad i=1,2,\cdots,r \tag{13-3}$$

根据约束条件的性质可将其分成性能约束条件和边界约束条件两种类型。

（1）性能约束条件。针对性能要求而提出的约束条件。

（2）边界约束条件。针对决策变量的取值范围加以限制的约束条件。

3. 目标函数

为了对优化进行定量评价，必须构造包含决策变量的评价函数，它是最优化的目标，称为目标函数，常用 $f(X)=f(x_1,x_2,\cdots,x_n)$ 表示。

在优化过程中，决策变量不断地向 $f(X)$ 改善的方向自动调整，最后求得 $f(X)$ 最好或者最满意的 X。在构造目标函数时，目标函数的最优解可能是最大值，也可能是最小值。当目标函数为某问题的效益函数时，问题即求最大值；当目标函数为某问题的费用函数时，问题即求最小值。求最大值和最小值问题没有原则上的区别，求 $f(X)$ 的最小值，也就是求 $-f(X)$ 的最大值，两者的最优解在同一点取得。

在最优化问题中，若只有一个目标函数，则称为单目标函数；若有多个目标函数，则称为多目标函数。

13.3.2 最优化问题的一般数学形式

设决策变量为 $X=[x_1,x_2,\cdots,x_n]^{\mathrm{T}}$，求目标函数为 $f(X)\to\min$，约束条件如下：$g_i(X)=0$，$i=1,2,\cdots,m$， $h_j(X)\leqslant 0$, $j=1,2,\cdots,r$， 则最优化问题的一般数学形式为

$$\begin{aligned} &\min f(X)=f(x_1,x_2,\cdots,x_n),\ X\in\mathrm{R}^n \\ &\text{s.t.}\quad g_i(X)=0, \qquad i=1,2,\cdots,m \\ &\qquad h_j(X)\leqslant 0, \qquad j=1,2,\cdots,r \end{aligned} \tag{13-4}$$

13.4 最优化问题的求解步骤

最优化问题涉及应用数学、计算机科学及各专业领域，是一个十分复杂的问题，也是我们重点关心的问题之一。怎样研究分析并求解这类问题呢？最关键的是建立数学模型和求解数学模型。一般来说，最优化问题的求解可分为四个步骤。

1. 建立模型

提出最优化问题，包括：决策变量是什么？约束条件有哪些？目标函数是什么？即建立最优化问题数学模型：确定决策变量，建立目标函数，列出约束条件。

2. 确定求解方法

分析数学模型，根据数学模型的性质，选择优化求解方法。

3. 计算机求解

编程序（或使用数学计算软件），应用计算机求最优解。

4. 结果分析

对算法的可行性、收敛性、通用性、时效性、稳定性、灵敏性和误差等进行评价。

【总结与习题】

1. 总结

本章首先介绍了最优化理论的发展，其次界定了最优化问题、求解方法和应用，再次分析了最优化问题的数学模型，最后简要介绍了最优化问题的求解步骤。

2. 习题

（1）简述最优化问题的求解步骤。
（2）现代优化算法有哪些？
（3）简述最优化问题的数学模型。

第14章

遗传算法建模与仿真

【学习目标】

1. 理解遗传算法的基本原理、流程和优缺点。
2. 能够运用 Python 进行遗传算法的建模仿真，解决旅行商问题。

【开篇案例】

适者生存与基因交融

中国科学院古脊椎动物与古人类研究所经过多年的调查、发掘与研究，在藏北羌塘高原发现一处具有原生地层的旧石器时代遗址——尼阿底遗址，证实古人在距今3万～4万年前已踏足青藏高原的高海拔地区，在世界屋脊上留下了清晰、坚实的足迹。

此前，人类最早高原活动的遗迹发现于安第斯高原的Cuncaicha（秘鲁地名）岩厦遗址，海拔4480米，距今约1.2万年。尼阿底遗址的发现说明人类挑战与征服高海拔极端环境的时间又早了约2万年。尼阿底遗址海拔4600米，最早在这里生活的藏人不仅时间上比安第斯人挑战高原更早，而且海拔更高。

藏人和安第斯人适应高原生活有多种原因，其中一个原因是，他们具有比较适应高原生活的基因，即低氧诱导因子。在高海拔地区，空气中含氧量较低，低氧诱导因子会被激活，触发生成更多的血红蛋白，使血液中的含氧量提升，以供应全身各组织器官。

不过，低氧诱导因子被激活导致血红蛋白和红细胞过度增多后，也会增高血液黏稠度，导致高血压、心脏病发作，以及造成婴儿死亡率提高。但是，藏人和安第斯人长期生活于高海拔地区，其低氧诱导因子发生了变异，结果是只轻微提高血红蛋白和红细胞水平，不会产生副作用。

藏人和安第斯人适应高原生活的生物学特性是适应和遗传的结果，更多的研究证明了这一点。美国加利福尼亚大学伯克利分校生物学教授尼尔森等发现，藏人的低氧诱导因子包含一个存在高度差异的单体型，后者只存在于丹尼索瓦人（一个古老的、原本生活在欧亚大陆西伯利亚地区的灭绝人种）基因组中。这证明，藏人适应高原生活的基因源自丹尼索瓦人。藏人的祖先有可能与丹尼索瓦人有过交配，从而导致这一基因从丹尼索瓦人流动到藏人，促进了藏人适应高海拔环境。

尼阿底遗址的考古和人类学发现再一次证明了人和生物演化的适者生存和基因融合的取长补短规律。

资料来源：https://www.fx361.com/page/2019/0226/4829604.shtml

14.1　遗传算法的基本原理

遗传算法是近几年发展起来的一种崭新的全局优化算法。1962 年，霍兰（Holland）教授首次提出了遗传算法的思想。遗传算法借用仿真生物遗传学和自然选择机理，通过自然选择、遗传、变异等作用机制，实现各个个体适应性的提高。

从某种程度上说，遗传算法是对生物进化过程进行的数学方式仿真。这一点体现了自然界中“物竞天择、适者生存”的进化过程。与自然界相似，遗传算法对求解问题的本身一无所知，它所需要的仅是对算法所产生的每个染色体进行评价，把问题的解表示成染色体，并基于适应度来选择染色体，使适应性好的染色体有更多的繁殖机会。遗传算法与生物进化的对应关系如表 14-1 所示

表 14-1　遗传算法与生物进化的对应关系

生物进化	遗传算法
环境	适应度函数
适者生存	适应度函数值最大的解被保留的概率最大
个体	问题的一个解
染色体	解的编码
基因	编码的元素
群体	被选定的一组解
种群	根据适应度函数选择的一组解
交叉	以一定的方式由双亲产生后代的过程
变异	编码的某些分量发生变化的过程

遗传算法的搜索机制是模拟自然选择和生物遗传过程中发生的繁殖、交叉和基因突变现象，在每次迭代中都保留一组候选解，并按某种指标从解群中选取较优的个体，利用遗传算子（选择算子、交叉算子和变异算子）对这些个体进行组合，产生新一代候选解群，重复此过程，直至满足某种收敛指标。

14.1.1　编码方法

编码在遗传算法的设计中发挥着非常重要的作用，同时是运用遗传算法时的一个难点，编码的好坏直接决定了遗传算法设计的好坏。遗传算法的编码方法有二进制编码、浮点数编码和符号编码三种。

（1）二进制编码。通过二进制符号 0 和 1 构成编码符号集，其个体的基因型与一个二进制符号串相对应，是遗传算法最常用的一类编码，如图 14-1 所示。

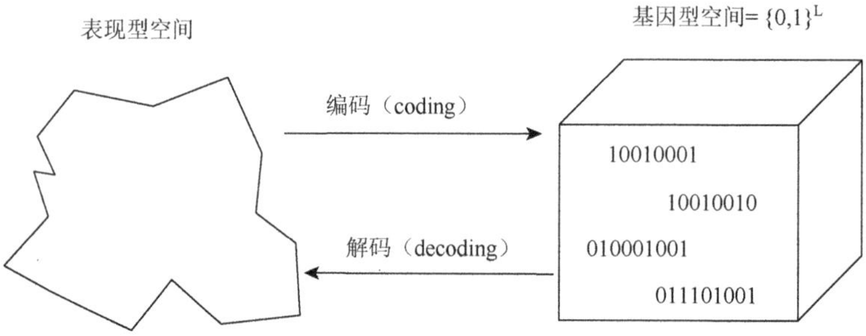

图 14-1 遗传算法二进制编码示意图

（2）浮点数编码，又称真值编码。在一定范围内，采用浮点数来表示个体染色体的所有基因值，那么个体染色体的决策变量的数量就是它的编码长度。

（3）符号编码。将个体编码串中的基因值用一个无任何数值意义的符号集来描述，这个符号集只有代码意义，它可以是数字序号，也可以是字母表，还可以是代码表等。

14.1.2 适应度函数

遗传算法中，个体遗传到下一代的概率由个体的适应度决定。一般情况下，为了对个体的遗传概率进行正确的计算，必须确保全部个体的适应度为非负数。

由于适应度具有非负性，在遗传算法中，对目标函数 $f(x)$ 与适应度进行转换的方法主要有两种。

（1）若优化问题为求目标函数的最大值的问题，采用的方法为

$$F(x)=\begin{cases} f(x)-C_{\min}, & f(x)+C_{\min}>0 \\ 0, & f(x)+C_{\min}\leqslant 0 \end{cases} \tag{14-1}$$

式中，$C_{\min}$ 取当前代或最近几代群体中的目标函数最小值。

（2）若优化问题为求目标函数的最小值的问题，采用的方法为

$$F(x)=\begin{cases} C_{\max}-f(x), & f(x)-C_{\max}<0 \\ 0, & f(x)-C_{\max}\geqslant 0 \end{cases} \tag{14-2}$$

式中，$C_{\max}$ 取当前代或最近几代群体中的目标函数最大值。

14.1.3 遗传算子

1. 选择算子

遗传算法利用选择算子对种群中的个体进行处理，其意图主要是防止基因缺失、增加获得全局最优解的能力和加快运算速度。

在遗传算法中，比例选择算子是最常用的选择算子。根据不同的情况，需要不同的选择算子，因此出现了其他种类的选择算子，共分为三种：第一种主要依据各个个体的适应度的具体数值，如确定式采样选择、最优保存策略、无放回余数随机选择和无放回随机选择；第二种是排序选择，其关键是找准着眼点，即个体适应度之间的大小关系，而个体适应度的正负及它们之间的数据差距对其并无影响；第三种是随机联赛选择，其基本思想为在多个个体中选取拥有最高适应度的个体，并将该个体遗传到下一代种群里，只涉及适应度之间的比较操作，并无任何算术运算。

2. 交叉算子

遗传算法中，将父代个体中个别染色体结构加以替换，并重新组合生成新个体的过程就是交叉操作。交叉操作使遗传算法的搜索能力飞速提高，同时是遗传算法获得新优良个体的最重要的途径。常用的交叉算子有一点交叉、两点交叉、多点交叉及一致交叉。

3. 变异算子

遗传算法中，变异算子以变异概率随机地改掉种群中个体的某些基因值。变异操作的基本过程如下：对经过交叉操作后形成的新个体的每一个基因值，生成一个[0, 1]的伪随机数 rand，若 rand 小于变异概率 P_m，则进行变异操作。二进制编码方式中的变异算子随机地把某个基因值取反，即 0→1 或 1→0。

变异操作主要用来防止算法早熟。常用的变异算子有基本位变异、均匀变异、边界变异、高斯变异。根据不同的场合，需要采用不同的变异算子。

14.1.4 遗传算法的运行参数

一般情况下，遗传算法中需要使用的运行参数主要如下。

1. 个体编码串长度 l

若个体用二进制编码表示，l 取决于问题要求的精度；若个体用浮点数编码表示，l 取决于决策变量的数量。

2. 群体大小 M

在种群中，个体的数量用群体大小 M 表示。若 M 取值较小，虽然算法的运算速度可以提高，但是不利于种群的多样性，会增大早熟现象的产生概率；若 M 取值较大，会对遗传算法的运行效率产生不利影响。因此，一般将 M 取值控制为 20～100。

3. 交叉概率 P_c

在遗传算法中，交叉操作是产生新个体的最重要方法。通常情况下 P_c 要求取较大值。若 P_c 取值过大，就会影响种群中优良模式的产生，不利于进化操作；若 P_c 取值偏小，就会降低新个体的产生速度。因此，一般将 P_c 取值控制为 0.4～0.99。除此之外，也可以根据自适应的思想方法来确定 P_c。

4. 变异概率 P_m

若变异概率 P_m 取值较大，将有利于新个体的产生，但不利于种群中优良模式的产生，从而降低遗传算法的性能；若变异概率 P_m 取值较小，将减弱新个体产生的能力，并导致早熟现象的产生。一般将 P_m 取值控制为 0.0001～0.1。除此之外，也可以根据自适应的思想方法来确定 P_m。

5. 终止代数 T

遗传算法运行结束可以用终止代数 T 来表示。当遗传算法运行到指定代数后，操作就会自动停止，同时会产生当前种群中最优个体，这个个体就可以作为当前群体中的最优解。T 取值控制为 100～500。遗传算法的终止条件也可以选用某些判断准则，一旦可以判断该种群已进化成熟且不会有进化趋势，就能够使算法终止运行。

6. 代沟 G

代沟 G 表示群体中的重叠程度，即在每一代群体中被替换的个体数量与总个体数量之比。

14.2 遗传算法的流程

遗传算法是一个典型的迭代过程，其解决问题的基本流程如下。

（1）选择编码策略，把参数集合 X 和研究域转换为编码结构空间 S。

（2）定义适应度函数。

（3）确定遗传策略，包括选择群体大小 M，选择、交叉、变异算子，以及确定交叉概率 P_c、变异概率 P_m 等遗传参数。

（4）随机初始化生成群体 P。

（5）计算群体中个体的适应度。

（6）按照遗传策略，将选择、交叉和变异算子作用于群体，形成下一代群体。

（7）判断群体性能是否满足某一指标，或者已完成预定迭代次数，若不满足则返回步骤（4），或者修改遗传策略再返回步骤（6）。

14.3 遗传算法的优缺点

1. 遗传算法的优点

遗传算法的优点主要如下。

（1）与问题领域无关，且具有快速随机的搜索能力。

（2）搜索从群体出发，具有潜在的并行性，可以同时进行多个个体的比较。

（3）直接以目标函数值作为搜索信息，过程简单。

（4）使用概率机制进行迭代，具有随机性。

（5）具有可扩展性，容易与其他算法结合。

2. 遗传算法的缺点

遗传算法在具有上述优点的同时存在一些不足，主要如下。

（1）遗传算法的编程实现比较复杂，需要对问题进行编码，找到最优解之后还需要对问题进行解码，而且编码时容易出现不规范、不准确的问题。

（2）选择、交叉和变异算子的实现也涉及许多参数，如交叉概率和变异概率。目前这些参数的选择大部分依靠经验，严重影响解的品质。

（3）遗传算法对初始种群的选择有一定的依赖性。

（4）遗传算法的效率通常低于其他优化方法，其并行机制的潜在能力没有得到充分的利用。

（5）遗传算法容易出现过早收敛的问题。

14.4　遗传算法的 Python 建模仿真

14.4.1　敌方目标空中侦察问题描述

1. 旅行商问题

旅行商问题是诸多领域出现的多种复杂问题的集中概括和简化，其可以描述为：一共有 n 个城市，有一位商人想要走遍每一个城市来推销自己的商品，假定任意两个城市 i 和 j 之间的距离为 d_{ij}，在不同的路径中如何选择一个总路程最短的路径。

旅行商问题的数学描述可表示为

$$
\begin{aligned}
\min \quad & \sum_{i\neq j} d_{ij}x_{ij} \\
\text{s.t.} \quad & \sum_{i=1}^{n} x_{ij}=1,\ \ i=1,2,\cdots,n \\
& \sum_{j=1}^{n} x_{ij}=1,\ \ j=1,2,\cdots,n \\
& \sum_{i,j\in S} x_{ij}\leqslant |S|-1 \\
& 2\leqslant |S|\leqslant n-2,\quad S\subset\{1,2,\cdots,n\} \\
& x_{ij}\in\{0,\ 1\},\quad i,j=1,2,\cdots,n(i\neq j)
\end{aligned}
\tag{14-3}
$$

式中，x_{ij} 为决策变量，当 $x_{ij}=1$ 时，在该路线中商人会从城市 i 走到城市 j；当 $x_{ij}=0$ 时，在该路线中商人没有从城市 i 走到城市 j。旅行商问题有以下要求：首先，所求的最优线路必须是路程和最小的线路，这是旅行商问题的根本问题；其次，在最优路线中，商人每个城市都要走一次，且仅走一次，也就是整个最优线路不包含回路。

2. 敌方目标空中侦察问题

已知敌方 100 个目标的经度、纬度如表 14-2 所示，我方某基地的经、纬度为(70°, 40°)。假设我方飞机速度为 1000 千米/时，我方派一架飞机从该基地出发，侦察完敌方所有目标，再返回该基地。在敌方每一个目标的侦察时间不计的情况下，求该架飞机如何规划路线使得其所花费的时间最短（假设我方飞机巡航时间可以充分长）。

表 14-2　敌方 100 个目标的经度与纬度

经度	纬度	经度	纬度	经度	纬度	经度	纬度
53.7121°	15.3046°	51.1758°	0.0322°	46.3253°	28.2753°	30.3313°	6.9348°
56.5432°	21.4188°	10.8189°	16.2529°	22.7891°	23.1045°	10.1584°	12.4819°
20.1050°	15.4562°	1.9451°	0.2057°	26.4951°	22.1221°	31.4847°	8.9640°
26.2418°	18.1760°	44.0356°	13.5401°	28.9836°	25.9879°	38.4722°	20.1731°
28.2694°	29.0011°	32.1910°	5.8699°	36.4863°	29.7284°	0.9718°	28.1477°
8.9586°	24.6635°	16.5618°	23.6143°	10.5597°	15.1178°	50.2111°	10.2944°
8.1519°	9.5325°	22.1075°	18.5569°	0.1215°	18.8726°	48.2077°	16.8889°
31.9499°	17.6309°	0.7732°	0.4656°	47.4134°	23.7783°	41.8671°	3.5667°
43.5474°	3.9061°	53.3524°	26.7256°	30.8165°	13.4595°	27.7133°	5.0706°
23.9222°	7.6306°	51.9612°	22.8511°	12.7938°	15.7307°	4.9568°	8.3669°
21.5051°	24.0909°	15.2548°	27.2111°	6.2070°	5.1442°	49.2430°	16.7044°
17.1168°	20.0354°	34.1688°	22.7571°	9.4402°	3.9200°	11.5812°	14.5677°
52.1181°	0.4088°	9.5559°	11.4219°	24.4509°	6.5634°	26.7213°	28.5667°
37.5848°	16.8474°	35.6619°	9.9333°	24.4654°	3.1644°	0.7775°	6.9576°
14.4703°	13.6368°	19.8660°	15.1224°	3.1616°	4.2428°	18.5245°	14.3598°
58.6849°	27.1485°	39.5168°	16.9371°	56.5089°	13.7090°	52.5211°	15.7957°
38.4300°	8.4648°	51.8181°	23.0159°	8.9983°	23.6440°	50.1156°	23.7816°
13.7909°	1.9510°	34.0574°	23.3960°	23.0624°	8.4319°	19.9857°	5.7902°
40.8801°	14.2978°	58.8289°	14.5229°	18.6635°	6.7436°	52.8423°	27.2880°
39.9494°	29.5114°	47.5099°	24.0664°	10.1121°	27.2662°	28.7812°	27.6659°
8.0831°	27.6705°	9.1556°	14.1304°	53.7989°	0.2199°	33.6490°	0.3980°
1.3496°	16.8359°	49.9816°	6.0828°	19.3635°	17.6622°	36.9545°	23.0265°
15.7320°	19.5697°	11.5118°	17.3884°	44.0398°	16.2635°	39.7139°	28.4203°
6.9909°	23.1804°	38.3392°	19.9950°	24.6543°	19.6057°	36.9980°	24.3992°
4.1591°	3.1853°	40.1400°	20.3030°	23.9876°	9.4030°	41.1084°	27.7149°

注：表中的经度和维度主要指的是东经和北纬

14.4.2　遗传算法求解敌方目标空中侦察问题

给该基地编号为 0，敌方目标依次编号为 1, 2, ···, 100。距离矩阵 $D=(d_{ij})_{101\times101}$，其中，$d_{ij}$ 表示 i，j 两点的距离，$i,j=0,1,\cdots,100$，D 为实对称矩阵。问题变为求一个从点 1 出发，走遍所有中间点，到达点 102 的一个最短路径问题。

问题中给定的是地理坐标（经、纬度），需计算两点间的实际距离。设 A、B 两点的地理坐标分别为(x_1,y_1)、(x_2,y_2)，过 A、B 两点的大圆的劣弧长即两点的实际距离。以地心为坐标原点 O，以赤道平面为 XOY 平面，以 0°经线圈所在的平面为 XOZ 平面建立三

维直角坐标系，则 A、B 两点的直角坐标分别为

$$\begin{aligned} &A(R\cos x_1\cos y_1, R\sin x_1\cos y_1, R\sin y_1) \\ &B(R\cos x_2\cos y_2, R\sin x_2\cos y_2, R\sin y_2) \end{aligned} \tag{14-4}$$

式中，R=6371 千米，为地球半径。

由此得到 A、B 两点的实际距离：

$$d_{ij} = R\cdot\arccos[\cos(x_i - x_j)\cdot\cos y_i\cdot\cos y_j + \sin y_i\cdot\sin y_j] \tag{14-5}$$

式中，(x_i, y_i)、(x_j, y_j)为第 i、j 点的坐标。

1. 遗传算法的参数设定

种群数量为 300；进化代数为 200；改良次数为 300；种群保留率为 0.3；变异概率为 0.1。

2. 编码策略

采用十进制编码，直接用城市的编号进行编码，染色体{1,2,…,100}表示巡航中遍历的顺序为 15-1-2-…-33。

3. 初始种群

为了加快程序的运行速度，在初始种群中要选取一些较优秀的个体。利用经典的近似算法——改良圈算法求得一个较好的初始种群。随机生成一个染色体，如{1, 2, …, 100}，任意交换两城市之间的位置顺序，如果总距离减小，则更新改变染色体，如此重复，直至不能再进行修改。

4. 目标函数

目标函数为侦查所有目标的路径长度，适应度函数就取目标函数。

5. 选择操作

选择适应度函数值最小的染色体进化到下一代。此处利用自然选择方法，首先对适应度从大到小排序，选出存活的染色体，然后进行随机选择，选出适应度虽小，但是幸存下来的染色体。

6. 交叉操作

交叉策略是本问题的难点，如果直接采用点交叉方法，那么得到的子代染色体会出现城市重复和城市遗漏的问题。因此，采用次序交叉方法，首先随机在双亲城市中选择两个交叉点，然后交换交叉段，最后根据双亲城市的相对位置确定其他位置。例如，

$$A_1[10] = \{0, 8, 5, 4, 7, 3, 1, 6, 9, 2\}$$

$$A_2[10] = \{1, 5, 4, 6, 9, 0, 3, 2, 8, 7\}$$

随机选择交叉点为第 4、7 个基因处，然后交换交叉段，得到

$$B_1[10] = \{\&, \&, \&, \&, |9, 0, 3, 2|, \&, \&\}$$

$$B_2[10] = \{\&, \&, \&, \&, |7, 3, 1, 6|, \&, \&\}$$

从 A_1 的第 2 个交叉点开始元素顺序为 9-2-0-8-5-4-7-3-1-6，去除杂交段中的元素后得到元素顺序为 8-5-4-7-1-6。然后，依次从第 2 个交叉点开始填入，得到

$$B_1[10] = \{4, 7, 1, 6, 9, 0, 3, 2, 8, 5\}$$

同理得到

$$B_2[10] = \{4, 9, 0, 2, 7, 3, 1, 6, 8, 5\}$$

7. 变异操作

变异是实现群体多样性的一种手段，同时是全局寻优的保证。按照给定的变异概率，对选定变异的个体，随机地取三个整数，满足 $1<u<v<w<100$，把 u、v 之间（包括 u 和 v）的基因段插到 w 之后。

将敌方 100 个目标的经度与纬度的数据保存为 GA_data.csv，如图 14-2 所示。

	A	B	C
1	序号	经度	纬度
2	0	70	40
3	1	53.7121	15.3046
4	2	56.5432	21.4188
5	3	20.105	15.4562
6	4	26.2418	18.176
7	5	28.2694	29.0011
8	6	8.9586	24.6635
9	7	8.1519	9.5325
10	8	31.9499	17.6309
11	9	43.5474	3.9061
12	10	23.9222	7.6306
13	11	21.5051	24.0909

GA_data

图 14-2　GA_data.csv 文件内容

应用遗传算法求解旅行商问题的 Python 程序如下。

```
import numpy as np
import matplotlib.pyplot as plt
import matplotlib
import random
matplotlib.rcParams['font.family']='STSong'
from itertools import islice

#计算总距离
```

```
def get_total_distance(x):
    distance=0
    distance+=Distance[origin][x[0]]
    for i in range(len(x)):
        if i==len(x)-1:
            distance+=Distance[origin][x[i]]
        else:
            distance+=Distance[x[i]][x[i+1]]
    return distance
#改良圈算法
def improve(x):
    i=0
    distance=get_total_distance(x)
    while i<improve_count:
        u=random.randint(0,len(x)-1)
        v=random.randint(0,len(x)-1)
        if u>v:
            t1=u
            u=v
            v=t1
        if u!=v:
            new_x=x.copy()
            tn=np.floor((v-u+1)/2)
            for a in np.arange(tn):
                t=new_x[np.int(u+a)]
                new_x[np.int(u+a)]=new_x[np.int(v-a)]
                new_x[np.int(v-a)]=t
            new_distance=get_total_distance(new_x)
            if new_distance<distance:
                distance=new_distance
                x=new_x.copy()
        else:
            continue
        i+=1
#选择操作
def selection(population):
    graded=[[get_total_distance(k),k] for k in population]
   graded=[k[1] for k in sorted(graded)]
```

```
 retain_length=int(len(graded)* retain_rate)
    parents=graded[:retain_length]
    for chromosome in graded[retain_length:]:
        if random.random()<random_select_rate:
            parents.append(chromosome)
    return parents
#交叉操作
def crossover(parents):
    target_count=count-len(parents)
    children=[]
    while len(children)<target_count:
        male_index=random.randint(0,len(parents)-1)
        female_index=random.randint(0,len(parents)-1)
        if male_index!=female_index:
            #选取父母染色体
            male=parents[male_index]
            female=parents[female_index]
            #选取交叉点
            left=random.randint(0,len(male)-2)
            right=random.randint(left+1,len(male)-1)
            #交换交叉段
            gene1=male[left:right]
            gene2=female[left:right]
            #去除杂交段中的元素
            child1_c=male[right:]+male[:right]
            child2_c=female[right:]+female[:right]
            child1=child1_c.copy()
            child2=child2_c.copy()
            for o in gene2:
                child1_c.remove(o)
            for o in gene1:
                child2_c.remove(o)
            #生成新的染色体
child1[left:right]=gene2
            child2[left:right]=gene1
            child1[right:]=child1_c[0:len(child1)-right]
            child1[:left]=child1_c[len(child1)-right:]
            child2[right:]=child2_c[0:len(child1)-right]
```

```
            child2[:left]=child2_c[len(child1)-right:]
            children.append(child1)
            children.append(child2)
    return children
#变异操作
def mutation(children):
    for i in range(len(children)):
        if random.random()<mutation_rate:
            child=children[i]
            u=random.randint(1,len(child)-4)
            v=random.randint(u+1,len(child)-3)
            w=random.randint(v+1,len(child)-2)
            child=children[i]
            child=child[0:u]+child[v:w]+child[u:v]+child[w:]
#得到最佳输出结果
def get_result(population):
    graded=[[get_total_distance(x),x] for x in population]
    graded=sorted(graded)
    return graded[0][0],graded[0][1]
#载入数据
city_name=[]
city_condition=[]
with open('GA_data.csv','r')as f:
    lines=islice(f,1,None)
    for line in lines:
        line=line.split('\n')[0]
        line=line.split(',')
        city_name.append(line[0])

city_condition.append([float(line[1]),float(line[2])])
city_condition=np.array(city_condition)
#依据经、纬度计算距离
city_count=len(city_name)
Distance=np.zeros([city_count,city_count])
city_condition1=city_condition*np.pi/180
for i in range(city_count-1):
    for j in range(i+1,city_count):
```

```
temp=np.cos(city_condition1[i][0]-city_condition1[j][0])*np.cos
(city_condition1[i][1])*np.cos(city_condition1[j][1])+np.sin
(city_condition1[i][1])*np.sin(city_condition1[j][1])
            Distance[i][j]=np.arccos(temp)*6371
    Distance=Distance+Distance.T
    count=1000                #种群数量
    improve_count=300         #改良次数
    iter_time=300             #进化代数
    retain_rate=0.3           #种群保留率
    random_select_rate=0
    mutation_rate=0.1         #变异概率

    #设置起点
    origin=0
    index=[i for i in range(city_count)]
    index.remove(origin)

    #使用改良圈算法初始化种群
    population=[]
    for i in range(count):
        x=index.copy()
        random.shuffle(x)
        improve(x)
        population.append(x)

    register=[]
    i=0
    distance,result_path=get_result(population)
    while i<iter_time:
        parents=selection(population)
        children=crossover(parents)
        mutation(children)
        population=parents+children
        distance,result_path=get_result(population)
        register.append(distance)
        i=i+1
    result_path=[origin]+result_path+[origin]
```

```
X=[]
Y=[]
cname=[]
for index in result_path:
    X.append(city_condition[index,0])
    Y.append(city_condition[index,1])
    cname.append(city_name[index])
plt.figure(dpi=1200)
plt.plot(X,Y,'-o')
for i in range(len(cname)-1):
    plt.text(X[i],Y[i],cname[i],fontsize=9,color="r",)
plt.xlabel('经度/(°)')
plt.ylabel('纬度/(°)')
plt.title('巡航路径图')
plt.show()
print('最优巡航距离是:%.4e'%distance+'千米')
print('最优巡航顺序是:',cname)
plt.figure(dpi=1200)
plt.plot(np.array(register))
plt.ylabel('巡航距离/千米')
plt.xlabel('进化次数')
plt.show()
```

遗传算法求解得出的巡航路径图如图 14-3 所示。

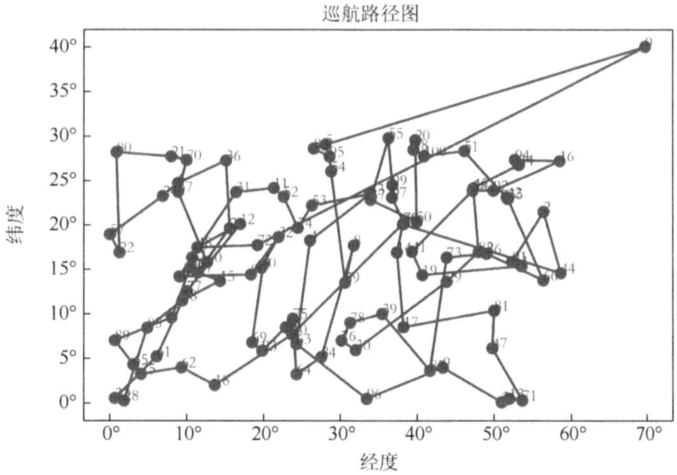

图 14-3 巡航路径图

应用遗传算法的输出如下。

最优巡航距离是：5.8124e+04 千米。

最优巡航顺序是：['0', '1', '91', '29', '47', '81', '82', '92', '42', '35', '2', '44', '66', '71', '13', '26', '9', '83', '19', '39', '30', '76', '78', '63', '59', '8', '14', '50', '79', '99', '100', '20', '98', '5', '88', '54', '95', '36', '31', '23', '12', '52', '32', '72', '3', '40', '15', '56', '27', '22', '57', '24', '48', '60', '87', '77', '69', '18', '62', '61', '65', '25', '28', '33', '89', '85', '7', '38', '46', '67', '70', '6', '80', '21', '11', '53', '74', '4', '90', '68', '64', '93', '10', '75', '84', '96', '17', '86', '73', '41', '49', '97', '37', '43', '55', '45', '58', '51', '94', '34', '16', '0']。

遗传算法求解的训练过程如图 14-4 所示。

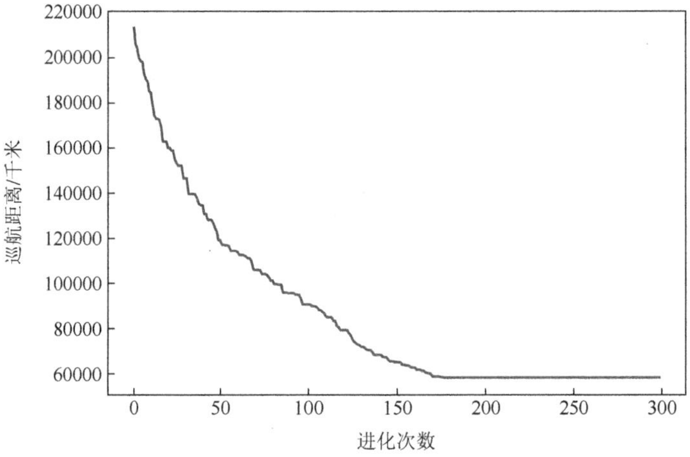

图 14-4　训练过程图

通过最优巡航距离和巡航路径图可以看出，敌方目标空中侦察问题的求解并没有得出最短巡航距离，这在一定程度上印证了前面介绍的遗传算法的缺陷。可以通过调整参数设定求解此问题中更优的巡航距离，同时可探寻优化遗传算法的方法，以便能够更快、更好地得出最优化问题的最优解。

【总结与习题】

1. 总结

本章在介绍遗传算法的基本原理、流程、优缺点的基础上，介绍了旅行商问题，并结合巡航敌方目标案例解析了基于 Python 语言的遗传算法建模仿真应用。

2. 习题

（1）遗传算法的编码方法有哪些？各自有怎样的优缺点？

（2）遗传算法的算子包括哪几种？

（3）简述遗传算法的缺点；试结合 14.4 节案例探索优化遗传算法的方法。

第 15 章

模拟退火算法建模与仿真

【学习目标】

1. 理解模拟退火算法的基本原理、流程。
2. 能够运用 Python 进行模拟退火算法的建模仿真，解决海监船巡航问题。

【开篇案例】

利用算法指导生活的尝试与思考

听到算法，许多人立刻就条件反射般觉得只能与计算机有关，开口能说几个算法名词就被抬到技术水平高的位置，如非确定性多项式（non-deterministic polynomial，NP）完全问题、贪婪算法、摩尔投票算法、模拟退火算法等，懂得一些算法的人就会被不熟悉算法技术的人觉得很牛。

其实算法并非计算机专有，它还涉及微积分、线性代数、离散数学、概率论、博弈论、逻辑思维等方面的知识。尤瓦尔·赫拉利在《未来简史》一书中写道："算法指的是进行计算、解决问题、做出决定的一套有条理的步骤。人类 99%的决定，包括关于配偶、事业和住处的重要抉择，都是由各种进化而成的算法来处理的。"

算法或隐或现地影响着我们的选择，但我们准备好相应的心智模式了吗？例如，您在买房时有想过可以利用算法来进行合理的优化选择吗？

下面我介绍个别发生在我身上的例子。2015 年 5 月初，股市疯狂涨到 4000 多点时，我就选择退出股市，进而买房投资。一方面是谨慎使然，另一方面是借助算法思维决策，又多少学过零和博弈的规则，即在竞争环境下，一方的收益必然意味着另一方的损失。这让我规避了这波股市疯狂暴跌。大家都认为自己赚到钱，这本身的思考逻辑是错的，只是纸面富贵，只有当你卖了股票后永远不再参与这种零和博弈才算赚了。股市博弈的统计结果是：一赚，二平，七亏，在零和博弈里赚钱，就要克服人的贪婪本性，真正赚到钱的都是不随大众的投资方式，毕竟 20%甚至更少的人掌握了 80%及以上的财富。

由此，我就退出了那波股市，为自己在楼市赚了第一桶金，并在 2016～2017 年陆续进行了更好的投资资源配置。买房时，我做了关键指标的量化和数据评估：什么样的房子有价值？如何量化指标？万一房价跌了怎么确保不亏本？于是我那时对买房子的要求是：第一，房子地处市中心；第二，房子的租金尽可能覆盖利息，因为租金与利息基本持平或者抵过利息意味着抗跌性强。考虑其他关键指标，如房子的地段、交通教育及医疗配套、价格、结构、朝向、房龄等。我给每项指标制定一个阈值分数，满足相关条件得出对应的分值，得分最高的就是自己想要的房子，再结合自己的资金杠杆和月供能力，当然买房有时也得借势（如政策、舆论、银行利率），这也作为辅助参考指标。

不管是买第一套房子的人还是投资房子的人，其实都可以借助算法来辅助决策，让决策更有理性、更有数据支撑。

资料来源：https://zhuanlan.zhihu.com/p/71253971

【思政思考题】

思考题 1：你的学习生活中还有哪些算法的应用实例？

思考题 2：习近平总书记指出："广大科技工作者要把论文写在祖国的大地上，把科技成果应用在实现现代化的伟大事业中。"对于科学研究的社会贡献，你是如何认知的？

15.1 模拟退火算法概述

15.1.1 模拟退火算法的基本原理

模拟退火算法最早由 Metropolis 等于 1953 年提出。1983 年，Kirkpatrick 等将其引入组合优化领域。模拟退火算法的思想来源于固体退火原理，即将固体加热至充分高的温度，再让其徐徐冷却，升温时，固体内部粒子随温度升高变为无序状，内部能量增大，而徐徐冷却时粒子渐趋有序，从理论上说，如果冷却过程足够缓慢，那么冷却中的每个温度下都能达到平衡态，最后在常温时达到基态，内部能量减为最小。

固体退火过程如下。

（1）加温过程。增强粒子的热运动，消除系统原先可能存在的非均匀态。

（2）等温过程。对于与环境换热而温度不变的封闭系统，系统状态的自发变化总是朝自由能减少的方向进行，当自由能达到最小时，系统达到平衡态。

（3）冷却过程。使粒子热运动减弱并渐趋有序，系统能量逐渐下降，从而得到低能量的晶体结构。

固体退火时在恒定温度下达到热平衡的过程可以用蒙特卡罗（Monte Carlo）方法进行模拟，蒙特卡罗方法的特点是计算简单，但必须大量采样才能得到比较精确的结果，因此计算量很大。因此，1953 年，Metropolis 等提出了一种采样方法，设从当前状态 i 生成新状态 j，若新状态 j 的内部能量小于当前状态 i 的内部能量（$E_j < E_i$），则接受新状态 j 作为新的当前状态；否则，以概率 $p = \exp[-(E_j - E_i)/(k_B T)]$ 接受状态 j，其中，k_B 为玻尔兹曼（Boltzmann）常量。这就是 Metropolis 准则。

1983 年，Kirkpatrick 等把模拟退火算法与组合优化问题进行类比，将模拟退火算法应用到了组合优化问题中。组合优化问题解空间的每一个点都代表一个具有不同目标函数的解。优化就是在解空间寻找目标函数最小解的过程。若把目标函数看作能量，把控制参数看作温度，把解空间看作粒子能量状态空间，那么模拟退火算法寻找基态的过程就是求目标函数最小值的优化过程。因此，基于 Metropolis 准则的最优化过程与固体退火过程存在一定的相似性，如表 15-1 所示。

表 15-1　组合优化与固体退火的相似性

组合优化	固体退火	组合优化	固体退火
解	粒子能量状态	Metropolis 抽样过程	等温过程
最优解	粒子能量最低态	控制参数的下降	冷却
设定初始温度	加温熔解后的温度	目标函数	能量

15.1.2　模拟退火算法的流程

（1）令 $T=T_0$，随机生成一个初始解 x_0，并计算相应的目标函数 $E(x_0)$。

（2）令 T 等于冷却进度表（cooling schedule）中的下一个值 T_i。

（3）根据当前解 x_i 进行扰动，产生一个新解 x_j，计算相应的目标函数 $E(x_j)$，得到 $\Delta E=E(x_j)-E(x_i)$。

（4）若 $\Delta E<0$，则新解 x_j 被接受，作为新的当前解；若 $\Delta E>0$，则新解 x_j 按概率 $\exp\left[-\Delta E/(k_{\mathrm{B}}T_i)\right]$ 被接受，T_i 为当前温度。

（5）在温度 T_i 下，重复 L_k 次的扰动和接受过程，执行步骤（3）和（4）。

（6）判断 T 是否已达到 T_{f}，是，则终止算法；否，则转到步骤（2）继续执行。

模拟退火算法分两层循环，即温度循环和任一温度下的新解的循环。在任一温度随机扰动并产生新解，计算目标函数的变化，决定是否被接受。模拟退火算法初始温度比较高，使目标函数增大的新解在初始时也可能被接受，因而能跳出局部最优解。通过缓慢地降低温度，算法就最终可能收敛到全局最优解。虽然在低温时 $\exp[-\Delta E/(k_{\mathrm{B}}T_i)]$ 已经非常小，但仍不排除有接受更差解的可能，因此，一般会把退火过程中碰到的最优解（历史最优解）记录下来，与终止算法前最后一个被接受解一并输出。

15.1.3　模拟退火算法的一些说明

1. 冷却进度表

模拟退火过程由一组初始参数，即冷却进度表控制，它的核心是尽量使系统达到准平衡态，以使算法在有限的时间内逼近最优解。冷却进度表包括以下内容。

（1）控制参数的初值 T_0：开始退火的初始温度。

（2）控制参数 T 的衰减函数：计算机能够处理的都是离散数据，因此需要把连续的降温过程离散化成一系列温度点，衰减函数即计算这一系列温度点的表达式。

（3）控制参数 T 的终值 T_{f}：算法停止准则。

（4）Markov 链长度 L_k：温度 T 的迭代次数。

2. 新解的产生

新解产生机制的基本要求是能够尽量遍及解空间的各区域，这样一来，在某一恒定温度不断产生新解时，就可能跳出当前区域的最优解以搜索其他区域。这是模拟退火算法能够进行广域搜索的一个重要条件。

3. 参数的选择

1）控制参数 T 的初值 T_0

求解全局优化问题的随机搜索算法一般采用大范围的粗略搜索与局部的精细搜索相结合的搜索策略。只有在大范围的粗略搜索阶段找到全局最优解所在的区域，才能逐渐缩小搜索的范围，最终求出全局最优解。模拟退火算法是通过控制参数 T 的初值 T_0 和其衰减函数来实现大范围的粗略搜索与局部的精细搜索的。一般来说，只有足够大的 T_0 才能满足算法要求。在问题规模较大时，过小的 T_0 往往导致算法难以跳出局部陷阱而达不到全局最优。但为了减少计算量，T_0 不宜取得过大，而应与其他参数折中选取。

2）控制参数 T 的衰减函数

衰减函数可以有多种形式，常用的衰减函数是

$$T_{k+1} = \alpha T_k,\ k = 0, 1, 2, \cdots \tag{15-1}$$

式中，α 为常数，可以取 0.5～0.9999，决定了降温的过程。α 取值较小会导致算法进程的迭代次数增加，从而使算法进程接受更多的变换、访问更多的邻域、搜索更大范围的解空间、返回更好的最优解。此外，若 T_{k+1} 时只需少量的变换就可达到准平衡态，则可选取较短的 Markov 链来缩短计算时间。

3）Markov 链长度

Markov 链长度的选取原则如下：在控制参数 T 的衰减函数已选定的前提下，L_k 应能使在控制参数 T 的每一个取值上达到准平衡态。从经验上说，对于简单的情况，可以令 $L_k = 100n$，其中，n 为问题规模。

4）算法停止准则

对 Metropolis 准则中的 $\exp[-(E_j - E_i)/(k_{\mathrm{B}}T)]$ 进行分析可知，在 T 比较大（高温）的情况下，该值趋于 1，即比当前解 x_i 更差的新解 x_j 也可能被接受，因此就有可能跳出局部最优解而进行广域搜索，去搜索解空间的其他区域；随着冷却的进行，T 减小到比较小的值时，$\exp[-(E_j - E_i)/(k_{\mathrm{B}}T)]$ 减小，即难以接受比当前解更差的解，也就是不太容易跳出当前的区域。如果在高温时已经进行了充分的广域搜索，找到了可能存在的最优解的区域，在低温时进行足够的局部搜索，则可能最终找到全局最优解。

15.2 模拟退火算法的 Python 建模仿真

15.2.1 海监船巡航问题描述

假定某海监船巡航 52 个巡航点，其坐标数据如表 15-2 所示。

表 15-2　某海监船巡航 52 个巡航点的坐标　（单位：千米）

编号	X坐标	Y坐标	编号	X坐标	Y坐标	编号	X坐标	Y坐标
1	565.0	575.0	19	510.0	875.0	37	770.0	610.0
2	25.0	185.0	20	560.0	365.0	38	795.0	645.0
3	345.0	750.0	21	300.0	465.0	39	720.0	635.0
4	945.0	685.0	22	520.0	585.0	40	760.0	650.0
5	845.0	655.0	23	480.0	415.0	41	475.0	960.0
6	880.0	660.0	24	835.0	625.0	42	95.0	260.0
7	25.0	230.0	25	975.0	580.0	43	875.0	920.0
8	525.0	1000.0	26	1215.0	245.0	44	700.0	500.0
9	580.0	1175.0	27	1320.0	315.0	45	555.0	815.0
10	650.0	1130.0	28	1250.0	400.0	46	830.0	485.0
11	1605.0	620.0	29	660.0	180.0	47	1170.0	65.0
12	1220.0	580.0	30	410.0	250.0	48	830.0	610.0
13	1465.0	200.0	31	420.0	555.0	49	605.0	625.0
14	1530.0	5.0	32	575.0	665.0	50	595.0	360.0
15	845.0	680.0	33	1150.0	1160.0	51	1340.0	725.0
16	725.0	370.0	34	700.0	580.0	52	1740.0	245.0
17	145.0	665.0	35	685.0	595.0			
18	415.0	635.0	36	685.0	610.0			

该海监船对这 52 个巡航点进行巡航，求海监船如何设计巡航路线才能使得所花费的时间最短？

15.2.2　模拟退火算法求解海监船巡航问题

用 Python 实现海监船巡航模拟退火算法的仿真。

1. 算法设计步骤

1）海监船巡航问题的解空间和初始解

海监船巡航问题的解空间 S 是遍访每个巡航点恰好一次的所有回路，是所有巡航点排列的集合。海监船巡航问题的解空间 S 可表示为 $\{1,2,\cdots,n\}$ 的所有排列的集合，即

$$S=\left\{(c_1,c_2,\cdots,c_n)\middle|(c_1,c_2,\cdots,c_n)\text{为}\{1,2,\cdots,n\}\text{的排列}\right\} \tag{15-2}$$

式中，每一排列 s_i 表示遍访 n 个巡航点的一条路径，$c_i=j$ 表示第 i 次访问巡航点 j。模拟退火算法的最优解和初始解没有强的依赖关系，故初始解 s_0 为随机函数生成一个 $\{1,2,\cdots,n\}$ 的排列。

2）目标函数

海监船巡航问题的目标函数即访问所有巡航点的路径总长度：

$$C(c_1,c_2,\cdots,c_n)=\sum_{i=1}^{n-1}d(c_i,c_{i+1})+d(c_1,c_n) \tag{15-3}$$

海监船巡航问题的求解就是通过模拟退火算法求出目标函数 $C(c_1,c_2,\cdots,c_n)$ 的最小值，相应地，$S(c_1^*,c_2^*,\cdots,c_n^*)$ 即海监船巡航问题的最优解。

3）新解产生

新解的产生对问题的求解非常重要。新解可通过分别或者交替使用以下两种方法来产生。

（1）两交换法。任选序号 u、v（设 $u<v$），交换 u 和 v 的访问顺序。

（2）三交换法。任选序号 u、v、w（设 $u\leqslant v<w$），将 u 和 v 的路径插到 w 之后，交换访问顺序。

4）目标函数差

计算变换前和变换后目标函数的差值：

$$\Delta C'=C(s_i')-C(s_i) \tag{15-4}$$

5）Metropolis 准则

以新解与当前解的目标函数差定义接受概率：

$$p=\begin{cases}1 & ,\Delta C'<0\\ \exp(-\Delta C'/T) & ,\Delta C'>0\end{cases} \tag{15-5}$$

2. 模拟退火算法求解海监船巡航问题的 Python 仿真

将对应的 52 个巡航点的数据存储在 cruise.txt 中，如图 15-1 所示。

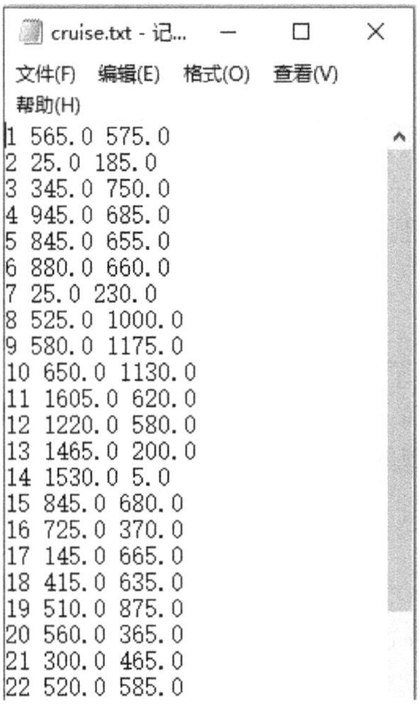

图 15-1 cruise.txt 文件部分内容

应用模拟退火算法求解海监船巡航问题的 Python 程序如下。

```
import numpy as np
import matplotlib.pyplot as plt
import matplotlib
matplotlib.rcParams['font.family']='STSong'
from itertools import islice

city_name=[]
coordinates=[]
with open('cruise.txt','r')as f:
    lines=islice(f,0,None)
    for line in lines:
        line=line.split('\n')[0]
        line=line.split(' ')
        city_name.append(line[0])
        coordinates.append([float(line[1]),float(line[2])])
coordinates=np.array(coordinates)
#得到距离矩阵的函数
def get_distmat(coordinates):
    num=coordinates.shape[0]
    distmat=np.zeros((num,num))
    for i in range(num):
        for j in range(i,num):

distmat[i][j]=distmat[j][i]=np.linalg.norm(coordinates[i]
-coordinates[j])
    return distmat
#初始化模拟退火算法的参数
def init_para():
    alpha=0.995
    t=(1,100)
    markov_len=1000
    return alpha,t,markov_len
num=coordinates.shape[0]
distmat=get_distmat(coordinates)
solution_new=np.arange(num)
solution_current=solution_new.copy()
value_current=99000
```

```
    solution_best=solution_new.copy()
    value_best=99000
    alpha,t2,markov_len=init_para()
    t=t2[1]   #初始温度
    result=[] #记录迭代过程的最优解
    while t>t2[0]: # t2[0]终止温度
        for i in np.arange(markov_len):
            #下面的两交换和三交换是两种扰动方式,用于产生新解
            if np.random.rand()>0.5:  #两交换
                # np.random.rand()产生[0,1)的均匀随机数
                while True:
                    #产生两个不同的随机数
                    loc1=np.int(np.ceil(np.random.rand()*(num-1)))
                    loc2=np.int(np.ceil(np.random.rand()*(num-1)))
                    if loc1!=loc2:
                        break

solution_new[loc1],solution_new[loc2]=solution_new[loc2],
solution_new[loc1]
            else:  #三交换
                while True:
                    loc1=np.int(np.ceil(np.random.rand()*(num-1)))
                    loc2=np.int(np.ceil(np.random.rand()*(num-1)))
                    loc3=np.int(np.ceil(np.random.rand()*(num-1)))
                    if((loc1!=loc2)&(loc2!=loc3)&(loc1!=loc3)):
                        break
                # 下面的三个判断语句确保 loc1<loc2<loc3
                if loc1>loc2:
                    loc1,loc2=loc2,loc1
                if loc2>loc3:
                    loc2,loc3=loc3,loc2
                if loc1>loc2:
                    loc1,loc2=loc2,loc1
                #将[loc1,loc2)的数据插入 loc3 之后
                tmplist=solution_new[loc1:loc2].copy()

solution_new[loc1:loc3-loc2+1+loc1]=solution_new[loc2:loc3+1].
copy()
```

```
    solution_new[loc3-loc2+1+loc1:loc3+1]=tmplist.copy()
           ##计算目标函数
           value_new=0
           for i in range(num-1):

value_new+=distmat[solution_new[i]][solution_new[i+1]]

value_new+=distmat[solution_new[0]][solution_new[num-1]]
          # print(value_new)
           if value_new<value_current: #接受新解
              #更新 solution_current 和 solution_best
              value_current=value_new
              solution_current=solution_new.copy()
              if value_new<value_best:
                 value_best=value_new
                 solution_best=solution_new.copy()
           else: #按一定的概率接受新解
              if np.random.rand()<
np.exp(-(value_new-value_current)/t):
                 value_current=value_new
                 solution_current=solution_new.copy()
              else:
                 solution_new=solution_current.copy()
       t=alpha*t
       result.append(value_best)
       print('t=',t)   #程序运行时间较长,输出 t 来监视程序进展
    #绘图
    X=[]
    Y=[]
    cname=[]
    for index in solution_best:
       X.append(coordinates[index,0])         # X 坐标
       Y.append(coordinates[index,1])         # Y 坐标
       cname.append(city_name[index])
    plt.figure(dpi=1200)                      # 指定像素
    plt.plot(X,Y,'-o')
    plt.plot([X[0],X[-1]],[Y[0],Y[-1]],'m')   # 连接起点和终点
    for i in range(len(cname)):
```

```
        plt.text(X[i],Y[i],cname[i],fontsize=12,color="r",)
    plt.xlabel('$\it{X}$'+'坐标/千米')#'$\it{X}$'是让 X 以斜体方式输出
    plt.ylabel('$\it{Y}$'+'坐标/千米')
    plt.title('巡航路径图')
    plt.show()
    #用来显示结果
    print('最优访问顺序是:' ,cname,'\n 最短距离是:%.4e'%value_best+'千米')
    plt.figure(dpi=1200)
    plt.plot(np.array(result),'-')
    plt.ylabel('最短距离/千米')
    plt.xlabel('运算次数')
    plt.show()
```

运行程序得到的结果如下。

最优访问顺序是：['1', '49', '32', '45', '19', '41', '8', '9', '10', '43', '33', '51', '11', '52', '14', '13', '47', '26', '27', '28', '12', '25', '4', '6', '15', '5', '24', '48', '38', '37', '40', '39', '36', '35', '34', '44', '46', '16', '29', '50', '20', '23', '30', '2', '7', '42', '21', '17', '3', '18', '31', '22']。

最短距离是：7.5444e+03 千米。

模拟退火算法求解海监船巡航问题的运行结果如图 15-2 所示，求解过程如图 15-3 所示。

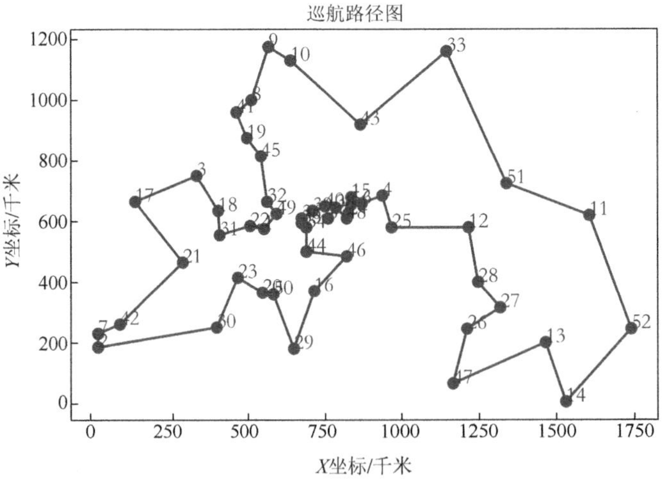

图 15-2　模拟退火算法求解海监船巡航问题运行结果

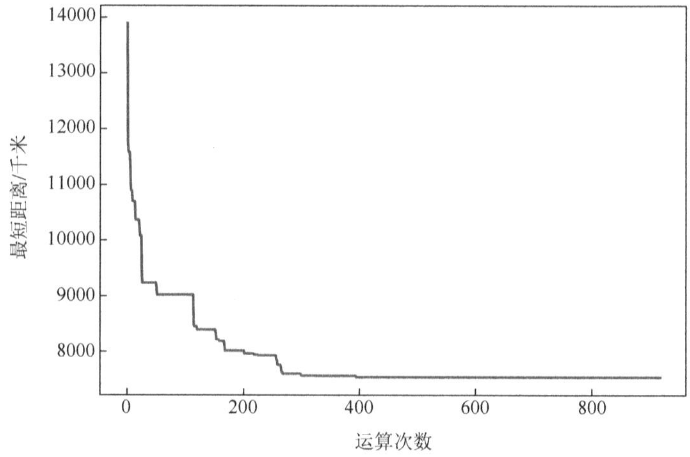

图 15-3　模拟退火算法求解海监船巡航问题的求解过程

【总结与习题】

1. 总结

本章在介绍模拟退火算法的基本原理、流程等内容的基础上，描述了海监船巡航问题，结合具体案例分析了基于 Python 语言的模拟退火算法建模仿真应用。

2. 习题

（1）简述模拟退火算法的基本原理。

（2）模拟退火算法有怎样的特点？

（3）试比较模拟退火算法和爬山算法的优缺点。

（4）试运用模拟退火算法求解 14.4.1 节的敌方目标空中侦察问题，并比较模拟退火算法和遗传算法的差异。

第 16 章

蚁群算法建模与仿真

【学习目标】

1. 理解蚁群算法的基本原理、流程和特点。
2. 了解蚁群算法参数的含义。
3. 能够运用 Python 进行蚁群算法的建模仿真。

【开篇案例】

群体智慧背后的故事

我曾以为蚂蚁做什么事都心中有数。那些列队爬过我厨房台面的小家伙看上去是那么信心十足，于是我猜想它们早就订好了计划，知道要去哪儿，要做什么。不然的话，蚂蚁又怎能做出组织行军路线、建造复杂蚁穴、发动大规模突袭等奇妙行为呢？

结果我错了。蚂蚁毕竟不是聪明的小工程师、建筑师或武士，至少单只蚂蚁不是。当需要决定下一步怎么做时，大多数蚂蚁都毫无头绪。斯坦福大学的生物学家德博拉 •M. 戈登说：“如果你去观察一只蚂蚁工作的样子，它的笨拙会让你印象深刻。”

那我们又该怎么解释地球上已知的大约 1.2 万只蚂蚁物种的繁荣呢？它们在 1.4 亿年的进化中一定学到了什么。

戈登说：“蚂蚁并不聪明，但聚在一起就聪明了。”蚁群可以解决对单只蚂蚁来说不可思议的问题，例如，寻找通往食物源的最短路径，分派工蚁做不同的工作，保卫领土不受邻居侵袭。落单时，蚂蚁就像一只只“小傻瓜”，但聚成蚁群就能对环境作出快速有效的反应。这是因为它们拥有群体智能。

欲问群体智能来自何处，实际上提出了一个根本性的问题：个体的简单行动怎样组合成群体的复杂行为？如果几百只蜜蜂中有许多不同意见，它们如何做出关于蜂巢安置的重大决定？是什么使得一群鲱鱼如此精确地协调行动，能在瞬间改变方向，仿佛是单一的银色有机体？这些动物中，没有哪一个能够看到全局，但每一个都为群体的成功出了一份力，它们集体表现出的能力甚至让那些最了解它们的生物学家都感到神奇。在过去几十年中，研究人员已获得了一些有趣的发现。

这就是群体智能的运作原理：简单的生物遵循着简单的规则，各自根据本地信息行动，没有一只蚂蚁能够看到全局，没有一只蚂蚁指挥别的蚂蚁做事。

资料来源：https://www.sohu.com/a/284966264_99931957

16.1　蚁群算法概述

16.1.1　蚁群算法的基本原理

蚁群算法由意大利学者 M. Dorigo、V. Maniezzzo 和 A. Colorini 在 20 世纪 90 年代初提出，是根据蚂蚁觅食的群体行为而设计的一种模拟进化算法。

生物学家研究发现，自然界中的蚂蚁觅食是一种群体性行为，并非单只蚂蚁自行寻找食物源。蚂蚁在寻找食物源时，会在其经过的路径上释放一种信息素，并能够感知其他蚂蚁释放的信息素。信息素的浓度表征路径的距离，信息素浓度越高，对应的路径距离越短。在路径选择过程中，蚂蚁根据路径的信息素浓度及路径的启发式信息计算状态转移概率。通常，蚂蚁会以较大的概率优先选择信息素浓度较高的路径，并释放一定量的信息素，以增强该条路径上的信息素浓度，这样会形成一个正反馈。最终，蚂蚁能够找到一条从蚁穴到食物源的最佳路径，即最短距离。

设 $p_{ij}^k(t)$ 表示在 t 时刻蚂蚁 k 在可行解 i 处选择可行解 j 的状态转移概率：

$$p_{ij}^k(t)=\begin{cases}\dfrac{[\tau_{ij}(t)]^\alpha\cdot[\eta_{ij}(t)]^\beta}{\sum\limits_{j=\text{allowed}_k}[\tau_{ij}(t)]^\alpha\cdot[\eta_{ij}(t)]^\beta}, & j\in\text{allowed}_k\\ 0, & \text{否则}\end{cases} \tag{16-1}$$

式中，$\tau_{ij}(t)$ 为 t 时刻可行解 i 与可行解 j 之间的信息素浓度；η_{ij} 为可行解 i 转移到可行解 j 的启发程度；$\text{allowed}_k=\{0,1,\cdots,n-1\}$ 为蚂蚁 k 下一步允许选择的可行解；α 为信息启发式因子，β 为期望启发式因子，分别反映了蚂蚁在运动过程中所积累的信息和期望启发信息在蚂蚁选择路径中的相对重要程度。

为了使蚂蚁经过所有 n 个可行解，为每只蚂蚁设计了禁忌表 $\text{tabu}_k=\{0,1,\cdots,m\}$，记录了 t 时刻蚂蚁 k 已经走过的可行解，不允许其在本次循环中再经过这个可行解，当本次循环结束后禁忌表用于计算该蚂蚁当前所建立的解决方案。

在每只蚂蚁完成对所有 n 个可行解的遍历后，完成一次循环，其所走过的路径就是一个解。此时残留信息素的更新规则为

$$\tau_{ij}(t+1)=(1-\rho)\cdot\tau_{ij}(t)+\rho\cdot\Delta\tau_{ij}(t) \tag{16-2}$$

式中，ρ 为信息素挥发系数，$\rho\in[0, 1)$；$1-\rho$ 为信息素浓度残留因子，表示残留的信息素的相对重要程度；$\Delta\tau_{ij}(t)$ 为信息素浓度增量，$\Delta\tau_{ij}(t)=\sum\limits_{k=1}^{m}\Delta\tau_{ij}^k(t)$，其中，$\Delta\tau_{ij}^k(t)$ 为蚂蚁 k 在 t 时刻到 $t+1$ 时刻在可行解 i、j 间的信息素浓度增量。

根据信息素更新策略，Dorigo 等提出了三种基本蚁群算法模型，分别为蚁周（ant-cycle）

模型、蚁量（ant-quantity）模型和蚁密（ant-density）模型，其差别在于蚂蚁 k 在 t 时刻到 t+1 时刻之间在可行解 i、j 上增加的信息素浓度的求法不同。

（1）蚁周模型中，$\Delta\tau_{ij}^k(t)$ 的计算公式为

$$\Delta\tau_{ij}^k(t)=\begin{cases}Q/L^k, & 蚂蚁k经过可行解i,j\\0, & 否则\end{cases} \tag{16-3}$$

式中，Q 为常数，表示蚂蚁 k 循环一次所释放的信息素总量；L^k 为蚂蚁 k 在本次循环中所走路径的长度。

（2）蚁量模型中，$\Delta\tau_{ij}^k(t)$ 的计算公式为

$$\Delta\tau_{ij}^k(t)=\begin{cases}Q/d_{ij}, & 蚂蚁k经过可行解i,j\\0, & 否则\end{cases} \tag{16-4}$$

式中，d_{ij} 为可行解 i、j 之间的距离。

（3）蚁密模型中，$\Delta\tau_{ij}^k(t)$ 的计算公式为

$$\Delta\tau_{ij}^k(t)=\begin{cases}Q, & 蚂蚁k经过可行解i,j\\0, & 否则\end{cases} \tag{16-5}$$

上述三种模型中，蚁周模型利用蚂蚁经过路径的整体信息（经过路径的总长）计算释放的信息素浓度；蚁量模型利用蚂蚁经过路径的局部信息（经过各可行解间的距离）计算释放的信息素浓度；蚁密模型则更为简单地将释放的信息素浓度取为恒值，但模型并没有考虑不同蚂蚁经过路径长短差异的影响。

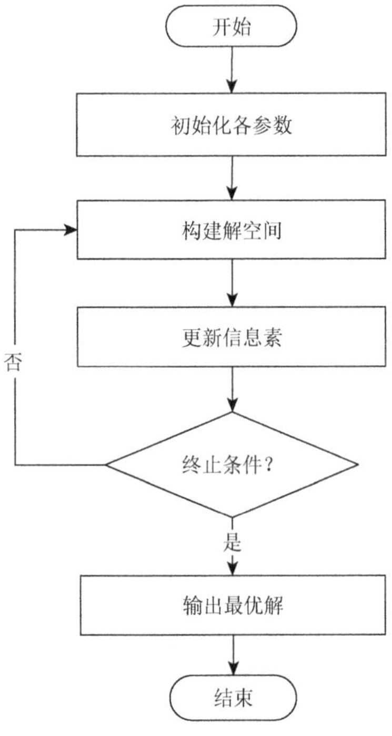

图 16-1 蚁群算法的流程

16.1.2 蚁群算法的流程

蚁群算法的流程如图 16-1 所示。

1. *初始化参数*

在计算之初，需要对相关的参数进行初始化，包括蚁群规模（蚂蚁数量）m、信息启发式因子 α、期望启发式因子 β、信息素挥发系数 ρ、信息素总量 Q、最大迭代次数 iter_max、迭代次数初值 iter=1。

2. *构建解空间*

将各蚂蚁随机地置于不同出发点，对每只蚂蚁 k（$k=0,1,\cdots,m$），按照式（16-1）计算其下一个待访问的可行解，直到所有蚂蚁访问完所有的可行解。

3. *更新信息素*

计算各蚂蚁经过的路径长度 L^k（$k=0,1,\cdots,m$），记录

当前迭代次数中的最优解（最短路径）。同时，根据式（16-2）和式（16-3）（或者式（16-4）和式（16-5））对各可行解连接路径上的信息素浓度进行更新。

4. 判断是否终止

若 iter＜iter_max，则令 iter = iter + 1，清空蚂蚁经过路径的禁忌表，并返回步骤 2；否则，终止计算，输出最优解。

16.1.3　蚁群算法的特点

与其他优化算法相比，蚁群算法具有以下特点。

（1）采用正反馈机制，使得搜索过程不断收敛，最终逼近最优解。

（2）每个个体可以通过释放信息素来改变周围的环境，且每个个体能够感知周围环境的实时变化，个体间通过环境进行间接通信。

（3）搜索过程采用分布式计算方式，多个个体同时进行并行计算，大大提高了算法的计算能力和运行效率。

（4）启发式概率搜索方式不容易陷入局部最优，易于找到全局最优解。

16.2　蚁群算法的 Python 建模仿真

16.2.1　快递配送路径问题描述

某省京东仓库运送到省内某市京东快递中心之后，需要由此快递中心（经、纬度为(126.620125°，45.777193°)）向该市其他京东快递点运输并最终回到京东快递中心。选取该市 20 个京东快递点，具体经、纬度数据如表 16-1 所示。求解由京东快递中心运往其他京东快递点并回到京东快递中心的最短路径。

表 16-1　某市京东快递点的经、纬度　（单位：（°））

编号	经度	纬度	编号	经度	纬度
1	126.670854	45.765008	11	126.685902	45.762604
2	126.596595	45.760916	12	126.688968	45.781840
3	126.625832	45.748914	13	126.694736	45.791469
4	126.634823	45.748306	14	126.642547	45.724552
5	126.663799	45.718221	15	126.699706	45.765744
6	126.663251	45.790163	16	126.613256	45.721564
7	126.604947	45.747407	17	126.705251	45.775620
8	126.649045	45.747179	18	126.593749	45.734280
9	126.603271	45.714844	19	126.664279	45.825966
10	126.674274	45.775800	20	126.622611	45.717282

16.2.2 蚁群算法求解快递配送路径问题

将京东快递点的经、纬度数据存储在 express20.txt 中，如图 16-2 所示。

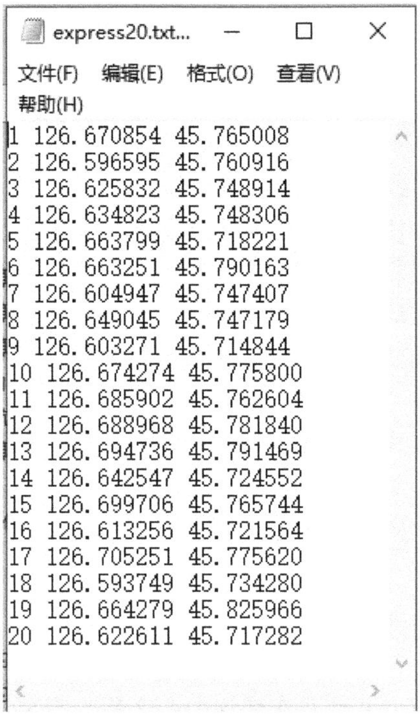


```
1 126.670854 45.765008
2 126.596595 45.760916
3 126.625832 45.748914
4 126.634823 45.748306
5 126.663799 45.718221
6 126.663251 45.790163
7 126.604947 45.747407
8 126.649045 45.747179
9 126.603271 45.714844
10 126.674274 45.775800
11 126.685902 45.762604
12 126.688968 45.781840
13 126.694736 45.791469
14 126.642547 45.724552
15 126.699706 45.765744
16 126.613256 45.721564
17 126.705251 45.775620
18 126.593749 45.734280
19 126.664279 45.825966
20 126.622611 45.717282
```

图 16-2　express20.txt 文件内容

应用蚁群算法求解快递配送路径问题的 Python 程序如下。

```
import numpy as np
import matplotlib.pyplot as plt
import matplotlib
from itertools import islice
matplotlib.rcParams['font.family']='STSong'
point_name=[]
coordinates=[]
with open('express20.txt','r')as f:
    lines=islice(f,0,None)
    for line in lines:
        line=line.split('\n')[0]
        line=line.split(' ')
        point_name.append(line[0])
```

```
        coordinates.append([float(line[1]),float(line[2])])
    coordinates=np.array(coordinates)

def getdistmat(coordinates):
    num=coordinates.shape[0]
    distmat=np.zeros((num,num))
    for i in range(num-1):
        for j in range(i+1,num):

temp=np.cos(coordinates[i][0]-coordinates[j][0])*np.cos(coordinates
[i][1])*np.cos(coordinates[j][1])+np.sin(coordinates[i][1])*np.
sin(coordinates[j][1])
            distmat[i][j]=distmat[j][i]=np.arccos(temp)*6370
    return distmat

coordinates1=coordinates*np.pi/180
distmat=getdistmat(coordinates1) # 城市的距离矩阵
numant=40                    # 蚂蚁数量
numcity=coordinates.shape[0]    # 城市数量
alpha=1                      # 信息启发式因子
beta=5                       # 期望启发式因子
rho=0.1                      # 信息素挥发系数
Q=1
iter=0
itermax=100
etatable=1.0/(distmat+np.diag([1e10] * numcity)) # 启发函数矩阵
pheromonetable=np.ones((numcity,numcity))        # 信息素矩阵
pathtable=np.zeros((numant,numcity)).astype(int) # 路径记录表
lengthaver=np.zeros(itermax).astype(int)    #各代路径的平均长度
lengthbest=np.zeros(itermax).astype(int)
pathbest=np.zeros((itermax,numcity)).astype(int)

while iter<itermax:
    # 随机产生各蚂蚁的起点城市
    if numant<=numcity:   # 城市数量比蚂蚁数量多

pathtable[:,0]=np.random.permutation(range(0,numcity))[:numant]
    else:                    # 蚂蚁数量比城市数量多,需要补足
```

```
          pathtable[:numcity,0]=np.random.permutation(range(0,
numcity))[:]

pathtable[numcity:,0]=np.random.permutation(range(0,numcity))[:
numant-numcity]

      length=np.zeros(numant)       # 计算各蚂蚁的路径距离
      for i in range(numant):
          visiting=pathtable[i,0]        # 当前所在的城市
          unvisited=set(range(numcity)) # 未访问的城市
          unvisited.remove(visiting)     # 删除元素
          for j in range(1,numcity):    #访问剩余的 numcity-1 个城市
             # 每次用轮盘法选择下一个要访问的城市
             listunvisited=list(unvisited)
             probtrans=np.zeros(len(listunvisited))
             for k in range(len(listunvisited)):
                 probtrans[k]=np.power(pheromonetable[visiting]
[listunvisited[k]],alpha)                              *
np.power(etatable[visiting][listunvisited[k]],alpha)

cumsumprobtrans=(probtrans/sum(probtrans)).cumsum()
             cumsumprobtrans-=np.random.rand()
             k=listunvisited[(np.where(cumsumprobtrans>0)[0])
[0]]
             pathtable[i,j]=k  # 添加到路径表中
             unvisited.remove(k)
             length[i]+=distmat[visiting][k]
             visiting=k
          length[i]+=distmat[visiting][pathtable[i,0]]
      lengthaver[iter]=length.mean()
      if iter==0:
          lengthbest[iter]=length.min()
          pathbest[iter]=pathtable[length.argmin()].copy()
      else:
          if length.min()>lengthbest[iter-1]:
             lengthbest[iter]=lengthbest[iter-1]
             pathbest[iter]=pathbest[iter-1].copy()
          else:
```

```
            lengthbest[iter]=length.min()
            pathbest[iter]=pathtable[length.argmin()].copy()
        # 更新信息素
        changepheromonetable=np.zeros((numcity,numcity))
        for i in range(numant):
            for j in range(numcity-1):
                changepheromonetable[pathtable[i,j]][pathtable[i,
j+1]]+=Q/distmat[pathtable[i,j]][pathtable[i,j+1]]      # 计算信
息素浓度增量
            changepheromonetable[pathtable[i,j+1]][pathtable[i,0]]
+=Q/distmat[pathtable[i,j+1]][pathtable[i,0]]
        pheromonetable=(1-rho)*
pheromonetable+changepheromonetable
    # 计算信息素公式
        iter+=1
        print("iter:",iter)

    # 绘制平均路径长度和最优路径长度图
    plt.figure(dpi=1200)
    fig,axes=plt.subplots(nrows=2,ncols=1,figsize=(12,10))
    axes[0].plot(lengthaver,'k')
    axes[0].set_title('快递配送平均距离')
    axes[0].set_xlabel('迭代次数')
    axes[0].set_ylabel('快递配送平均距离/千米')
    axes[1].plot(lengthbest,'k')
    axes[1].set_title('快递配送最优距离')
    axes[1].set_xlabel('迭代次数')
    axes[1].set_ylabel('快递配送最优距离/千米')
    plt.show()
    # 绘制找到的最优路径图
    bestpath=pathbest[-1]
    X=[]
    Y=[]
    pname=[]
    for i in bestpath:
        X.append(coordinates[i,0])
        Y.append(coordinates[i,1])
        pname.append(point_name[i])
```

```
plt.figure(dpi=1200)
plt.plot(X,Y,'-x',color='k')
plt.plot([X[0],X[-1]],[Y[0],Y[-1]],'m--')
for i in range(len(pname)):
    plt.text(X[i],Y[i],pname[i])
plt.xlabel('经度/(° )')
plt.ylabel('纬度/(° )')
plt.title('快递配送路径')
plt.show()
print('最优快递配送距离是:%.4e'%lengthbest[-1]+'千米')
print('最优快递配送路径是:',pname)
```

快递配送路径求解的过程如图 16-3 所示。

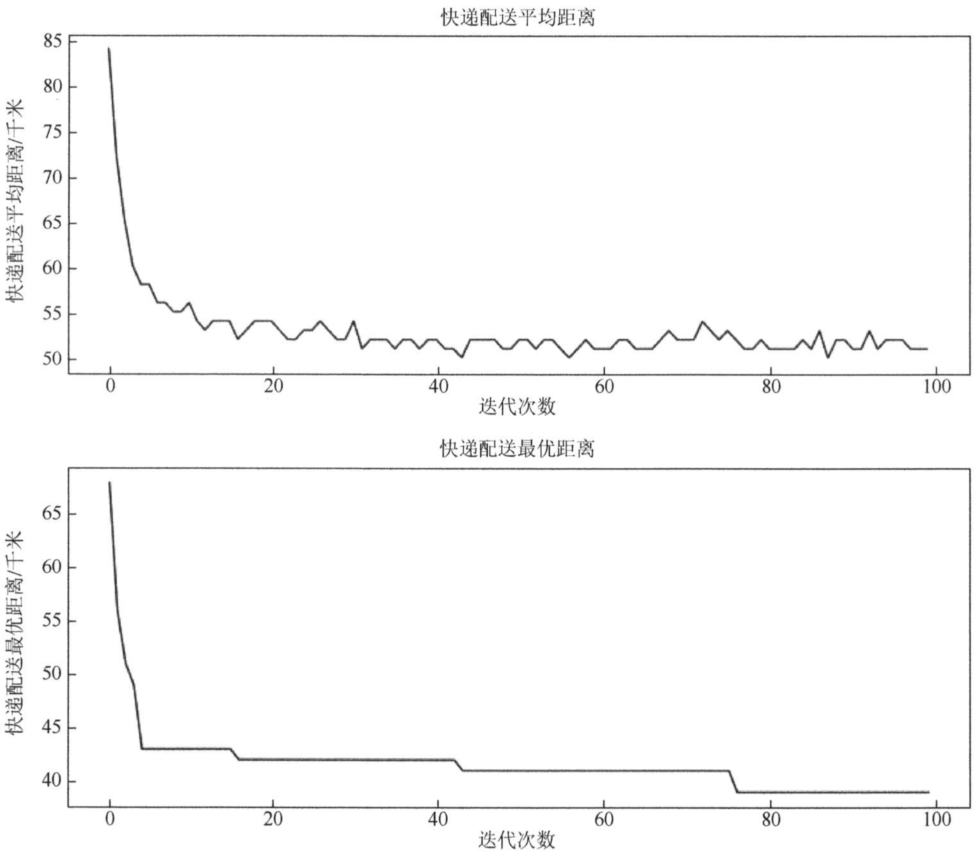

图 16-3　快递配送路径求解的过程图

快递配送的最优路径如图 16-4 所示。

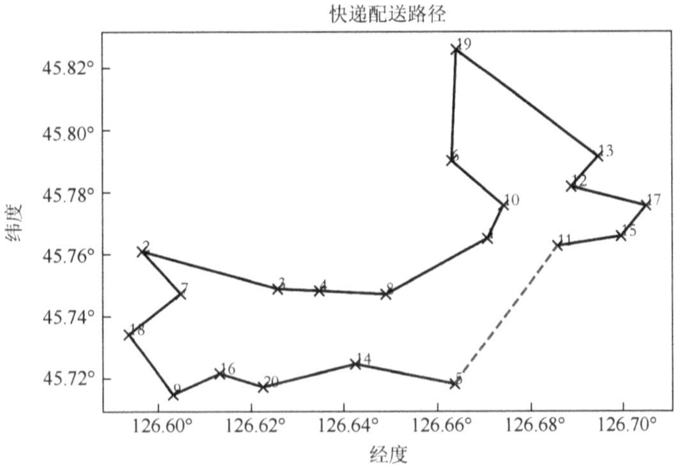

图 16-4　快递配送的最优路径图

相应的结果输出如下。

最优快递配送距离是：3.9000e + 01 千米。

最优快递配送路径是：['5', '14', '20', '16', '9', '18', '7', '2', '3', '4', '8', '1', '10', '6', '19', '13', '12', '17', '15', '11']。

【总结与习题】

1. 总结

本章在介绍蚁群算法基本原理、流程的基础上，分析了蚁群算法的特点，介绍了快递配送路径问题，结合具体案例解析了基于 Python 语言的蚁群算法建模仿真应用。

2. 习题

（1）蚁群算法有哪些特点？

（2）旅行社 A 承接了外地来的旅行团 B，当替旅行团 B 安排在旅行社 A 所在地的旅游行程时，安排人员发现了一个难题。旅行社 A 所在地共有不同星级的旅游景点 15 处，且每处景点所需游览时间不尽相同。但旅行团 B 在旅行社 A 所在地的旅游时间有限，景点游览时间限定为 48 小时。旅行团 B 成员希望在不考虑费用的前提下在有限的时间内游览更具观赏效用的景点。景点观赏值、景点游览所需的时间如表 16-2 所示。请分别运用遗传算法、模拟退火算法、蚁群算法帮助安排人员制定合理的景点游览顺序。

表 16-2　景点编号及相关数据

项目	景点1	景点2	景点3	景点4	景点5	景点6	景点7	景点8	景点9	景点10	景点11	景点12	景点13	景点14	景点15
景点观赏值	5	10	13	4	3	11	13	10	18	16	7	14	8	9	12
所需时间/小时	2	5	7	3	2	5	6	4	5	7	4	6	3	4	7

第17章

粒子群优化算法建模与仿真

【学习目标】

1. 理解粒子群优化算法的基本原理。
2. 理解标准粒子群优化算法的参数及其作用。
3. 熟悉背包问题。
4. 掌握粒子群优化算法的 Python 建模仿真方法。

【开篇案例】

群 鸟 智 慧

白宫附近有一座小公园，我喜欢在那儿看成群的鸽子在车流和树木上空飞旋。它们迟早会落在公园周围建筑的突出物上休息，之后又受了什么惊扰，于是动作一致地再度起飞。

这群鸽子中并没有领导。没有一只鸽子指示其他鸽子该做什么。它们各自密切注意身边的同伴，在空中飞旋时，全部遵循简单的规则。这些规则构成了另一种群体智能，它与决策的关系不大，主要用来精确协调行动。

研究计算机制图的克雷格·雷诺兹（Craig Reynolds）对这些规则感到好奇。因此，他在 1986 年创造了一个看似简单的导向程序——拟鸟。在这个程序中，一种模仿鸟类的物体（拟鸟）接收三项指示：①避免挤到附近的拟鸟；②按附近拟鸟的平均走向飞行；③跟紧附近的拟鸟。当运行结果呈现在计算机屏幕上时，模拟出了令人信服的鸟群飞舞效果，包括逼真的、无法预测的运动。

当时，雷诺兹正在寻求能在电视和电影中制造逼真动物特效的办法（1992 年的《蝙蝠侠归来》是第一部利用他的技术制作的电影，其中模拟生成了成群的蝙蝠和企鹅）。后来，他在索尼公司从事电子游戏领域的研究，例如，用一套算法实时模拟数量达 1.5 万只（条、个）的互动的鸟（鱼、人）。

雷诺兹展示了自组织模型在模仿群体行为方面的力量，这也为机器人工程师开辟了道路。如果能让一群机器人像一群鸟般协调行动，就比单独的机器人有优势得多。一群机器人在大面积区域内散布开来，可以形成强大的移动传感网络，搜集该地区的情报。如果遇到意外，即便群体内的机器人不太高级，整个群体也能迅速调整和应对，正如蚂蚁能通过试错法得出多种方案。如果一个机器人成员出故障，其他机器人成员可以取而代之。最重要的是，群体的控制权分散化，不必依赖一名领导。

资料来源：https://www.sohu.com/a/284966264_99931957

17.1　粒子群优化算法概述

17.1.1　粒子群优化算法的基本原理

粒子群优化算法由 Kennedy 和 Eberhart 在 1995 年提出，是模拟生物群体的社会行为来进行优化的现代优化算法。粒子群优化算法的基本思想源于对鱼群、鸟群迁徙、捕食等行为的研究。在智能性生物群体中存在个体之间、个体与群体之间，以及个体与环境之间的相互作用、相互传递信息的行为，这种行为体现的是智能生物群体内部的信息共享的机制。粒子群优化算法最初是为解决连续变量十分复杂的优化问题，但是随着粒子群优化理论的不断发展和完善，粒子群优化算法的应用领域已经扩展到求解离散变量的优化问题。粒子群优化算法的基本思想简单、效果较好、易于编程、易于实现，虽然没有严格地证明算法的收敛性，但是优化复杂问题的效果已经赶超其他现代优化算法。

群鸟觅食其实是一个最佳决策的过程。在群鸟觅食的过程中，每只鸟初始处于随机位置，且飞翔的方向随机，每只鸟都不知道食物在哪里，但是随着时间的推移，这些初始处于随机位置的鸟类通过群内相互学习、信息共享和个体不断积累自身寻觅食物的经验，自组织积聚成一个群落，并逐渐朝唯一的目标（食物）前进。每只鸟能够通过一定经验和信息估计目前所处的位置对于能寻找到食物的价值及适应值；每只鸟能够记住自己所找到的最好位置，即局部最优，还能记住群鸟中所有个体能找到的最好位置，即全局最优。整个鸟群的觅食中心都趋向全局最优移动，通过鸟群觅食的位置不断移动，即不断迭代，可以使鸟群朝食物步步逼近。

在群鸟觅食模型中，每个个体被抽象为没有质量和体积的微粒，并延伸到 N 维空间，粒子 I 在 N 维空间的位置表示为矢量 $X_i=(x_1,x_2,\cdots,x_N)$，飞行速度表示为矢量 $V_i=(v_1,v_2,\cdots,v_N)$。每个粒子都有一个由目标函数决定的适应值，并且知道自己目前发现的最好位置（pbest）和现在的位置 X_i，这可以看作粒子自己的经验。除此之外，每个粒子还知道到目前整个群体中所有粒子发现的最好位置（gbest）（gbest 是 pbest 中的最好值），这可以看作粒子同伴的经验。粒子通过自己的经验和同伴中最好的经验来决定下一步的运动。

粒子群初始化为一群随机粒子（随机解），然后通过迭代找到最优解。在每一次的迭代中，粒子通过跟踪两个最优解（pbest、gbest）来更新自己。

在找到这两个最优解后，粒子更新自己的速度和位置：

$$V_i=V_i+c_1\times\text{rand}()\times(\text{pbest}_i-x_i)+c_2\times\text{rand}()\times(\text{gbest}_i-x_i) \tag{17-1}$$

$$x_i = x_i + V_i \tag{17-2}$$

式中，$I = 1, 2, \cdots, M$，M 为该群体中粒子总数；V_i 为粒子的速度；rand( )是(0, 1)的随机数；X_i 为粒子的当前位置；c_1 和 c_2 为学习因子，通常取 $c_1 = c_2 = 2$。

在每一维，粒子都有一个最大速度 V_{max}，如果某一维的速度超过设定的 V_{max}，那么这一维的速度就被限定为 V_{max}（$V_{max}>0$）。以式（17-1）和式（17-2）为基础，形成了粒子群优化算法的标准形式。

1998 年，Shi 和 Eberhart 在进化计算国际会议上发表了论文"Amodified particle swarm optimizer"，对式（17-1）进行了修正，引入惯性权重 ω（ω 非负）：

$$V_i = \omega \times V_i + c_1 \times \text{rand}() \times (\text{pbest}_i - x_i) + c_2 \times \text{rand}() \times (\text{gbest}_i - x_i) \tag{17-3}$$

式（17-3）和式（17-2）被视为标准粒子群优化算法。

当 ω 较大时，粒子群优化算法的全局搜索能力强、局部搜索能力弱。最初，ω 被取为固定值，后来实验发现，动态 ω 能够获得比固定值 ω 更好的寻优结果。动态 ω 可以在粒子群搜索过程中线性变化，也可以根据粒子群性能的某个测度函数动态改变。目前，采用较多的是线性递减权重（linearly decreasing weight，LDW）策略。

$$\omega^{(t)} = (\omega_{\text{ini}} - \omega_{\text{end}})(G_k - g) / G_k + \omega_{\text{end}} \tag{17-4}$$

式中，G_k 为最大迭代次数；ω_{ini} 为初始惯性权重；ω_{end} 为达到最大迭代次数时的惯性权重。典型取值如下：ω_{ini}=0.9，ω_{end}=0.4。

ω 的引入使粒子群优化算法性能有了很大提高，针对不同的搜索问题，可以调整全局和局部搜索能力，也使得粒子群优化算法能成功地应用于很多实际问题。

17.1.2 标准粒子群优化算法的流程

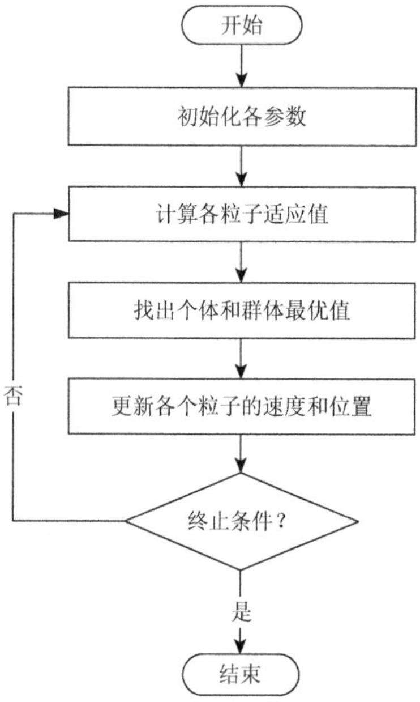

图 17-1 标准粒子群优化算法流程

标准粒子群优化算法的流程如图 17-1 所示。

（1）初始化粒子群（速度和位置）、惯性权重、学习因子、最大迭代次数和算法终止的最小允许误差。

（2）评价每个粒子的初始适应值。

（3）将初始适应值作为当前每个粒子的局部最优解，并将各初始适应值对应的位置作为每个粒子的局部最优解所在的位置。

（4）将最佳初始适应值作为当前全局最优解，并将最佳初始适应值对应的位置作为全局最优解所在的位置。

（5）更新每个粒子当前的速度。

（6）对每个粒子的速度进行限幅处理，使之不能超过设定的最大速度。

（7）更新每个粒子当前所在的位置。

（8）比较当前每个粒子的适应值是否比历史局部最优解好，如果好，则将当前粒子适应值作为粒子的局部最优解，其对应的位置作为每个粒子的局部最优解所在的位置。

（9）在当前群中找出全局最优解，并将当前全局最优解对应的位置作为粒子群的全局最优解所在的位置。

（10）重复步骤（5）～（9），直到满足设定的最小允许误差或者达到最大迭代次数。

（11）输出粒子群全局最优解和其对应的位置及每个粒子的局部最优解和其对应的位置。

17.1.3　标准粒子群优化算法的参数选取

在标准粒子群优化算法中，群体规模 m、惯性权重 ω、学习因子 c_1 和 c_2、最大速度 V_{max} 等参数对算法寻优性能的影响非常显著。

1. 群体规模 m

群体规模 m 一般取 20～40。实验表明，对于多数问题，取 30 个粒子就够用了；对于特殊的较难或特定类别的问题，可以取 100～200 个粒子。粒子数量越多，搜索范围越大，越容易找到全局最优解，但算法运行的时间也越长。

2. 惯性权重 ω

惯性权重 ω 对于粒子群优化算法的收敛起到很大作用。ω 越大，粒子速度越大，越容易错失局部搜索能力，而全局搜索能力越强；反之，则局部搜索能力增强，而全局搜索能力减弱。调整 ω 可以控制历史的速度对当前速度的影响程度，使其成为兼顾全局搜索和局部搜索的一个折中。ω 决定了对粒子当前速度继承程度。这里关于 ω 的理解往往有一个误区，认为 ω 越大表示当前速度的继承程度越大，所以较小程度地离开原先的寻优轨道。理解错误的原因是，ω 越大，粒子的速度和位置更新的幅度就越大，因此偏离原先寻优轨道的程度也就越大。

如果 ω 是变量，通常在迭代开始时将 ω 设置得较大，然后在迭代过程中逐步减小 ω。这样可使粒子群在开始优化时搜索较大的解空间，得到合适的种子，然后在后期逐渐收缩到较好的区域进行更精细的搜索，以加快收敛速度和提高目标精度。ω 也可以取[0, 1]的随机数。如果 ω 是固定值，建议取[0.6, 0.75]的合理值。

3. 学习因子 c_1 和 c_2

对于简单的问题，一般取 c_1=c_2=2.0。目前学术界对于学习因子 c_1 和 c_2 的确切取值分歧很大，各学者观点不尽一致。表 17-1 是各主要学者给出的学习因子参考值。

表 17-1　学习因子参考值

学者	c_1 和 c_2
Clerc	$c_1 = c_2 = 2.05$
Carlisle	$c_1 = 2.8$，$c_2 = 1.3$

续表

学者	c_1 和 c_2
Trelea	$c_1 = c_2 = 1.7$
Eberhart	$c_1 = c_2 = 1.494$

学习因子 c_1 和 c_2 是调整自身经验和社会经验在其运动中所起作用的权重。如果 $c_1 = 0$，则粒子没有自身经验，只有社会经验，它的收敛速度可能较快，但在处理较复杂问题时容易陷入局部最优解。如果 $c_2 = 0$，则粒子群没有社会经验，只有自身经验，个体间没有信息共享，一个规模为 m 的粒子群等价运行了 m 个单一粒子，因而得到最优解的概率非常小。如果 $c_1 = c_2 = 0$，则粒子将在没有任何经验和信息借鉴的情况下一直杂乱无章地朝边界飞翔，速度也在不断地衰减，由于只能盲目搜索到有限的区域，很难找到最优解。

4. 最大速度 $V_{\max}$

速度决定了当前位置与最好位置之间的区域的分辨率（或精度）。如果太快，则粒子有可能越过最优解；如果太慢，则粒子不能在局部最优解之外进行足够的搜索，会陷入局部最优解。这种限制可以达到防止计算溢出、决定问题空间搜索的粒度的目的。$V_{\max}$ 的选择需要对问题有一定的先验知识。为了跳出局部最优，需要较大的搜索步长，而在接近最优解时，采用更小的搜索步长会更好。如果 $V_{\max}$ 固定，通常设定为每维变化范围的 10%～20%。

17.1.4 标准粒子群优化算法的优缺点

1. 标准粒子群优化算法的优点

（1）不依赖问题信息，采用实数求解，算法通用性强。
（2）需要调整的参数少，原理简单，容易实现。
（3）协同搜索，同时利用个体局部信息和群体全局信息指导搜索。
（4）收敛速度快，算法对计算机内存和中央处理器（central processing unit，CPU）要求不高。
（5）容易飞跃局部最优解。如果目标函数仅能提供极少搜索最优解的信息，在其他算法无法辨别搜索方向的情况下，粒子群优化算法的粒子具有飞跃性的特点，能够跨过搜索平面上信息严重不足的障碍，飞抵全局最优解。

2. 标准粒子群优化算法的缺点

（1）局部搜索能力较差，搜索精度不够高。
（2）不能绝对保证搜索到全局最优解，这主要有两方面的原因：
①有时粒子群在俯冲过程中会错失全局最优解。粒子运动过程中的俯冲动作使搜索

行为不够精细，不容易发现全局最优解。因此，对粒子的最大速度进行限制既是为了使粒子不要冲出搜索区域的边界，也是为了使搜索行为不至于太粗糙。

②应用粒子群优化算法处理高维复杂问题时，算法可能会早熟收敛，即粒子群在找到全局最优解之前就陷入停顿状态。

（3）搜索性能对参数具有一定的依赖性。

（4）属于概率算法，算法理论不完善，缺乏独特性，理论成果偏少。从数学角度严格证明算法的正确性和可靠性还比较困难；缺少算法结构设计和参数选取的实用性指导原则，特别是全局收敛和大型多约束非线性规划的研究成果非常少。

17.2　粒子群优化算法的 Python 建模仿真

17.2.1　背包问题

背包问题（knapsack problem）是在 1978 年由 Merkel 和 Hellman 提出的，是一种组合优化的 NP 完全问题。背包问题可以描述为：给定一组物品，每种物品都有自己的重量和价格，在限定的总重量内，我们如何选择才能使得物品的总价格最高。如果限定每种物品只能选择 0 或 1 个，则问题称为 0-1 背包问题。

背包问题经常出现在商业、组合数学、计算复杂性理论、密码学等领域。背包问题的数学描述如下：有 n 种物品，物品 j 的重量为 w_j，价格为 p_j，假定所有物品的重量和价格都是非负的，背包所能承受的最大重量为 W，则

$$\begin{gathered}\sum_{j=1}^{n} p_j x_j \\ \sum_{j=1}^{n} w_j x_j \leqslant W, \quad x_j \in \{0, 1\}\end{gathered} \tag{17-5}$$

式中，$x_j = 1$ 表示物品 j 装入背包，$x_j = 0$ 则表示物品 j 不装入背包。

17.2.2　粒子群优化算法求解背包问题

1. 背包问题实例

有 10 种物品，物品的重量为[950, 750, 230, 730, 500, 220, 60, 570, 890, 980]克，价格为[89, 59, 19, 43, 100, 72, 44, 16, 7, 64]元，背包能承受的最大重量为 3000 克。请问如何选择物品能够使得背包所装物品的总价格最高？

2. 粒子群优化算法求解背包问题的过程

应用粒子群优化算法求解背包问题的 Python 程序如下。

```
import numpy as np
import random
```

```
import matplotlib.pyplot as plt
from time import *
import matplotlib
matplotlib.rcParams['font.family']='STSong'
def init_x(n,d):
    population=[]
    for i in range(n):
        gene=[]
        for j in range(d):
            a=np.random.randint(0,2)
            gene.append(a)
        population.append(gene)
    return population
def init_v(n,d,V_max,V_min):
    v=[]
    for i in range(n):
        vi=[]
        for j in range(d):
            a=random.random()*(V_max-V_min)+V_min
            vi.append(a)
        v.append(vi)
    return v
def fitness(p,n,d,w,w_max,v):
    fitvalue=[]
    fitweight=[]
    for i in range(n):
        a=0
        b=0
        for j in range(d):
            if p[i][j]==1:
                a+=w[j]
                b+=v[j]
        if a>w_max:
            b=0
        fitvalue.append(b)
        fitweight.append(a)
    return fitvalue,fitweight
#更新局部最优解
```

```
def update_pbest(p,fitvalue,pbest,px,m):
    for i in range(m):
        if fitvalue[i]>pbest[i]:
            pbest[i]=fitvalue[i]
            px[i]=p[i]
    return pbest,px
#更新全局最优解
def update_gbest(p,pbest,gbest,g,m):
    for i in range(m):
        if pbest[i]>gbest:
            gbest=pbest[i]
            g=p[i]
    return gbest,g
#更新速度
def update_v(v,x,m,n,pbest,g,c1,c2,vmax,vmin,W0):
    for i in range(m):
        a=random.random()
        b=random.random()
        for j in range(n):
            v[i][j]=v[i][j]*W0+c1*a*(pbest[i][j]-x[i][j])+
c2*b*(g[j]-x[i][j])
            if v[i][j]<vmin:
                v[i][j]=vmin
            if v[i][j]>vmax:
                v[i][j]=vmax
    return v
#更新坐标 x
def update_x(x,v,m,n):
    for i in range(m):
        for j in range(n):
            a=random.random()
            x[i][j]+=v[i][j]
            if x[i][j]>a:
                x[i][j]=1
            else:
                x[i][j]=0
    return x
```

```
begin_time=time()
Weight=[950,750,230,730,500,220,60,570,890,980]  # 物品重量
Value=[89,59,19,43,100,72,44,16,7,64] # 物品价格
N=100                                 # 群体粒子数量
D=len(Weight)                         # 粒子维数
T=10                                  # 最大迭代次数
c1=1.5                                # 学习因子 1
c2=1.5                                # 学习因子 2
W0=0.8                                # 最大惯性权重
V_max=10                              # 最大速度
V_min=-10                             # 最小速度
Weight_max=3000                       # 背包最大重量
item=[]
itemg=[]
x=init_x(N,D)
v=init_v(N,D,V_max,V_min)
fv,fw=fitness(x,N,D,Weight,Weight_max,Value)
pb,px=fv,x
#第一次迭代
gb,g=update_gbest(x,pb,0,[],N)
item.append(gb)
itemg.append(g)
# 更新下一代的速度、位置
v=update_v(v,x,N,D,px,g,c1,c2,V_max,V_min,W0)
x=update_x(x,v,N,D)
for i in range(T):
    fv,fw=fitness(x,N,D,Weight,Weight_max,Value,afa)
    pb,px=update_pbest(x,fv,pb,px,N)
    gb,g=update_gbest(px,pb,gb,g,N)
    item.append(gb)
    itemg.append(g)
    v=update_v(v,x,N,D,px,g,c1,c2,V_max,V_min,W0)
    x=update_x(x,v,N,D)
print('背包物品的总价格是:' ,str(gb)+'元')
print('背包物品选择的结果是:' ,g)
plt.figure(dpi=1200)
plt.plot(item)
plt.xlabel('迭代次数')
```

```
plt.ylabel('总价格/元')
plt.show()
end_time=time()
run_time=end_time-begin_time
print('粒子群优化算法计算时间为:',run_time)
```

粒子群优化算法求解背包问题的训练过程如图 17-2 所示。

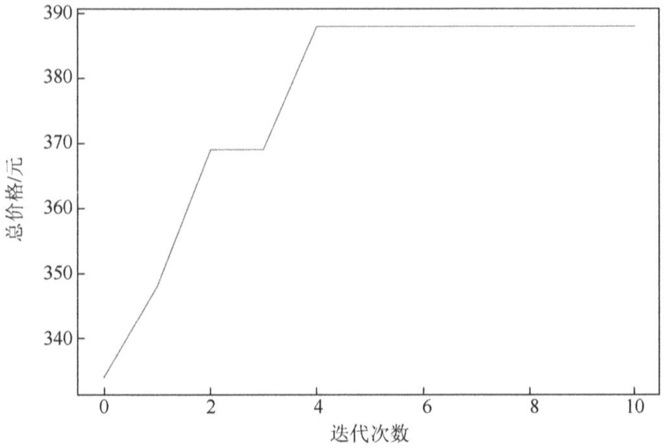

图 17-2　粒子群优化算法求解背包问题的训练过程

输出结果如下。

背包物品的总价格是：388 元。

背包物品选择的结果是：[1, 0, 1, 0, 1, 1, 1, 0, 0, 1]。

【总结与习题】

1. 总结

本章对粒子群优化算法的基本原理、流程进行了分析，并结合背包问题，运用粒子群优化算法进行 Python 的建模仿真分析。

2. 习题

（1）标准粒子群优化算法中学习因子 c_1 和 c_2 的取值对算法有怎样的影响？

（2）与蚁群算法相比，标准粒子群优化算法有怎样的优势？

（3）请简述标准粒子群优化算法的原理。

（4）标准粒子群优化算法中如何处理粒子位置越界的问题？

参考文献

才华，2006. 基于自组织理论的黑龙江省城市系统演化发展研究[D]. 哈尔滨：哈尔滨工程大学.
陈洁，2021. 复杂系统建模与仿真——基于 Python 语言[M]. 北京：电子工业出版社.
党宏社，2018. 系统仿真与应用[M]. 北京：电子工业出版社.
邓聚龙，2002. 灰理论基础[M]. 武汉：华中科技大学出版社.
杜栋，庞庆华，吴炎，2021. 现代综合评价方法与案例精选[M]. 4 版. 北京：清华大学出版社.
段海滨，2005. 蚁群算法原理及其应用[M]. 北京：科学出版社.
冯玉蓉，2003. 模拟退火算法的研究及其应用[D]. 昆明：昆明理工大学.
付华，2017. 计算机仿真[M]. 北京：电子工业出版社.
高博，刘冰，李力，2020. Python 数据分析与可视化从入门到精通[M]. 北京：北京大学出版社.
高飞，2014. 数学建模算法与应用[M]. 北京：人民邮电出版社.
高鹰，高翔，2020. 仿生智能计算中的粒子群优化算法及应用[M]. 北京：科学出版社.
郭科，陈聆，魏友华，2007. 最优化方法及其应用[M]. 北京：高等教育出版社.
黑马程序员，2021. Python 数据可视化[M]. 北京：人民邮电出版社.
黄恒秋，2020. Python 金融数据分析与挖掘实战[M]. 北京：人民邮电出版社.
姜金贵，宋艳，杜蓉，2018. 管理建模与仿真[M]. 北京：机械工业出版社.
柯良军，2017. 蚁群智能优化方法及其应用[M]. 北京：清华大学出版社.
克拉默·弗里德里希，2010. 混沌与秩序：生物系统的复杂结构[M]. 柯志阳，吴彤，译. 上海：上海世纪出版集团.
郎茂祥，傅选义，朱广宇，2011. 预测理论与方法[M]. 北京：清华大学出版社，北京交通大学出版社.
李丽，牛奔，2009. 粒子群优化算法[M]. 北京：冶金工业出版社.
李学伟，吴今培，李雪岩，2018. 实用元胞自动机导论[M]. 北京：北京交通大学出版社.
梁旭，黄明，2011. 现代智能优化混合算法及其应用[M]. 北京：电子工业出版社.
刘群锋，严圆，2021. 全局最优化——基于递归深度群体搜索的新方法[M]. 北京：清华大学出版社.
刘思峰，方志耕，朱建军，等，2021. 系统建模与仿真[M]. 北京：科学出版社.
刘思峰，菅利荣，米传民，2020. 管理预测与决策方法[M]. 北京：科学出版社.
刘思峰，谢乃明，2021. 灰色系统理论及其应用[M]. 8 版. 北京：科学出版社.
刘兴堂，2008. 复杂系统建模理论、方法与技术[M]. 北京：科学出版社.
刘云忠，郝原，2020. 统计综合评价方法与应用[M]. 北京：清华大学出版社.
马良，朱刚，宁爱兵，2020. 蚁群优化算法[M]. 北京：科学出版社.

迈克尔·尼尔森，2020. 深入浅出神经网络与深度学习[M]. 朱小虎，译. 北京：人民邮电出版社.
苗东升，2007. 系统科学大学讲稿[M]. 3 版. 北京：人民大学出版社.
苗敬毅，董媛香，张玲，等，2019. 预测方法与技术[M]. 北京：清华大学出版社.
欧文·M·柯匹，卡尔·科恩，2014. 逻辑学导论[M]. 13 版. 张建军，等，译. 北京：人民大学出版社.
邱均平，文庭孝，2010. 评价学：理论·方法·实践[M]. 北京：科学出版社.
任志康，2016. 海洋工程装备企业接单风险评估研究[D]. 哈尔滨：哈尔滨工程大学.
宋天龙，2020. Python 数据处理、分析、可视化与数据化运营[M]. 北京：人民邮电出版社.
苏振裕，2020. Python 最优化算法实战[M]. 北京：北京大学出版社.
塔里克·拉希德，2018. Python 神经网络编程[M]. 林赐，译. 北京：人民邮电出版社.
汤可宗，杨静宇，2021. 群智能优化方法及应用[M]. 北京：科学出版社.
王建州，王晨，李洪敏，等，2021. 基于群智能优化算法的预测理论与方法的研究及应用[M]. 北京：科学出版社.
王开荣，刘琼芳，肖剑，2021. 最优化方法[M]. 北京：科学出版社.
肖田元，范文慧，2010. 系统仿真导论[M]. 2 版. 北京：清华大学出版社.
萧德云，2014. 系统辨识理论及应用[M]. 北京：清华大学出版社.
谢毅，缪亚萍，2011. 离散事件系统建模仿真及 GPSSWorld 教程[M]. 北京：清华大学出版社.
杨群，邱江，张庆林，2009. 演绎推理的认知和脑机制研究述评[J]. 心理科学，32（3）：646-648.
杨英杰，2017. 粒子群算法及其应用研究[M]. 北京：北京理工大学出版社.
游皓麟，2020. Python 预测之美：数据分析与算法实战[M]. 北京：电子工业出版社.
余本国，2020. Python 编程与数据分析应用[M]. 北京：人民邮电出版社.
袁亚湘，孙文瑜，2021. 最优化理论与方法[M]. 北京：科学出版社.
曾波，李树良，孟伟，2020. 灰色预测理论及其应用[M]. 北京：科学出版社.
张炳江，2014. 层次分析法及其应用案例[M]. 北京：电子工业出版社.
张发明，2018. 综合评价基础方法与应用[M]. 北京：科学出版社.
张浩，2016. 管理科学研究模型与方法[M]. 北京：清华大学出版社.
张文修，梁怡，2003. 遗传算法的数学基础[M]. 西安：西安交通大学出版社.
郑丹青，2020. Python 数据分析基础教程[M]. 北京：人民邮电出版社.
朱华，姬翠翠，2021. 分形理论及其应用[M]. 北京：科学出版社.
COLORNI A，DORIGO M，MANIEZZO V，1991. Distributed optimization by ant colonies[C]. Proceeding of the first European conference on artificial life. Paris：Elsevier Publishing：134-142.
METORPOLIS N，ROSENBLUTH A E，TELLER A H，et al，1953. Equation of state calculations by fast computing machines[J]. Journal of Chemical Physics，21：1087-1092.